LEÇONS PRATIQUES ET GRADUÉES

Sur les Matières comprises dans le programme de

L'ENSEIGNEMENT PRIMAIRE

Z

LEÇONS PRATIQUES ET GRADUÉES

Sur les Matières comprises dans le programme de

L'ENSEIGNEMENT PRIMAIRE

PUBLIÉES PAR LE **JOURNAL DES INSTITUTEURS** (PREMIER SEMESTRE 1875)

COURS ÉLÉMENTAIRE. — COURS MOYEN. — COURS SUPÉRIEUR :

LANGUE FRANÇAISE

EXERCICES DE STYLE. — DICTÉES EXPLIQUÉES, ORTHOGRAPHE ET SENS DES MOTS

ARITHMÉTIQUE. — SYSTÈME MÉTRIQUE. — GÉOMÉTRIE

HISTOIRE. — GÉOGRAPHIE. — DESSIN. — MUSIQUE

EXAMENS ET CONCOURS

ÉPREUVES ÉCRITES ET QUESTIONS POSÉES AUX EXAMENS POUR LE BREVET DE CAPACITÉ, LE CERTIFICAT D'ÉTUDES, LES CONCOURS CANTONAUX, ETC.

PARIS

IMPRIMERIE ET LIBRAIRIE CLASSIQUES DE PAUL DUPONT

RUE JEAN-JACQUES-ROUSSEAU, 41 (HOTEL DES FERMES)

1875

LEÇONS PRATIQUES ET GRADUÉES

Sur les Matières comprises dans le programme de

L'ENSEIGNEMENT PRIMAIRE

Publiées par le

JOURNAL DES INSTITUTEURS

(Premier semestre 1875)

COURS ÉLÉMENTAIRE, COURS MOYEN, COURS SUPÉRIEUR :

LANGUE FRANÇAISE

Exercices de style, — Dictées expliquées
Orthographe et sens des mots

ARITHMÉTIQUE
SYSTÈME MÉTRIQUE — GÉOMÉTRIE
HISTOIRE — GÉOGRAPHIE
DESSIN — MUSIQUE

EXAMENS ET CONCOURS

Épreuves écrites et questions posées aux examens pour le brevet de capacité, le Certificat d'études, les Concours cantonaux, etc.

EXAMENS DU BREVET DE CAPACITÉ. PARIS.

(Seconde session de 1874.)

ASPIRANTES AU BREVET DE SECOND ORDRE.

1° *Epreuve d'orthographe.*

C'est dans Versailles *que* les pompes de l'âge re-ieux de la France *s'étaient réunies*. Un siècle s'est à peine écoulé, et ces *bosquets*, qui retentissaient du bruit des *fêtes*, ne sont plus animés que par la voix de la *cigale* et du rossignol. Ce palais, qui lui seul est comme une grande ville, ces escaliers de marbre, qui semblent monter dans les nues, ces statues, ces bassins, ces bois sont maintenant ou croulants, ou couverts de mousse, ou desséchés, ou abattus; et pourtant cette demeure des rois n'a jamais *paru* ni plus pompeuse ni moins solitaire. Tout était vide autrefois dans ces lieux ; la petitesse de la dernière cour (avant que cette cour eût pour elle la grandeur de son infortune) semblait trop à l'aise dans les vastes réduits de Louis XIV.

Quand le temps a porté un coup aux empires, *quelque* grand nom s'attache à leurs débris et les couvre. Si la noble misère du guerrier succède aujourd'hui dans Versailles à la magnificence des cours, si des tableaux de miracles et de *martyres* y remplacent de profanes peintures, pourquoi l'ombre de Louis XIV s'en offenserait-elle? Il rendit illustres la *religion*, les arts et l'*armée* : il est beau que les ruines de son palais servent d'abri aux ruines de l'armée, des arts et de la religion.

CHATEAUBRIAND (*Génie du Christianisme.*)

Orthographe, construction et sens des mots.

C'est... que. — Faire remarquer la construction de la première phrase, construction que nous avons déjà eu l'occasion d'expliquer (1).

Ce joint au verbe *être* est souvent suivi de *que* : « C'est la plus noire des ingratitudes *que* l'oubli de Dieu ».— Le verbe ainsi jeté en avant, avec le pronom démonstratif, donne de l'énergie à l'expression.

C'est que devient aussi une formule explicative pour lier ensemble deux idées dont l'une est la conséquence de l'autre : « Si quelque chose les empêche de régner sur nous, ces saintes et salutaires vérités, *c'est que* le monde nous occupe, *c'est que* les sens nous enchantent, *c'est que* le présent nous entraîne. » (Bossuet.) Cela arrive *parce que*.....

D'autres fois, la même locution se divise : « *C'est* à vous *que* je m'intéresse. « *C'est* de sa bouche *que* je le tiens pourtant. » (Molière.)

Rien n'est plus clair que ces diverses locutions, mais l'analyse en est douteuse. Le mot *que* indique une liaison et par conséquent une proposition elliptique. *Ce* appelle l'attention sur la qualité ; *que* est explicatif et rattache le sujet à ce qui précède. « *Ce* (la chose) *que* (voici :) l'oubli de Dieu est la plus noire des ingratitudes. »

Versailles. — Chef-lieu de quel département? A 17 kilomètres O.-S.-O. de Paris. 61,686 habitants. Patrie de l'abbé de l'Epée, du général Hoche, du maréchal Berthier, du poëte Ducis.

Le château ; par qui construit? Devenu le siége de l'Assemblée nationale et du gouvernement depuis les événements de 1870-71.

Pompes. — Appareil magnifique et somptueux déployé dans les cérémonies. *Pompes funèbres*, tout l'appareil d'un enterrement. Eclat et faste, en parlant du langage : la *pompe* du style.— Terme de la chaire : les *pompes* du siècle, les vanités brillantes du monde. On dit de même : Renoncer à Satan, à ses *pompes* et à ses œuvres. Le sens propre de ce mot est l'idée d'une *procession*, d'un *cortége*. — *Pompe*, machine pour élever l'eau ; *pomper*, *pompier*.

S'étaient réunies. — Féminin pluriel, parce que c'est le participe passé d'un verbe réfléchi précédé de son complément direct *s'*. Ici la forme réfléchie est employée pour la forme passive : *s'étaient* réunies équivaut à *avaient été* réunies.

(1) N° 49, du 5 décembre 1874.

Bosquets. — Petits bois, touffes d'arbres. Étymologie : bas-latin *boschettum ;* espagnol *bosquete ;* italien *boschetto.* Diminutif de *bosc* ou *bois :* ainsi le *Bosc-Roger* (département de l'Eure).

Fêtes. — Du latin *festum.* Jour consacré à la joie. Les *fêtes de l'Eglise :* cérémonies par lesquelles on célèbre les jours consacrés à des actes de religion. *Fête* d'une personne : la *fête* du saint dont cette personne porte le nom. Commémoration d'un anniversaire ; *fête* de naissance. Réjouissance publique.

L'accent circonflexe est la conséquence de la suppression de l's qu'on retrouve encore dans plusieurs mots de la même famille. Mots appartenant à cette famille : *fête, fêté, fêter, festin, festiné, festiner, festival, festoiement, feston, festonné, festonner, festoyant* ou *fêtoyant, festoyé, festoyer, férie, férié, férial, fériable, foire.*

Cigale. — Insecte de la classe des hémiptères ; habite les pays chauds, fait entendre, au moyen d'une sorte d'appareil musical placé au bas de l'abdomen, ce bruit monotone qu'on appelle vulgairement *le chant de la cigale.* Qui connaît la fable :

La cigale ayant chanté
Tout l'été ?

Dans cette fable, que représente la cigale ? Et la fourmi ?

Paru. — Verbe neutre, assimilé au verbe *être*, de même que *sembler, devenir.* Les adjectifs qui suivent et qui semblent être les compléments directs de *paru*, sont les attributs du sujet.

Quelque grand nom. — Au singulier, parce que *quelque* a le sens de *quelconque. Un grand nom quelconque...* Faire remarquer cette alliance de mots : *noble misère*, comme plus haut *vastes réduits.*

Martyres. — Avec un *e ;* parce qu'il désigne la mort, les tourments endurés ; et non celui qui a souffert ces tourments ou cette mort. Réunir les mots de la même famille : *martyr, martyre* (celle qui a souffert le martyre), *martyrisé, martyriser, martyrologe, martyrologiste.*

Faire analyser la dernière proposition : « *Il est beau que les ruines...*, etc. *Il* est le sujet grammatical du verbe *est*, et ce sujet est complété, déterminé par ce qui vient après l'attribut. La construction grammaticale de cette proposition est donc : *Il* (ceci : *que les ruines de son palais servent d'abri aux ruines de l'armée, des arts et de la religion*) *est beau.* »

Religion. — Doctrine qui fixe nos rapports avec Dieu ; à proprement parler : ce qui nous *lie* à Dieu (de *ligare*, lier). La vraie *religion.* Etat des personnes engagées par des vœux à suivre la règle d'une communauté : Entrer *en religion.* Surprendre la *religion* de quelqu'un : le tromper.

Abri. — Sens général de ce terme, sens qui motive ici le singulier.

Dire ce qu'était *Châteaubriand*, né à Saint-Malo en 1768, mort à Paris en 1848. Faire connaître ses principaux ouvrages : le *Génie du Christianisme, René*, les *Martyrs*, l'*Itinéraire de Paris à Jérusalem*, etc.

2° *Rédaction.*

La famille des Héristalls, depuis son origine jusqu'à l'avénement de Pépin le Bref.

3° *Arithmétique.*

I. — Indiquez et expliquez les différents usages du zéro en arithmétique.

II. — On a rempli de vin les $\frac{13}{15}$ d'un tonneau contenant 225 litres et l'on a fait le plein avec de l'eau. On a ensuite tiré 45 litres de ce mélange et le plein a été une seconde fois fait avec de l'eau. Combien de centilitres de vin contient le litre du dernier mélange ?

Solutions.

I.

Le zéro, *en arithmétique*, sert à remplacer les ordres ou les classes d'unités qui peuvent manquer dans un nombre que l'on veut écrire.

Ainsi, le nombre *trente* s'écrit **30**, en mettant un zéro à la droite du chiffre 3, parce que dans ce nombre ce sont les unités simples qui manquent.

Trois mille s'écrit **3000**, parce que la classe des unités (unités simples, dizaines d'unités et centaines d'unités) manque tout entière.

De même, le nombre *six mille quatre* s'écrit **6004**, parce qu'il faut deux zéros pour remplacer les chiffres des centaines et des dizaines qui manquent dans le nombre proposé.

Tous les autres usages du zéro, tels que son emploi pour la multiplication d'un nombre entier par *dix, cent, mille*, etc., pour la représentation des unités entières dans l'expression d'une fraction décimale, etc., etc., ne sont que de simples conséquences de cette fonction fondamentale du zéro.

II.

Après le premier mélange, le tonneau contenait, en vin, les $\frac{13}{15}$ de 225 litres,

$$\text{ou } \frac{225 \text{ lit.} \times 13}{15} = 195 \text{ litres.}$$

Chaque litre de ce mélange contenait alors les :

$$\frac{195}{225} \text{ ou les } \frac{39}{45} \text{ de litre de vin.}$$

Les 45 litres qu'on a tirés en second lieu contenaient donc en vin : $\frac{45 \text{ lit.} \times 39}{45} = 39$ litres.

Par conséquent, le nombre de litres de vin qui restaient définitivement dans le tonneau était de :

$$195 - 39 = 156.$$

Et, par suite, chaque litre du dernier mélange contenait :

$$\frac{156}{225} = 0 \text{ lit. } 6933 \text{ ou } 69 \text{ centil. } 33.$$

DICTÉES.

COURS SUPÉRIEUR.

La neige.

Avez-vous examiné la neige de près ? L'hiver aussi a ses fleurs comme le printemps, fleurs *diamantées*, fleurs étincelantes, qui voltigent dans l'air et viennent recouvrir la terre d'une *éblouissante* parure.

La neige n'est pas un amas *informe* de *glace ;* ses *flocons* blancs ne sont pas de simples petites masses d'eau *solidifiées.* Les *molécules aqueuses* de *l'atmosphère* que le froid *condense* se groupent suivant des *lois* fixes, en jolies étoiles *hexagonales.* D'un *noyau* central sortent six aiguilles formant deux à deux des angles de *60°.*

De ces aiguilles principales s'élancent à droite et

à gauche des *rameaux* plus déliés encore traçant à leur tour, avec une *infaillible* fidélité, leur angle de 60°. Sur cette seconde *série* d'aiguillettes s'*embranchent* de nouveaux *ramuscules*. Ces véritables fleurs à six *pétales*, prennent les formes les plus variées et les plus merveilleuses; elles sont dessinées par la plus fine des gazes et ornées, à leurs angles, de rosettes de dentelle d'une *ténuité* et d'une délicatesse exquises.

Avec le premier *microscope* venu, il est facile d'admirer ces beautés de l'infiniment petit.

COURS MOYEN.

Les égouts de Paris.

Les *collecteurs*, les bouches, les *regards* et les *branchements* particuliers s'étendent déjà sur une longueur de 770 kilomètres. Ce n'est pas encore assez pour *assurer* l'écoulement des eaux pluviales et ménagères, et l'on se propose de construire encore 400 *kilomètres* d'égouts.

Le mot d'égout éveille des idées peu favorables. Il semble qu'il a comme un vague parfum d'eau grasse. Il fait songer involontairement à des cloaques malsains et malpropres. Mais ce n'est pas sur un nom qu'il faut juger d'une chose. Les collecteurs de Paris mériteraient d'être classés parmi les *merveilles* du monde. Ce sont des tunnels, des *aqueducs*, des travaux d'art, tout, excepté des égouts.

Les princes et les princesses qui sont de passage à Paris ne manquent pas de faire une promenade dans les collecteurs. Un des itinéraires le plus suivi est celui-ci :

On descend un magnifique escalier ouvrant sur la place de la Madeleine, du côté du boulevard Malesherbes. Après avoir franchi cinquante marches de pierre, on se trouve sur la *berge* du grand égout collecteur qui va à Asnières.

Quatre ou cinq bateaux *pavoisés*, pouvant contenir chacun une vingtaine de personnes, sont *amarrés* près du quai. Promeneurs et promeneuses s'y entassent à la lueur des *falots*. L'embarquement est plein de *péripéties*. On entend des petits cris de frayeur poussés par les dames que le balancement du bateau inquiète et que le froid saisit. Heureusement, il y a parmi les navigateurs des moustaches intrépides qui rassurent les passagères.

Les bateaux sont pleins. En marche!

Pour remonter le courant très-rapide, quatre hommes s'attèlent à des cordes et *halent* chacune des embarcations.

COURS ÉLÉMENTAIRE.

Produits alimentaires de la France.

I.

La *fertilité* de notre *sol* est admirable. Chaque *province* est caractérisée par des *productions* particulières. Ainsi la *Beauce* est renommée par son *blé*; la *Normandie* par ses *bœufs*, son *beurre*, ses *pommes*, son *cidre*; la *Champagne* et la *Bourgogne* par leurs *vins*. La *Brie* fournit ses *fromages*; le *Berry* ses *moutons*; le *Poitou* son *bétail* et ses *grains*; la *Provence* ses *orangers* et ses *huiles d'olive*.

II.

Tout le *monde* connaît les *biscuits* de *Reims*, le *miel* de *Narbonne*, l'*anisette* de *Bordeaux*, l'*eau-de-vie* de *Cognac*. Et les *fromages* de *Roquefort* et de *Marolles*; le *vinaigre* d'*Orléans*; les *jambons* de *Bayonne*; les *saucissons* de *Lyon*; les *vins* de *Bordeaux*, de *Mâcon*. Et les *dragées* de *Verdun*; les *pruneaux* de *Tours*; les *pêches* de *Montreuil*; les *chasselas* de *Fontainebleau*; les *cerises* de *Montmorency*! Noble et fertile *contrée*, la plus favorisée par la *nature* de toutes les *contrées* qui sont au *monde*.

Analyser de vive voix tous les noms. Montrer les noms de lieux sur la carte.

III.

Le Petit Enfant (1).

Pour le bon Dieu que puis-je faire ?
Je suis si petit, si petit !
Voici ce que mon cœur me dit :
J'aimerai bien ma bonne mère.
Je puis l'aimer quoique petit.

Pour Dieu que puis-je faire encore ?
Puisque c'est Dieu qui nous bénit,
Je prierai bien, près de mon lit,
Ce bon Dieu que ma mère adore.
On peut prier quoique petit.

Et puis-je faire davantage ?
A l'école où l'on me conduit,
Attentif à ce qu'on me dit.
Je m'efforcerai d'être sage.
On peut l'être, quoique petit.

EXERCICES DE STYLE.

L'arbre de Noël de l'Alsace-Lorraine.

Lire ce qui suit aux trois cours réunis.

C'était fête vendredi dernier pour tous nos jeunes compatriotes d'Alsace-Lorraine présents à Paris, et, en effet, c'était Noël, et Noël, surtout en Alsace, est la vraie fête des enfants.

En optant pour la nationalité française, en renouvelant ainsi leur déclaration d'attachement inaltérable à la patrie mutilée, les Alsaciens n'ont pas abjuré les touchantes traditions de leur patriotisme local, de ce noble patriotisme de clocher qui s'est de tout temps confondu, chez eux, avec le dévouement à la grande patrie. Ils ont apporté parmi nous, en même temps que les dernières fleurs cueillies sur la terre natale, leur culte religieux pour la grande fête qui, symbole du renouvellement du monde, annonce aussi le renouvellement de l'année; et Paris a respecté et adopté ce culte.

C'est la troisième fois que la fête alsacienne de

(1) Après la dictée, ce petit morceau doit être appris par cœur.

l'arbre de Noël est célébrée à Paris. Vendredi dernier, le théâtre du Châtelet était à peine assez vaste pour contenir les représentants de 16,000 familles rapatriées par les soins de « l'Association générale de l'Alsace-Lorraine. » Quand, à midi sonnant, le rideau du théâtre s'est levé, l'arbre de Noël, — un véritable sapin des Vosges apporté tout exprès, — est apparu constellé de lumières, et orné d'une multitude de petits drapeaux tricolores, entremêlés de présents destinés aux petits enfants.

En avant siégeait le comité des dames; sur les côtés de la scène étaient rangés les objets de toutes sortes: vêtements, jouets, bonbons, etc., qu'on allait distribuer aux enfants de tout âge ; puis au fond du théâtre, derrière l'arbre de la fête, les petits garçons et les petites filles. L'orchestre des musiciens était occupé par l'orphéon alsacien-lorrain. Dans la salle, se pressaient les invités de l'Association et les donateurs.

On jugera de l'importance de cette cérémonie, au seul point de vue de la charité, par les chiffres suivants: 3,195 enfants, dont le défilé a duré trois heures, ont reçu chacun trois présents assortis d'après les âges, jusqu'à six ans, jusqu'à dix ans et jusqu'à quatorze : aux tout petits, des jouets et des bombons ; aux plus grands, des livres, et à tous des vêtements chauds. Vers la fin de la séance, la salle entière a fait une ovation à deux boursiers de l'Association, les élèves Aviès et Klotz, du collége Saint-Louis, qui ont reçu chacun un chassepot d'honneur en récompense de leur succès au dernier conconrs général.

Des pièces de vers ont été lues :

Dans l'une d'elles, *l'Invocation à Paris* résume le caractère à la fois charitable et patriotique de cette émouvante cérémonie :

Vous qui représentez la cité souveraine,
Vous dont le cœur répond toujours à notre voix,
Fils de Paris, au nom de l'Alsace-Lorraine,
Nous vous disons : Merci ! pour la troisième fois.

Merci pour ces petits, dont le visage brille,
Dont le bonheur éclate en de brillants ébats;
Vous leur avez rendu le pays, la famille...
Merci pour ceux aussi qui sont restés là-bas...

Vous allez regagner vos demeures heureuses,
Et vous emporterez dans vos cœurs bienfaisants,
Comme un cher souvenir, ces choses précieuses :
Les larmes des vieillards, les rires des enfants.

La fête de l'Arbre de Noël est désormais, pour Paris une tradition qui se continuera aussi longtemps que durera l'exil de nos compatriotes. Elle sera le rendez vous de la grande famille de l'émigration alsacienne. Et cette image toujours vivante de la commune patrie en deuil ne cessera de nous rappeler, à tous, les graves devoirs que nous impose le présent et l'espoir que nous réserve l'avenir.

COURS SUPÉRIEUR.

Donner à reproduire aux élèves, comme ils pourront et comme ils voudront, le récit qui vient d'être lu.

Il est bon de laisser de temps en temps les enfants du premier cours essayer, seuls, leurs propres forces. La correction, qui se fait toujours à haute voix, leur montrera les fautes de construction et de style qu'ils auront commises.

COURS MOYEN.

Les élèves du second cours doivent être plus directement aidés. Par des questions bien suivies, le maître fait analyser le récit qui précède, séparer les idées principales des idées accessoires ou secondaires, et il arrive à faire rédiger le *canevas*.

COURS ÉLÉMENTAIRE.

Le maître adresse aux enfants du dernier cours une série de questions sur l'objet principal du récit. Les réponses, qu'il aide les enfants à trouver, doivent toujours être exprimées par de petites phrases entières.

ARITHMÉTIQUE ET SYSTÈME MÉTRIQUE.

PROBLÈMES GRADUÉS POUR LES COMPOSITIONS.

COURS SUPÉRIEUR.

I. — *Arithmétique.* — (*Révision trimestrielle.*)

1. — Un père de famille gagne 3 fr. 75 par jour; il veut économiser 250 francs par an; il se repose le dimanche et 8 jours de fête. Combien peut-il dépenser par jour ? — Rép. 2 fr. 44.

2. — Un failli laisse un passif de 150.000 francs. Son actif s'élève à 50.450 francs. Les frais de justice sont de 2.580 francs. Un créancier y est intéressé pour 35.420 francs. Combien recevra-t-il ? — Réponse : 11.303 fr. 70.

3. — En 45 jours, on a brûlé, dans un ménage, 2 stères de bois revenant à 16 fr. 25 le stère; 8 fr. 85 de charbon de terre; 4 fr. 50 de charbon de bois et 4 bourrées achetées 0 fr. 35 l'une. Quelle est la dépense par jour? — Rép. 1 fr. 05.

4. — Une marchande achète une caisse contenant 8 douzaines d'oranges pour 12 francs. Combien doit-elle revendre chaque orange, si elle veut gagner 20 0/0 sur le prix d'achat? — Rép. 0 fr. 15.

5. — Simplifier et calculer l'expression suivante:

$$\frac{324 \times 18 \times 175 \times 64}{36 \times 162 \times 25 \times 16} ? \text{ — Rép. } 28.$$

II. — *Système métrique.* — (*Révision trimestrielle.*)

1. — Un champ de 2 hectares 8 ares 35 centiares a été vendu 9.375 fr. 75. A combien revient le mètre carré? Rép. 0 fr. 45.

2. — Le transport de 32.000 kilogrammes de fer à 5 myriamètres a coûté 80 francs. Combien est-ce par kilomètre pour le transport d'une tonne? — Rép. 0 fr. 05.

3. — Les trois côtés d'un triangle ont respecti-

vement 82^m, 32^m et 74 mètres. Calculer la surface de ce triangle ? — $\frac{82 + 32 + 74}{2} = 94$; 94 — — 82 = 12 ; 94 — 32 = 62 ; 94 — 74 = 20.

$\sqrt{12 \times 62 \times 20 \times 94}$ = Rép. 11 ar. 82 cent. 67. (On fait la demi-somme des côtés ; on en retranche chacun d'eux ; on fait le produit des trois restes et de la demi-somme et on extrait la racine carrée du produit.)

4. — Calculer l'aire d'un cercle dont le rayon a 4^m 50 ! — Rép. 63 mèt. car. 6174.

5. — Un terrain rectangulaire de 45 mètres de long sur 25 mètres de large a été acheté 562 fr. 50. Quel serait le prix d'une portion de ce terrain qui aurait une longueur et une largeur moitié moindres ? — Rép. 140 fr. 62.

COURS MOYEN.

I. — *Arithmétique.* — (*Révision trimestrielle.*)

1. — 12 douzaines d'oranges sont achetées 14 fr. 40. A combien revient chaque orange ? — Rép. 0 fr. 10.

2. — Deux personnes veulent se partager 48 fr. 75 de manière que l'une ait 6 fr. 35 de plus que l'autre. Combien chacune aura-t-elle ? — Rép. l'une 27 fr. 55 ; l'autre 21 fr. 20.

3. — Un père de famille gagne 2.420 francs par an. Il place tous les trois mois 125 francs. Quelle est la dépense journalière de son ménage ? — Réponse : 5 fr. 26.

4. — Deux enfants, le frère et la sœur, sont convenus de partager leurs étrennes. Le frère a reçu 5 fr. + 2 fr. + 0 fr. 75 + 0 fr. 50 et la sœur 4 fr. + 3 fr. + 2 fr. + 0 fr. 25. Combien chacun aura-t-il, après prélèvement de 0 fr. 50 pour une bonne œuvre ? — Rép. 8 fr. 50.

5. — Une personne a 45 cartes de visite à envoyer au jour de l'an. Sous enveloppe, la taxe est de 0 fr. 10 et sous bande, 0 fr. 02 seulement. Quelle économie réalise cette personne en envoyant ses cartes sous bande ? — Rép. 3 fr. 60.

II. — *Système métrique.* — (*Révision trimestrielle.*)

1. — Quelle différence de prix y a-t-il entre deux pièces de terre dont l'une contient 2 hectares 36 ares 8 centiares et l'autre 2 hectares 15 centiares, si le mètre carré vaut 0 fr. 50 ? — Rép. 1.796 fr. 50.

2. — Un coupon de 3 mètres un quart de drap est acheté 39 francs. A combien revient le mètre ? — Rép. 12 francs.

3. — Combien vaut le demi-kilogramme de farine lorsqu'un sac de 159 kilogrammes est vendu 56 fr. ? — Rép. 0 fr. 176.

4. — De Paris à Berlin il y a une distance de 890 kilomètres. Exprimer ce nombre en lieues de 4 kilomètres ? — 222 lieues.

5. — Un train parcourt 13 kilomètres en 31 minutes. Quelle est sa vitesse par minute ? — Réponse : 419 mètres.

COURS ÉLÉMENTAIRE.

Arithmétique. — (*Révision trimestrielle.*)

I.

1. — Écrire en chiffres ordinaires cette date : XXV décembre MDCCCLXXIV ?

2. — Le 1er janvier, un percepteur vérifie sa caisse. Il possède, en or, 835 francs ; en argent 428 francs et en billets 3.650 francs. Quel est le total de ces valeurs ? — Rép. 4.913 francs.

3. — Un commerçant fait, à la fin de l'année, le calcul de ses recettes et de ses dépenses. Pour le 1er trimestre, il trouve : recettes 45.972 francs, dépenses 24.648 ; 2e trimestre : recettes 54.845 francs dépenses 25.725 francs ; 3e trimestre : 80.724 francs de recettes et 30.248 francs de dépenses ; 4e trimestre 56.842 francs de recettes et 26.725 francs de dépenses. Trouver le total : 1° de ses recettes ; 2° de ses dépenses ? — Rép. 1° 238.383 francs ; 2° 107.346 francs.

4. — Un concierge gagne par an 1.275 francs. Il reçoit, dans le courant de l'année, 128 francs de gratifications et 375 francs d'étrennes au jour de l'an. Combien lui rapporte son emploi ? — Rép. 1.778 francs.

5. — Auguste avait dans sa tirelire 14 francs. Il reçoit pour ses étrennes 5 francs de son père, autant de son parrain, 2 francs de sa marraine et 15 francs de diverses autres personnes. Combien possède-t-il ? — Rép. 41 francs.

II.

1. — Additionner 35.648 francs avec 8.725 fr. ? — Rép. 44.373 francs.

2. — Dépenses d'un ménage, par mois : 85 fr. + 90 fr. + 75 fr. + 64 fr. + 87 fr. + + 80 fr. + 72 fr. + 68 fr. + 45 fr. + 54 fr. + + 72 fr. + 90 francs. Total pour l'année ? — R. 882 francs.

3. — Recettes par trimestre : 325 francs. Total pour l'année ? — 1.300 francs.

4. — Écrire en chiffres quatre mille un francs ; trois mille vingt-cinq francs et faire la somme. — Rép. 4.001 fr. + 3.025 fr. = 7.026 francs.

5. — Un rentier touche par semestre 2.625 fr. Quel est son revenu annuel ? — Rép. 5.250 fr.

LEÇONS PRATIQUES ET GRADUÉES

Sur les Matières comprises dans le programme de

L'ENSEIGNEMENT PRIMAIRE

EXAMENS DU BREVET DE CAPACITÉ.
PARIS.

(Seconde session de 1874.)

ASPIRANTES AU BREVET DE SECOND ORDRE

1° *Epreuve d'orthographe.*

Le Zèbre.

Le *zèbre* est peut-être, de tous les animaux *quadrupèdes*, le mieux fait et le plus élégamment *vêtu*. Il a la figure et les grâces du cheval, la légèreté du cerf, et la robe rayée de rubans noirs et blancs, disposés *alternativement* avec tant de régularité et de symétrie qu'il semble que la nature *ait employé* la règle et le compas pour la peindre. Ces bandes alternatives de noir et de blanc sont d'autant plus singulières qu'elles sont étroites, parallèles et très exactement séparées, comme dans une étoffe rayée; que d'ailleurs elles s'étendent non-seulement sur le corps, mais sur la tête, sur les cuisses et les jambes, et jusque sur les oreilles et la queue; en sorte que, de loin, cet animal paraît comme s'il était environné partout de *bandelettes* qu'on aurait pris plaisir à disposer régulièrement sur toutes les parties de son corps; elles *en* suivent les contours, et en marquent si avantageusement la forme qu'elles en dessinent les muscles, *en* s'élargissant plus ou moins sur les parties plus ou moins charnues et plus ou moins arrondies.

BUFFON (*Histoire naturelle*).

EXPLICATION.

I. — Motiver d'abord l'emploi des signes de *ponctuation*, en procédant phrase par phrase. Après avoir expliqué l'emploi du point, prendre dans chaque phrase les propositions principales d'abord, les incidentes et les subordonnées ensuite; puis les termes essentiels et accessoires, et motiver ainsi la présence des points-virgules et des virgules.

II. — *Orthographe et sens des mots.*

1. *Zèbre*. Animal du sous-genre *âne*, habitant l'Afrique et remarquable par sa robe, dont le fond jaune est rayé de nombreuses bandes brunes. *Zébré, ée*, — *zébrer*, — *zébrure*.

2. *Quadrupède*, qui a quatre pieds,— de *quatuor pedes*. — Quatre, quatrième : quatorze, quatorzième, quarante, quarantième; quadragénaire, homme de quarante ans; la quadragésime; le carême, la sainte quarantaine; — quatre-vingts; quadruple; quart; quarteron; — quaterne: quatre numéros sortis à la loterie ou placés sur une même ligne au jeu de loto; — quatrain: petite pièce composée de quatre vers; — quatuor; quadrille, etc. — Carré; carillon, réunion de quatre cloches qui sonnent à grandes volées et avec des accords mesurés; — cadre, encadrer, encadrement; — carrefour, endroit où se croisent au moins quatre rues, quatre chemins; littéralement, chemin à quatre fourches, comme on dit *bifurque, bifurcation*.

3. *Vêtu*. Participe passé de *vêtir*. Je vêts, tu vêts, il vêt, nous vêtons, vous vêtez, ils vêtent; je vêtais; je vêtis; nous vêtîmes; je vêtirai; je vêtirais; vêts, vêtons, vêtez; que je vête, que nous vêtions; que je vêtisse; vêtant, vêtu. Couvert de vêtements, — vêture; veste; vestiaire; — revêtir, — travestir, — investir.

4. *Alternativement*. Tour à tour; qui se succèdent régulièrement; composé de *alternative* et du suffixe *ment*. Le suffixe, ici, caractérise adverbialement l'adjectif. Il vient du latin *mens, mentis* (esprit), auquel on a donné plus tard le sens de *façon, manière*. — *Alternativement*, d'une *manière alternative*. — *Ment* est aussi une terminaison substantive indiquant *l'acte, l'action*: enrôlement, action d'enrôler; tâtonnement, etc...

5. *Ait employé. Il semble que*... veut le mode subjonctif lorsqu'il équivaut à *les apparences veulent. Il semble que* exprime alors une supposition, une hypothèse; ou bien il annonce, et fait passer une exagération, une invraisemblance, une impossibilité, comme dans cet exemple: *Il semblait que tout Paris se fût porté au Champ-de-Mars.*

Mais *il semble que* veut l'indicatif lorsqu'il équivaut à *il est certain que*; dans ce cas, on ne l'emploie que par précaution oratoire, pour ne pas avoir l'air trop tranchant: « *Il semble que le plus grand mérite de cette sorte d'esprit est de plaire quelquefois dans la conversation.* » (La Rochefoucauld.)

La même règle s'applique aux locutions: *Il me semble que, vous semble-t-il que*, etc.— « Il me semble que mon cœur *veuille* se fendre par la moitié (Mme de Sévigné). — Il me semble que Corneille *a donné* des modèles de tous les genres. (Voltaire.)

Cependant *il semble*, employé avec un pronom personnel, exprime presque toujours un fait positif; il est donc le plus souvent suivi de l'indicatif: « Il me semble que je *vois* encore tomber cette fleur. » (Bossuet.) *Je crois voir.*

On a mis le verbe *ait employé* au passé du subjonctif parce que, en faisant disparaître la cause du mode subjonctif, on se servirait du passé défini, et que le passé défini du mode indicatif correspond au passé du subjonctif. « On est tenté de croire que la nature *employa* la règle et le compas... »

6. *Bandelettes*. Petite bande. Les terminaisons *et, ette* forment les *diminutifs* des noms et des adjectifs auxquels elles sont ajoutées. *Coffret*, petit coffre, — *facette*, petite face, — *bandelette* est le diminutif de *bandel*, ancien français pour *bandeau. Bande, bander, bandage, bandagiste, bandeau, banderole.*

7. *En*, pronom personnel, rappelle l'idée du substantif, *corps*; complément déterminatif de *contours*: *Elles suivent les contours* de son corps.

8. *En*, préposition, marque un rapport de moyen, de manière entre *s'élargissent* et *dessinent*.

9. *Buffon*. Dire ce qu'était Buffon, né à Montbard (Côte-d'Or) en 1707, mort en 1788.)

2° *Rédaction.*

Raconter les faits principaux et les résultats de la guerre des Albigeois (1).

Avant de commencer à écrire, l'aspirant doit

(1) Sans doute, on s'adresse ici à des maîtresses et non à des enfants, mais il s'agit du brevet de *second* ordre; et nous ne pouvons nous empêcher de dire

toujours, bien entendu, réfléchir au sujet qu'on lui donne à traiter. Après avoir ainsi fait appel à ses souvenirs et classé ses idées, il trace en quelques lignes le *canevas*, le sommaire qu'il développera. Ainsi, le texte proposé plus haut fournira le canevas suivant :

Dire en quoi consistait l'hérésie des Albigeois. — Le pape Innocent III. — Origine de l'Inquisition. — Raymond VI, comte de Toulouse, et Roger, vicomte de Béziers. — Mort de Castelnau, légat du pape (1208).

Prise de Béziers par Simon de Montfort (1209). Bataille de Muret (1213); mort de Pierre II, roi d'Aragon.

Innocent III fonde l'ordre des *Frères prêcheurs* ou *Dominicains*, et les charge du Saint-Office de l'Inquisition.

Mort de Montfort au siége de Toulouse (1218). — Son fils Amaury lui succède et continue son œuvre, aidé par Louis, fils de Philippe-Auguste, auquel il cède bientôt tous ses droits.

Prise d'Avignon par le roi Louis VIII. — Mort de ce price (1226).

Fin de la guerre. — Traité de Meaux (1229). — Conséquences de ce traité. — Mariage de Jeanne, fille de Raymond VII, avec Alphonse de Poitiers, frère du jeune roi Louis IX.

3° *Arithmétique.*

I. — Faire la multiplication de 28 2/3 par 12 5/8, d'abord avec les fractions ordinaires, puis avec des fractions décimales équivalentes à un centième près, et comparer les deux produits.

II. — Quel capital représente un titre de rente de 520 francs en 5 0/0 acheté au cours de 95 fr. 85? Quel bénéfice réalisera l'acheteur s'il revend son titre au cours de 99 fr. 40 ?

DICTÉES.

I.

COURS SUPÉRIEUR.

(Voir plus haut la dictée *expliquée* des examens pour l'obtention du brevet de capacité.)

II.

COURS MOYEN.

L'hiver est une triste *saison* pour nos *pauvres* petits oiseaux ; ils ont beaucoup à souffrir du froid et de la faim. Les feuilles sont *tombées*; plus d'abri contre la pluie et le vent. Plus de graines dans les champs, plus de fruits sauvages dans les buissons, plus d'insectes *voltigeants*. Puis viennent les gelées ; la neige couvre la terre. Où trouver de la nourriture? Alors les *moineaux*, les *rouges-gorges* se rapprochent des villages. Les avez-vous *vus becqueter* les miettes devant la porte des maisons ? Les avez-vous *vus* s'abriter sous les toits, et *tout transis* secouer leurs plumes mouillées ?

Mais il y a beaucoup d'oiseaux qui, à l'approche des froids, s'en vont dans des pays plus chauds, où ils passent tout le temps de l'hiver ; puis ils reviennent au printemps : ce sont les oiseaux de passage.

(*Lectures expliquées*, par Ch. Delon.)

Le maître fera donner, au point de vue de l'orthographe, l'explication des mots soulignés: *tombées, voltigeants, vus, tout transis*, et le sens des expressions également soulignées : *saisons, pauvres, moineaux, becqueter*, etc.

III.

COURS ÉLÉMENTAIRE.

Ma pauvre *armée* de *plomb !* Je l'avais rangée en *bataille* sur le *poêle* à peine chaud. Le *tambour-major* marchait en *tête*, sa longue *canne* à la *main*, le *bonnet* à *poil* crânement surmonté d'un *panache*. Suivaient les *tambours*, les *clairons* et les *soldats* sur trois *rangs*. La *cantinière*, le *barillet* sous le *bras*, était à *côté*. Tout à coup je vois le *tambour-major* se raccourcir, comme si les *jambes* lui rentraient dans le *ventre*. La *troupe* chancelle, tombe et coule en *filets* de *plomb* fondu. J'eus tout juste le *temps* de sauver la *cantinière* et une *demi-douzaine* de *grenadiers ;* encore leur manquait-il des *pieds*.

(D'après Henri Fabre. — Les métaux. — L'industrie.)

Faire souligner les noms contenus dans cette dictée; en faire trouver l'espèce, le genre et le nombre, et donner la signification de ceux qui pourraient ne pas être connus des enfants.

1. *Armée*, corps de troupes prêtes à faire la guerre.
2. *Bataille*, combat de deux armées. — Ranger une armée en bataille, la disposer pour combattre. — Former la famille de ce mot et faire remarquer la différence d'orthographe de certaines expressions (les unes ont deux *t*, les autres n'en ont qu'un) : battre, battement, batterie, batteur, bataille, battoir, abattre, combattre, débattre, rabattre, etc. ;
3. *Cantinière*, celle qui tient une cantine. La *cantine* est le lieu où l'on vend à boire dans les casernes. Il y a aussi des cantines *ambulantes*, qui suivent les troupes en marche ;
4. *Barillet*, petit baril. — Sens de la terminaison *et, ette: bâton, bâtonnet; agneau, agnelet ; jardin, jardinet; goutte, gouttelette; chambre, chambrette* etc., etc.

EXERCICES DE STYLE.

I.

COURS SUPÉRIEUR.

Quelques effets de l'eau à l'état de glace.

Canevas. — Dire sous combien d'états l'eau peut se présenter. — Force expansive de la glace; en montrer les effets sur les pierres gélives, sur les plantes, etc. — Faire voir comment les terres se mûrissent par l'action de la gelée.

Le maître exposera d'abord le sujet lui-même; puis il

---

que, dans notre pensée, des sujets de ce genre supposent la connaissance de curiosités historiques sur lesquelles une leçon ne sera jamais faite dans les écoles primaires. De tels sujets appartiennent beaucoup plus, ce semble, à l'instruction secondaire ou supérieure qu'à l'ordre d'enseignement dans lequel les instituteurs doivent se renfermer. (*Note de la Direction.*)

s'assurera, par des questions bien posées et s'enchaînant l'une l'autre, qu'il a été compris et que les élèves ont retenu les idées essentielles qu'ils devront développer par écrit.

Après la correction des devoirs, le maître lira, comme modèle, la rédaction suivante :

Sujet traité (1).

L'eau peut affecter trois états différents, suivant sa température : l'état de glace ou l'état *solide*, l'état ordinaire ou *liquide*, et l'état *gazeux*, lorsqu'elle est réduite en vapeur.

La glace occupe plus d'espace que l'eau liquide d'où elle provient. Lorsque, par une forte gelée d'hiver, on expose au dehors un vase plein d'eau et bien bouché, une bouteille, par exemple, l'eau se gèle; et comme la glace tend à occuper un plus grand volume, les parois sont repoussées avec une force irrésistible. Alors la bouteille rompt, le col obstrué par le bouchon ne pouvant donner passage au trop-plein. Ainsi encore les tuyaux de conduite des fontaines sont fendus, les bassins en maçonnerie sont crevassés, si le contenu vient à geler en entier; des canons en bronze remplis d'eau et solidement bouchés, se déchirent comme de minces tuyaux quand on les expose à la rigueur du froid; les rochers les plus durs, s'ils emprisonnent de l'eau dans quelques fentes, se brisent par la gelée et démontrent toute l'exactitude de cette expression populaire. *Il gèle à pierres fendre.* On appelle *force expansive* de la glace cette augmentation de volume, et elle est telle que rien ne lui résiste.

Certaines pierres qu'on fait entrer dans les constructions s'imbibent d'eau à la surface. S'il survient du froid, l'eau emprisonnée dans la pierre augmente de volume en se congelant, presse de toutes parts, et finalement réduit en poudre la couche extérieure de la pierre. Ceci se répétant chaque hiver, les constructions faites avec ces pierres sont en peu d'années profondément détériorées. Il faut éviter l'emploi de ces matériaux, qu'on appelle pierres gélives.

On explique de la même manière l'effet meurtrier de la gelée sur les plantes. Si l'on regarde attentivement la section d'un rameau de vigne sec et coupé avec netteté, on voit une foule de très-petits orifices dans lesquels un crin tout au plus pourrait s'engager. Ces orifices correspondent à autant de canaux très-allongés ou vaisseaux dans lesquels la séve circule pendant la belle saison, comme le sang circule dans les veines des animaux. S'il vient à geler pendant que ces vaisseaux sont pleins de séve, l'expansion de la glace les déchire, et la plante périt.

Si la force expansive de la glace occasionne des dégâts en agriculture, elle rend aussi des services. Ainsi, lorsqu'on fait des défoncements ou des labours profonds, on amène à la surface du sol de la terre qui, pour être favorable à la végétation, doit s'ameublir, c'est-à-dire se diviser facilement pour offrir un libre passage aux racines des récoltes futures. L'eau des pluies pénètre d'abord les mottes trop compactes, et s'il survient des gelées, l'expansion de la glace a bientôt réduit ces mottes en poudre. C'est ce qui fait dire que la pluie et la gelée *mûrissent* les terres. L'automne est donc la saison propice aux défoncements et aux labours profonds.

(1) Donné par le *Bulletin* des Ardennes.

II.

COURS MOYEN.

(Lire préalablement ce récit.)

Il a fait son devoir.

Une ronde de sûreté explorant, vers une heure du matin, le treizième arrondissement, entendit, tout à coup des aboiements furieux. S'étant promptement dirigés du côté d'où venait le bruit, les agents aperçurent un gros chien maintenant à terre un homme qu'il avait terrassé et le mordant chaque fois qu'il essayait de faire un mouvement.

On eut beaucoup de peine à délivrer cet individu; et lorsqu'on l'eut aidé à se relever, on reconnut qu'il avait sous sa blouse, attachés à l'aide de cordes formant bretelles, un morceau de lard fumé d'environ 10 kilog., deux paquets de saucisses de Strasbourg, un saucisson de Lyon, etc.

Pressé de questions au sujet de la provenance de ces marchandises, il finit par avouer qu'il les avait prises dans la boutique d'un marchand de comestibles, où il s'était introduit à l'aide d'effraction. Le chien de garde, dont il avait d'abord endormi la vigilance en lui jetant de la viande, s'était lancé à sa poursuite, l'avait renversé, et mis dans l'état où on l'avait trouvé.

Ce voleur a été conduit au poste, tandis que le chien, satisfait d'avoir rempli son devoir, regagnait le sien en remuant la queue.

Travail préparatoire en commun.

Qu'est-ce qu'une *ronde de sûreté*? — A quelle heure passait-elle? — Qu'entendit-elle? — Où? — Dans quelle ville? — Qu'aperçurent les agents? — Que faisait ce chien? — Qu'est-ce que l'individu avait sous sa blouse? — Attachés comment? — Qu'avoua-t-il?

Entrer dans une habitation en forçant les serrures, cela s'appelle entrer par... effraction. — Qu'avait fait le chien? — Que fit-on du voleur? — Que devint le chien?

Canevas. — Ronde de sûreté. — Une heure du matin. — Paris. — Aboiements: chien, homme terrassé. — Sous sa blouse... — Il avoue: comestibles, chien. — Poste.

III.

COURS ÉLÉMENTAIRE.

Lire aux enfants le récit suivant, et le leur faire reproduire de vive voix.

La petite Marie.

Une jeune fille de quinze ans parcourait d'un pas leste et rapide le chemin qui mène à la ville de Vesoul. Elle allait gaiement acheter, du fruit de ses économies, l'habit qu'elle espérait porter dans quelques jours à la fête de son village. La joie est dans son cœur; sa parure éclipsera celle de ses compagnes. Cette petite fille est Marie, fille d'un pauvre vigneron.

Au milieu de ses rêves charmants, elle rencontre un vieillard réduit à la misère et qui fondait en larmes. Marie s'arrête ; elle écoute en pleurant aussi le récit de ses malheurs : son âme s'ouvre à la pitié ; elle n'a plus besoin d'habits neufs ; la charité naît dans son cœur et triomphe de l'amour de la parure. Elle donne au vieillard sa petite bourse, et commence à sentir qu'une bonne action rend plus heureux que de beaux habits.

ARITHMÉTIQUE ET SYSTÈME MÉTRIQUE

PROBLÈMES GRADUÉS POUR LES COMPOSITIONS.

COURS SUPÉRIEUR.

I. — *Arithmétique.*

1. — Un ouvrier doit parcourir 42 kilomètres en 15 jours. Il perd 3 jours. Combien doit-il parcourir de kilomètres par jour pour n'être pas en retard ? — Rép. 3 kilom. 5.

2. — Un ouvrier mettrait 30 jours pour gagner 21 francs de plus que son camarade qui reçoit 87 francs pour 15 jours. En combien de jours le premier ouvrier gagnerait-il 156 francs ? — Réponse : 24 jours.

3. — Un négociant achète des marchandises à 18 mois de crédit. Au bout de 10 mois, il en paye la moitié ; et 8 mois après ce premier payement, il paye la moitié du reste. Combien de temps après le second payement pourra-t-il effectuer le troisième pour compenser ses avances ? — Rép. 16 mois.

4. — Deux pièces du même drap à 16 fr. 75 le mètre coûtent ensemble 804 francs. La première pièce coûtant 134 francs de plus que la seconde, combien chaque pièce contient-elle de mètres ? — Rép. La première, 28 mètres ; la seconde, 20 mètres.

5. — Quel est le plus grand nombre qui divise à la fois 7.260 et 960 ? — Rép. 60.

II. — *Système métrique.*

1. — Un boulanger a acheté 144 kilogrammes de farine à 40 francs le quintal. Avec 75 décagrammes de farine, il fait 1 kilogramme de pain qu'il vend 0 fr. 35. Quel est son bénéfice total ? — Réponse : 9 fr. 60.

2. — Un propriétaire a acheté au prix de 40 francs l'are une vigne carrée de 0 hect. 49. Combien lui coûterait une autre vigne également carrée et de même qualité, mais d'un côté double ? — Réponse : 7.840 francs. (Les surfaces des polygones semblables étant entre elles *comme les carrés des côtés homologues* de ces polygones, il en résulte qu'en *doublant* les dimensions d'un polygone, on en *quadruple* la surface : 40 fr. $\times$ 49 $\times$ 4 = 7840 francs.

3. — Un terrain de forme triangulaire a une surface de 10.274^{mq}60, et pour base 250^{m}60. Quelle est la longueur du plus court chemin de cette base au sommet opposé ? — Rép. 82 mètres.

4. — Une cour circulaire a 215 mètres de circonférence. Quelle est sa surface en ares ? — Réponse : 36 ares 79.

5. — On a un pré rectangulaire de 139 mètres de long sur 110 mètres de large. On veut prendre 26 ares dans le sens de la longueur : quelle sera la largeur de la partie prise ? et combien restera-t-il du champ ? — Rép. : 1° 18^{m}705 ; 2° 128 ares 012.

COURS MOYEN.

I. — *Arithmétique.*

1. — Un ouvrier économise 375 francs par an. Il dépense en moyenne 125 francs par mois. Combien gagne-t-il par jour en supposant qu'il travaille 300 jours par an ? — Rép. 6 fr. 25.

2. — Si l'on retranchait 0.04 de 3.6 ; puis du reste obtenu, si l'on retranchait encore 0.04, et ainsi de suite, autant qu'on pourrait le faire, combien ferait-on de soustractions ? — Rép. 90.

3. — Deux pièces du même drap coûtent ensemble 1.073 fr. 25. La première, qui a 9 mètres de plus que la seconde, coûte 60 fr. 75 de plus. Combien de mètres dans chaque pièce ? — Rép. : La première a 84 mètres ; la seconde, 75 mètres.

4. — En multipliant par 3.5 le résultat d'une soustraction, on trouve 2.821. Quel est le plus grand nombre de cette soustraction, si le plus petit est 539 ? — 1.345.

5. — Un employé qui gagne 1.168 francs par an met de côté 547 fr. 50. Que dépense-t-il par semaine ? — Rép. 11 fr. 93.

II. — *Système métrique.*

1. — Paris, capitale de la France, a une superficie d'à peu près 700.000 ares ; celle de Londres, capitale de l'Angleterre, étant d'environ 100 kilomètres carrés, quelle est la différence de ces deux superficies en décamètres carrés ? — Rép. 300.000 décamètres carrés.

2. — On a payé 139 fr. 50 pour une pièce d'étoffe à 3 fr. 60 le mètre. Combien la pièce contient-elle de centimètres ? — Rép. 3.875.

3. — Combien faudrait-il ajouter d'ares à 17.453 mètres carrés pour avoir 3 hectares 9 ares ? — Rép. 134 ares 47.

4. — Un cultivateur possède 4 pièces de terre qui contiennent : la première, 123 ares ; la seconde, 15 centièmes de kilomètre carré ; la troisième, 4 hectares 6 mètres carrés ; et la quatrième, 21.000 centiares. Quelle est la valeur du tout à 37 fr. 20 l'are ? — Rép. 83.069 fr. 83.

5. — 100 pas d'un homme font en moyenne 8 décamètres 8 mètres. Combien 2.045 de ces pas font-ils de centimètres ? — Rép. 179.960 centimètres.

COURS ÉLÉMENTAIRE.

Arithmétique.

I.

1. — La ville de Marseille a été fondée par les Phocéens vers l'an 600 avant Jésus-Christ. Quel est l'âge de cette ville en 1875 ? — Rép. 2475 ans.

2. — Charlemagne avait 26 ans lorsqu'il a succédé, en 768, à son père Pépin le Bref, et il est mort après 46 ans de règne. En quelle année est-il

mort et à quel âge? — Rép.: 1° en 814; 2° à 72 ans.

3. — Un marchand perd 93 francs en revendant une pièce d'étoffe 512 francs. Combien avait-il acheté cette pièce? — Rép. 605 francs.

4. — Un quintal vaut 100 kilogrammes et une tonne 1.000 kilogrammes. Quel est le poids total de 4 quintaux et de 3 tonnes et demie? — Réponse : 3.900 kilogrammes.

5. — Un ouvrier a gagné 78 francs dans le mois d'octobre, 27 francs de plus dans le mois de novembre et 35 francs de plus dans le mois de décembre que dans le mois de novembre. Combien a-t-il gagné dans les trois mois? — Rép. 323 francs.

II.

1. — Additionner mille sept cents mètres + mille sept mètres + mille soixante-dix mètres? — Réponse : 3.777 mètres.

2. — Charles est né en 1861. En quelle année a-t-il eu 8 ans? — Rép. En 1869.

3. — Jules achète une toupie 15 centimes et il lui reste 25 centimes. Combien avait-il avant l'achat? — Rép. 40 centimes.

4. — Un épicier a acheté un pain de sucre pour 15 francs. Combien doit-il le revendre pour gagner 4 francs? — Rép. 19 francs.

5. — Dans une année, la ville de Paris a consommé 74.143 bœufs, 17.553 vaches, 72.187 veaux et 447.853 moutons. Combien cette ville a-t-elle consommé de bêtes en tout? — Rép. 611.736.

ARITHMÉTIQUE ET GÉOMÉTRIE.

SOLUTIONS DEMANDÉES.

I.

Problème proposé par M. R..., à S. (Loire-Inférieure).

Pour le passage d'un pont, on fait payer 15 centimes par voiture à 2 chevaux, 10 centimes par voiture à 1 cheval, 5 centimes par cavalier et 3 centimes par piéton. Dans la quinzaine, le nombre des voitures à 2 chevaux a été les $\frac{2}{5}$ de celui des voitures à 1 cheval; le nombre des voitures à 1 cheval les $\frac{3}{11}$ du nombre des cavaliers; le nombre des cavaliers les $\frac{5}{27}$ de celui des piétons. La recette de la quinzaine s'étant élevée à 168 fr. 72, on demande combien il est passé de voitures à 2 chevaux, combien de voitures à 1 cheval, combien de cavaliers et combien de piétons?

Solution.

Si on suppose qu'il soit passé 100 piétons sur le pont, d'après l'énoncé, il sera passé :

$$\frac{100 \times 5}{27} \text{ cavaliers,}$$

$$\frac{100 \times 5 \times 3}{27 \times 11} \text{ voitures à 1 cheval,}$$

$$\text{et } \frac{100 \times 5 \times 3 \times 2}{27 \times 11 \times 5} \text{ voitures à 2 chevaux.}$$

La recette, par suite, aura été de :

$$3 \text{ cent.} \times 100 + \frac{5 \text{ cent.} \times 500}{27} + \frac{10 \text{ cent.} \times 1500}{297} + \frac{15 \text{ cent.} \times 3000}{1485}$$

$$\text{ou de } \frac{703000}{1485} \text{ centimes.}$$

Or, si pour une recette de $\frac{703000}{1485}$ centimes, il passe 100 piétons,

Une recette de 168 fr. 70 indique qu'il est passé :

$$\frac{100 \times 1485 \times 16872}{703000} = 3564 \text{ piétons.}$$

Le nombre des cavaliers, par suite, sera de

$$\frac{3564 \times 5}{27} = 660$$

Celui des voitures à 1 cheval :

$$\frac{660 \times 3}{11} = 180$$

Et celui des voitures à 2 chevaux :

$$\frac{180 \times 2}{5} = 72.$$

Vérification. — 0 fr. 03 × 3564 + 0 fr. 05 × 660 + + 0 fr. 10 × 180 + 0 fr. 15 × 72 = 168 fr. 72.

II.

Réponse à M. X...

Votre critique du problème de géométrie inséré dans le numéro du 8 novembre est erronée.

La solution donnée dans le journal est très-exacte, très-claire et très-simple.

Vous vous trompez quand vous dites que 2 EB = AB, et que la figure ACDF est un losange. Pour vous en convaincre, il vous suffira d'essayer d'appliquer votre démonstration à la figure ci-dessous :

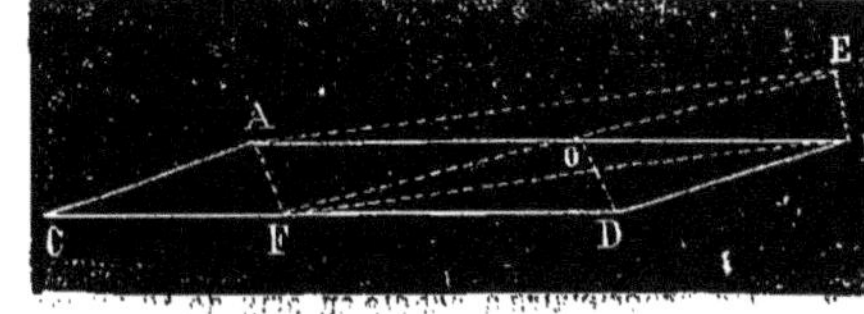

Le triangle ACF, qui, d'après vous, est équilatéral, ne sera équilatéral que dans le cas, très-particulier, où l'angle C du parallélogramme *donné* serait de 60°. Dans tout autre cas, votre raisonnement est faux.

III.

Problème proposé par M. P... à V... (Meurthe-et-Moselle), et donné au concours d'admission à l'école normale de la Somme.

Trois terrassiers creusent un fossé : le 1er et le

2e le creuseraient en 1 jour $\frac{5}{7}$; le 2e et le 3e le creuseraient en 2 jours $\frac{2}{9}$, et le 1er et le 3e le creuseraient en 1 jour $\frac{7}{8}$. Combien de temps chaque terrassier, travaillant seul, mettrait-il pour creuser le fossé ?

1° Solution arithmétique.

Le 1er et le 2e ouvrier pouvant creuser le fossé en 1 jour $\frac{5}{7}$, creusent ensemble par jour les $\frac{7}{12}$ ou les $\frac{35}{60}$ du fossé.

Par la même raison, le 2e et le 3e creusent par jour les $\frac{9}{20}$ ou les $\frac{27}{60}$ du fossé.

Et le 1er et le 3e, dans le même temps, creusent les $\frac{8}{15}$ ou $\frac{32}{60}$ du fossé;

En comparant l'ouvrage du 1er et du 2e ouvrier, $\frac{35}{60}$, avec celui fait par le 1er et le 3e, $\frac{32}{60}$, le travail du 1er étant le même dans les deux cas, on voit que la différence $\frac{3}{60}$ provient de ce que le second ouvrier fait par jour $\frac{3}{60}$ du fossé de plus que le 3e. Mais ces deux derniers, d'après l'énoncé, font ensemble, par jour, $\frac{27}{60}$. Donc le 2e ouvrier fait par jour $\frac{15}{60}$ du fossé, et le 3e $\frac{12}{60}$.

Si, pour faire les $\frac{15}{60}$ du fossé, le 2e ouvrier met 1 jour, pour faire les $\frac{60}{60}$, ou le fossé lui-même, il mettra $\frac{1 \text{ j.} \times 60}{15} = 4$ jours.

De même, le 3e ouvrier mettrait $\frac{60}{12} = 5$ jours.

Et, enfin, en comparant les deux premières fractions $\frac{35}{60}$ et $\frac{27}{60}$, le travail du 2e ouvrier étant le même dans les deux cas, on voit que le 1er fait par jour $\frac{8}{60}$ du fossé de plus que le 3e, c'est-à-dire qu'il fait $\frac{20}{60}$.

Et il mettrait à lui seul, pour creuser le fossé tout entier, $\frac{60}{20} = 3$ jours.

2° Solution algébrique.

Si on prend pour unité de temps le jour, en désignant par x, y, z, le nombre de jours que mettra chaque ouvrier, on a ;

$$\frac{1}{x} + \frac{1}{y} = \frac{7}{12}$$

$$\frac{1}{y} + \frac{1}{z} = \frac{9}{20}$$

$$\frac{1}{x} + \frac{1}{z} = \frac{8}{15}$$

Ce qui donne immédiatement :

$$\frac{1}{x} - \frac{1}{z} = \frac{8}{60}$$

Et comme $\frac{1}{x} + \frac{1}{z} = \frac{8}{15}$

on a : $2 \times \frac{1}{x} = \frac{40}{60}$, ou $x = 3$.

De même, $y = 4$ et $z = 5$.

Nota. — Les défauts de concordance que M. P... signale dans sa lettre provenaient sans doute de ce que ses collègues, qui ont cherché la solution de ce problème, n'avaient pas rapporté toutes les grandeurs à une même unité.

V.

Problème proposé par M. P... à V..., et donné à Nancy à l'examen du brevet de second ordre (aspirantes, 2e session de 1874).

L'aiguille des heures et celle des minutes d'une montre sont au même point du cadran, entre 5 et 6 heures; dire l'heure exacte.

Solution.

A 5 heures, l'aiguille des heures était sur la division du cadran marquée V, et celle des minutes sur celle marquée XII; la distance qui séparait alors les deux aiguilles était donc de 25' ou 25 divisions.

La question est ainsi ramenée à trouver le temps que la grande aiguille a mis, à partir de ce moment, pour rattraper la petite, problème bien connu.

La grande aiguille parcourant 60 divisions du cadran par heure, pendant que la petite en parcourt 5, elle gagne sur celle-ci

$$60 - 5 = 55 \text{ divisions.}$$

Si, pour gagner 55 divisions, la grande aiguille met 1 heure ou 60 minutes; pour gagner 25°, elle mettra :

$$\frac{60^m \times 25}{55} = 27^m\, 16^s\, 4/11.$$

L'heure exacte est donc : $5^h 27^m 16^s\, 4/11$.

LEÇONS PRATIQUES ET GRADUÉES

Sur les matières comprises dans le programme de

L'ENSEIGNEMENT PRIMAIRE

Publiées par le

JOURNAL DES INSTITUTEURS

(Premier semestre 1875)

COURS ÉLÉMENTAIRE, COURS MOYEN, COURS SUPÉRIEUR :

LANGUE FRANÇAISE

Exercices de style, — Dictées expliquées
Orthographe et sens des mots

ARITHMÉTIQUE
SYSTÈME MÉTRIQUE—GÉOMÉTRIE
HISTOIRE — GÉOGRAPHIE
DESSIN — MUSIQUE

EXAMENS ET CONCOURS

Épreuves écrites et questions posées aux examens pour le Brevet de capacité, le Certificat d'études, les Concours cantonaux, etc.

EXAMENS DU BREVET DE CAPACITÉ. PARIS.

(Seconde session de 1874.)

ASPIRANTES AU BREVET DE SECOND ORDRE.

1° *Orthographe.*

Molière défend la comédie telle qu'il la conçoit.

J'avoue qu'il y a eu des *âges* où la *comédie* s'est *corrompue*. Et *qu'est-ce que* dans le monde on ne corrompt point tous les jours? Il n'y a chose si *innocente* où les hommes ne puissent porter du crime, point *d'art* si *salutaire* dont ils ne soient capables de renverser les intentions, rien de si bon en soi qu'ils ne puissent tourner à de mauvais usages. Mais on ne *laisse* pas pour cela *de* faire les distinctions qu'*il* est besoin de faire : on n'enveloppe pas dans une fausse conséquence la honte des choses que l'on corrompt avec la malice des *corrupteurs;* on sépare toujours le mauvais usage d'avec l'intention de l'art; et comme on ne s'avise pas de défendre la *médecine* pour avoir été *bannie* de *Rome*, ni la *philosophie* pour avoir *été* condamnée publiquement dans *Athènes*, on ne doit pas aussi vouloir *interdire* la comédie pour avoir été *censurée* en de certains temps. Cette censure a eu ses raisons qui ne subsistent point ici; elle s'est renfermée dans ce qu'elle a pu voir, et nous ne devons point la tirer des bornes qu'elle s'est *données*, l'étendre plus loin qu'il ne faut, et lui faire embrasser l'innocent avec le *coupable*. La comédie qu'elle a eu *dessein* d'attaquer n'est point du tout la comédie que nous voulons défendre : il se faut bien garder de confondre celle-là avec celle-ci; ce sont deux personnes de qui les *mœurs* sont tout à fait opposées. Elles n'ont l'une avec l'autre que la ressemblance du nom, et ce serait une *injustice épouvantable* de la vouloir condamner. De semblables *arrêts* feraient un grand désordre dans le monde. Ne doit-on pas approuver les pièces de *théâtre* *où* l'on verra régner l'instruction et l'honnêteté?

MOLIÈRE.

Conformément à ce qui a été dit, dans le numéro 49, (5 décembre 1874), nous n'expliquerons pas aujourd'hui la dictée du brevet. Nous nous contentons d'indiquer, en caractères italiques, les mots sur l'orthographe, le sens ou l'étymologie desquels le maître devra interroger les élèves.

2° *Rédaction.*

Le procès de Jeanne d'Arc.

3° *Arithmétique.*

1. Exposé de la numération écrite.
2. Un cultivateur avait fait assurer ses bâtiments et son matériel d'exploitation, et le tout était estimé 52.000 francs. Il a été victime d'un incendie 3 ans 9 mois après avoir contracté son engagement avec la compagnie. Les dégâts ont été évalués aux 9/13 des valeurs assurées. La prime d'assurance, fixée à 1 fr. 50 p. 1.000, a été payée à la fin de chaque année. On demande quelle somme le cultivateur devra recevoir de la compagnie?

SOLUTIONS (1).

I.

Numération écrite.

La numération écrite a pour but la représentation des nombres à l'aide de caractères particuliers appelés *chiffres*.

(1) Nous croyons utile, dans l'intérêt des aspirants au brevet de capacité et des élèves du cours supérieur, de donner, de temps à autre, un spécimen des réponses aux questions de théorie arithmétique

On a cherché le moyen de représenter tous les nombres avec la plus petite quantité de caractères possible ; et l'on a suivi pour cela une marche analogue à celle qu'on avait adoptée dans la numération parlée.

Dans la numération parlée, les noms des nombres se forment tous en ajoutant les noms des neuf premiers nombres à ceux des unités des différents ordres : on a donc inventé un caractère particulier pour ces neuf premiers nombres. Ce sont :

1, 2, 3, 4, 5, 6, 7, 8, 9.

Dans la numération parlée, on compte par *dizaines*, *centaines*, *mille*, *dizaines de mille*, *centaines de mille*, *millions*, etc., comme par *unités*; on est convenu aussi que ces neuf chiffres représenteraient également les diverses collections de dizaines, de centaines, de mille, etc. Seulement, pour faire en sorte qu'un chiffre puisse représenter telle ou telle collection d'unités, on est *convenu* (ayant déjà remarqué dans la numération parlée que chaque unité est décuple de la précédente) que *tout chiffre placé à la gauche d'un autre représente des unités dix fois plus grandes que celles qui sont représentées par cet autre.* Ainsi, *convenant* que le chiffre placé au premier rang, en allant de droite à gauche, représente des *unités simples*, celui qui sera au second rang représentera des *dizaines*, celui qui sera au troisième rang des *centaines*, et ainsi de suite; de sorte que *le rang d'un chiffre indique l'ordre des unités qu'il représente.*

Si l'on avait, par exemple, à écrire le nombre *neuf cent quarante-trois*, ce nombre se composant de neuf centaines, quatre dizaines et trois unités, les chiffres qu'il faudra employer seront respectivement 9, 4 et 3, disposés de telle façon que le 3 soit au premier rang en allant de droite à gauche, parce qu'il représente des unités simples, le 4 au second et le 9 au troisième. L'expression du nombre sera donc 943.

Si quelques ordres d'unités manquaient dans un nombre qu'on veut écrire, afin de conserver aux chiffres le rang des unités qu'ils doivent représenter, on a inventé un dixième caractère, 0, appelé *zéro*. Ce chiffre n'a aucune valeur par lui-même ; il sert seulement à remplacer les unités qui manquent dans un nombre.

Ainsi, l'expression du nombre *neuf cent trois unités* serait 903.

Il est donc possible maintenant d'écrire en chiffres un nombre quelconque, car on peut le supposer décomposé en ses diverses collections d'unités, et chacune d'elles n'en contenant pas plus de 9, il n'y aura qu'à placer aux premier, deuxième, troisième, quatrième etc. rangs, les chiffres qui représentent respectivement les *unités*, *dizaines*, *centaines*, *mille*, etc.

D'après ce qui précède, on voit qu'un chiffre a deux valeurs, l'une, *absolue*, qui dépend de sa forme, qui ne varie jamais, celle qu'il a quand il est seul, isolé; l'autre, *relative*, qui dépend de la place qu'il occupe dans un nombre. Ainsi dans 943, la valeur absolue de 4 est *quatre*, sa valeur relative est *quatre dizaines* ou *quarante*.

De ce qui précède, on peut déduire les deux règles suivantes :

1° *Règle à suivre pour écrire en chiffres un nombre énoncé.*

Pour écrire en chiffres un nombre énoncé, on écrit les uns à la suite des autres, en allant de gauche à droite, les chiffres qui représentent les centaines, dizaines et unités de l'ordre le plus élevé, puis les chiffres qui représentent les unités de l'ordre *immédiatement* inférieur, et ainsi de suite, jusqu'aux unités simples, en ayant soin de remplacer par des zéros les collections qui pourraient manquer. Il est évident que si les centaines, ou les centaines et les dizaines, de l'ordre le plus élevé manquaient il serait inutile de les remplacer par des zéros.

L'expression en chiffres du nombre *cinq quatrillions six cent quatre billions deux mille vingt-cinq unites* sera 5,000,604,000,002,025.

2° *Manière de lire un nombre écrit en chiffres.*

Pour lire un nombre écrit en chiffres, on partage ce nombre en tranches de trois chiffres, en allant de droite à gauche, sauf à n'en laisser qu'un ou deux à la dernière tranche de gauche. Les tranches qu'on a ainsi formées correspondent respectivement aux différents ordres d'unités ternaires. La première représente donc des unités simples, la deuxième des mille, la troisième des millions, et ainsi de suite.

Commençant alors par la gauche, on énonce chaque tranche comme si elle était seule, en ajoutant après ses unités le nom de l'unité ternaire.

Soit à lire le nombre 5,000,604,000,002,025. Je le partage en tranches de trois chiffres à partir de la droite et j'obtiens ainsi 5,000,604,000,002,025, que j'énonce *cinq quatrillions six cent quatre billions deux mille vingt-cinq unités.*

II.

Les dégâts ont été évalués à la somme de :

$$\frac{52000 \text{ fr.} \times 9}{13} = 36000 \text{ francs.}$$

Mais au moment de l'incendie, le cultivateur devait 9 mois de la prime annuelle.

Cette prime annuelle étant de :

$$1 \text{ fr. } 50 \times 52 = 78 \text{ francs ;}$$

La prime due au moment de l'incendie était de :

$$\frac{78 \text{ fr.} \times 9}{12} = 58 \text{ fr. } 50.$$

Le cultivateur recevra donc de la compagnie :

36000 fr. moins 58 fr. 50 = 35941 fr. 50.

DICTÉES.

COURS SUPÉRIEUR.

Aspect de Constantinople.

Constantinople, et surtout la côte d'Asie, étaient noyées dans le brouillard : les *cyprès* et les *minarets* que j'apercevais à travers cette vapeur, présentaient l'aspect d'une forêt dépouillée.

Le vent du nord se leva, et balaya en moins de quelques minutes la *brume* répandue sur le tableau; *je me trouvai* subitement au milieu du palais du *commandeur des croyants :* ce fut le coup de baguette *d'un génie*. Devant moi *le canal de la mer Noire* serpentait entre des collines riantes, ainsi qu'un fleuve *superbe :* j'avais à droite la terre d'Asie et la ville de *Scutari;* la terre d'Europe était à ma gauche; elle formait, en se creusant, une large *baie*, pleine de grands navires *à l'ancre*, et traversée par *d'innombrables* petits bateaux. Cette baie, renfermée entre deux coteaux, présentait en regard et *en amphithéâtre* Constantinople et *Galata*. *L'immensité* de ces trois villes étagées, Galata, Constantinople et Scutari; les cyprès, les minarets, les mâts des vaisseaux qui s'élevaient et se confondaient de toutes parts; la verdure des arbres, les couleurs des maisons blanches et rouges; la mer qui étendait sous ces objets sa nappe bleue, et le ciel qui déroulait au-dessus un autre champ *d'azur :* voilà ce que *j'admirais*. On *n'exagère point* quand on dit que Constantinople offre le plus beau point de vue de l'univers.

CHATEAUBRIAND.

Explications.

1. *Constantinople.* Capitale de l'empire de Turquie, à 2.640 kilomètres de Paris; 715.000 habitants. Son nom vient de *Constantin*, empereur romain, qui fonda cette ville en 330.

2. *Cyprès* (en latin *cupressus*). Les cyprès sont des arbres à rameaux serrés et touffus, de forme pyramidale. Symbole de la mort et du deuil. *Changer les lauriers en cyprès*, la victoire en deuil, trouver la mort dans la victoire.

3. *Minarets.* Tours élevées surmontant les mosquées ou temples des mahométans.

4. *Brume*, brouillard; se dit surtout des brouillards de mer.

5. *Je me trouvai.* Quel temps? Mettez au pluriel?

6. *Commandeur des croyants*, titre que portaient les califes ou souverains mahométans.

7. *Le coup de baguette d'un génie*, d'une fée, d'un *esprit*. *Génie* vient du latin *genius*, génie, démon favorable. Chez les anciens, on jurait par son *génie*. Le mauvais *génie* de Brutus lui avait apparu la veille de la bataille de Philippes. Vous êtes mon *bon génie*, mon protecteur, mon conseiller. *Avoir le génie de...*, le talent, l'aptitude. *Un homme de génie*, doué d'un esprit, d'un talent supérieur. *Le génie* d'une langue, ce qui la distingue d'une autre. *Le génie*. Terme de guerre; l'art de l'attaque et de la défense des places, l'*arme du génie*, l'*école du génie*.

8. Le *canal de la mer Noire*, le détroit de Constantinople.

9. *Superbe*, orgueilleux, arrogant. Peut avoir le sens de beau, grand, magnifique : Une forêt *superbe*. La *superbe*, l'orgueil, l'arrogance, la vaine gloire.

Abattons sa *superbe* avec sa liberté.

CORNEILLE.)

10. *Scutari*. Deux villes portent ce nom : *Scutari*, dans la Turquie d'Asie; *Scutari*, dans la Turquie d'Europe.

11. *Baie*, petit golfe; prend quelquefois le nom de *havre*, rade, port.

12. A *l'ancre*, au repos, immobiles. *Jeter l'ancre*, *lever l'ancre*, *mouiller l'ancre* ou simplement *mouiller*. Au figuré : *ancre de salut*, dernière ressource.

13. *Innombrables*, qu'on ne peut nombrer, compter. *In*, préfixe à sens négatif. *In*occupation, *in*odore, *in*observation, *in*intelligent, *in*habitable, *in*fructueux, *in*fini, *in*fidèle, *in*exprimable, *in*direct.

14. *En amphithéâtre*, par étages, par degrés. Amphithéâtre, du grec *amphi*, autour; *theâtron*, théâtre.

15. *Galata*. Faubourg de Constantinople, sur la rive orientale du port.

16. *Immensité*, grandeur sans bornes. De *in*, négatif, et *mensus*, mesure : sans mesure, qu'on ne peut mesurer.

17. D'*azur*, bleu clair.

18. *J'admirais.* A quel temps? A quel mode? Voilà ce que *nous admirions*, en ce moment.

19. *On n'exagère point*. *Pas* et *point* annoncent toujours la négation. *Pas* et *point*, sont, par origine, des substantifs qui complètent la négation *ne*. Pluriel : Nous *n*'exagérons point.

COURS MOYEN.

Portrait de Christophe Colomb.

Jamais homme n'a été plus *favorisé* de la nature. *Son* corps était tout à fait *digne* de loger une âme si *belle*. Il avait les yeux *bleus* et *animés ; son* maintien était *plein* de noblesse; il était *éloquent*, *affable* et *enjoué ;* il était *sobre* et *modéré* en *toutes* choses; il avait *tous* les genres de courage. Malgré *ses longs* voyages et *ses* études dans le ciel, il n'avait pas cessé de cultiver les *belles-lettres ;* la poésie fut souvent *toute sa* consolation dans les chagrins de *sa* vie. Il faisait des vers *latins*, ce qui était *toute* la poésie de *cette* époque. Vous dire qu'il était *plein* de croyance en Dieu, c'est *inutile ;* la croyance, vous le verrez plus tard, est le *seul* principe des *grandes* choses.

JULES JANIN.

COURS ÉLÉMENTAIRE.

Au bivouac.

Voyez les *bataillons* français arriver au *bivouac* après une *marche* longue et pénible. Dès que les *tambours* ont cessé de battre, les *havresacs*, déposés en *rond* derrière les *faisceaux* d'*armes*, dessinent le *terrain* où la *chambrée* doit passer la *nuit*. On met bas les *habits ;* vêtus seulement de leurs *capotes*, les *soldats* courent aux *vivres*, au *bois*, à l'*eau*, à la *paille*. Le *feu* s'allume ; bientôt la *marmite* est dressée; les *arbres* apportés de la *forêt* sont grossièrement façonnés en *pieux* et en *poutres*. Pendant que les *baraques* s'élèvent, l'*air* retentit en mille *endroits* à la *fois* des *coups* de la *hache* et des *cris* des *travailleurs*.

EXERCICES DE STYLE.

COURS SUPÉRIEUR ET MOYEN.

Le maître lit aux élèves des deux cours réunis le récit suivant :

La petite fille et le fou.

Un meunier, du nom de Féray, ayant vu sa femme et sa fille, — charmante enfant de dix ans, — périr dans une inondation qui détruisit son moulin, devint fou de douleur. Le pauvre « *fou Féray* » était inoffensif, bien que sa mine fût effrayante. A la longue, comme bien des malheureux, hélas ! il avait lassé la compassion ; et, trop souvent, il n'était plus qu'un objet de risée.

Seule, la fille de la châtelaine du village, la petite Sibylle, lui témoignait une bienveillante pitié, et lui adressait de doux sourires que Féray semblait comprendre. Aussi le pauvre fou venait-il de temps à autre se coucher sous sa fenêtre, dans la cour du château.

Un jour Sibylle reçut la visite d'une de ses amies, petite fille très-espiègle, fort peu capable de réflexion, et qui avait d'ailleurs malheureusement plus d'esprit que de cœur.

Clotilde (c'était le nom de l'amie) avisa par une fenêtre le fou Féray, qui dormait à l'ombre au pied de la tourelle. Clotilde, sans mot dire, courut à la cuisine, se fit donner un paquet de cordelettes, y enfila des ferrailles, de vieux éperons, des débris de vitre qu'elle récolta de côté et d'autre, et alla discrètement suspendre cet attirail aux vêtements du fou endormi. Puis, ayant pris la précaution barbare de fermer toutes les grilles de la cour, elle appela son chien Max, espèce de molosse à demi sauvage qui la suivait partout. Elle poussa alors le fou d'un coup de pied et le réveilla en sursaut. « Ici, Max ! Ici, mon chien ! cria-t-elle. Mords-le ! mords-le ! » Jacques Féray avait grand'peur des chiens, qui lui témoignaient en général peu d'amitié. En voyant le bouledogue s'élancer vers lui, il prit sa course follement. Le bruyant appareil qui pendait à son collet se mit en mouvement et acheva de l'épouvanter. Il se précipitait et se heurtait d'une grille à l'autre, le chien sur ses talons, éperdu, haletant et hurlant, à la grande joie de Clotilde. Cependant Sibylle, attirée par le bruit, était accourue à la fenêtre. Dès qu'elle eut vu ce qui se passait, elle bondit dans la cour, et atteignit le fou au moment où le chien venait de saisir les lambeaux de toile qui enveloppaient ses jambes. L'enfant usa de toutes ses forces pour repousser loin de son protégé le féroce bouledogue, qui, tournant subitement sa rage contre elle, lui mordit le bras, d'où le sang coula. Les domestiques arrivèrent, écartèrent le chien, et emportèrent Sibylle évanouie. Devant ce résultat final de son espièglerie, Clotilde fondit en larmes ; mais lorsqu'on l'emmena une heure après, et qu'elle vit Jacques Féray, qui s'était recouché sur le pavé, se soulever et lui montrer le poing en agitant la ferraille dont elle l'avait affublé, elle ne put s'empêcher de rire de la menace silencieuse de l'idiot : grave et nouvelle faute !

Sibylle resta au lit avec la fièvre pendant trois jours. Jacques Féray passa ces trois jours étendu comme un mort sous la fenêtre de sa chambre. Après de vaines tentatives pour l'arracher de cette place, on l'y laissa et on lui aporta à manger. Il n'en bougeait pas, même la nuit. Le quatrième jour, au matin, il s'entendit appeler par son nom, et, se dressant brusquement, il vit Sibylle à sa fenêtre. Il y eut quelque chose de touchant dans le sourire qui passa alors comme un rayon du soleil d'hiver sur ce pauvre visage qui ne riait jamais.

D'après Octave Feuillet.

Après cette lecture, le maître fait ressortir, dans un entretien collectif, les traits principaux du récit, et met en relief, par des questions adressées à quelques-uns des élèves des deux cours, l'opposition des caractères des deux jeunes filles. Il part de là pour faire sentir ce qu'il y a de coupable dans la conduite d'un enfant qui ne craint pas d'insulter au malheur.

Ces salutaires impressions une fois éveillées dans le cœur des élèves, il leur donne à reproduire le récit d'après ce canevas :

Le meunier Féray. — Comment devenu fou ? — Objet de risée. — Sibylle. — Le fou reconnaissant. — Clotilde. Son caractère. — Le fou endormi. — Attirail accroché à ses vêtements. — Le chien. — Terreur du pauvre fou. — Sibylle s'élance. — Morsure. — Fièvre. — Feray sous la fenêtre jour et nuit. — Le quatrième jour. — Sourire sur le visage du fou.

COURS ÉLÉMENTAIRE.

(Lire le récit suivant.)

La Légende de la Pâquerette.

Les bergers et les mages se trouvaient ensemble autour de la crèche. Les bergers offrirent à l'enfant Jésus ce qu'ils possédaient : des fleurs des champs ; les rois entourèrent le divin berceau d'or, d'argent et de pierreries. A cette vue, les bergers devinrent tristes, et ils se dirent entre eux : « Ces hommes, avec leurs dons magnifiques, vont faire oublier les nôtres, qui ne sont que de pauvres fleurs ! »

Devinant la pensée des bergers, Jésus repoussa du pied les riches présents et, ramassant une pâquerette qui était près de lui, il la porta à sa bouche et la baisa. A dater de ce jour, les pâquerettes, qui auparavant étaient toutes blanches, eurent des étamines dorées, et l'extrémité de leurs feuilles devint rose.

Travail préliminaire en commun.

Qu'était-ce que la *crèche* ? Qui est *né* dans une crèche ? De qui Jésus reçut-il les *hommages* ? Qu'offrirent les *bergers* ? Et les *mages* ? Quel *sentiment* éprouvèrent les bergers ? Que craignaient-ils ? Que fit l'enfant Jésus ? Connaissez-vous les *pâquerettes* ? Comment s'appelle l'enveloppe verte d'une fleur ? Le *calice*. Et la seconde enveloppe, celle qui est colorée et qui, pour beaucoup, est la fleur proprement dite ? La *corolle*. Ce sont les feuilles de la corolle des pâquerettes qu'on arrache en disant, vous savez, à son frère ou à sa sœur : « *Je t'aime, un peu, beaucoup*, etc. » A l'intérieur, on voit des petits filets jaunes ; ce sont les *étamines*. D'après la légende, comment étaient *d'abord* les pâquerettes ? Comment devinrent les *étamines* ? Et *l'extrémité* des feuilles ?

Voyons, Emile, essayez maintenant de raconter de vive voix ce que nous venons de lire ensemble. ... A votre tour, Auguste.

Ce récit n'est pas vrai, mes enfants, mais il exprime des sentiments délicats. C'est un aimable apologue, une pieuse légende.

ARITHMÉTIQUE ET SYSTÈME MÉTRIQUE.

PROBLÈMES GRADUÉS POUR LES COMPOSITIONS.

I.

COURS SUPÉRIEUR.

I. — *Arithmétique.* (*Nombres premiers.*)

1. — Quels sont les nombres premiers de 1 à 100? Rép. 1, 2, 3, 5, 7, 11, 13, 17, 19, 23, 29, 31, 37, 41, 43, 47, 53, 59, 61, 67, 71, 73, 79, 83, 89, 97.

2. — Décomposer 8.085 en ses facteurs premiers? — Rép. $8085 = 3 \times 5 \times 7^2 \times 11$.

3. — Touver tous les diviseurs de 210? — Rép. 1, 2, 3, 6, 5, 10, 15, 30, 7, 14, 21, 42, 35, 70, 105, 210.

4. — Quel est le plus grand commun diviseur de 1530 et de 828? — Rép. 18.

5. — Un nombre décomposé en ses facteurs premiers donne $2 \times 3^3 \times 11^2 \times 19$. Trouver ce nombre? — Rép. 124.116.

II. — *Système métrique.* — (*Mesure des volumes.*)

1. — J'ai payé 735 francs un tas de bois dont la longueur est de 18m75, la largeur 0m80 et la hauteur 3m50. A combien me revient le stère? — Rép. 14 francs.

2. — Combien faut-il se procurer de briques ayant 0m35 de long sur 0m12 de large et 0m07 d'épaisseur pour faire une cloison de 24m50 de long, 3m60 de haut et 0m14 d'épaisseur? — Rép. 4.200.

3. — On veut creuser une grosse pierre pour en faire un réservoir contenant 1.125 litres d'eau. A quelle profondeur faut-il atteindre si la longueur de l'excavation est de 3m75 et la largeur 0m50? — Rép. 0m60.

4. — Une citerne a 1 mètre de long, 1 mètre de large et 1 mètre de haut. Elle est pleine jusqu'à 10 centimètres du bord. Combien contient-elle de seaux d'eau de chacun un décalitre? — Rép. 90.

5. — Combien peut-on faire de pavés d'un décimètre cube dans un bloc ayant 2 mètres sur 1m50 et 0m50? — Rép. 1.500.

II.

COURS MOYEN.

Arithmétique. — (*Les quatre règles.*)

1. — Une personne a touché 5 coupons d'obligations à 7 francs; 10 à 7 fr. 50; 1 à 6 fr. 88; 1 à 5 fr. 55; 1 à 11 fr. 68 et 2 à 20 francs. Elle a payé 1 centime par franc de commission. Combien a-t-elle reçu? — Rép. 172 fr. 36.

2. — Quelqu'un a 50 cartes de visite à envoyer. Il veut les expédier sous bande munie d'un timbre à deux centimes. Quelle sera sa dépense? — Rép. 1 franc.

3. — Une bouteille vide pèse 350 grammes. Pleine d'huile, elle pèse 1 kilog. 125 grammes. Pour combien contient-elle d'huile à raison de 1 fr. 20 le demi-kilo? — Rép. 1 fr. 86 c.

4. — 2 stères de bois achetés 14 francs le stère ont été brûlés par une famille en 45 jours. Quelle est, en moyenne, la dépense par jour? — Rép. 0 fr. 62 c.

5. — On doit fabriquer, à la Monnaie de Paris, 10 millions en pièces de 10 francs et 40 millions en pièces de 20 francs. Combien cette opération versera-t-elle de pièces de 10 francs et de pièces de 20 francs dans la circulation? — Rép. 1,000.000 de pièces de 10 francs et 2.000.000 de pièces de 20 francs.

II. — *Système métrique.* — (*Mesures de volume.*)

1. — Pour combien y a-t-il de bois dans un tas de 25 mètres de long, 4 mètres de haut et 0m82 de large, à 13 francs le stère? — Rép. 1.066 francs.

2. — 22 ouvriers ont extrait ensemble 345 mètres cubes de pierres à raison de 12 francs le mètre cube. Combien chacun doit-il recevoir? — Rép. 188 fr. 18 c.

3. — A 14 francs le stère de bois, combien est-ce le décastère? — Rép. 140 francs.

4. — Quel est le volume d'une pièce de charpente ayant 4m75 de longueur et 0m45 sur 0m40 d'équarrissage? — Rép. 8 décist. 55.

5. — Lorsque le mètre cube de bois de construction vaut 90 francs, quel est le prix du décimètre cube? — Rép. 0 fr. 09.

III.

COURS ÉLÉMENTAIRE.

I. — *Arithmétique.* — (*Numération et addition.*)

1. — Un domestique a reçu, pour les trois premiers trimestres de l'année, 648 francs; il lui est dû, pour compléter ses gages annuels, 216 francs. Combien gagne-t-il par an? — Rép. 864 francs.

2. — Une maison est achetée 25.375 francs. Combien faut-il la revendre pour gagner 2.600 francs? — Rép. 27.975 francs.

3. — Quelle somme totale font 8 billets de 1000 francs, 4 billets de 100 francs et 25 pièces de 10 francs? — Rép. 6.650 francs.

4. — Je voudrais échanger une somme de 45,600 fr. en or contre des billets de 100 francs. Combien recevrai-je de ces derniers? — Rép. 456.

5. — On peut payer 3.600 francs en pièces de dix francs. Combien faut-il de ces pièces?

II. — *Système métrique.* — (*Mesures de longueur.*)

1. — Ecrire en chiffres la longueur du méridien terrestre? — Rép. 40.000.000 de mètres.

2. — Si l'on divise en quatre parties le méridien terrestre, quelle sera la longueur d'une de ces parties? — Rép. 10.000.000 de mètres,

3. — Tracer une ligne d'un décimètre, une ligne d'un centimètre, une ligne d'un millimètre?

4. — Combien la classe a-t-elle de mètres de longueur?

5. — Quelle différence faites-vous entre dix décimètres, cent centimètres, mille millimètres, un mètre? — Rép. Aucune.

LEÇONS PRATIQUES ET GRADUÉES

Sur les Matières comprises dans le programme de

L'ENSEIGNEMENT PRIMAIRE

EXAMENS DU BREVET DE CAPACITÉ. PARIS.

(Seconde session de 1874.)

ASPIRANTES AU BREVET DE SECOND ORDRE

1° *Orthographe.*

Le chant du cygne.

Fier de sa noblesse, jaloux de sa beauté, le cygne semble faire parade de tous ses avantages; il a l'air de chercher à recueillir les suffrages, à captiver les regards, et il les captive en effet, soit que, voyageant en troupe, on voie de loin, au milieu des grandes eaux, cingler la flotte ailée, soit qu'en s'en détachant et s'approchant du rivage aux signaux qui l'appellent, il vienne se faire admirer de plus près, en étalant ses beautés et développant ses grâces par mille mouvements doux, onduleux et suaves.

Les anciens ne s'étaient pas contentés de faire du cygne un chantre merveilleux; seul entre tous les êtres qui frémissent à l'aspect de leur destruction, il chantait encore au moment de son agonie, et préludait par des sons harmonieux à son dernier soupir : c'était, disaient-ils, près d'expirer, et faisant à la vie un adieu triste et tendre, que le cygne rendait ces accents si doux et si touchants, et qui, pareils à un léger et douloureux murmure d'une voix basse, plaintive et lugubre, formaient son chant funèbre. On entendait ce chant, lorsqu'au lever de l'aurore les vents et les flots étaient calmes; on avait même vu des cygnes expirant en musique et chantant leurs hymnes funéraires. Nulle fiction en histoire naturelle, nulle fable chez les anciens n'a été plus célébrée, plus répétée, plus accréditée; elle s'était emparée de l'imagination vive et sensible des Grecs; poëtes, orateurs, philosophes même, l'ont adoptée comme une vérité trop agréable pour vouloir en douter. Les cygnes, sans doute, ne chantent point leur mort; mais toujours, en parlant du dernier effort et des derniers élans d'un beau génie prêt à s'éteindre, on rappellera avec sentiment cette expression touchante : C'est le chant du cygne.

(BUFFON.)

2° *Rédaction.*

Le maréchal de Saxe. — Bataille de Fontenoy.

3° *Arithmétique.*

1° Souvent l'on dit que l'are est un décamètre carré renfermant 100 mètres carrés. Dire en quoi cette définition prête à une objection.

2° Dire pourquoi le décimètre carré n'est pas un dixième de mètre carré, alors que *déci* signi dixième.

3° Un train de chemin de fer part à 9 heures du matin et fait 45 kilomètres par heure; un autre train part à 10 heures 15 minutes, et fait 42 kilomètres par heure. A quelle distance seront-ils l'un de l'autre à midi?

Solution du problème.

Le premier train faisant 45 kilomètres à l'heure, aura parcouru à midi :

$$45 \text{ kil.} \times 3 = 135 \text{ kilomètres.}$$

Le deuxième train faisant 42 kilomètres à l'heure, aura parcouru à midi :

$$42^k \times \left(12 - 10\frac{15}{60}\right) \text{ ou } 42^k \times \frac{105}{60} = 73^k 50.$$

Ils seront donc l'un de l'autre à une distance de:

$$135 \text{ kil.} - 73 \text{ kil. } 50 = 61 \text{ kilom. } 50.$$

DICTÉES.

I.

COURS SUPÉRIEUR.

Être utile.

O la grande et belle destinée des hommes qui peuvent se dire à *leur* lit de mort : « Ma vie n'a pas été inutile; je n'ai pas été un oisif fardeau sur la terre; poëte, j'ai *consolé* les hommes par mes *vers;* homme d'État, j'ai *servi* ma patrie par la politique; soldat, je l'ai *défendue* par les armes. » Moins que cela! Heureux celui qui peut se dire : « J'ai *donné* à mes concitoyens un bon métier pour filer le chanvre; je *leur* ai *enseigné* le moyen de conserver le poisson en le faisant sécher à la fumée! » Il n'y a pas de petits *services* rendus à la cause de l'humanité. La Hollande a *élevé* une statue en bronze au matelot qui lui enseigna à sécher le hareng! Bienheureux ceux qui ont été utiles à leurs semblables, ils ont *rempli* toute leur destinée ici-bas; ils peuvent mourir en paix; ils ont pour eux la reconnaissance des hommes et le repos dans le ciel.

Jules JANIN.

II.

COURS MOYEN.

Le corbeau.

Ce *facétieux personnage a* dans la plaisanterie l'avantage *que donne* le sérieux, la gravité, la tristesse de l'habit. J'en voyais un tous les jours dans les rues de *Nantes*, sur la porte d'une allée, qui, en *demi*-captivité, ne se consolait de son aile *rognée* qu'en *faisant des niches* aux chiens. Il laissait *passer* les *roquets;* mais, quand son œil malicieux *avisait* un chien *de belle taille*, digne enfin de son courage, il *sautillait* par derrière, et, par une *manœuvre* habile, *inaperçue*, tombait sur lui, donnait (*sec et dru*) deux piqûres de son fort bec noir; le chien fuyait en criant. Satisfait, paisible et grave, le corbeau se replaçait à son poste, et jamais *on n'eût pensé* que cette figure de *croque-mort vînt* de prendre un tel *passe-temps*.

(MICHELET.)

Explications.

1. *Facétieux*, plaisant, bouffon. Substantif : *facétie*. Débiter, faire des *facéties*. Se dit des personnes et des choses : Un conte *facétieux*, un esprit *facétieux*, une personne *facétieuse*. — 2. *Personnage*. Mot employé ici par ironie. *Personnage*, personne considérable, célèbre. Se croire un *personnage*. Rôle que joue un acteur, les *personnages* d'une pièce. Chacun de nous a son *personnage à faire*, en ce monde; a son rôle à jouer — 3 *A*, verbe. Pourquoi? Comment distingue-t-on *a* préposition de *a* verbe? — 4. *Donne*. Pourquoi au singulier? Les substantifs *sérieux*, *gravité*, *tristesse* sont placés par gradation. Accord avec lequel? Le premier ou le dernier? Analysez *que*. Est-ce une construction régulière? En quoi consiste l'*inversion?* Détruisez l'inversion, vous aurez?...

5. *Nantes*. Dans quel département? Et Mantes? Sous-préfecture de Seine-et-Oise. — 6. *Demi*, devant un nom, est invariable. Après, il varie en genre seulement : *demi*-heure, une heure et *demie*. *Demi* peut être substantif : La pendule a sonné la *demie*, elle sonne les *demies*. Dans ce cas, il prend *s* au pluriel.

7. *Rognée*. Pourquoi avait-il l'aile *rognée?* — 8. *Faire des niches*. Vous savez tous ce que cela veut dire? Même sens : *faire des malices*. *Niche* est ici une forme de *nique*, usité seulement dans cette locution : *faire la nique à quelqu'un*, lui témoigner moquerie et mépris par un certain signe de tête. On trouve le verbe *niquer* avec le sens de branler la tête.

9. *Passer*, pourquoi à l'infinitif? Mettez à la place un autre verbe qui ne soit pas de la première conjugaison : Il laissait... *fuir*. — 10. Les *roquets*, les petits chiens. Trouvez l'opposé de *roquet :* un... *dogue*.

11. *Avisait*, apercevait. N'a ce sens que dans le style familier. *Aviser*, signifie aussi *donner avis*, *faire connaître*... Alors il est verbe *actif*. Dans le sens de *pourvoir à*, *faire réflexion*, il est *neutre : Avisez* à ce qu'il faudrait faire. Nous *aviserons*. *S'aviser?* S'imaginer de trouver. On ne *s'avise* jamais de tout. — 12. *De belle taille*, gros. — 13. *Sautiller*, faire de petits sauts. Fréquentatif de *sauter*. (*Fréquentatif*, mot dérivé, indiquant une action faite fréquemment.) — 14. *Par une manœuvre*, par un mouvement, par une opération stratégique. *Manœuvre* signifie littéralement *œuvre* de la *main* (de *manus*, main ; *operis*, œuvre). *Un manœuvre*, un ouvrier qui travaille de ses mains, particulièrement un aide maçon ou couvreur. — 14. *Inaperçue*, *non* aperçue. Citez quelques mots commençant par *in* pris dans un sens négatif?

15. *Sec et dru*. Vous voyez d'ici comment frappait le corbeau. *Sec*, avec promptitude, sans rester sur l'objet frappé. *Dru*, à coups réitérés, serrés. Usage de la *parenthèse*? — 16. *On n'eût pensé*. Faire sentir la nécessité de la *négation*. Nous *n*'eussions pensé. A quel mode est *eût pensé?* Remplacez par une forme équivalente : jamais on *n'aurait pensé*. Quel temps du mode conditionnel? Pourquoi *pensé* est-il invariable? — 17. *Croque-mort*. On appelle ainsi, par plaisanterie ceux qui transportent les morts au cimetière. Vous savez qu'ils portent des vêtements de deuil et que le corbeau est, aussi, tout noir. — 18. *Vînt*. Au subjonctif. Après un verbe accompagné d'une négation on emploie le mode subjonctif. Quel temps du mode subjonctif? Quelle différence y a-t-il entre un mode et un temps? — 19. *Passe-temps*. Nom composé formé du verbe *passer* et du nom *temps*, — occupation légère et agréable; divertissement. Rappeler les règles principales de l'orthographe des noms composés?

III.

COURS ÉLÉMENTAIRE.

Les métaux.

I.

Donnez un *coup d'œil* à ces *chaudrons* qui brillent dans la *cuisine*. Ils sont en *cuivre*. La *pelle*, les *pincettes*, les *chenets* du *foyer*, sont en *fer*. La *lampe* qui reluit sur la *cheminée* est en *étain*. Le *tuyau* de la *pompe*, les *balles* de *fusil* sont en *plomb*. L'*arrosoir* du *jardin* est en *zinc*. Cette *pièce* de *monnaie* est en *argent*, en voici une en *or*. Les *boucles* d'*oreilles* de ma *sœur* sont en *or*.

II.

Le *cuivre* est un *métal*, le *fer* est un *métal*. L'*étain*, le *zinc*, le *plomb*, l'*argent*, l'*or* sont des *métaux*. Le *laiton* est fait avec du *cuivre* et du *zinc*. Le *bronze* des *cloches* est un *alliage* de *cuivre* et d'*étain*. Il y a du *cuivre* dans les *pièces* d'*or* et d'*argent*. Le *platine* est le plus lourd des *métaux*. Après vient l'*or*, puis le *plomb*, l'*argent*, le *cuivre*, le *fer*, puis l'*étain*, enfin le *zinc*.

EXERCICES DE STYLE.

I.

COURS SUPÉRIEUR.

Chacun pour tous ; tous pour chacun.

Sommaire. — Nous devons tout à nos devanciers et à nos contemporains. Que produit spontanément la terre? Voyez ce qu'il y a sur votre table, dans le jardin, dans la basse-cour. Considérez votre vêtement, votre maison, votre ameublement, vos livres, etc. Conséquence : soyons reconnaissants pour ceux qui nous ont précédés dans la vie, et travaillons à nous rendre utiles, nous aussi, à ceux qui viendront après nous.

Développement.

Tout homme qui réfléchit un peu s'aperçoit qu'il doit tout ce qu'il a et tout ce qu'il est à des millions de travailleurs inconnus.

Considérons que la terre ne produit spontanément que des végétaux insipides et des animaux farouches.

Il n'y a pas sur notre table un fruit, un légume, un condiment, un vin qui n'ait été perfectionné par l'homme. Les céréales de la plaine, les arbres du verger ont été amendés par ses mains. L'écurie, l'étable, la bergerie, le toit à porcs, la basse-cour, le chenil, fourmillent d'animaux plus ou moins exotiques mais tous domptés, apprivoisés, modifiés par les mains ingénieuses de l'homme.

Nos devanciers ont tiré avec soin les animaux utiles et repoussé dans leurs forêts les bêtes féroces.

Jetons un regard sur notre vêtement. Il est l'œuvre collective de vingt industriels. Le moindre clou de notre chaussure résume en lui une série de découvertes laborieuses et un travail ingénieux. Mille générations sont sué sang et eau pour produire le plus modeste vêtement. Regardons notre maison : quelle somme prodigieuse d'études et de labeur il a fallu mettre en commun pour nous loger le plus modestement du monde.

Le moindre fauteuil d'acajou a coûté l'invention de la boussole, le perfectionnement de la navigation, la découverte de l'Amérique! Ce livre que je tiens à la main, combien il a fallu d'inventions sublimes pour le fabriquer matériellement! Et que de belles choses les morts ont laissées pour nous dans les livres!

Les hommes d'autrefois sont donc nos bienfaiteurs et nous leur devons de la reconnaissance. Mais cela suffit-il? Pour acquitter complètement notre dette, il faut, comme nos devanciers, laisser derrière nous quelque chose. Nous sommes liés par des fils invisibles à tous les hommes passés, présents et futurs. Nous sommes les héritiers de tous ceux qui sont morts, les associés de tous ceux qui vivent, la providence de tous ceux qui naîtront.

II.

COURS MOYEN ET COURS ÉLÉMENTAIRE.

Le poulet et le renard.

Un imprudent petit poulet,
Désobéissant à sa mère,
Loin du poulailler s'en allait.
A sa mère il ne songeait guère;
Elle pourtant se désolait.
« Ah! si le renard, pensait-elle,
Ou quelqu'autre bête cruelle
Le rencontre, hélas! il mourra. »
Or, le renard le rencontra.
« Monsieur Poulet, c'est une joie
Pour moi de vous trouver ici.
Quel heureux hasard vous envoie?
— Il faisait beau, je suis sorti
Malgré ma mère qui s'entête,
Toujours pour des peurs sans raison,
A me garder à la maison;
Mais moi, j'aime agir à ma tête.
— Et vous avez bien fait de braver le danger...
Je n'aurais aujourd'hui, sans vous, rien à manger! »
Et se jetant sur la volaille,
Qui piaille,
Il la dévore en un moment.
La désobéissance avait son châtiment.

Explications.

Quel animal est le renard? Quel est son caractère? On dit même *fin comme un... rusé* comme un... Que vole souvent le renard? Que veut dire *imprudent*? Quel est le contraire? Quel est l'opposé de *désobéissant*? Qu'est-ce qu'un *poulailler*? Et l'endroit où l'on met les chevaux, c'est une?... Et les vaches?... Et le porc?... Et les abeilles?... Et les pigeons?... Et les moutons?... — Remarquez-vous le renard comme il aborde poliment sa victime : *Monsieur Poulet!...* Et ce petit impertinent qui dit que sa mère *s'entête...* Est-ce poli cela? Le beau personnage, pour vouloir agir *à sa tête!... Vous avez bien fait.* C'est le refrain des donneurs de mauvais conseils. Et le fourbe cruel y ajoute l'ironie : *sans vous je n'aurais rien à manger aujourd'hui.* Le poulet à beau *piailler* : Le voilà craqué. Et qu'est-ce que cela vous prouve, mes chers enfants?... N'oubliez pas le petit poulet. Ne faites pas *à votre tête.* Écoutez toujours votre mère.

(Faire apprendre ce morceau par cœur aux élèves des deux derniers cours; le faire traduire en prose aux élèves du cours moyen; le faire reproduire de vive voix aux élèves du cours élémentaire.)

ARITHMÉTIQUE ET SYSTÈME MÉTRIQUE

PROBLÈMES GRADUÉS POUR LES COMPOSITIONS.

COURS SUPÉRIEUR.

I. — *Arithmétique.* — (*Nombres premiers.*)

1. — Quels sont les nombres premiers de 100 à 200? — Rép. 101, 103, 107, 109, 113, 127, 131, 137, 139, 149, 151, 157, 163, 167, 173, 179, 181, 191, 193, 197, 199.

2. — Trouver le plus grand nombre qui divise à la fois 272, 124, 96 et 78? — Rép. 2.

3. — Quels sont les facteurs premiers de 720? — Rép. $2^4 \times 3^2 \times 5$.

4. — Trouver le nombre qui, décomposé en ses facteurs premiers, a donné $2^9 \times 5^7$? — Réponse : 40.000.000.

5. — Simplifier la division de 18.480 par 2.640 et donner le quotient? — Rép. 7.

II. — *Système métrique.* — (*Mesure des volumes.*)

1. — Quelle profondeur faut-il donner à une cuve de 1m80 de diamètre pour quelle puisse contenir 22 pièces de vin de 236 litres chacune? — Réponse : 2m042.

2. — Un ouvrier a cassé un tas de pierres qui a, au pied, 8m70 de longueur et 3m60 de largeur; au faîte, 8m20 de longueur et 3m20 de largeur. La hauteur est de 0m75. A 3 francs le mètre cube, combien est-il dû à cet ouvrier? — Rép. 64 fr. 64.

3. — Un bloc de pierre a 2m30 de long, 0m50 de large et 0m70 de haut. La densité de cette pierre est 2,25. Quel est le poids de ce bloc? — Réponse : 1.811 kil. 250.

4. — Un bûcher a 6m50 de longueur, 4m20 de largeur et 3m50 de hauteur. Combien peut-il contenir de stères de bois? — Rép. 95,55.

5. — 5 stères de bois ont coûté 70 francs. Quel est le prix du décastère?

COURS MOYEN.

I. — *Arithmétique.* — (*Les quatre règles.*)

1. — Compte de blanchisseuse : 17 torchons à 0 fr. 05; 27 serviettes à 0 fr. 07; 30 mouchoirs de poche à 2 pour 0 fr. 05; 17 paires de draps à 0 fr. 35 la paire; 8 paires de bas à 0 fr. 10 l'une. Total? — Rép. 10 fr. 24.

2. — Une ménagère prend pour 0 fr. 20 de lait par jour. Quelle est cette dépense pour une année? — Rép. 73 francs.

3. — Quel bénéfice ou quelle perte y a-t-il à s'abonner à un journal à raison de 24 francs par an ou à le prendre par numéro de 0 fr. 05? — Rép. gain, 5 fr. 75 par le second mode.

4. — Un abonnement à un journal coûte 13 francs par semestre. Combien est-ce par mois? — Réponse : 2 fr 16.

5. — Quel est le prix de 232 fromages de Brie à 27 fr. 50 la dizaine? — Rép. 638 francs.

II. — *Système métrique.* — (*Mesures de volume.*)

1. — Combien faut-il acheter de mètres cubes de pierre pour entourer de murs un jardin qui a 12 mètres de long et 10 mètres de large, si la hauteur des murs doit être de $2^{m}25$ et l'épaisseur $0^{m}50$? — Rép. $49^{m}500$.

2. — Un demi-décastère de bois coûte 65 francs. Quel est le prix du stère? — Rép. 13 francs.

3. — Quel est le poids d'un centimètre cube de mercure sachant que le décimètre cube pèse $13^{k}596$? — Rép. $0^{k}013.596$.

4. — Combien y a-t-il de pavés de deux décimètres d'arête dans un monceau cubique de deux mètres de côté? — Rép. 1.000.

5. — Combien peut-on placer de dés à jouer ayant un centimètre de côté dans une caisse cubique de $0^{m}15$ de côté? — Rép. 3.375.

COURS ÉLÉMENTAIRE.

1. — *Arithmétique.* — (*Numération et addition.*)

1. — Une personne née en 1805 est morte à l'âge de 48 ans. En quelle année est-elle décédée? — Rép. en 1853.

2. — Mes dépenses en 1874 ont été de 1.835 francs. Il me reste 648 francs. Quelles ont été mes recettes? — Rép. 2.483 francs.

3. — Un receveur particulier avait dans sa caisse dix mille cinquante francs. Il reçoit trois mille six francs. Combien a-t-il en caisse? — Réponse : 13.056 francs.

4. — On lève un tronc d'église. On y trouve 468 francs de monnaie d'or, 375 francs de monnaie d'argent, 124 francs de monnaie de billon, 1 billet de 500 et 4 billets de 20 francs. Total? — Réponse: 1.547 francs.

5. — Combien faut-il de billets de 100 francs pour payer 4.000 francs? — Rép. 40.

II. — *Système métrique.* — (*Mesures de longueur.*)

1. — Combien 4 myriamètres 3 kilomètres 6 hectomètres 8 décamètres 5 mètres font-ils de mètres? — Rép. 43.685.

2. — Poser et effectuer l'addition suivante : 35.648 mètres + 6 kilomètres + 375 mètres + 8 décamètres? — Rép. 42.103 mètres.

3. — Dire combien il y a de kilomètres dans le méridien terrestre? — Rép. 40.000.

4. — De l'école à l'église il y a environ 2 hectomètres et demi, et de l'église à la mairie 500 mètres. Quelle est la distance de l'école à la mairie? — Rép. 750 mètres.

5. — La classe a 9 mètres de longueur et 8 mètres de largeur. Quelle est la longueur de ses quatre murs? — Rép. 34 mètres.

DICTÉES.

I.

COURS SUPÉRIEUR.

Une maison à la campagne.

Sur le penchant de quelque agréable colline bien ombragée, j'aurois une petite maison rustique, une maison blanche avec des contrevents verts; et, quoiqu'une couverture de chaume soit, en toute saison, la meilleure, je préférerais non la triste ardoise, mais la tuile, parce qu'elle paraît plus propre et plus gaie que le chaume, qu'on ne couvre pas autrement les maisons dans mon pays, et que cela me rappellerait un peu l'heureux temps de ma jeunesse. J'aurais une basse-cour, et, pour écurie, une étable avec des vaches. J'aurais un potager pour jardin, et, pour parc, un joli verger. Les fruits, à la discrétion des promeneurs, ne seraient ni comptés ni cueillis par mon jardinier, et mon avare magnificence n'étalerait point aux yeux des espaliers superbes auxquels à peine on osât toucher. Or, cette petite prodigalité serait peu coûteuse, parce que j'aurais choisi mon asile dans quelque province éloignée, où l'on voit peu d'argent et beaucoup de denrées, et où règnent l'abondance et la pauvreté. Là, tous les airs de la ville seront oubliés; et, devenus villageois au village, nous nous trouverions livrés à des amusements divers qui ne nous donneraient chaque soir que l'embarras du choix pour le lendemain.

II.

COURS MOYEN.

Variété des travaux des champs.

Les *travaux* de l'ouvrier des *champs sont* rudes, mais ils *sont* variés; ils *comportent* mille *applications* diverses de la pensée, mille *attitudes* différentes du corps, mille emplois des heures et des bras : *bêcher*, *labourer*, *semer*, *sarcler*, *faucher*, *planter* des baies, *bâtir* des murs; *élever*, *soigner*, *nourrir*, *traire* des animaux domestiques; *moissonner*, *battre* des gerbes, *vanner* le blé; *émonder*, *vendanger* les vignes, *pressurer* le raisin; *récolter* les fruits du noyer ou du châtaignier, *sécher* ses récoltes, les *préserver* pour l'hiver; *irriguer* les prairies, *curer* les écluses des moulins, *pêcher* les *étangs*; *atteler*, *dételer* les bœufs, *tondre* les moutons, *presser* le laitage des chèvres; *couper* les genêts ou les broussailles *pour le foyer*; *réparer* le chaume du toit, *tresser* le *jonc*, *peigner* le chanvre, *filer* la laine pendant les jours de neige : ce *sont* là autant de travaux qui, en *diversifiant* le travail de l'ouvrier de la campagne, *le lui font aimer*, et *changent* la peine en intérêt, et souvent en attachement passionné à l'œuvre.

LAMARTINE.

Explications.

1. *Les travaux*, les occupations. Singulier : *travail*. Ce mot se tire du provençal *travar*, entraver, du latin *trabs*, *trabis*, poutre. C'est dans son sens primordial qu'il est employé quand il désigne une machine servant à assujettir un animal vicieux qu'on veut ferrer ou panser. Par extension, *travail* a signifié gêne, fatigue, soins, occupations. Il fait alors au pluriel *travaux*. Mais, signifiant comptes ou rapports présentés à un supérieur, il fait *travails* avec *s*. Dites la règle des noms en *ail?*

2. *Champs*. Pourquoi la lettre *p?* Latin *campus*. Dérivé : *champêtre*. Homonyme : *chant*, de *cantus* : *chanter*, cantique, chanteur, cantatrice. Met-on la lettre *n* devant *p*, *b*, *m?* Epelez *bonbon*, *embonpoint?* — 3. *Comportent*. Pourquoi *m?* Pourquoi *nt?* Comment s'accorde le verbe?

4. *Applications*. La consonne *p* se redouble dans la plupart des mots qui commencent par *ap* : *apparence*, *appartement*, *appétit*, *appartenir*, *applaudir*. Exceptions : *apanage*, *apathie*.... les verbes : *apaiser*, *apercevoir*, *apitoyer*, *aplanir*, *apostropher*. — 5. *Attitudes*, positions. Faites-vous une différence avec *aptitude?* Combien de *t* dans *attacher*, *attirer*, *attribuer?*... Et dans *atermoyer*, *atteler*, *atome*, *atroce?*

6. *Sarcler*. Arracher les mauvaises herbes. — 7. *Emonder*. Couper les branches d'un arbre, le nettoyer, le débarrasser de la mousse. Du latin *emundare*, nettoyer. — 8. *Irriguer*. Du latin *irrigarer*, arroser. *Irrigation*, *irrigateur*.

9. *Etangs*. Le *g* vient du latin *stagnum*. D'où *stagnation*, *stagnant* (on prononce *gue-ne*). — 10. *Pour le foyer*. Sens propre. Faites une phrase où le mot *foyer* soit pris dans le sens figuré.

11. *Jonc*. Le *c* vient du latin *juncus*. *Joncher* : couvrir le sol, avec l'idée d'objets détachés, parsemés, comme des joncs coupés et jetés sur la terre : une jonchée de fleurs, *Jonchère* : lieu couvert de joncs. — 12. Analysez *le*, *lui*. — 13. Soulignez les verbes. Analysez-les de vive voix, en en faisant connaître la nature, le mode, le temps, la personne, et la conjugaison.

III.

COURS ÉLÉMENTAIRE.

Un repas de noce en Normandie.

C'était sous le *hangar* de la *charretterie* que la *table* était dressée. Il y avait dessus quatre *aloyaux*, six *fricassées* de *poulet*, du *veau* à la *casserole*, trois *gigots*, et, au *milieu*, un joli *cochon* de *lait* rôti, flanqué de quatre *andouilles* à l'*oseille*. Aux *angles*, se dressait l'*eau-de-vie*, dans des *carafes*. Le *cidre* doux, en *bouteille*, poussait sa *mousse* épaisse alentour des *bouchons*, et tous les *verres*, d'avance, avaient été remplis de *vin* jusqu'au *bord*. De grands *plats* de *crème* jaune, qui flottaient d'eux-mêmes au moindre *choc* de la *table*, présentaient dessinés sur leur *surface* unie, les *chiffres* des nouveaux *époux* en *arabesque* de *nonpareille*. On avait été chercher un *pâtissier* à *Yvetot*, pour les *tourtes* et les *nougats*.

Questions et Explications.

1. Montrez, sur la carte, la *Normandie*. Est-ce au nord, au midi, à l'est, à l'ouest de la France? Dites le nom des habitants de cette province? *Normands* veut dire? *Hommes du Nord*. C'est, en effet, de la Norwége, de la Suède, du *nord* de l'Europe qu'ils sont venus. — 2. *Hangar*. Pourquoi ne pas dire l'*hangar?* Faut-il un *d?* Dites ce que c'est qu'un hangar? C'est un toit supporté par des poteaux, une remise pour les charrettes. — 3. Citez des mots de la même famille que *charretterie!* *Charrette*, *charretier*, *charrue*, un *char*, un *chariot*, une *charretée*, le *charriage*, le *charroi*, un *charron*, le *charronnage*, *charrier*. — 4. *Aloyau*, morceau de bœuf coupé près du dos. Pourquoi *x?* Rappelez la règle. — 5. *Poulet*, diminutif de *poule*; comme *barillet* de *baril*, *garçonnet* de garçon, *bâtonnet de bâton*, etc. De la même famille : *poulailler*, *poularde*, *poulette*. Epelez de vive voix ces mots. — 6. Quelle est la partie de l'animal qui forme le *gigot?* La cuisse. Pourquoi un *t?* — 7. *Cochon de lait*, qui tette encore, tout jeune. Autres noms du *cochon*, *porc*, *pourceau*. Le *cochon d'Inde* est un petit animal rongeur. Femelle du *cochon* : la *truie*. Epelez ces mots. Qu'est-ce qu'un *sanglier?* un porc sauvage, armé de défenses. Ce mot vient du latin *singularis*, *singulier*, c'est-à-dire *allant seul* : caractère de cette bête farouche qui va seule et non par bandes, comme les loups. Comment s'appelle la femelle du sanglier? une *laie*. — 8. *A l'entour* de a vieilli, mais ici se comprend bien et exprime parfaitement la pensée de l'auteur. — 9. *Bord* a une infinité de dérivés. Les faire trouver? Comment s'écrit *époux* au singulier? — 10. *Arabesque*. Un genre d'ornements imitant des feuillages et des fleurs entrelacés, et dont le goût est supposé venir des Arabes. — 11. *Nonpareille* a différentes acceptions. Il peut signifier *ruban étroit* — une *sorte de dragée fort menue* — *un caractère d'imprimerie* — *une petite coquille des environs de Paris* — *une sorte d'oiseau* — *une variété d'œillets* — *une sorte de pomme*. Quel sens à ce mot, ici? Celui de dragée menue. — 12. *Pâtissier*. De la même famille : *pâte*, *pâtée*, le verbe *pâtisser*, une *pâtissoire*, table sur laquelle on pâtisse. — 13. *Yvetot*, chef-lieu d'arrondissement (Seine-Inférieure).

Au moyen âge, c'était le chef-lieu d'une principauté dont le seigneur portait le titre de roi.

ENSEIGNEMENT DE LA LANGUE FRANÇAISE.

UNE PREMIÈRE LEÇON SUR LE VERBE.

Travail en commun. A qui de venir au tableau?... A vous, Edmond? Bien. — Allons, tenez-vous tous prêts à écrire, mais aussi à me répondre. Écrire, toujours écrire... de longues dictées..., cela ne suffit pas. Il faut que vous appreniez à *parler*. Ces deux choses, *parler*, *écrire*, doivent aller de front. Hier, M. l'Inspecteur d'académie et M. l'Inspecteur primaire sont venus nous visiter. Ils ont trouvé sur vos cahiers de bonnes dictées, de bons devoirs de style. C'était bien. Mais quand ils vous ont interrogés, quelles pitoyables réponses vous avez faites! Vous n'avez pas su dire ce que c'est qu'un *affluent*, le *bassin* d'un fleuve, un *mètre*, définir une *division*... On vous a demandé, à vous Emile, de raconter le règne de Charlemagne, que vous savez pourtant. Eh bien! vous avez répondu par des monosyllables. Il a fallu vous arracher les réponses une à une. « Parlez donc, mais parlez donc, vous répétaient ces messieurs, dites tout ce que vous savez. » Vous saviez, n'est-ce pas, mais vous ne pouviez pas *dire*. On vous fait lire une page : « Qu'avez-vous lu? Répétez cela sans livre. » Vous tombez des nues, vous restez la bouche close. Savez-vous ce que m'ont dit MM. les Inspecteurs? « Vos élèves lisent bien. L'écriture est bonne. Ils font d'excellentes dictées, mais... mais ils ne savent pas *parler*. Faites-les donc *parler*. *Causez* avec eux. Moins de devoirs écrits, plus de leçons orales, plus de *conversations*. » Eh bien! causons, et causons à propos de grammaire. Nous commençons aujourd'hui l'étude du verbe : nous allons préparer cette leçon ensemble. Voyons, Edmond, que *fait* votre père? — Monsieur, il *travaille*. — Il *travaille*, c'est bien vague. Enfin, gardons le mot... *Il travaille*, oui, il travaille même beaucoup, n'est-ce pas, et pour qui, en grande partie? Pour vous, afin que vous ayez du pain et des vêtements... L'homme qui travaille comme cela beaucoup, qui a du cœur à l'ouvrage, qui y met de l'*action*, on dit que c'est un homme?... *actif*.!

Mais votre père fait un genre de travail particulier. Il est, — de son état?... *Boucher*. Eh bien! ditesnous ce que *fait* un boucher? — Le boucher *tue* les bœufs. — Voilà tout? Dites tout ce que *fait* le boucher, parlez. — Monsieur, il *achète* sa marchandise, il *vend*, il *pèse*, il *désosse*, il *reçoit* de l'argent... — Bien; voyons! aidez-le tous. Dites chacun votre mot sur ce que *fait* le boucher? Il?... *retrousse* ses manches. Il?... *enfonce* le couteau. Il?... *dépouille* l'animal. Il?.. *coupe* la viande. Il?... etc. Voilà bien des *actions* qu'il *fait*! Ecrivons-les. Il *travaille*, il fait ainsi l'*action* de *travailler*. Ecrivez *travailler*. Il *achète*. Il fait l'*action* de?... *acheter*. Dites ses autres *actions* et écrivez-les : *vendre*, *peser*, *désossser*, *recevoir*, *retrousser*, *enfoncer*, *dépouiller*, *couper*...

Passons à une autre profession. Vous, Jules, quel est l'état de votre père? — *Cultivateur*. — Ah! c'est un métier où l'on *fait* beaucoup de choses et et des choses bien utiles. Cherchons. Vous avez tous la parole. Au plus tôt prêt. Que fait le cultivateur? Il... *laboure*, il fait l'action de *labourer* Il?... *herse*, *herser*. Il?... *sème*, *semer*. Il?... *récolte*, *récolter*, etc., etc. Que fait M. le curé? Que fait M. le maire? M. le juge de paix? Que font les gendarmes?...

Mais ce sont là des *personnes*. Notez ce point. Les *animaux font*-ils aussi quelque chose? Sans doute. Ils?... *vivent*. Ils?... *mangent*, etc., etc. Et les *plantes*. Elles?... *poussent*. Elles?..., etc. Et le tonnerre, il?... *gronde*. Il?..., etc.

Ainsi, vous le voyez, tous les *êtres* de la création *font* quelque chose.

Et il est important de savoir ce qu'ils *font* et de pouvoir le dire aux autres.

Ces mots, mes enfants, qui disent, qui expriment ce que *font* les personnes ou les choses, qui indiquent les *actions* que l'on *fait*, on les appelle des... *verbes*.

Voler, est-ce bien? Non. C'est une mauvaise action. Travailler, est-ce bien? Oui. C'est une bonne action. Il y a des actions qui sont bonnes, il en est de mauvaises, de criminelles même. Quand un vol, un meurtre ont été commis, vous savez ce qu'on se demande tout d'abord? On veut savoir *qui c'est*, quel est le mauvais *sujet* qui a fait cela, et bientôt la Providence permet qu'il soit découvert et puni suivant son *action*.

Un enfant qui se conduit bien, comment l'appelle-t-on? Un bon *sujet*. Il est pour sa mère un *sujet* de joie. Celui qui se conduit mal, c'est un?... mauvais *sujet*. Il est pour sa mère un *sujet* de douleur. — Un carreau se casse ici. Nous nous demandons aussitôt *qui* a fait cela? *qui est-ce*? Nous cherchons la *cause*, l'*auteur*, le *sujet*: c'est quelqu'un, ou peut-être le vent.

Comprenez-vous ce que c'est qu'un *sujet*, bon ou mauvais, vivant ou inanimé?

Toute *action* est faite par *quelqu'un* ou par *quelque chose*; ce *quelqu'un* ou ce *quelque chose* qui fait l'action s'appelle le *sujet*, le *sujet* du verbe. On trouve ce sujet comme les gendarmes trouvent un voleur, en se demandant et en cherchant bien *qui c'est*, *qui est-ce qui* a fait ce que dit, ce qu'exprime le verbe.

Caïn tua son frère Abel. *Qui c'est*, *qui est-ce qui* a tué Abel? — C'est *Caïn*. Voilà le sujet.

Jeanne d'Arc sauva la France. — *Qui c'est*, dites-vous, qui a sauvé la France? — C'est *Jeanne d'Arc*. Voilà le *sujet*. Le soleil brille. *Qui c'est*, *qu'est-ce qui* brille? — *Le soleil*. Voilà le sujet.

Retenez cela. On trouve le *sujet* d'un verbe en se demandant *qui c'est*, *qui est-ce*, *qu'est-ce qui* a fait ce que dit le verbe.

Travail personnel. Maintenant, mes enfants, je vais vous donner un devoir pour la prochaine leçon : 1° Chacun de vous écrira toutes les *actions* se rapportant à la profession de ses parents.

Mon père fait... ceci, cela. Ma mère raccommode le linge. Elle fait la lessive, etc. — Usez toujours de phrases courtes, mais bien claires, et exprimant des choses exactes. Faites-en le plus que vous pourrez. Nous lirons cela demain, et je récompenserai ceux qui auront le mieux réussi.

2° Vous chercherez ensuite un *sujet* qui puisse convenir aux verbes suivants, et vous formerez encore de petites phrases avec ces sujets et ces verbes, comme : la mouche bourdonne, le mouton bêle, etc...

Bourdonner.	Grogner.	Rugir.
Braire.	Roucouler.	Hurler.
Beugler.	Siffler.	Parler.
Bêler.	Croasser.	Jacasser.
Miauler.	Glougouter.	Piauler.
Hennir.	Coasser.	Mugir.
Aboyer, japer.	Gazouiller.	

Ces verbes représentent, comme vous le voyez, le cri des principaux animaux. Connaissez-vous le cri ou le chant de l'*alouette*? C'est moins connu.

Elle *grisolle.* Et celui de l'*aigle?* L'aigle *trompette.*

Le buffle.	souffle, bougle.
La caille.	margotte.
Le canard.	nasille.
Le cerf.	brame.
La chouette.	hue.
La cigale.	craquette.
Le coq.	coquerique.
La corneille.	craille.
Le crocodile. . . .	lamente.
L'éléphant.	barète.
Le geai.	cageole.
La gelinotte.	glousse.
La grue.	glapit, trompette.
Le lapin.	glapit.
Le moineau.	pépie.
Le paon.	braille ou criaille.
La perdrix.	cacabe.
Le ramier.	caracoule, roucoule.
Le sanglier.	grommelle.
Le faon.	râle.

ARITHMÉTIQUE ET SYSTÈME MÉTRIQUE.

PROBLÈMES GRADUÉS POUR LES COMPOSITIONS.

COURS SUPÉRIEUR.

I. — *Arithmétique.* (*Nombres premiers.*)

1. — Trouver le plus petit nombre divisible par 225, 600, 630 et 4.900? — Rép. 88.200.

2. — Quels sont tous les diviseurs de 360? — Rép. 1, 2, 4, 8, 3, 6, 12, 24, 9, 18, 36, 72, 5, 10, 20, 40, 15, 30, 60, 120, 45, 90, 180, 360.

3. — Quel est le plus grand commun diviseur de quatre nombres dont le 1er égale $2^4 \times 3$; le 2e, $2^3 \times 3^2 \times 5$; le 3e, $2^3 \times 11 \times 23$ et le 4e, $2^3 \times 3 \times 5 \times 31$? — Rép. 2^3 ou 8.

4. — Trouver les nombres premiers de 400 à 500? — Rép. 401, 409, 419, 421, 431, 433, 439, 443, 449, 457, 461, 463, 467, 479, 487, 491, 499.

5. — Décomposer 22.050 en ses facteurs premiers? — Rép. $2 \times 3^2 \times 5^2 \times 7^2$.

II. — *Système métrique.* — (*Mesure des volumes.*)

1. — Des bûches ont 1m20 de longueur. A quelle hauteur faut-il en mettre entre les montants du stère, distants d'un mètre, pour avoir un stère de bois? — Rép. 0m83.

2. — Quel est le volume de la maçonnerie qui entre dans un puits ayant 9m50 de profondeur et un diamètre intérieur de 1m50 si l'épaisseur du mur est de 0m40? — Rép. 22 mètres cubes 682.

3. — Les dimensions d'une brique sont : longueur, 23 centimètres; largeur, 10 centimètres; épaisseur, 58 millimètres. Combien y a-t-il de briques dans une pile ayant 23 mètres sur 1m50 et 0m58? — 15.000.

4. — En 15 jours un carrier a extrait un tas de pierres de 4m75 sur 3 mètres et 2 mètres. Combien a-t-il gagné par jour s'il est payé à raison de 5 francs le mètre cube? — Rép. 9 fr. 50.

5. — Un seau vide pèse 850 grammes. Plein d'eau, il pèse 9 kil. 640. Combien de litres contient-il? — Rép. 8 lit. 79.

COURS MOYEN.

I. — *Arithmétique.* — (*Les quatre règles.*)

1. — Quelle somme faut-il pour acheter 10 timbres-poste à 0 fr. 25, 12 à 0 fr. 10 et 25 à 0 fr. 02? — Rép. 4 fr. 20.

2. — Trouver le prix de 200 oranges à 1 fr. 20 la douzaine? — Rép. 20 francs.

3. — J'ai payé 1 fr. 75 une boîte de plumes qui en contient 12 douzaines. Combien ai-je ainsi de plumes pour 10 centimes? — Rép. 8.

4. — Le kilogramme de chocolat valant 1 fr. 80, quel est le prix du demi-kilogramme? — Rép. 0 fr. 90.

5. — Quel est le prix de 4 douzaines d'assiettes à 0 fr. 25 l'assiette? — Rép. 12 francs.

II. — *Système métrique.* — (*Mesures de volume.*)

1. — 2 voisins ont acheté un décastère et demi de bois de chauffage à raison de 15 francs le stère. Combien chacun doit-il? — Rép. 112 fr. 50.

2. — Quel est le volume d'une poutre ayant 4m75 de long sur 0m30 et 0m35 d'équarrissage? — Rép. 4 décist. 98.

3. — En 9 journées un ouvrier a cassé 15 mètres cubes de pierres à raison de 3 francs le mètre. Combien a-t-il gagné par jour? — Rép. 5 francs.

4. — Combien y a-t-il de pavés ayant 1 décimètre de côté dans une pile dont la longueur est 2 mètres, la largeur 1m50 et la hauteur 0m50? — Réponse : 1.500.

5. — Quand le décistère de bois est vendu 8 fr., combien vaut le stère? — Rép. 80 francs.

COURS ÉLÉMENTAIRE.

I. — *Arithmétique.* — (*Numération et addition.*)

1. — Le soleil est un million trois cent quatre-vingt-quatre mille quatre cent soixante-douze fois plus gros que la terre. Écrire en chiffres ce nombre? — Rép. 1.384.472.

2. — Pendant le siége de Paris on a livré le nombre de boulets et obus suivant : 6.402 + 89.256 + 12.000 + 1.500 + 81.358 + + 3.885 + 52.776 + 1.000 + 150 + 3.225. Faire le total? — Rép. 251.572.

3. — Un porc a coûté 40 francs. Il a consommé pour 18 francs de son, 25 francs de maïs et 15 francs de pommes de terre. A combien revient-il? — Réponse : 98 francs.

4. — Une pépinière contient 528 poiriers, 235 pommiers, 845 cerisiers, 635 pêchers et 345 abricotiers. Combien renferme-t-elle d'arbres? — Rép. 2.588.

5. — Un cheval acheté 680 francs est revendu avec un bénéfice de 150 francs. Quel est le prix de vente? — Rép. 830 francs.

II. — *Système métrique.* — (*Mesures de longueur.*)

1. — Combien 45.000 mètres font-ils de kilomètres? — Rép. 45.

2. — Combien 36.000 mètres font-ils de décamètres, d'hectomètres, de kilomètres et de myriamètres? — Réponse : 3.600 décam.; 360 hectom.; 36 kilom.; 3 myriam.

3. — Lorsque le mètre de drap vaut 25 francs, que valent 10 mètres? — Rép. 250 francs.

LEÇONS PRATIQUES ET GRADUÉES

Sur les Matières comprises dans le programme de

L'ENSEIGNEMENT PRIMAIRE

PUBLIÉES PAR LE JOURNAL DES INSTITUTEURS (PREMIER SEMESTRE 1875)

COURS ÉLÉMENTAIRE. – COURS MOYEN. – COURS SUPÉRIEUR :

LANGUE FRANÇAISE

EXERCICES DE STYLE. — DICTÉES EXPLIQUÉES, ORTHOGRAPHE ET SENS DES MOTS

ARITHMÉTIQUE. — SYSTÈME MÉTRIQUE. — GÉOMÉTRIE

HISTOIRE. — GÉOGRAPHIE. — DESSIN. — MUSIQUE

EXAMENS DU BREVET DE CAPACITÉ. PARIS.

(2e session de 1875.)

ASPIRANTES AU BREVET DE SECOND ORDRE.

1° *Épreuve d'orthographe.*

A Rome, on ne trouve guère que les débris des monuments publics, et ces monuments ne retracent que l'histoire politique des siècles écoulés ; mais à Pompéia, c'est la vie privée des anciens qui s'offre à vous telle qu'elle était. Le volcan, qui a couvert cette ville de cendres, l'a préservée des outrages du temps. Jamais des édifices exposés à l'air ne se seraient ainsi maintenus, et ces souvenirs enfouis se sont retrouvés tout entiers. Les peintures, les bronzes étaient encore dans leur beauté première, et tout ce qui peut servir aux usages domestiques est conservé d'une manière effrayante. Les amphores sont encore préparées pour les festins des jours suivants : la farine, qui allait être pétrie est encore là. Les restes d'une femme sont encore parés des vêtements qu'elle portait dans le jour de fête que le volcan a troublé, et ses bras desséchés ne remplissent plus le bracelet de pierreries qui les entoure encore. On ne peut voir nulle part une image aussi frappante de l'interruption subite de la vie. Le sillon des roues est visiblement marqué sur les pavés des rues, et les pierres qui bordent les puits portent la trace des cordes qui les ont creusées peu à peu. On voit encore sur les murs d'un corps-de-garde les caractères mal formés, les figures grossièrement esquissées que les soldats y ont tracées pour passer le temps, tandis que ce temps avançait pour les engloutir.

Mme de Staël (Corinne).

Explications et interrogations.

La correction de la dictée doit toujours avoir lieu phrase par phrase. Ainsi, un élève lit d'abord, lentement et avec l'intonation convenable, la première phrase. On en motive ensuite la ponctuation, et le maître s'assure que l'idée émise dans cette phrass a été bien comprise par tou. Alors seulemens commence l'*épellation;* et c'est à propos des mots épelés que le maître adresse aux élèves les questions qu'il juge opportunes, et qu'il leur donne les explications et les développements que lui suggèrent la connaissance de leur besoin et le degré de leur instruction.

1. *Rome*, sur le Tibre, 255,000 habitants. Capitale de la chrétienté ; siége du gouvernement pontifical jusqu'en 1870 ; aujourdhui capitale du royaume d'Italie. C'est la première ville du monde sous le rapport des antiquités, des beaux-arts et des mo-

numents. — 2. *Pompéia*, aujourd'hui Pompeï. Ville forte de l'Italie ancienne; à 24 kilomètres S.-E. de Naples, 10 S.-S.-E. du Vésuve, au fond du golfe Crater (golfe de Naples). Elle fut engloutie par la première éruption du Vésuve mentionnée dans l'histoire, l'an 79 de J.-C., avec Herculanum et Stabies. A la suite de cette catastrophe, la contrée étant devenue déserte, la ville fut oubliée, et pendant plus de dix-sept siècles elle resta ensevelie sous son linceul de cendres. Découverte en 1755, elle a fourni, par les fouilles qu'on y a faites depuis 1799, des restes très-précieux de l'antiquité greco-romaine.

3. C'EST *la vie privée des anciens qui...* Rappelez les différentes règles de l'accord du verbe *être* précédé du pronom *ce*.

Ce, placé devant le verbe *être*, et précédant ainsi un pronom, un substantif ou un verbe, appelle particulièrement l'attention sur ces mots : « C'est vous que je demande. » *Ce* alors est sujet et commande l'accord. Par exception, si le verbe *être* est suivi d'un substantif ou d'un pronom de la 3e personne du pluriel, il peut en recevoir l'accord. « Ce sont de très-honnêtes gens. » « Ce furent les Phéniciens qui, les premiers, inventèrent l'écriture. » Le pronom *ce* devient alors un attribut. Cependant le verbe même suivi d'un pluriel garde souvent le pronom pour sujet. « Ce n'est plus ces promptes saillies qu'il savait si vite et si agréablement réparer. » (Bossuet.) Ce (qu'on voit alors et qu'on remarque dans le prince de Condé) n'est plus ces saillies... La nuance toutefois est différente dans les deux expressions. Avec le verbe au pluriel, on porte l'attention sur le mot qui commande l'accord; le sujet domine l'action : « Ce sont les grands qui ont donné du crédit à l'impie. » (Massillon.) Avec le singulier, on laisse au pronom démonstratif toute sa portée, et c'est sur l'idée, sur l'action même qu'il attire la réflexion : « C'est eux qu'il faut récompenser. » (Académie.) « Ce n'est pas les Troyens, c'est Hector qu'on poursuit. » (Racine.) Le singulier insiste sur l'idée principale attachée aux verbes *récompenser*, *poursuivre*. La différence des deux tournures est donc réelle quoique délicate : c'est une richesse de style à conserver.

4. *A couvert*. Pourquoi ce participe est-il invariable? Expliquez l'accord du participe suivant : l'a préservée... — 5. *Cendres*. Pourqui a-t-on mis ce mot au pluriel? Quelle est sa signification? Ce qui reste après la combustion des matières vomies par les volcans. Différentes acceptions de ce terme: Poudre qui reste après la combustion du bois et des autres matières; signe de deuil, de mortification, au propre et au figuré; cendres des linges de l'autel ou des rameaux bénits dont le prêtre fait une croix au front des fidèles le premier jour de Carême : *recevoir les cendres*, *le jour des Cendres*, *le mercredi des Cendres;* reste des morts, et figurément *leur mémoire* (locution provenant de l'usage des anciens de brûler les cadavres). Origine de ce mot? italien *cenere*, du latin *cinerem* (*cinis, cineris*). Principaux mots de cette famille: *cendré, ée*, adjectif; *cendrée*, substantif féminin; *cendrer*, *cendreux*, *cendrier*, *cendrille* (nom vulgaire de la mésange, ainsi nommée à cause de sa couleur), *cendrillon*, *cinéraire*.

6. *Edifices*, grand bâtiment, palais, temple; se dit, par extension, de toutes les choses faites, arrangées, combinées avec art. Au figuré, ce qui résulte d'un ensemble de combinaisons: l'édifice de la société féodale. — Origine de ce mot: du latin *ædificium* (*ædificare*, édifier; de *ædes*, bâtiment, et du suffixe *ficare*, faire). — *Edifier*, bâtir. — Ce verbe, par un beau symbole appartenant à la langue chrétienne, a aussi le sens de: *donner le bon exemple :* chacun de nous est une pièce vivante de l'Eglise, qui est un édifice considérable. — *Edifiant*, qui édifie, qui porte à la vertu; *édification*, etc., etc. — Différence qu'il y a entre les expressions: *édifice*, *bâtiment*, *monument*. Le *bâtiment*, c'est tout ce qu'on bâtit: une cabane est un petit bâtiment. L'*édifice* suppose plus d'art, plus de grandeur, d'élévation, des matériaux plus solides. Un marché public qui n'a presque pas de hauteur n'est qu'un grand bâtiment; l'église des Invalides est un édifice. — Le *monument* est ce qui sert à instruire la postérité, ce qui reste comme marque de la grandeur des peuples ou des hommes: la porte Saint-Denis, l'Arc de Triomphe de l'Etoile sont des monuments; et, par extension, on donne ce nom aux beaux édifices et aux tombeaux.

7. *Se sont retrouvés*. Participe passé d'un verbe réfléchi; s'accorde avec le complément direct du verbe *se*, mis pour *souvenirs*. La forme réfléchie est employée ici pour la forme passive. *Se sont retrouvés* équivaut à *ont été retrouvés*.

8. *Tout entiers*. Rappelez la règle de *tout*? *Tout*, exprimant une idée d'intégralité, de totalité, est adjectif et variable. *Tout*, synonyme de tout à fait, entièrement, quelque,.. que, est adverbe et invariable. Orthographe de *tout* adverbe devant un adjectif féminin commençant par un consonne ou une *h* aspirée? Rôle et nature de *tout* devant l'adjectif *autre*?

9. *Les peintures, les bronzes....* les ouvrages de peinture, les tableaux, les fresques; les sculptures en bronze, les statues, les colonnes... Le bronze est un alliage de cuivre et d'étain, ainsi nommé de sa couleur *brune*.

10. Leur beauté première... au singulier, à cause du sens général dans lequel est pris ici le mot *beauté*: la beauté première, primitive des peintures et des bronzes.

11. *Domestiques*. *Qui tient, qui appartient à* la maison, à l'intérieur de la famille. Ce mot vient du latin *domesticus*, l'homme de la maison, *domus*. *Les dieux domestiques* dans l'antiquité. Au XVIIe siècle, on appliquait cette qualification, en un sens élevé, aux personnes pensionnées par un prince ou un grand seigneur. Tel poëte figurait parmi les *domestiques* du cardinal de Richelieu ou de M. le prince de Condé. — Aujourd'hui le mot *domestique* désigne exclusivement les gens de service.

La terminaison *ique* signifie en général *qui appartient à*, *qui est de*, *qui tient de*, *qui a rapport à*. *Asiatique*, qui est de l'Asie ou qui appartient à l'Asie; *philosophique*, qui a trait à la philosopie. Elle marque aussi quelquefois le penchant, l'habitude, la manière d'agir ou d'être: un homme *mélancolique* est un homme enclin ou sujet à la mélancolie (*melas*, noir; *chole*, bile, humeur).

(*La fin des explications*

2° *Rédaction.*

Réunion de la Bourgogne à la France.

3° *Arithmétique.*

1. — Une mère partage un cornet de 80 bonbon à ses trois enfants. Chaque fois qu'elle en donn

2 au premier, le second en reçoit 3, et le plus jeune 5. Combien chacun en recevra-t-il?

2. — Quels sont les rapports des unités de capacité avec les unités de volume?

Solutions

I.

$$2 + 3 + 5 = 10.$$

On voit donc que le premier enfant doit avoir les $\frac{2}{10}$, le second les $\frac{3}{10}$ et le troisième les $\frac{5}{10}$ des bonbons partagés.

$$80 \times \frac{2}{10} = 16$$

$$80 \times \frac{3}{10} = 24$$

$$80 \times \frac{5}{10} = 40$$

Rép. — Le premier enfant recevra 16 bonbons, le second 24 et le troisième 40 (16 + 24 + 40 = 80).

II.

Le *litre*, équivalant au *décimètre cube*, est la *millième* partie du *mètre cube*.

Le *décalitre* vaut 10 *litres* ou 10 *décimètres cubes* : il est la *centième* partie du *mètre cube*.

L'*hectolitre* vaut 100 *litres* ou 100 *décimètres cubes* : il est la *dixième* partie du *mètre cube*.

Le *kilolitre* vaut 1.000 *litres* ou 1.000 *décimètres cubes* : il équivaut au *mètre cube*.

Le *décilitre* est la *dixième partie du litre* ou du décimètre cube, la *dix millième partie du mètre cube*.

Le *centilitre* est la *centième partie du litre* ou du décimètre cube, la *cent millième du mètre cube*.

Le *millilitre* est la *millième partie du litre* ou du décimètre cube, la *millionième du mètre cube* : il équivaut au *centimètre cube*.

DICTÉES.

I.

COURS SUPÉRIEUR.

(Voir la dictée expliquée des examens pour le brevet de capacité.)

II.

COURS MOYEN.

La Bonté.

On dit que les occasions de faire du bien ne sont pas si communes ; les supposer rares, c'est être bien ignorant en bonté. Si l'on n'est pas souvent à portée de rendre de grands services, il n'est point de jour où l'on ne puisse travailler à rendre la situation de quelqu'un meilleure. En société, le désir d'obliger, qui va au devant de tous les désirs ; en famille, la douceur qui procure la paix, et la sagesse qui la conserve ; avec ses domestiques, un traitement doux et raisonnable qui fasse disparaître les désagréments de la servitude en maintenant la subordination ; puis, donner des avis à ceux qui en ont besoin, calmer une inquiétude, alléger un chagrin : voilà dans le tableau de ces soins multipliés dont l'occasion s'offre à chaque instant, de quoi occuper toutes les heures de la vie.

(FÉNELON.)

III.

COURS ÉLÉMENTAIRE.

Les races d'animaux.

La race canine est la race des chiens. Il y a beaucoup d'espèces de chiens : des mâtins, des lévriers, des épagneuls, des barbets ou caniches, des bassets, des terriers, des dogues. La race féline est la race des chats. La race porcine est la race des porcs. La race chevaline est la race des chevaux. La race asine est la race des ânes. La race bovine est la race des bœufs et des vaches. La race ovine est la race des moutons. La race caprine est la race des chèvres. La race galline est la race des poules.

Les petits des animaux.

Le petit de la jument est un poulain. Le petit de l'ânesse est un ânon. Le mulet ressemble à l'âne et au cheval. Le petit de la vache est un veau. Le petit de la brebis est un agneau. Le petit de la chèvre est un chevreau, un cabri ou biquet. Les petits des poules sont des poulets ou des poussins. Les petits des lions sont des lionceaux. Les petits des lapins sont des lapereaux. Un petit lièvre est un levraut. Les petits des pigeons sont des pigeonneaux. Les petits des tourterelles sont des tourtereaux. Les petits des dindons sont des dindonneaux. Les petits des ours se nomment des oursons. Les petits de la louve sont des louveteaux.

EXERCICES DE RÉDACTION ET DE STYLE.

I.

COURS SUPÉRIEUR

Lettre.

Canevas. — Un jeune homme écrit à l'inspecteur primaire pour le prier de le faire inscrire sur la liste des candidats à l'École normale. Il joint à sa lettre les pièces nécessaires et en fait l'énumération : Acte de naissance, engagement décennal, déclaration des lieux habités depuis l'âge de treize ans, certificats.

A Monsieur l'Inspecteur des écoles primaires de l'arrondissement de C...

12 janvier 1875.

Monsieur l'Inspecteur,

Dupont (Louis-Anatole), élève de M. X..., instituteur public à B..., a l'honneur de vous prier de vouloir bien le faire inscrire sur la liste des candidats à l'école normale pour les prochains examens.

Il joint à sa demande :

1° Son acte de naissance constatant qu'au 1er janvier de cette année, il a eu seize ans accomplis ;

2° Son engagement décennal avec sa signature légalisée et une déclaration de son père l'autorisant à contracter cet engagement ;

3° Une note indiquant les lieux qu'il a habités et la profession qu'il a exercée depuis l'âge de treize ans ;

4° Différents certificats émanant des autorités laïques et religieuses des communes où il a résidé, et, en outre, une attestation de médecin constatant qu'il a été vacciné et qu'il n'est atteint d'aucune infirmité.

Il vous remercie de l'intérêt dont vous voulez bien l'honorer, et il est, avec un profond respect, Monsieur l'Inspecteur, votre très-humble et très-reconnaissant serviteur.

L. Dupont.

II.

COURS SUPÉRIEUR ET COURS MOYEN.

La mort d'un camarade.

Canevas. — Un enfant écrit à sa mère à l'occasion de la mort d'un camarade. — La mort annoncée à l'école. — Impression. — Prière. — Qualités de ce camarade. — Cérémonie funèbre.

Développement.

C'est le cœur affligé que je t'écris aujourd'hui, ma chère mère. Nous avons perdu un de nos camarades, et nous arrivons du cimetière. J'ai besoin de te raconter la triste cérémonie qui m'a beaucoup impressionné.

Tu connaissais bien Charles B... Le pauvre garçon avait neuf ans. Nous l'aimions tous, car il était bon et complaisant; jamais il n'avait eu de querelle avec personne.

Depuis longtemps on voyait qu'il était malade. Mais il faisait toujours ses devoirs, et il jouait encore assez gaiement. Pourtant, voilà quinze jours qu'il n'était pas venu à l'école.

Hier, à deux heures, M. le curé entre dans la classe. Il dit un mot à notre instituteur. M. Martin nous regarde tristement : « Vous allez être bien peinés, mes enfants, le pauvre Charles !... » Il reconduisit M. le curé, et reprit sa leçon, mais d'un ton plus bas; sa voix avait subitement changé, et nous, qui avions tout de suite compris, c'est à peine si nous pouvions répondre. Oh! pas un de nous n'a bougé jusqu'au soir. La prière s'est faite avec plus de recueillement que d'ordinaire. Nous allions descendre des bancs: « Attendez, enfants, dit M. l'instituteur; récitons ensemble un *Pater* et un *Ave* pour votre petit camarade. » M. Martin commença et nous achevâmes lentement et à mi-voix. « C'est pour demain dix heures, ajouta-t-il; vous viendrez tous, n'est-ce pas? » Puis on sortit en silence, et sans chanter comme nous en avons l'habitude.

Ce matin, tous les élèves se trouvaient réunis à l'heure indiquée. Nous partîmes sur deux rangs. Quatre grands portèrent le cercueil; quatre petits, de l'âge de Charles, tenaient les coins du drap. J'étais un de ces quatre derniers, et j'avais le cœur bien gros, je t'assure.

La pauvre mère suivait... Je n'essayerai pas de te peindre sa douleur. Elle était veuve et c'était son unique enfant. A l'église, nous priâmes tous avec ferveur. M. Martin touchait l'orge et chantait. Au cimetière la voix lui manqua (il aime tant ses élèves!) et nous pleurions tous avec lui.

Rentrés à la classe, il nous dit : « C'est bien, mes enfants; vous avez montré que vous compreniez la triste cérémonie, et que vous avez bon cœur. La mère de Charles a été bien touchée de votre attitude, et je n'ai pas été surpris, moi, de votre recueillement. Pauvre Charles! il était aimé de tous. Nous ne l'oublierons pas! »

Tu vois, bonne mère, que la journée a été triste : croirais-tu que je viens de laisser tomber encore une larme sur mon papier?

Je t'embrasse de tout mon cœur.

Ton fils bien tendre,

Auguste.

III.

COURS ÉLÉMENTAIRE.

Description de la maison.

Travail en commun.

Qu'est-ce qu'une maison, mes enfants? Qu'est-ce que la façade? la porte? les fenêtres? la cour? le jardin? Qu'est-ce que le rez-de-chaussée? le premier étage? le grenier? la cave? la cuisine? la laiterie? l'étable Comment sont couvertes les maisons? chaume, tuiles, ardoises? — Aimez-vous votre maison? Pourquoi? — Que voyez-vous de votre chambre? Qu'y a-t-il dans la basse-cour?

Voyons! que chacun de vous pense à la maison de son père, et qu'il essaye de m'en faire la description.

Notre maison.

Notre maison se trouve à l'extrémité du village. Sa façade est tournée vers le midi. Une cour la précède avec l'étable et l'écurie. Elle est fermée par une grande porte pleine, à deux battants. Il y a derrière un jardin planté de pommiers. Un escalier conduit aux pièces où nous couchons, et au grenier. Au rez-de-chaussée se trouvent la cuisine, la *salle* et la laiterie. De la chambre où est mon lit, je vois toute la vallée; et quand le soleil se lève, je reçois ses premiers rayons. Notre maison est couverte en ardoise; et on m'a dit qu'il n'y a pas plus de quinze ans qu'elle est construite. Je l'aime beaucoup, car j'y suis né; et je ne voudrais pas en changer. J'ai dans le jardin des fleurs que je cultive; dans la basse-cour sont le chien et la chèvre. C'est moi qui leur donne à manger; et quand je sors, les pigeons volent autour de moi pour me demander des graines.

Exercice de récitation pour le cours élémentaire.

Dieu voit tout.

Qui l'a marqué sur mon visage,
Maman, que je n'étais pas sage?
— C'est Dieu.
— Mais Dieu n'était pas là
— Ah! mon enfant, tu crois cela,
Parce que tu n'as vu personne.
Jour, nuit, à toute heure qui sonne,
Dieu, mon cher enfant, est partout;
Nul ne le voit, et lui voit tout.

Ratisbonne.

ARITHMÉTIQUE ET SYSTÈME MÉTRIQUE

PROBLÈMES GRADUÉS POUR LES COMPOSITIONS.

COURS SUPÉRIEUR.

I. — *Arithmétique.* — (*Nombres premiers.*)

1. — Quel est le plus grand commun diviseur des deux nombres 117 et 1.365 ? — Rép. 39.

2. — Quels sont les nombres premiers de 300 à 400 ? — Rép. 307, 311, 313, 317, 331, 337, 347, 349, 353, 359, 367, 373, 379, 383, 389, 397.

3. — Trouver le plus petit nombre divisible 1° par 2, 3, 5, 7, 13, 19 ; 2° par 2, 3, 4, 5, 6, 8, 10, 12, 20, 30, 9, 18 ? — Rép. 1° 51.870 ; 2° 360.

4. — Par quels nombres 60 est-il divisible ? — Rép. 1, 2, 4, 3, 6, 12, 5, 10, 20, 15, 30, 60.

5. — Décomposer en leurs facteurs premiers : 1° 3.720 ; 2° 1.188 ; 3° 504 ; 4° 1.530 ? — Rép. 1° $2^3 \times 3 \times 5 \times 31$; 2° $2^2 \times 3^3 \times 11$; 3° $2^3 \times 3^2 \times 7$; 4° $2 \times 3^2 \times 5 \times 17$.

II. — *Système métrique.* — (*Mesure des volumes.*)

1. — Combien, avec un morceau de plomb pesant 22 k. 704 grammes, pourrait-on fabriquer de balles ayant 0m01 de diamètre, la densité du plomb étant 11.352 ? — Rép. 38.

2. — Un journalier a scié un tas de bois dont les trois dimensions sont 9 mètres, 0m85 et 3 mètres. Combien lui doit-on, à raison de 2 fr. 50 le stère ? — Rép. 57 fr. 37.

3. — Quel est le poids d'un cylindre en fer ayant 0m028 de diamètre, et 1m20 de longueur, si la densité du fer est 7.78 ? — Rép. 5 kil. 748 grammes.

4. — Trouver le volume d'un cône qui a 1m60 de diamètre à sa base et 0m90 de hauteur ? — Rép. 0m603.187.

5. — Lorsque le décistère de bois est vendu 8 francs, que vaut le décimètre cube ? — Rép. 0 fr. 09.

COURS MOYEN.

I. — *Arithmétique.* — (*Les quatre règles.*)

1. — Le reste d'une soustraction est 35.248. Le plus grand nombre est 48.972. Trouver le plus petit ? — Rép. 13.724.

2. — Le quotient d'une division est 348, le reste 32 et le diviseur 25. Retrouver le dividende ? — Rép. 8.732.

3. — Combien y a-t-il d'heures dans une année ordinaire ? — Rép. 8.760.

4. — Une personne a un revenu de 2.595 francs. Combien peut-elle dépenser en moyenne par jour si elle veut mettre de côté 1.500 francs par an ? — Rép. 3 francs.

5. — Un fonctionnaire gagne 2.400 francs par an, sur lesquels on lui fait une retenue du vingtième. De plus il fournit un timbre de dix centimes pour la quittance de chacun de ses mandats mensuels. Combien reçoit-il en réalité par an ? — Rép. 2.278 fr. 80.

II. — *Système métrique.* — (*Mesures de volume.*)

1. — 3 stères de bois ont été achetés 42 francs. De cette provision il reste un tas de 2 mètres de long, 0m75 de haut, et les bûches ont 0m80 de long. Combien vaut ce reste ? — Rép. 25 fr. 20.

2. — Un ouvrier a cassé trois tas de pierres. Le 1er a un volume de 3 mètres cubes 45 décimètres cubes ; le 2e 2 mètres cubes 375 décimètres cubes ; le 3e 4 mètres cubes 75 décimètres cubes. Combien lui est-il dû, à raison de 3 fr. 75 le mètre cube ? — Rép. 35 fr. 60.

3. — Un cultivateur a acheté, à raison de 14 francs le mètre cube, le fumier contenu dans une fosse cubique de 2m60 de côté. Combien doit-il ? — Rép. 57 fr. 34.

4. — Une pièce de bois ayant un volume de 895 décimètres cubes a coûté 71 fr. 60. Quel est le prix du décistère ? — Rép. 8 francs.

5. — Trouver le prix de 4 tombereaux de sable dont chacun en contient un mètre cube trois quarts, si le mètre cube vaut 3 francs ? — Rép. 21 francs.

COURS ÉLÉMENTAIRE.

I. — *Arithmétique.* — (*Numération et Addition.*)

1. — Charlemagne est monté sur le trône en 768. Il a régné 46 ans. En quelle année est-il mort ? — Rép. En 814.

2. — Quelle somme faut-il pour acquitter 3 factures : l'une de 728 francs, la 2e de 485 francs et la 3e de 943 francs ? — Rép. 2.156 francs.

3. — Un propriétaire a reçu de ses locataires 428 francs + 536 francs + 425 francs. Il lui est encore dû 620 francs et 325 francs. Quel est son revenu ? — Rép. 2.334 francs.

4. — Ecrire en chiffres ordinaires cinq cent mille francs ? — Rép. 500.000 francs.

5. — Combien faut-il de billets de cent francs pour payer dix mille francs ? — Rép. 100.

II. — *Système métrique.* — (*Mesures de longueur.*)

1. — De Paris à Berlin la distance est de 890 kilomètres. Combien cela fait-il de myriamètres ? — Rép. 89.

2. — Bordeaux est à 582 kilomètres de Paris. Exprimer cette distance en hectomètres ? — Rép. 5.820.

3. — On a construit deux tronçons de route. Le 1er a une longueur de 3 kilomètres 6 hectomètres 45 mètres ; le 2e 4.375 mètres. Il reste à faire une 3e portion de 4.500 mètres. Quelle sera la longueur totale de cette route ? — Rép. 12 kil. 520 mètres.

4. — Le trajet d'un facteur rural est de 15 kilomètres pour l'aller et autant pour le retour. Combien parcourt-il de kilomètres par jour ? — Rép. 30 kilomètres.

5. — La chaîne d'arpenteur a un décamètre de longueur. Quelle est la longueur d'un champ qui contient 6 fois et demie cette chaîne ? — Rép. 65 mètres.

LEÇONS PRATIQUES ET GRADUÉES

Sur les matières comprises dans le programme de

L'ENSEIGNEMENT PRIMAIRE

Publiées par le

JOURNAL DES INSTITUTEURS

(Premier semestre 1875)

COURS ÉLÉMENTAIRE, COURS MOYEN, COURS SUPÉRIEUR :

LANGUE FRANÇAISE

Exercices de style, — Dictées expliquées
Orthographe et sens des mots

ARITHMÉTIQUE
SYSTÈME MÉTRIQUE — GÉOMÉTRIE
HISTOIRE — GÉOGRAPHIE
DESSIN — MUSIQUE

Épreuves écrites et questions posées aux examens pour le Brevet de capacité, le Certificat d'études, les Concours cantonaux, etc.

EXAMENS DU BREVET DE CAPACITÉ.

Départements du Cher, d'Eure-et-Loir, de Loir-et-Cher, du Loiret, de la Marne, de l'Oise, de Seine-et-Marne et de Seine-et-Oise.

(Ressort de l'Académie de Paris.)

ASPIRANTS.

Brevet obligatoire. — Seconde session de 1874.

— ÉPREUVES ÉCRITES. —

1° *Orthographe.*

L'histoire naturelle comparée à l'histoire politique.

Comme dans l'histoire civile, on consulte les titres, on recherche les médailles, on déchiffre les inscriptions antiques pour déterminer les époques des révolutions humaines et constater les dates des événements moraux; de même dans l'histoire naturelle, il faut fouiller les archives du monde, tirer des entrailles de la terre les vieux monuments, recueillir leurs débris, et rassembler en un corps de preuves tous les indices des changements physiques qui peuvent nous faire remonter aux différents âges de la nature. C'est le seul moyen de fixer quelques points dans l'immensité de l'espace, et de placer un certain nombre de pierres numéraires sur la route éternelle du temps. — Le passé est comme la distance; notre vue y décroît et s'y perdrait de même, si l'histoire et la chronologie n'eussent placé des fanaux, des flambeaux aux points les plus obscurs. Mais, malgré ces lumières de la tradition écrite, si l'on remonte à quelques siècles, que d'incertitude dans les faits, que d'erreurs sur les causes des événements, et quelle obscurité profonde n'environne pas les temps antérieurs à cette tradition! D'ailleurs elle ne nous a transmis que les gestes de quelques nations, c'est-à-dire les actes d'une très-petite partie du genre humain. Tout le reste des hommes est demeuré nul pour nous, nul pour la postérité; ils ne sont sortis de leur néant que pour passer comme des ombres qui ne laissent point de traces, et plût au ciel que le nom de tous ces prétendus héros, dont on a célébré les crimes ou la gloire sanguinaire, fût également enseveli dans la nuit de l'oubli!

BUFFON. (*Époques de la nature.*)

2° *Rédaction.*

Bayard.

3° *Arithmétique.*

1° Faire connaître dans quel cas le quotient de la division de deux nombres est plus grand que le dividende. Explication raisonnée du principe.

2° Un tisserand a employé neuf jours pour fabriquer une pièce de toile de 60m75 de longueur. La quantité de fil nécessaire pour faire 4m50 est de 1k125. Chaque écheveau pèse 36 décagrammes et l'on a 34 écheveaux pour 36 fr. 72. D'ailleurs, le tisserand est payé à raison de 9 fr. 90 par semaine de six jours. On demande d'après cela combien le fabricant devra vendre le mètre, pour gagner 20 0/0 sur le prix de revient.

Solutions.

I.

Le quotient de la division de deux nombres est plus grand que le dividende toutes les fois que le diviseur est plus petit que l'unité.

Soit, par exemple, 24 à diviser par $\frac{2}{3}$.

D'après la définition de la division, le quotient doit être tel que multiplié par le diviseur il reproduise le dividende.

---

(1) Nous faisons des réserves expresses à ce sujet. La circulaire du 18 novembre 1871 a sauvegardé, — avec grande raison, — la liberté des instituteurs, dans l'élaboration des emplois du temps, et imposé le respect de l'initiative individuelle dont, en cette matière particulièrement, il importe de provoquer l'essor.

Note de la Direction.)

Ainsi le quotient que nous cherchons est tel que multiplié par $\frac{2}{3}$ il égale 24.

Mais, nous avons vu, dans la multiplication des fractions, que multiplier un nombre par $\frac{2}{3}$ c'est en prendre les $\frac{2}{3}$. Si les $\frac{2}{3}$ seulement du quotient cherché égalent 24, il est clair que le quotient tout entier sera plus grand que 24. Il égalera, en effet, $24 \times \frac{3}{2} = 36$.

Soit encore 24 à diviser par 0,25.

Nous cherchons un nombre tel que multiplié par 0,25 il reproduise 24.

Mais multiplier un nombre par 0,25, c'est en prendre les 25 centièmes. Si les 25 centièmes seulement du quotient égalent 24, il est clair que le quotient tout entier sera plus grand que 24. Le quotient, en effet, est 96.

Nota. En écrivant 0,25 sous cette forme $\frac{25}{100}$, nous aurions vu que :

$$24 : \frac{25}{100} = 24 \times \frac{100}{25} = \frac{2400}{25} = 96.$$

II.

Le tisserand gagne par jour $\frac{9 \text{ fr. } 90}{6} = 1$ fr. 65 ; en 9 jours il gagnera 1 fr. 65 $\times$ 9 = 14 fr. 85.

Pour faire $4^{m}50$ de toile il faut $1^{k}125$ de fil ; pour faire 1 mètre de toile, il faut $\frac{1^{k}125}{4,50}$, et pour faire $60^{m}75$ de toile il en faudra $\frac{1^{k}125 \times 60,75}{4,5} = 68^{k}344$.

34 écheveaux pèsent $0^{k}36 \times 34 = 12^{k}24$ qui valent 36 fr. 72. Le kilogramme de fil vaut donc :

$$\frac{36 \text{ fr. } 72}{12,24},$$

et les $68^{k}334$ employés valent donc :

$$\frac{36,72 \times 68,344}{12,24} = 205 \text{ fr. } 03.$$

La pièce de toile revient ainsi à 205 fr. 03 + 14 fr. 85 = 219 fr. 88.

Le bénéfice devant être, d'après l'énoncé de la question, de 20 0/0 sur le prix de revient, sera par suite de $\frac{20 \text{ fr.} \times 219,88}{100} = 43$ fr. 98.

Le fabricant devra donc vendre ses $60^{m}75$ de toile :

$$219 \text{ fr. } 88 + 43 \text{ fr. } 98 = 263 \text{ fr. } 86,$$

ce qui met le prix du mètre à $\frac{263 \text{ fr.} 86}{60,75} = 4$ fr. 34.

DICTÉES.

I.

COURS SUPÉRIEUR.

Bazeilles après la bataille de Sedan.

La route était défoncée, les chariots cahotaient dans les ornières. Nous marchions dans la boue. On ne voyait partout que chaumières brûlées, arbres abattus, champs ravagés. C'est ainsi que nous arrivâmes à Bazeilles. Qui a vu ce spectacle ne l'oubliera jamais. Il semblait qu'une trombe se fût jetée sur le village. Tout y était par terre. Un amoncellement de toitures effondrées et de murailles tombées au ras du sol, des débris de meubles calcinés, des poutrelles rompues, des charrettes en morceaux, des charrues et des herses brisées par le milieu, des lambeaux de volets et de portes pendant sur leurs gonds, des carcasses d'animaux atteints par les balles et surpris par le feu, les jardins en ruine avec leurs treilles et leurs pommiers noircis, partout les traces de l'incendie. On marchait au milieu des obus. Il y avait çà et là sur des pans de mur de larges taches d'un brun noirâtre. Une main sanglante avait appliqué l'empreinte de ses cinq doigts sur un enduit de plâtre, des lambeaux de vêtement restaient accrochés entre les haies; sur un buisson, on apercevait deux petits bas d'enfant qu'on y avait mis sécher. Sur la façade d'une maison labourée par un paquet de mitraille, l'appui d'une fenêtre à laquelle il ne restait pas une vitre supportait deux jolis pots de fleurs en faïence bleue. Quelques malheureux se promenaient parmi ces décombres. Il s'en dégageait une odeur affreuse de cadavres en putréfaction. Des fragments d'armes jonchaient le sol. C'était navrant, horrible, hideux. Le village était comme éventré. Une famille vêtue de loques s'était blottie sous un appentis : elle nous regardait passer avec des frémissements effarés. Peut-être cherchait-elle son foyer ; son malheur dépassait le nôtre : des soldats lui jetèrent des morceaux de biscuit.

(Extrait du *Bulletin de l'instruction primaire* des Ardennes.)

II.

COURS MOYEN.

Le Renard chasseur.

Un soir *que* nous revenions de la chasse au sanglier, à la neige, un lièvre part devant nous dans la plaine et se dirige vers le bois ; quelques-uns de nos chiens l'aperçoivent et le poussent. Mais le lièvre eut à peine le temps de gagner le buisson, *que* nous l'entendions jeter son cri de détresse. *Je m'imagine* qu'un de nos chiens le tient, ou qu'il est pris à quelque piége ; je m'élance de toute la vitesse de mes jarrets pour m'en emparer *avant que* les chiens *n'*arrivent. Mais *en voici bien d'une autre* : le lièvre continuait de crier, et sa voix s'éloigne à mesure que je m'approche. Curieux d'avoir **la** *clef* de *l'énigme*, je redouble d'efforts pour *gagner* un jeune taillis voisin *où* il faut que l'animal passe et que le *mystère* s'éclaircisse. *Qu'aperçois-je* ? Un renard qui débouche à vingt pas de moi, traînant le malheureux lièvre *à la remorque*, et *fort gêné* dans sa marche, comme on pense, par un pareil fardeau. Tant d'impudence méritait châtiment; le coupable ne l'attendit pas une seconde. Ainsi, *l'effronté* avait eu l'audace d'accourir sur la voix des chiens, à la rencontre du lièvre, et de le leur enlever *à leur barbe*, à moins de trois *cents* mètres du *lancer*.

TOUSSENEL.

Questions et explications.

1. *Renard*. D'où vient le *d*? On forme *renarde*, femelle du renard; *renardeau*, petit renard; *renardier*, celui qui, dans une terre, est chargé de prendre les renards; *renardière*, tanière du renard.

2. *Un soir que*. Analysez *que*. Pronom relatif ou mieux conjonctif. (Un soir *pendant lequel*...) complément circonst. de *revenions*. Serait-ce une faute de dire: Un soir *où*...? Non. On dit également bien *que* et avec *où*;

... Il perdit la voix
Du moment qu'il gagna ce qui cause nos peines.
(LA FONTAINE.)

La mort ne surprend point le sage;
Il est toujours prêt à partir,
S'étant su lui-même avertir,
Du temps où chacun doit se résoudre à mourir.
(Idem.)

Le moment où je parle est déjà loin de moi.
(BOILEAU.)

Je ne m'ennuyais point *cet hiver que* je vous avais.
(Mme DE SÉVIGNÉ.)

Dans ces phrases, *que* et *où* sont l'un et l'autre mis pour *auquel dans lequel*.

Mais doit-on dire: C'est *à vous*, mon esprit, *à qui* je veux parler (Boileau). Ce n'est pas *de ces sortes* de respect *dont* je parle (Molière)? Non; l'idée complémentaire étant exprimée une première fois par *à vous*, *de ces sortes*, ne doit pas l'être une seconde fois par les compléments *à qui*, *dont*. C'est un pléonasme qu'on rejette absolument aujourd'hui. Il faut: C'est *à vous*, mon esprit, *que*... Ce n'est pas *de ces sortes* de respect *que*...

On dira: C'est *à lui qu*'on en veut, et non: C'est *à lui à qui* on en veut.

3. *Que* est ici conjonction. Il signifie *quand*, *lorsque*.

4. *Je m'imagine*, je me figure. Que signifie *imaginer* une machine? Inventer. On blâme généralement l'emploi d'*imaginer* suivi de *que*. Gardez-vous d'*imaginer que* vous soyez parfait. On préfère le verbe réfléchi *s'imaginer*. Cette décision, dit M. Littré, est entachée d'arbitraire.

5. *Avant que* les chiens *n*'arrivent. Faut-il la négation? La plupart des grammaires condamnent l'emploi de la négation après *avant que*, *sans que*. De bons auteurs s'affranchissent de cette règle.

6. *En voici bien d'une autre*... Expression familière, se dit en parlant d'une chose inattendue, singulière. Il y a ici ellipse du mot *chose*, *aventure*. C'est pourquoi *d'une autre* est préférable à *d'un autre*.

7. *Enigme*. Définition d'une chose en termes obscurs qui la rendent difficile à deviner, et, par extension, tout ce qu'il n'est pas facile de comprendre, de deviner au premier abord. Vous vous rappelez l'énigme proposée par Samson à propos du lion et du miel? *Le mot de l'énigme*, *la clef de l'énigme*, l'explication, ce qui fait comprendre l'énigme.

8. *Pour gagner un jeune taillis*. Pour y parvenir, ce taillis étant considéré comme une chose à gagner. On dit familièrement *gagner* la porte, *gagner* le large, *gagner* les champs...

9. *Où* est mis ici pour *dans lequel*.. Différence entre *où*, adverbe, employé quelquefois, comme ici, en qualité de pronom, et *où* conjonction.

10. Le *mystère*, l'énigme, la chose cachée, le secret.

11. *Qu'aperçois-je?* Analysez ces trois mots. *J'aperçois quoi? Quoi*, pronom interrogatif.

12. *A la remorque*. *Remorquer* vient de deux mots grecs dont l'un signifie *tirer* et l'autre *corde*. On appelle même *remorque* un câble, une corde tendue d'un navire à un autre navire, que traîne le premier. *A la remorque* veut dire ici traîner après soi, sans lâcher prise, comme si une *corde* tenait attachés le renard et le lièvre. Au figuré *se mettre à la remorque*, se laisser diriger, entraîner.

13. *Fort gêné*. *Gêne* est une contraction de *géhenne*, enfer. Son sens primitif est *torture*, *supplice*, *question*. Menacés de la gêne, ils ont tout découvert. (Th. Corneille.) *Fort*, adverbe. *Fortement* gêné.

14. *Effronté*. Préfixe *ef* pour *es* et *front*. Sans front, qui ne rougit de rien. Composés: *effronterie*, *effrontément*. Que signifient *ef*feuiller, *ef*filer, *ef*flanqué, *ef*fondrer?

15. *A leur barbe*, expression figurée, près d'eux, en dépit d'eux. Autres expressions: *Rire dans sa barbe*, rire avec une satisfaction maligne qu'on dissimule. *Faire la barbe à quelqu'un*, avoir l'avantage sur lui.

16. *Cents*. Pourquoi *s*? La règle? Comment écririez-vous: Page trois *cent*?

17. *Du lancer*, de l'endroit d'où sont partis les chiens. On dit en termes de vénerie: *lancer* le cerf, le sanglier, les faire sortir de leur retraite pour lâcher contre eux les chiens. Du verbe on fait ici un substantif, de même que de l'action de *déjeuner* on a tiré le *déjeuner*; du verbe *manger*, le *manger*, du verbe *goûter*, le *goûter*; du verbe *parler*, le *parler*; du verbe *lever*, le *lever*, etc.

III.

COURS ÉLÉMENTAIRE.

(Sur le nom.)

L'Armée.

Chaque *régiment* a un *drapeau*. Le *drapeau* est l'*emblème* du *régiment*, de l'*armée*, de la *patrie*. Notre *drapeau* est tricolore. Ses trois *couleurs* sont le *bleu*, le *blanc* et le *rouge*. Le *bois* du *drapeau* prend le *nom* de *hampe*. Les *soldats* défendent jusqu'à la *mort* leur *drapeau*. Ils ont pour *armes* des *fusils*, des *sabres*, des *pistolets*, des *revolvers*. Les *artilleurs* ont des *canons* et des *mitrailleuses*. Les *anciens* avaient la *massue*, la *fronde*, la *pique*, la *hache*, le *poignard*, l'*épée*, le *javelot*, l'*arc*. Comme *armes* défensives, ils portaient le *casque*, la *cuirasse* et le *bouclier*.

EXERCICES DE STYLE.

COURS SUPÉRIEUR.

Lettre.

Canevas. — Un élève écrit à l'un de ses camarades pour lui dire qu'il a placé à la caisse d'épargne scolaire, nouvellement instituée dans sa classe, les petites économies qu'il a faites et les étrennes qu'il a reçues au Jour de l'an.

Développement.

C..., 1er février 1875.

Mon cher Anatole,

Le croirais-tu ? J'ai placé mes économies et les étrennes que j'ai reçues au Jour de l'an. Me voici petit rentier. J'ai mon livret de caisse d'épargne. J'y lis à la première page : *Caisse d'épargne scolaire de C...* M. Emile Legendre, versé : 5 francs. C'est une institution toute nouvelle. Notre instituteur nous l'a expliquée, et plus de vingt d'entre nous ont répondu à son appel. On peut verser jusqu'à un sou. On a chacun son petit livret sur lequel notre caissier — un comptable de douze ans — inscrit notre avoir, sous le contrôle de notre instituteur. Quand on a 1 franc, on a droit à un véritable livret de la grande Caisse d'épargne. Qu'en dis-tu ?

Quant à moi, j'aime bien mieux placer ainsi mon argent que de le laisser dans la tire-lire ou de le dépenser en babioles. Au moins là il rapporte, et plus tard, nous le retrouverons.

Je ne veux pas être un avare, sans doute, mais, ma foi ! je deviens économe. Je suis content d'avoir mon livret et, n'aie pas peur, je ne déplacerai pas un centime de ce qui est placé.

Et toi, qu'as-tu fait de tes étrennes ? Avez-vous aussi une caisse d'épargne scolaire ? Si vous ne saviez pas comment cela s'organise, je serais capable de vous donner une leçon.

Au revoir, mon cher Anatole.

Ton ami,

EMILE.

COURS MOYEN.

L'Ourse.

Une ourse mit au monde un ours hideux, horrible.
Ce n'était qu'une masse informe et sans couleur.
Les poils tout hérissés, un monstre à faire peur !
La mère soupirait : « O laideur impossible !
Il n'a pas forme d'ours. Hélas ! quel fils, mon Dieu ! »
Un butor qui passait lui dit : « Etrangle-le ! »
Mais la mère, prenant conseil de sa tendresse,
Lèche son avorton, le polit, le caresse,
Lui décole les yeux, lui tire le museau
Et transforme le monstre en un ours presque beau.

Elle fit ce que font toutes mères en somme,
Avec bien plus de peine encore et de labeurs,
Pour embellir leurs fils et les rendre meilleurs,
Faisant rentrer le monstre et faisant sortir l'homme,
Afin que dans le monde, heureux et recherchés,
On ne dise pas d'eux : Oh ! les ours mal léchés !

Travail en commun. — Comment était le petit ours ? — Que disait la mère ? — Que conseilla un passant ? — Qu'arriva-t-il ? — Comment appelez-vous le sentiment qui fit agir la mère ? — Voyons, mes enfants, parlons de vous : Etes-vous bien beaux quand vous naissez ? — Bien aimables ? — Bien bons ? — Et maintenant encore, êtes-vous toujours très-dociles ? très-appliqués ? très-empressés à satisfaire vos parents ? Croyez-vous que ceux-ci ne se donnent pas beaucoup de peine pour vous rendre meilleurs et vous bien élever ? Et votre maître, donc ! — Ils veulent les uns et les autres qu'on ne dise pas de vous ?...

Maintenant, que chacun reproduise cette fable en langage ordinaire, c'est-à-dire en prose.

COURS ÉLÉMENTAIRE.

L'enfant et la mésange

Dans des filets une mésange
Fut prise un jour par un enfant :
Il s'en amuse ; et, chose étrange,
Lui coupe, en l'étouffant,
Une patte, puis l'autre ; ensuite, à demi morte,
Il l'abandonne. « Hélas ! dit-elle, en gémissant,
Pour me mutiler de la sorte,
Qu'ai-je fait ? quelle rage envers moi te transporte ?
Que feras-tu donc étant grand ?
Ne me fais pas languir, achève-moi de grâce ! »
Son sang coulait abondamment ;
Il la vit froidement
Expirer sur la place.
La cruauté fut son moindre défaut :
Devenu grand, il fut parjure,
Fit rougir la nature
Et périt sur un échafaud.

L. MARCHAND DE LA VIÈVILLE.

Exercice de conversation. — Voilà une affreuse histoire. Voyez un peu cet enfant, qui commence par torturer un oiseau, et qui, devenu un grand criminel, meurt de la main du bourreau ! Aucun de vous ne voudrait faire du mal inutilement à un animal inoffensif, n'est-ce pas ?... J'en suis bien sûr.

Comment les oiseaux, qui sont d'ailleurs si jolis, nous rendent-ils des services ? De quoi se nourrissent-ils en général ? et la mésange particulièrement ? Aussi, ne convient-il pas de protéger les oiseaux ? de respecter les nids ? — N'est-ce pas, quand le printemps va venir, aucun de vous ne s'amusera à dénicher les œufs ? — Vous savez, d'ailleurs, que cela est défendu : il y a un arrêté de M. le préfet qui condamne à l'amende les *dénicheurs*. — Pauvre mésange ! que lui fait ce méchant garçon ? — Que dit le pauvre oiseau ? Ses plaintes sont-elles écoutées ? — Qu'arrive-t-il plus tard au petit mauvais sujet ? — Devenu grand, il fut *parjure*, c'est-à-dire qu'il ne tint aucune des promesses faites à sa mère. Il *fit rougir la nature*, c'est-à-dire qu'il commit des actes si criminels que la *nature*, que tout le monde en aurait rougi. — Voilà une expression prétentieuse, du reste, qu'il ne faudrait pas employer.

Voyons, Ernest, reprenez cette histoire, et racontez-la... Commencez... Bien ! Continuez, Jules. — A vous, Paul : Que penseriez-vous d'un enfant qui serait cruel envers les animaux ?... Et que pourrai-on craindre pour plus tard ?

ARITHMÉTIQUE ET SYSTÈME MÉTRIQUE.

PROBLÈMES GRADUÉS POUR LES COMPOSITIONS.

I.

COURS SUPÉRIEUR.

I. — *Arithmétique.* — *Fractions ordinaires.*

1. Qu'est-ce que : 1° 50 centimètres; 2° 25 centimètres; 3° 75 centimètres; 4° 125 centimètres; 5° 150 centimètres; 6° 175 centimètres, par rapport au mètre? — Rép. 1° la 1/2 ; 2° le 1/4 ; 3° les 3/4; 4° les 5/4; 5° les 6/4; 6° les 7/4.

2. — Un ouvrier a travaillé pendant 2 jours 1/2, 6 jours 1/4, 8 jours 3/4, 4 heures, 3 heures à raison de 50 cent. l'heure. Combien lui doit-on s'il travaille 12 heures par jour? Rép. 108 fr. 50.

3. — Qu'est-ce que 30 minutes, 15 minutes, 45 minutes, 80 minutes, 40 minutes, 10 minutes, 50 minutes, par rapport à l'heure? — Rép. 1/2 1/5, 3/4, 1/3, 2/3, 1/6. 5/6 d'heure.

4. — Exprimer en fraction ordinaire la valeur de la seconde par rapport à la journée de 24 heures? — Rép. 1/86400.

5. — Quelle fraction de la circonférence occupe un arc de cercle de 45 degrés? — Rép. 1/8.

II. — *Système métrique.* — (*Mesure des volumes. Racine cubique.*)

1. — Former le cube de 375, 376, 377 et 378? — Rép. 52.734.375; 53.157.376; 53.582.633; 54.010.152.

2. — Extraire la racine cubique de 15.525? — Rép. 25.

3. — Quel est le prix d'une pile de bois ayant 8^m40 de long; 7^m50 de large et 6 mètres de haut, à 12 fr. 50 le stère? — Rép. 4.725 francs.

4. — Quel est le poids d'une pièce de sapin dont les dimensions sont 4^m80, 0^m34 et 0^m25, la densité du sapin étant 0-65? — Rép. 265 kil. 2.

5. — On expose en plein air, pendant la pluie, une auge ayant 1^m20 de long et 0^m90 de large. On recueille ainsi 25 litres d'eau. Calculer l'épaisseur de la couche d'eau tombée? — Rép. 0^m023.

II.

COURS MOYEN.

I. — *Arithmétique.* — (*Divisibilité. Les quatre règles.*)

1. — Quels sont, de 100 à 1.010 : 1° les nombres *pairs*? 2° les nombres *impairs*? Prendre la moitié des nombres pairs? — Rép. : 1° pairs : 1,000, 1.002 1.004, 1.006, 1.008, 1.010. 2° impairs : 1.001, 1.003, 1005, 1.007, 1.009. Moitiés : 500, 501, 502, 503, 504, 505.

2. — Quelle est la moitié de 137.952 francs? — Rép. 68.976 francs.

3. — Choisir, parmi les nombres suivants, 385, 4.236, 87, 7.248, 391 et 39.496, ceux qui sont divisibles par 4 et en indiquer les quotients? — Rép. Quotients : 1.059, 1.812, 9.874.

4. — La ville de Paris vient de faire un emprunt de 220 millions partagés en 500 obligations. Combien vaut chaque obligation (simplifier le calcul)? — 440 francs.

5. — Chaque tirage trimestriel de l'emprunt émis par la Ville de Paris en 1875 comportera : 1 lot de 100.000 francs; 1 de 50.000; 3 de chacun 10.000; 4 de 5.000; 25 de 1.000. Trouver le total des lots et leur valeur : 1° par trimestre; 2° par année? — Rép. : 1° par trimestre, 34 lots, valeur 225.000 francs; 2° par an, 136 lots, valeur 900.000 francs.

II. — *Système métrique.* — *Mesurses de capacité.*

1. — Un seau contenant un décalitre d'eau, combien faudra-t-il de seaux d'eau pour emplir un tonneau d'une contenance de 2 hectolitres et demi? — Rép. 25.

2. — Une famille boit par jour un demi-litre de vin. Quelle est cette dépense au bout de l'année si le vin vaut 35 francs l'hectolitre. — Rép. 63 fr. 87.

3. — Trois pièces de vin de chacune 230 litres sont achetées 270 francs. Combien faut-il revendre le litre pour gagner 10 centimes par litre? — Rép. 0 fr. 49.

4. — L'hectolitre et demi de blé valant 38 francs, combien vaut l'hectolitre? — Rép. 25 fr. 33.

5. — A 0 fr. 70 le litre de lentilles, combien vaut l'hectolitre? — Rép. 70 francs.

III.

COURS ÉLÉMENTAIRE.

I. — *Arithmétique.* — *Addition.*

1. — Les forces militaires de la France se décomposent ainsi :

Armée active	704.714	hommes
Réserve de l'armée active . .	510.294	—
Armée territoriale	582.523	—
Réserve de l'armée territoriale	625.633	—

Combien d'hommes la France peut-elle mettre sous les armes? — Rép, 2.423.164.

2. — Une famille dépense par an 328 fr. + 176 fr. + 24 fr. + 204 fr. + 60 fr. + 100 fr. + 70 fr. + 6 fr. Elle gagne 1.065 fr. + 50 fr. + 100 fr. + 15 fr. Quelle est sa dépense totale? Quelle est sa recette totale? — Rép. 1° 968 fr.; 2° 1.230 fr.

3. — Un tapissier devait à son boucher 125 fr. Il lui fournit en payement une armoire, plus 30 fr. Quel est le prix de ce meuble? — Rép. 95 fr.

4. — Un domestique gagnait 75 fr. par mois. A partir du 1er janvier on l'augmente de 15 fr. par mois. Combien aura-t-il reçu à la fin de l'année? — Rép. 1.080.

5. — Une locomotive pèse 27.000 kilogrammes. Le tender porte 7.000 kilos d'eau, 1.500 kilos de charbon et pèse lui-même 10.200 kilos. Quel est le poids total de la machine et de son tender? — Rép. 45.700 kilos.

II. — *Système métrique.* — *Mesures de superficie.*

1. — Le jardin d'une brigade de gendarmerie est divisé en quatre parts égales de chacune 125 mètres

carrés. Quelle est la surface totale du jardin? — R. 500 mètres carrés.

2. — Un terrain est vendu en trois lots : le premier contient 125 ares ; le deuxième 328 ares et le troisième 435 ares. Quelle est l'étendue de ce terrain ? — R. 888 ares.

3. — Combien vaut un jardin d'une contenance de 2 hectares vendu 1 franc le mètre carré? — Rép. 20.000 francs.

4. — Le décimètre carré d'une toile cirée valant 5 centimes, combien vaut le mètre carré? — Rép. 5 francs.

5. — Un propriétaire possédait 75 hectares de terre. Il en achète encore 18 hectares, 12 hectares et 32 hectares. Quelle étendue possède-t-il? — Rép. 137 hectares.

EXAMENS DU BREVET DE CAPACITÉ (1).

Départements du Cher, d'Eure-et-Loir, de Loir-et-Cher, du Loiret, de la Marne, de l'Oise, de Seine-et-Marne et de Seine-et-Oise.

(Ressort de l'Académie de Paris.)

ASPIRANTES.

Brevet obligatoire. — Seconde session de 1874.

— ÉPREUVES ÉCRITES. —

1. *Orthographe.*

La vraie et la fausse *philanthropie.*

Il y a deux manières de se donner aux hommes : la première est de se faire aimer, non pour être leur *idole*, mais pour employer leur confiance à les rendre bons. Cette philanthropie est *toute* divine. Il y en a une autre, qui est une fausse monnaie, quand on se donne aux hommes pour leur plaire, pour les éblouir, pour usurper de l'autorité sur eux en les flattant. Ce n'est pas eux qu'on aime, c'est soi-même. On n'agit que par vanité et par intérêt ; on fait semblant de se donner, pour posséder ceux à qui on fait accroire qu'on se donne à eux. Ce faux philanthrope est comme un pêcheur qui jette un *hameçon* avec un *appât :* il paraît nourrir les poissons, mais il les prend et les *fait mourir*. Tous les tyrans, tous les magistrats, tous les politiques qui ont de l'ambition, *paraissent* bienfaisants et généreux ; ils paraissent se donner, et ils veulent prendre les peuples ; ils jettent l'hameçon dans les festins, dans les compagnies, dans les assemblées publiques ; ils ne sont pas *sociables* pour l'intérêt des hommes, mais pour abuser de tout le genre humain. Ils ont un esprit flatteur, *insinuant*, artificieux, pour corrompre les *mœurs* des hommes, et pour réduire en servitude tous ceux dont ils ont besoin. La corruption de ce qu'il y a de meilleur est le plus pernicieux de tous les maux. De tels hommes sont les pestes du genre humain. Au moins l'amour-propre d'un *misanthrope* n'est que sauvage et inutile au monde, mais celui de ces faux philanthropes est traître et tyrannique ; ils font de la société un trafic dans lequel ils veulent tout attirer à eux, et *asservir* tous les citoyens.

(Fénelon.)

Questions et explications.

1. *Philanthropie.* — Amour de l'humanité ; *philanthrope*, celui dont le cœur est porté à aimer les hommes ; se dit particulièrement de celui qui s'occupe des moyens d'améliorer le sort de ses semblables. Du grec *philô* (j'aime), *anthrôpos* (homme). Remarquez la particule *philo* dans les mots suivants : *philologue, philosophie ; bibliophile, philharmonique ; philomèle*, nom poétique du rossignol ; *œnophile* (de *oinos*, vin) ; *société œnophile*, qui fait le commerce des vins, etc., etc.

2. *Il y a.* — Analysez cette première proposition. *A* est ici verbe impersonnel. *Il* est le sujet grammatical, déterminé par ce qui suit : *deux manières de se donner aux hommes. Y* est employé par suite du gallicisme pour rappeler que *a* n'a plus son sens actif, qu'il n'est point synonyme de posséder, mais qu'il marque simplement l'état, l'existence. Cette proposition équivaut à : *Il* (deux manières de se donner aux hommes) *y a* (existent).

3. *Idole*, leur idole, c'est-à-dire l'objet de leur affection, de leur admiration et de leurs louanges. — 4. *Toute.* Nature de ce mot? Pourquoi varie-t-il, quoique adverbe? — 5. *On*, pronom indéfini, dont l'origine est une contraction de *homme* (*homo*). — *L'on* équivaut à *l'homme*, le nom précédé de l'article ; — *l*, qui n'a plus aujourd'hui d'autre fonction que celle d'une lettre euphonique, est donc, par origine, un article.

6. *Hameçon.* Sens propre de ce mot? Petit crochet terminé en pointe ou armé de pointes, qu'on met au bout d'une ligne avec de l'appât pour prendre du poisson. Sens figuré? Ce qui attire et trompe, comme fait l'hameçon. — 7. *Appât.* Terme de chasse ou de pêche ; pâture pour attirer et prendre le gibier ou le poisson ; tout ce qui attire. — L'accent circonflexe rappelle la suppression de l's. Ce mot s'écrivait autrefois *appast.* L'expression *appas*, s. m. plur., qui signifie charmes, attraits, n'est que le pluriel d'*appât*.

8. *Et les fait mourir.* Analysez *les?* Complément direct de *fait mourir. Faire*, suivi d'un infinitif, présente une locution à part, d'un sens complexe, et qui prend toujours la valeur d'un verbe actif. *Il fait naître et mûrir les fruits.* (Racine.) Quoique le mot *fruits* soit logiquement le sujet de *naître* et de *mûrir*, au lieu de marquer une proposition infinitive, il n'est ici que le complément direct des expressions composées *fait naître*, produit, et *fait mûrir*, rend mûrs. *Faire* ne prend point, en ce sens, de participe passif. On dit bien : *J'ai fait parvenir votre lettre ;* mais on ne dit pas : *Elle a été faite parvenir.*

(1) Dans la solution du problème inséré dans le dernier numéro, une division a été omise. Nos lecteurs s'en seront certainement aperçus. Le poids du fil employé pour fabriquer la pièce de toile est $\frac{68,344}{4,5}$, c'est-à-dire 15k1875 ; ce qui met le prix de revient de la pièce à 60 fr. 41 ; le prix de vente à 72 fr. 49, et le prix du mètre à 1 fr.

9. *Paraissent.* Nature de ce verbe? Verbe intransitif ou neutre. *Bienfaisants* et *généreux* sont les attributs du sujet et non les compléments de *paraissent.* Ce verbe est assimilé au verbe *être: Tous les tyrans, tous les magistrats...* SONT, *en apparence, bienfaisants et généreux.*— 10. *Sociables.* Sens de la terminaison *able? Sociable*, fait pour la société, qui est naturellement porté, qui est *propre à* vivre en société; avec qui il est aisé de vivre. Mots de la même famille? *Sociabilité, sociabiliser, sociablement, social, socialement, société, sociétaire, sociétariat; socialistes*, théoriciens qui, ne voyant pas que l'inégalité est le fond, le propre de la vie humaine, voudraient répartir entre tous les hommes des avantages égaux, et supposent le prétendu droit d'un égal partage de tous les biens.

11. *Insinuant*, qui s'insinue, qui pénètre doucement; qui sait s'introduire auprès des gens et les gagner, les capter. — *Insinuer:* introduire doucement et adroitement quelque chose. Vient du latin *in*, dans, et *sinus*, sein. Le sens propre de *sinus* est celui de pli, de courbure; il marque toujours une idée de cavité, d'arrondissement. Dans ce sens premier, il a pour dérivés directs *sinueux*, qui fait plusieurs tours et détours, qui ne va pas en ligne droite, et *sinuosité*, qui se dit d'un fleuve. — 12. *Mœurs*, du latin *mores*, habitudes bonnes ou mauvaises; usages, coutumes.

13. *Misanthrope*, homme chagrin, qui a souffert de la part des hommes, qui les hait et les fuit. Cependant il faut distinguer la misanthropie qui hait les hommes, et celle qui ne hait que leur société; la première est un vice, la seconde un travers. Souvent la misanthropie tient à un amour propre excessif et blessé. Le mot misanthrope vient de deux mots grecs: *misos*, haine; *anthrôpos*, homme. Nous avons vu plus haut son opposé: *philanthrope*.

14. *Asservir.* Réduire à l'état d'esclavage ou de dépendance. Vient de *A, ad*, et *servir*. Sens du préfixe *ad?* Tendance vers un but, mouvement, rapprochement, voisinage, addition, augmentation, etc. Diverses modifications de ce préfixe: *ac, af, ag, al, an, ap, ar, at, as: assiéger, associer*, etc.

2° *Rédaction.*

François de Lorraine, duc de Guise.

3° *Arithmétique.*

1. — Comment on multiplie deux nombres décimaux l'un par l'autre.—Démonstration de la règle à suivre sur l'exemple 24,236 × 5,29.

2. — Pour la nourriture des animaux, 3 kilogrammes de pommes de terre équivalent à 1 kilogramme de foin sec. Un hectare de bon terrain, cultivé en pommes de terre, en donne à peu près 235 hectolitres pesant 81 kilogrammes l'hectolitre, et un hectare de bon pré donne environ 5.000 kilogrammes de foin sec. Calculer, d'après cela, l'étendue qu'on devra cultiver en pommes de terre pour obtenir une quantité d'aliments équivalente à celle que fournit un hectare de pré.

Solutions.

I.

La multiplication des nombres décimaux (que l'un des facteurs seul renferme des décimales ou que les nombres proposés soient tous les deux décimaux) se fait exactement comme celle des nombres entiers. On multiplie successivement le multiplicande par chaque chiffre du multiplicateur, sans faire attention à la virgule; seulement, on sépare à la droite du produit autant de chiffres décimaux qu'il y en a dans les deux facteurs. Soit à multiplier 24,236 par 5,29:

```
   24, 236
    5, 29
  --------
   218124
   48472
  121180
  --------
  128,20844
```

En faisant abstraction de la virgule au multiplicande on multiplie ce nombre par 1000; le produit est donc aussi multiplié par 1000, puisque nous répétons un nombre mille fois trop fort. En supprimant ensuite la virgule au multiplicateur on multiplie ce facteur par 100; le produit est donc encore multiplié par 100, puisque nous répéterons alors le multiplicande cent fois plus de fois. Mais le produit a déjà été multiplié par 1000; il l'est donc maintenant par le produit de 100 × 1000, c'est-à-dire par 100000. Le produit étant ainsi rendu 100000 fois trop fort, pour le ramener à sa juste valeur, il faut le diviser par 100000, ce qui se fera un séparant sur sa droite cinq chiffres décimaux, c'est-à-dire autant qu'il y en a dans les deux facteurs.

Remarque. — Si le produit renfermait moins de chiffres qu'il n'y a de décimales dans les deux facteurs, on mettrait autant de zéros qu'il serait nécessaire sur la gauche de ce produit:

$$0{,}027 \times 0{,}004 = 0{,}000108.$$

Nota.— On pourrait encore, pour expliquer la règle générale qui vient d'être formulée, s'appuyer sur la multiplication des fractions ordinaires.

$$24{,}236 = \frac{24236}{1000} \text{ et } 5{,}29 = \frac{529}{100}.$$

$$\frac{24236}{1000} \times \frac{529}{100} = \frac{24236 \times 529}{1000 \times 100} = \frac{24236 \times 529.}{100.00}$$

$$\text{Donc : } 24{,}236 \times 5{,}29 = \frac{24236 \times 529}{100000}.$$

II.

5000 kilogrammes de foin sec équivalent à:
$3^k \times 5000 = 15000$ kilog. de pommes de terre.

Le produit d'un hectare en pommes de terre est de: $81^k \times 235 = 19035$ kilogrammes.

On devra donc cultiver, en pommes de terre, une étendue égale à $\frac{15000}{19035} = 0$ hect. 788.

DICTÉES.

I.

COURS SUPÉRIEUR.

(Voir la Dictée du Brevet de capacité.)

II.

COURS MOYEN.

La Demeure du RECTEUR.

Là vous trouvez le *houx* et la *noble épine*, qui *fleurissent* en leur temps. Le *chèvrefeuille*, la *clématite*, le *lierre*, la vigne sauvage *pendent* en festons joyeux. Comptez ces fleurs, depuis l'humble touffe de véronique jusqu'à cette haute et fière grappe de bouillon-blanc qui *s'épanouit* sur sa tige *de velours* : pervenche, *liseron*, *glaïeul*, *bouton d'or*, et la *graminée* élégante et l'*églantine* blanche et rose, et, le matin, les *diamants* de la rosée ; et les *insectes d'émeraude*, et les papillons *volants*, et les lézards *fuyants*, et les oiseaux *chantants*. Quelle boutique d'*orfèvre* est aussi riche qu'une de nos haies ? Je remercie Dieu, je le *remercierai* tous les jours de ma vie, de m'avoir fait vivre dans ma maison basse, au *pied* de mon *église*.

Explications.

1. *Recteur.* Dans quelques provinces, particulièrement en Bretagne, le curé est appelé le *recteur*. On nomme alors *curé* celui qui est dit ailleurs *vicaire*. *Recteur* vient du latin *regerer*, régir, *rectus*, *rector* ; mots de la même famille : rectitude, rectifier, rectangle ; érection, direction, correction, etc. Le *recteur* est celui qui *régit*, qui *dirige*. Autrefois, on donnait ce nom au chef d'une université.

..... Marchant à pas comptés,
Comme un *recteur* suivi des quatre facultés.

(Boileau.)

Aujourd'hui, c'est le chef d'une des académies qui composent l'Université de France.— 2. *Houx.* Arbre toujours vert dont les feuilles sont luisantes et armées de piquants. — 3. *La noble épine.* Pourquoi *noble ?* Quelle couronne les juifs mirent-ils sur la tête du Sauveur? De quelle couleur sont les fleurs de l'épine ? Blanches. De là vient le mot *aubépine* (latin *alba*, blanche; *spina*, épine). L'*aubépine* est l'emblème de l'espérance. Quand elle fleurit, c'est la fin de l'hiver. Vous ne connaissez pas la *légende* de l'aubépine? Elle est fort touchante : « Autrefois, l'aubépine n'avait pas de fleurs. Les juifs ayant coupé une branche de cet arbuste pour en tresser la couronne d'épines du divin Sauveur, des larmes de douleur s'échappèrent du rameau. Cette vue toucha le cœur du Fils de Dieu mourant, et il changea ces larmes en fleurs blanches comme la neige. »

4. *Fleurissent.* Pourquoi *nt?* Trouvez le sujet. Règle d'accord du verbe avec son sujet ?— 5. *Chèvrefeuille.* S'écrit en un mot. — 6. Le *lierre.* Sa couleur? Comment sont ses tiges ? Longues, grêles et jaunâtres. Et ses feuilles ? Luisantes et coriaces. Par quoi tient il aux arbres, aux murailles? Par de petites racines, des *radicelles.* Le mot *lierre* offre un curieux exemple de la soudure de l'article *l'* avec le substantif, ce qu'on appelle la *prosthèse* du *l.* Du latin *hedera*, lierre, l'ancien français avait fait *hierre*, puis *ierre*. Cette dernière forme, avec l'article, donnait *l'ierre*. Peu à peu on regarda abusivement la lettre *l* comme faisant partie du nom qui devint *lierre*, et plaçant encore une fois l'article devant *lierre*, on eut l'expression moderne *le lierre*.

« C'est ainsi que nos pères ont dit longtemps : *oriol*, d'*aureolus*, doré (merle jaune), puis *loriot ; uette*, de *uvetta*, puis *luette ; île*, de *insula*, puis *Lille ; ors*, de *hora*, puis *lors*.

Ce redoublement de l'article est très-commun dans le peuple, et de même que nous commettons une faute grossière, quant à l'étymologie, en disant *le lierre*, *le loriot*, *la luette*, le peuple ne se gêne pas pour dire : *le lévier*, pour *l'évier*, le *loquet* pour le *hoquet* (1). ».

7. *Pendent.* Trouver le sujet ? Sujet simple ou multiple ? La règle ? — 8. *Qui s'épanouit*, qui s'ouvre, qui déploie ses feuilles et ses fleurs. Quel est ce verbe ? Définissez les différentes sortes de verbes ? Quel est l'opposé de *s'épanouir ?* — 9. *De velours.* Ce mot est-il pris dans son sens *propre* ou dans son sens *figuré ?* — 10. Le *liseron*, qu'on nomme quelquefois *clochette*, a les fleurs blanches. Les tiges du *liseron des champs* sont souvent rampantes. On en fait le symbole de l'*humilité*. — 11. *Glaïeul.* Du latin *gladius*, épée, allusion aux feuilles tranchantes. Plante à fleurs très-colorées (rose vif, couleur de chair, rouge écarlate, rouge cramoisi) et disposées en épi. — 12. *Bouton d'or.* Sorte de renoncule dont la fleur est d'un jaune d'or. Pluriel : des *boutons d'or.* — 13. *Graminée*, de *gramen*, gazon. Famille très-nombreuse de plantes, dont font partie le blé, l'avoine, le seigle... — 14. L'*églantine*, la rose sauvage, la fleur de l'*églantier*, rosier sauvage.

15. *Les diamants de la rosée.* Caractère principal du diamant ? Expliquez le rapport du diamant avec la goutte de rosée du matin? Dans quel sens est pris ici le mot *diamant ?* — 16. *Les insectes d'émeraude.* L'*émeraude* est une pierre précieuse de couleur ordinairement verte. Les insectes à *ailes vertes.* — 17. *Volants, fuyants, chantants* marquent l'état et s'accordent comme adjectifs. Comment écririez-vous *volant* de fleur en fleur ? *fuyant* dans les fentes de rocher ? *chantant* sur les branches ? Pourquoi invariable ? Comment analyseriez-vous ces mots ? Verbes ou adjectifs ? — 18. *Orfèvre.* (*Aurum*, or ; *faber*, ouvrier). Celui qui fait ou qui vend des ouvrages d'or ou d'argent. L'*orfèvre-bijoutier* fabrique et vend des bijoux d'or. L'*orfèvre-joaillier* met en œuvre et vend des diamants. — 19. *Remercierai.* Pourquoi une *e* ? Est-ce un temps *simple* ou *dérivé?* Comment se forme le *futur?* Comment écririez-vous : je *dénouerai*, j'*avouerai*... ? Et je *pourvoirai*, je *conclurai*, j'*écrirai*, je *m'écrierai ?* — 20. *Au pied.* Singulier. *Au bas, tout près.* — 21. *Eglise.* Pourquoi une minuscule ?

(1) M. Cocheris, *Histoire de la grammaire.*

III.

COURS ÉLÉMENTAIRE.

L'armée (suite).

Nous avons des *soldats* à *pied*, c'est l'*infanterie*, ce sont les *fantassins* ; des *soldats* à *cheval*, c'est la *cavalerie*, ce sont les *cavaliers*. Parmi les *fantassins*, il y a des *zouaves*, des *chasseurs* à *pied*, des *tirailleurs*, et en *Algerie* des *turcos*. Les *grenadiers* sont à la *droite* du *bataillon*, les *voltigeurs* sont à la *gauche*. Dans la *cavalerie*, il y a des *cuirassiers*, des *dragons*, des *lanciers*, des *chasseurs*, des *spahis* et des *hussards*.

L'*infanterie* se divise en *régiments*, en *bataillons*, en *compagnies*. La *cavalerie* se divise en *régiments*, en *escadrons*, en *pelotons*. Les *officiers* sont les *sous lieutenants*, les *lieutenants*, les *capitaines*, les *colonels*. Les *sous officiers* sont, dans l'*infanterie*, les *caporaux* et les *sergents* ; dans la *cavalerie*, les *brigadiers* et les *maréchaux* des *logis*.

Les *officiers* supérieurs sont les *généraux* et les *maréchaux*.

A la *tête* de l'*armée* est le *chef* du *pouvoir*.

La *gendarmerie* maintient l'*ordre* et fait exécuter les *arrêts* de la *justice*. Sa *devise* est *valeur* et *discipline*.

Dans la *marine*, les *officiers* sont appelés *aspirants*, *enseignes* de *vaisseau*, *lieutenants* de *vaisseau*, *capitaines* de *frégate*, *capitaines* de *vaisseau*, *contre-amiraux*, *vice-amiraux*, *amiraux*. Les *sous-officiers* ont les *noms* de *maîtres*, *premiers-maîtres*. Les *soldats* sont des *matelots*, des *marins*, des *mousses*.

(Souligner et analyser de vive voix tous les noms.)

EXERCICES DE STYLE.

I.

COURS SUPÉRIEUR.

Les classss d'adultes.

On supposera qu'un jeune homme qui fréquente le cours d'adultes écrit, soit à un de ses amis qui habite un village voisin, et qui *ne veut* ou *ne peut pas* en faire autant, — soit à un oncle, à un parent, à une personne quelconque qui lui porte de l'intérêt, — soit à son ancien instituteur qui est allé exercer dans une autre commune etc., etc. L'important, c'est qu'il n'écrive pas au premier venu, à une personne quelconque, mais bien à quelqu'un avec qui il a des rapports déterminés.

Il dira d'abord la satisfaction qu'il a éprouvée quand il a su que M. l'instituteur se proposait d'ouvrir un cours d adultes, son empressement à se faire incrire, etc.; l'époque à laquelle ce cours a commencé; à quelles heures il se fait; combien de leçons par semaine, etc. Toutes ces idées ne demandent pas de grands développements.

Il exposera ensuite en quelques mots, d'une manière générale, ce qui se fait dans ce cours; mais il insistera sur les matières qui ont pour lui le plus d'intérêt, en vue du but qu'il se propose d'atteindre. Ce sera, ou d'acquérir les connaissances professionnelles qui lui font défaut pour le métier qu'il exerce et dont il sent si vivement le besoin, — ou de se mettre à même de subir l'examen pour le volontariat d'un an, — ou tout simplement de se préparer à l'examen pour le certificat d'études, examen auquel il a échoué à sa sortie de l'école, etc., etc. Cette partie du sujet peut, au contraire, donner lieu à d'assez longs développements.

Il terminera en disant si le cours est gratuit ou payant. Dans le premier cas, sa lettre contiendra un mot de remercîment à l'adresse de la municipalité qui en fait généreusement tous les frais; dans le second, il dira qu'il ne regrette pas la part assez minime qu'il prélève sur l'argent destiné à ses menus plaisirs, en vue d'accroître ou de fortifier son instruction.

(Extrait du *Bulletin* de l'instruction primaire du département des Ardennes.)

II.

COURS MOYEN.

Chevert.

Dans la guerre de la succession d'Autriche, au siége de Prague, un officier de fortune, Chevert, s'adresse aux sergents de son détachement : « Mes amis, leur dit-il, vous êtes tous braves, mais il faut ici un brave à trois poils. — Le voilà, ajoute-t-il, en s'adressant à l'un deux, le sergent Pascal; tu vas monter le premier. — Oui, mon colonel. — La sentinelle criera: Qui va là? Ne réponds rien. — Oui, mon colonel. — Elle tierera sur toi et te manquera. — Oui, mon colonel. — Tu la tueras. — Oui, mon colonel. — Et je suis là pour te soutenir ». Le sergent monte, la sentinelle tire et le manque; il la tue. Chevert se précipite : Prague est emportée d'assaut.

Canevas. — Au siége de Prague, Chevert demande un sergent d'une bravoure à toute épreuve. Pascal. Il montera le premier, il ne répondra pas au « qui vive? », la sentinelle tirera, le manquera, il la tuera et Chevert sera là pour le soutenir. Le sergent répond affirmativement. Il exécute le programme tracé : Prague est enlevée.

III.

COURS ÉLÉMENTAIRE.

Les devoirs d'un enfant.

Travail préparatoire en commun.

Que fait, le matin, un enfant bien élevé? — Est-il utile à la santé de se lever de bonne heure? et de se laver les mains et le visage? et de se peigner? — Que doit faire ensuite l'enfant? Sa prière. — Quelle est la plus belle et la plus simple des prières? — Qui est-ce qui l'a apprise au monde? Aussi l'appelle-t-on l'Oraison?... dominicale, c'est-à-dire du Seigneur. — Par quelle action commence la journée? Par quelle action finit-elle? — La prière du matin faite, quel est le devoir d'un enfant à l'égard de son père et de sa mère? et de ses frères et sœurs? et des domestiques?

Résumons notre conversation. Répétez, après moi, les petites phrases que je vais vous dire :

Un enfant doit se lever de bonne heure, sans se

faire prier. Il est utile à la santé de se lever matin, de se laver avec soin la figure et les mains et de se bien peigner. Lorque l'enfant a terminé sa petite toilette, il doit se mettre à genoux près de son lit et faire à Dieu une fervente prière. La meilleure, la plus belle et la plus simple de toutes les prières est : *Notre père...* ou l'*Oraison dominicale*. C'est Notre-Seigneur qui a appris au monde cette belle prière. Ainsi la journée commence par une prière : elle doit se terminer aussi par une prière. Sa prière faite, l'enfant bien élevé va embrasser son père et sa mère et il salue avec amitié les domestiques ou les ouvriers qui peuvent être occupés dans la famille.

ARITHMÉTIQUE ET SYSTÈME MÉTRIQUE.

PROBLÈMES GRADUÉS POUR LES COMPOSITIONS.

COURS SUPÉRIEUR.

Arithmétique.—(Fractions ordinaires.)

1.—Un débitant a vendu, en une journée, 48 bouteilles de vin+30/2 bouteilles et 6 litres 1/5 d'eau-de-vie + 70/5. Quelle a été sa recette à raison de 0 fr. 60 le litre de vin et 1 fr. 3/4 le litre d'eau-de vie ? — Rép. 73 fr. 15.

2. — Lorsque le mètre de ruban coûte 5 francs, quel est le prix de : 1° 20 centimètres ; 2° 50 centimètres ; 3° 75 centimètres ; 4° 25 centimètres ? — Rép. : 1° 1 franc ; 2° 2 fr. 50 ; 3° 3 fr. 75 ; 4° 1 fr. 25.

3. — Combien est-il dû à un ouvrier qui a travaillé pendant 1/3, 1/4, 2/3, 3/4 de jour à 3 fr. 75 par jour ? (2/3 + 2/3 = 3/3 = 1 jour ; 1/4 + 3/4 = 4/4 = 1 jour : en tout 2 jours.) — Rép. 7 fr. 50.

4. — Quelle est la plus grande des fractions 5/6, 2/3, 3/4, 6/7, 4/5 ? (Voir combien il manque à chacune pour égaler l'unité.) — Rép. 6/7.

5. — Simplifier la fraction $\frac{945.000}{2.835.000}$? — Réponse : 7/21.

COURS MOYEN.

I. — *Arithmétique. — Divisibilité. — Les quatre règles.)*

1. — Comment doit se terminer un nombre pour être divisible : 1° par 5 ; 2° par 25 ; 3° par 125 ? — Rép.: 1° par 5 ou 0 ; 2° par 00, 25, 50, 75 ; 3° par 000, 125, 250, 375, 500.

2. — 25 lots égaux d'un emprunt valent ensemble 75.000 francs. Quelle est la valeur de chacun ? (Simplifier.) — Rép. 3000 francs.

3. — Une ville emprunte 220 millions par portions égales de 440 francs. Combien y a-t-il de parts ou obligations ? (Simplifier.) — Rép. 500.000.

4. — En évaluant à 500 francs ce que coûte à l'Etat chaque soldat, combien peut-on entretenir de soldats avec une somme annuelle de 50 millions ? (Simplifier.) — Rép. 100.000.

5. — On soutire dans des barils d'une contenance de 25 litres un fût qui contient 675 litres. Combien emplira-t-on de barils et quel en sera le prix à 15 francs l'un ? (Diviser par 25 en prenant deux fois le 5e.) — Rép. 405 francs.

II. — *Système métrique. — (Mesures de capacité.)*

1. — Une citerne a 4m20 de longueur, 3m50 de largeur et l'eau s'y élève à 3 mètres de profondeur. Quelle est, en litres, la quantité d'eau qu'elle contient ? — Rép. 44 100.

2. — En 4 heures, un bec d'éclairage consomme 520 litres de gaz, payé 0 fr. 50 le mètre cube. A combien revient la dépense d'éclairage par heure ? — Rép. 0 fr. 06 c. 1/2.

3. — Sachant que 100 kilogrammes de houille donnent 25 mètres cubes de gaz, combien faut-il de houille pour obtenir 150,000 hectolitres de gaz ? — Rép. 60.000.000.

4. — Quel est le prix de 32 sacs d'avoine d'une contenance de 9 décalitres à 7 francs le double-décalitre ? — Rép. 100 fr. 80.

5. — Lorsque le litre de pétrole coûte 0 fr. 90, combien coûte l'hectolitre et demi ? — Rép. 135 fr.

COURS ÉLÉMENTAIRE.

I. — *Arithmétique. (Addition.)*

1. — Une fermière a quatre vaches. Dans l'année, la 1re a donné 1.875 litres de lait ; la 2e, 1.672 ; la 3e, 1.748 et la 4e, 1.235. Combien de lait ont fourni les quatre vaches ? — Rép. 6.530 litres.

2. — Berlin a 508.000 habitants. Paris en a 1.317.274 de plus. Quelle est la population de Paris ? — Rép. 1.825.274 habitants.

3. — Tous les trois mois un rentier touche 385 fr. Quelle est sa rente annuelle ? — Rép. 1.540 francs.

4. — On revend un cheval 975 francs avec une perte de 225 francs. Combien avait-il coûté ? — Rép. 1.200 francs.

5. — Rome a été fondée 753 ans avant Jésus-Christ. Combien a-t-elle d'années d'existence en 1874 ? — Rép. 2.627.

EXAMEN DU BREVET DE CAPACITÉ.

(Département du Tarn. — Académie de Toulouse.)

ASPIRANTS. — BREVET OBLIGATOIRE.

(2e session de 1874.)

1° *Orthographe.*

Influence de l'instruction sur les mœurs.

Des écrivains mécontents de leur siècle ont prétendu que nos sciences et nos arts sont funestes aux mœurs. Si, d'un côté, je vois que l'industrie multiplie les besoins, complique les intérêts et fournit de nouveaux aliments aux passions ambitieuses, d'un autre côté, je suis frappé de voir que les peuples sans arts, sans besoins, ont des mœurs farouches, et qu'ils préfèrent la rapine au travail : *ce qui caractérise ces sauvages, c'est la paresse et la férocité.* Mais on me dira peut-être qu'il ne faut chercher l'état le plus convenable à l'homme ni dans les forêts, ni dans les capitales; et, pour *modèles*, on me citera des peuplades innocentes, heureuses, telles qu'en offrent aux regards du voyageur *quelques vallées* de la Suisse. Je sais goûter le charme des récits qui me font habiter un moment ces agréables contrées; et je bénis la Providence d'avoir rendu ce bonheur si facile. *Quelque* séduisant que soit ce tableau, ce n'est pas néanmoins avec une imagination romanesque qu'il faut discuter les intérêts de l'humanité. Les peuples ne peuvent rester éternellement chasseurs ou pasteurs; l'industrie se développe et leur donne une nouvelle existence. Pour les améliorer, il faut étudier les ressources que présente leur situation, et non se livrer à des regrets, à des rêves, vains sujets d'*idylles* et d'amplifications. Pour donner aux peuples industrieux autant de bonheur que le comporte leur nature, il faut rendre l'aisance aussi générale que possible et répandre des lumières.

Il existe dans l'univers une lutte entre la force physique et la force morale. Un des plus redoutables agents de la force aveugle est la multitude ignorante. Sans cesse elle propage les vices, les crimes; et, dans les grandes circonstances, elle est lancée contre les gens de bien, tantôt par les despotes, tantôt par les factieux. *C'est l'affaiblir, c'est la* diminuer en nombre, *que* d'instruire les hommes.

Questions et explications.

1. *Ce qui caractérise ces sauvages, c'est la paresse et la férocité.*

Rappeler, à propos de cette construction, les différents cas de l'emploi du pronom *ce* devant le verbe être

Ce est parfois intercalé devant le verbe être au milieu de la proposition. On dit en suivant l'ordre naturel de la construction : « L'oubli de Dieu est la plus noire ingratitude. » Mais, par un gallicisme très-usité, on transpose les termes pour donner plus de relief à l'expression : « L'ingratitude la plus noire, c'est l'oubli de Dieu. » De cette façon, l'idée attributive se trouve détachée en avant, et le pronom démonstratif CE, la redoublant en quelque sorte, désigne à l'attention le sujet, mis ainsi en relief pour mieux frapper l'esprit.

Cette forme inverse de la proposition n'a lieu qu'entre des substantifs ou des équivalents de substantifs : « La principale partie de l'orateur, *c'est* la probité. (La Bruyère.) — Protéger les personnes et les choses saintes, *c'est* le devoir et le soin ordinaire de tous les capitaines. (Fléchier.) — Ce que je sais le mieux, *c'est* mon commencement. (Racine.) »

Le rapport de réciprocité qui s'établit entre les deux substantifs dans cette inversion de la pensée, permet quelquefois de retrancher *ce*, comme si la construction était directe. « Le plus grand ouvrier de la nature est le temps. (Buffon.) — Le mot *temps* est ici logiquement le sujet de la pensée.

Ce, dans les phrases qui précèdent, est *explétif* et peut être supprimé : « Ce que je crains est d'être surpris. »

Mais l'emploi de *ce* est indispensable :

1° Quand le verbe doit être immédiatement suivi du pronom personnel : « Celui que je cherche, c'est vous : »

2° Quand le verbe est au pluriel dans une phrase dont le premier terme commence par *ce* suivi d'un relatif : « Ce qui domine, ce qui règle tout le monde, ce sont les erreurs que je viens d'exposer. (Massillon.) » — Cette phrase de Duclos : « Après les bonnes leçons, ce qu'il y a de plus instructif sont les ridicules » est condamnée par l'usage; l'inversion présentée ainsi paraît dure et forcée;

3° Lorsque le verbe *être* est placé entre deux infinitifs. « La vie est un dépôt confié par le ciel; oser en disposer, c'est être criminel. (Gresset.) » — « Bien écrire, c'est à la fois bien penser, bien sentir et bien rendre. (Buffon.) » — Toutefois le pronom *ce* peut être omis dans certaines phrases proverbiales où le verbe est accompagné d'une négation : « Souffler n'est pas jouer. Brûler n'est pas répondre. »

2. *Modèles.* Pourquoi ce mot est-il au pluriel? Sa fonction? Si le mot *peuplades* eût été au singulier, comment aurait-on écrit *modèles?* au singulier ou au pluriel? — 3. *En.* Analysez ce mot? Quelle est sa fonction? Le mot *en* n'est jamais complément direct; il peut être complément indirect, complément circonstanciel, ou complément déterminatif du complément direct exprimé ou sous-entendu. Conséquences à déduire de ce fait pour l'orthographe du participe passé précédé du pronom *en*? Ici *en* est complément déterminatif du complément direct *quelques-unes* sous-entendu. — 4. *Quelques vallées*..., *quelque séduisant*..... Rappelez la règle de quelque, adjectif ou adverbe? — 5. *Idylles*, petit poëme dont le sujet est ordinairement pastoral ou relatif à des objets champêtres; se dit également de petites compositions en prose et de petits romans du même genre.

6. C'EST *l'affaiblir*, C'EST *la diminuer en nombre*, QUE D'*instruire les hommes*. Faire remarquer cette construction : *c'est* l'affaiblir.... *que* d'instruire..., gallicisme sur lequel nous avons déjà eu l'occasion d'appeler l'attention de nos lecteurs (1). La locution : *C'est, c'était, ce serait*, est souvent déterminée par un mot suivi de la préposition *de* ou de *que de* : « C'EST *lui faire injure* DE *l'implorer.* »

> « Certes, *c'est* une chose aussi qui scandalise :
> *De* voir qu'un inconnu céans s'impatronise. »
>
> (Molière.)

L'analyse de ces formes est assez facile : « *Ce, de l'implorer, est lui faire injure.* » Au XVIIe siècle il était très-habituel de mettre *de* devant un infinitif qui était sujet d'une phrase. « *De dire du mal de son prochain est très-répréhensible.* » C'est cette tournure qui explique le *de* dans la locution avec *ce*.

Il est moins facile de rendre compte de *que* devant *de* « CE N'EST *pas une petite peine* QUE DE *garder chez soi une grande somme d'argent.* (Molière.) » Il semble qu'ici la phrase est abrégée et qu'il faut sous-entendre quelque mot général : *je dis, je pense;* alors la construction analytique serait :

(1) Nos 1 et 6. 1875.

« *Ce que* (je dis, SAVOIR) DE GARDER *chez soi une grande somme d'argent* N'EST *pas une, petite peine.* »

2° *Histoire.*

Énumérer les grands traités de paix conclus par la France au dix-huitième siècle (1701-1801) avec leurs clauses les plus remarquables, en indiquant surtout les territoires qu'ils donnaient ou enlevaient à la France.

3° *Arithmétique.*

Une personne place les 2/3 d'un capital à 4 fr. 50 0/0 et le reste à 6 0/0 ; elle retire ainsi 500 francs d'intérêts pour 120 jours. On demande quel est le capital placé? (L'année est supposée de 360 jours.)

Solution.

Le premier tiers du capital étant placé à 4,5 0/0 rapporte autant que si tout le capital était placé à $\frac{4,5}{3}$ ou 1,5 0/0 ; il en est de même du second tiers ; le troisième tiers, qui est placé à 6 0/0, rapporte le même intérêt que si tout le capital était placé à $\frac{6}{3}$ ou 2 0/0.

500 francs d'intérêts pour 120 jours donneraient 1500 francs pour l'année. Ces 1500 francs peuvent donc être considérés comme produits par le capital cherché placé à $1,5 + 1,5 + 2 = 5$ 0/0.

En appliquant la formule $C = \frac{100\,x}{i\,t}$, ou par la réduction à l'unité, on trouve alors que le capital égale $\frac{100 \times 1500}{5} = 30000$ francs.

Autre solution.

Représentant le capital cherché par C, en appliquant la formule $x = \frac{C\,i\,t}{100}$, les $\frac{2}{3}$ du capital étant placés à 4,50 0/0, donnent, au bout de 120 jours, un intérêt exprimé par $\frac{2\,C \times 4,5 \times 120}{3 \times 100 \times 360}$ ou, en simplifiant $\frac{9\,C}{900}$. Le dernier tiers, placé à 6 0/0, produit, pendant le même temps un intérêt marqué par $\frac{C \times 6 \times 120}{3 \times 100 \times 300}$ ou, en simplifiant, $\frac{6\,C}{900}$.

Mais la somme de ces deux intérêts égale 500 fr. On peut donc écrire $\frac{9\,C}{900} + \frac{6\,C}{900} = 500$ francs,

d'où $15\,C = 500 \times 900 = 450000$,

d'où $C = \frac{450000}{15} = 30000$.

Preuve.

Les $\frac{2}{3}$ de 30000, placés à 4,5 0/0, produisent en 120 jours un intérêt de $\frac{20000 \times 4,5 \times 120}{100 \times 360} = 300$.

Le $\frac{1}{3}$ de 30000, placé à 6 0/0, produit au bout de 120 jours $\frac{1000 \times 6 \times 120}{100 \times 360} = 200$.

300 fr. + 200 fr. — 500.

DICTÉES.

I.

COURS SUPÉRIEUR.

Franklin.

La vie de Franklin est un modèle à suivre. Chacun peut y apprendre quelque chose, le pauvre comme le riche, l'ignorant comme le savant, le simple citoyen comme l'homme d'État. Elle offre surtout des enseignements et des espérances à ceux qui, nés dans une humble condition, sans appui et sans fortune, sentent en eux le désir d'améliorer leur sort, et cherchent les moyens de se distinguer parmi leurs semblables. Ils y verront comment le fils d'un artisan, ayant lui-même travaillé longtemps de ses mains pour vivre, est parvenu à la richesse à force de labeur, de prudence et d'économie; comment il a formé tout seul son esprit aux connaissances les plus avancées de son temps, et plie son âme à la vertu par des soins et avec un art qu'il a voulu enseigner aux autres; comment il a fait servir sa science inventive et son honnêteté respectée aux progrès du genre humain et au bonheur de sa patrie.

(MIGNET.)

Un bel arbre.

Il y a cent quarante-trois ans que fut apporté en France, dans le courant du mois d'août 1732, un pied d'arbre d'une rare beauté, indigène de l'Amérique du Nord. Il fut planté dans une propriété de Nantes, et l'on s'occupa peu de lui. Même indifférence de la part des botanistes et des horticulteurs d'Angleterre, où un pied de la même espèce fut apporté quelques années plus tard. Mais, vers 1785, l'attention publique se porta sur ce magnfique produit végétal, dont quelques rares plants se montraient modestement dans les parcs. On raffola, à Versailles, des fleurs de cet arbre, dont on rechercha les jeunes pousses et que l'on planta à Trianon.

C'était le magnolia à grandes fleurs, *Magnolia grandiflora.*

Tous les genres de beauté sont réunis dans cet arbre. Son tronc s'élève droit et nu à une grande hauteur. La cime qui le couronne est conique. Ses feuilles sont grandes, oblongues, d'un beau vert lustré, souvent de couleur de rouille en dessous et persistantes; ses fleurs admirables sont d'un beau blanc, larges de quinze à vingt-cinq centimètres; elles exhalent une odeur enivrante et sont en si grande quantité, que rien ne peut donner une idée de l'aspect qu'a le magnolia aux États-Unis, dans les endroits frais et ombragés où le sol est profond, fertile et substantiel.

II.

COURS MOYEN.

Le roi François Ier et le roi de la Fève.

François Ier se trouvait à Romorantin, au mois de janvier 1521. C'était au moment de la fête des Rois. Sachant qu'un seigneur de sa cour, M. de Saint-Pol, avait fait un *roi* de la fève *en son logis*, François délibéra avec ses *suppôts* d'envoyer défier ledit roi, ce qui fut fait. Comme il y avait beaucoup de neige, le seigneur de Saint-Pol fit grandes *munitions* de pelottes de neige, de pommes et d'œufs pour soutenir l'effort. Le combat commença, vrai combat d'écoliers. Ceux du dehors forçant la porte, *quelque malavisé* jeta par la fenêtre un tison de bois qui tomba sur la tête du roi et le blessa grièvement. Les *chirurgiens* furent *quelques* jours sans pouvoir *répondre de sa vie.*

(D'après Du Bellay.)

Questions et explications.

1. *Les Rois.* Quelle est l'origine de cette fête? N'a-t-elle pas un autre nom? *Avait fait un roi de la fève.* Pourquoi *roi* sans majuscule?

2. *En son logis*, dans sa demeure, en sa maison. Synonyme de *logis : logement.* Le radical est le même, mais les finales *is* et *ment* expriment des nuances différentes. Diriez-vous : *rester au logis* ou *rester au logement*; *chercher un logement* ou *chercher un logis*? La finale *ment* exprime l'action, la finale *is* (en latin *icius*) indique l'appropriation de de l'objet. *Logis* signifie d'une manière absolue : 1° le lieu où on loge, le *chez soi* considéré en lui-même, avec tout ce qui le constitue, tout ce qui forme l'ensemble d'une habitation; 2° la maison même avec toutes ses dépendances. Le mot *logement* est relatif à la personne et à l'action: *mon logement votre logement, le logement du concierge.*

3. *Ses suppôts*, ses subordonnés, ses courtisans, ses compagnons de plaisir. *Suppôt* vient de *suppositus*, mis dessous, de *sub*, sous, et *ponere*, mettre. *Suppôt* se prend souvent en mauvaise part : qui sert à des desseins coupables. — *Munitions*, provisions de guerre, vivres, armes, etc. — 5. *Quel que malavisé*, au singulier. *Quelque* a le sens de *quelconque*.

6. *Jeta.* Pourquoi un seul *t*? — 7. *Chirurgien*, qui exerce la *chirurgie*, qui fait avec la *main* des *opérations* sur le corps humain. Du grec *cheir* (*ké-ir*), main, *ergon*, ouvrage. — 8. *Quelques jours.* Opposer le sens de *quelques* dans *quelques jours* et de *quelque* dans *quelque malavisé.* — 9. *Répondre* de sa vie, se rendre caution, garantir *Répondre que...* Assurer que...

III.

COURS ÉLÉMENTAIRE.

Le dégel.

Les *chemins*, les *prés*, les *campagnes*, les *maisons*, les *bois*, tout était couvert de *neige*. Les *ruisseaux* étaient arrêtés par la *glace*, les *patineurs* glissaient sur les *canaux*, les *enfants* faisaient des *bonshommes* de *neige*. Mais voici qu'un *vent* moins froid souffle du *sud*; le *soleil* perce les *nuages*, la *neige* fond, la *glace* se brise : c'est le *dégel*. La *rivière* a grossi et elle charrie d'énormes *glaçons* parmi ses *flots* jaunis. Adieu les *plaisirs* des *patineurs*, adieu les *traîneaux* et les *glissades* ! Pourvu que cette *fonte* des *neiges* ne produise pas de funestes *inondations*. Mais non, les *eaux* s'écoulent peu à peu; le *danger* a disparu; allons dans la *campagne*, voyez cette belle *verdure*, entendez les *oiseaux* qui saluent de leurs *chants* joyeux les premiers *rayons* du *soleil*. Les *pauvres* aussi sont contents. Si l'*hiver* était fini, quel *bonheur !*

Exercice : Soulignez les noms, faites-en l'analyse.

EXERCICES DE LANGAGE ET DE STYLE.

Nous voulions signaler depuis longtemps à l'attention de nos lecteurs une excellente publication de M. Pélissier, professeur de philosophie: *la Gymnastique de l'esprit* (1).

L'auteur a composé sous ce titre « une suite d'exercices destinés à éveiller et à développer l'esprit d'observation et de réflexion. » Il a adopté pour cela la marche même que suit la mère en instruisant son enfant, *la Méthode maternelle.*

Le travail de M. Pélissier se compose de trois parties. La première est destinée aux enfants de cinq à sept ans : ils y analysent les objets et les êtres ; ils apprennent à *regarder*, à *décomposer*, à *recomposer* et à *représenter*. La seconde a pour but d'exercer l'enfant (de sept à dix ans) à *juger* et à *raisonner*. Il *définit*, pose des *principes* et en tire des *conséquences*. Dans la troisième, l'enfant (de dix à treize ans) est amené à *réfléchir* sur lui-même et sur ses premiers devoirs ; il s'élève de l'observation de la nature physique et de la nature morale jusqu'aux principes essentiels de la religion.

Comme nous, dans nos conseils sur l'enseignement de l'étymologie (2), M. Pélissier demande que l'élève ne voie point l'ordre, la gradation qui doivent exister dans ces exercices, dont il ne donne, du reste, que des modèles; « c'est aux parents et aux maîtres, dit-il, de comprendre l'enchaînement et la progression des exercices ; l'enfant doit plutôt les sentir qu'en avoir l'intelligence. »

Emettant aussi un avis que nous avons souvent donné à nos lecteurs, il blâme les réponses par *oui* et par *non*. Il ne veut pas que l'instituteur s'en contente ; l'enfant doit toujours répondre à l'aide d'une petite phrase complète ; il doit reproduire la question dans sa réponse.

Mais quelques citations vaudront mieux que toute espèce d'analyse.

Deux parties de l'ouvrage de M. Pélissier ont seules paru jusqu'à ce jour. Les extraits suivants appartiennent à la première, qui a pour titre : *Observation des choses et des êtres*, et qui comprend dix chapitres ayant pour objet « tout ce que l'enfant doit observer à l'école, dans l'église, dans la maison, à la ville et aux champs. » Voici, d'ailleurs, les titres de ces chapitres, qui peuvent suffire pour donner

(1) Paris, Hachette et Cie.
(2) Numéro 4, du 24 janvier 1875.

une idée de la nature et du caractère de l'ouvrage : 1° les Choses ; 2° les Êtres ; 3° les Qualités sensibles des choses et des êtres ; 4° les Eléments ou parties des choses et des êtres ; 5° la Matière première des choses et des êtres ; 6° les Causes et Auteurs des choses ; 7° les Outils et Instruments ; 8° l'Utilité des choses et des êtres ; 9° le Temps et la Vie ; 10° Récapitulation.

Tous ces sujets, on le voit, sont éminemment propres à exercer l'observation, le jugement et la réflexion de l'enfant ; mais par les réponses que celui-ci doit faire, par les résumés oraux et écrits qu'on doit exiger de lui, ce sont également de véritables exercices de langage et de style.

LE JARDIN ET LES BOIS.

LE MAITRE. *Quelles fleurs voyez-vous dans le jardin?* — L'ÉLÈVE. Je vois dans le jardin des fleurs telles que : la rose, l'œillet, la pensée, la tulipe, la jacinthe, le dahlia, le narcisse, le lis, le géranium.

Quels légumes voyez-vous dans le potager? — Je vois dans le potager des légumes tels que : le chou, la carotte, les pois, le navet, les haricots, l'oignon, le poireau, les pommes de terre, la laitue, la romaine, le persil.

Quels arbres voyez-vous dans le verger? — Je vois dans le verger des arbres fruitiers tels que : le pommier, le poirier, le pêcher, l'abricotier, le prunier, le cerisier, l'amandier, le figuier.

Quels arbres voyez-vous dans les bois? — Je vois dans les bois des arbres forestiers tels que : le chêne, le sapin, le hêtre, le pin, le bouleau, le charme, l'orme, le peuplier, le frêne.

(Extrait du chapitre II : *Les Etres.*)

. . . .

LES DIVISIONS DU TEMPS.

LE MAITRE. *Comment se divise le temps?* — L'ÉLÈVE. Le temps se divise en jours.

Comment se divise le jour? — Le jour se divise en vingt-quatre heures.

Comment se divise l'heure? — L'heure se divise en soixante minutes.

Comment se divise la minute? — La minute se divise en soixante secondes.

Comment se divise l'année? — L'année se divise en douze mois.

Comment se divise la semaine? — La semaine se divise en sept jours.

Comment se groupent les heures du jour? — Les heures du jour se groupent en cinq parties : le matin, le midi, l'après-midi, le soir, la nuit.

Comment se groupent les jours? — Les jours se groupent en années de trois cent soixante-cinq jours.

Comment se groupent les mois? — Les mois se groupent en quatre saisons : le printemps, l'été, l'automne, l'hiver.

Comment se groupent les années? — Les années se groupent en siècles de cent années.

(Extrait du chapitre IX : *Le Temps et la Vie.*)

Récapitulation générale.

AUX PARENTS ET AUX MAITRES. — Cette récapitulation doit être faite avec un soin très-scrupuleux.

C'est vers l'âge de sept ans, quand l'élève sait très-bien toutes les réponses aux questions du livre tout entier, quand il est capable de décomposer et de recomposer tous les objets et tous les êtres sans effort et même avec plaisir, quand il trouve de lui-même des sujets d'observation ; c'est alors seulement qu'on peut considérer son esprit comme assoupli au travail de l'*observation* et capable de passer aux exercices de *jugement* et de *définition*.

Sinon, le mieux est de lui faire rapprendre ce premier volume, en multipliant et en variant les exercices d'analyse et de synthèse : la patience est la première vertu d'un instituteur.

I.

LE MAITRE. *Que voyez-vous dans un jardin?* — L'ÉLÈVE. Je vois dans un jardin des fleurs telles que la rose, le lis, le jasmin ; des arbres tels que des lilas, des pommiers, des poiriers, soignés par un jardinier qui emploie la bêche, le râteau, l'arrosoir, qui sème au printemps, cultive, arrose des fleurs, récolte des fruits à l'automne et travaille à la maison pendant l'hiver.

. . . .

XIX.

LE MAITRE. *Remontez de la seconde jusqu'au siècle?* — L'ÉLÈVE. La seconde est le plus petit intervalle de temps ; soixante secondes font une minute ; soixante minutes font une heure ; vingt-quatre heures font un jour ; trente jours font un mois ; trois mois font une saison ; douze mois font une année ; cent années font un siècle.

Nous donnerons dans un des prochains numéros quelques exemples des devoirs contenus dans la seconde partie.

ARITHMÉTIQUE ET SYSTÈME MÉTRIQUE.

PROBLÈMES GRADUÉS POUR LES COMPOSITIONS (1).

COURS SUPÉRIEUR.

I. — *Arithmétique.* — (*Fractions ordinaires.*)

1. Du produit des concessions de terrain d'un cimetière, la commune a les 2/3 et l'autre tiers est partagé, par moitié, entre l'hospice et le bureau de bienfaisance. Répartir dans ces conditions une re-

(1) Deux de nos lecteurs nous demandent de faire suivre chacun des problèmes de la solution. Nous répondons que si nous adhérions à ce vœu, ce ne sont pas 30 problèmes que nous pourrions offrir chaque semaine aux maîtres, mais 4 ou 5 au plus. Dès lors le but que nous nous proposons et que nous atteignons, en donnant, en vue des *compositions* (qu'on ne saurait trop

cette annuelle de 450 francs ? — Rép. Commune 300 francs ; hospice 75 francs ; bureau de bienfaisance 75 francs.

2. 1° Quel est le demi-tiers de 46.974 francs ; 2° quel est le tiers et demi de 100 francs ? — Rép. 1° 7.829 francs; 2° 50 francs.

3. — Rendre irréductible la fraction 228/372 ? — Rép. 19/31.

4. — Réduire au plus petit dénominateur commun les fractions 8/12, 3/4, 7/9, 15/18, 3/8, 14/36 et en faire la somme? — Rép. 3 57/72.

5. — Une boulangerie coopérative fournit le pain à 2 centimes 1/2 au-dessous du cours. Quel bénéfice annuel en retire un sociétaire dont la famille consomme par jour 6 kilogrammes de pain. — Rép. 54 fr. 75 c.

II. — *Système métrique.* — (*Mesures de volume. Racine cubique.*)

1. — A quelle hauteur faut-il élever un tas de bois qui a 15 mètres de longueur et 0m82 de largeur pour qu'il contienne 615 décistères ? — Rép. 5 mètres.

2. — Il doit y avoir dans les salles de classe 4 mètres cubes d'air par élève. Combien d'élèves peut, au maximum, contenir une salle ayant 12 mètres de longueur, 8m75 de largeur et 3m80 de hauteur? — Rép. 99.

3. — En 8 jours 4 ouvriers ont extrait un tas de pierre dont les dimensions sont 4 mètres, 3 mètres et 2 mètres. Ils ont été payés à raison de 9 francs le mètre cube. Combien ont-ils gagné par jour ? — Rép. 6 fr. 75 c.

4. — Combien de dés à jouer de 0m01 de côté peut-on ranger dans une boîte cubique de 0m1 de côté? — Rép. 1000.

5. — Quand le 1/2 décastère de bois vaut 75 francs, combien vaut le stère? — Rép. 15 francs.

COURS MOYEN.

I. — *Arithmétique.* — (*Divisibilité. Les quatre règles.*)

1. — Quel est le tiers de ceux des nombres suivants qui sont divisibles par 3 : 37, 45, 62, 78, 96, 125, 3.247, 64.635, 10.000, 95.648? — Rép. 15, 26, 32, 21.545.

2. Georges et Edmont ont fait la multiplication de 745,963 par 3.697. Georges trouve 2.757.825.211 ; Edmond, 2.754.825.211. Qui a raison ? — (Preuve par 9). — Rép. Georges.

3. — Le reste d'une division est 8,931 ; le quotient, 97.772; le diviseur, 8.956. Retrouver le dividende ? — Rép. 875.654.963.

4. 45.972.654 : 3.798 = 12.104 + un reste 1,662. Vérifiez l'opération. Est-elle exacte ? — Rép. Oui.

5. — Le produit de deux nombres est 4.551.200 ; le multiplicateur est 800 : trouver le multiplicande ? — Rép. 5.689.

---

multiplier) 10 problèmes pour chacun des cours, serait tout à fait manqué.

La *réponse* accélère le travail de la classe, et nous la donnons. Mais, hors le cas de problèmes difficiles, la *solution* est superflue pour les maîtres, et prendrait une place qu'il convient de ménager.

II. — *Système métrique.* — (*Mesures de superficie.*)

1. — On a semé 220 litres de blé dans un hectare de terrain qui a produit 360 gerbes. 100 de ces gerbes ont donné 8 hectolitres de blé. Quel est le produit d'un litre de semence? — Rép. 13 litres 09.

2. — Un seau contient 8 litres 1/4. Quelle est sa capacité en centimètres cubes? — Rép. 8.250.

3. — Une famille consomme chaque jour 1 litre 1/2 de lait qu'elle paye 0 fr. 15 c. le litre. Quelle est la dépense d'une semaine? — Rép. 1 fr. 57 c.

4. — Une pièce de vin contenant 230 litres est achetée 143 francs, y compris le fût évalué à 5 francs. A combien revient le litre de ce vin? — Rép. 0 fr. 60.

5. — L'hectolitre de charbon de bois étant vendu 7 francs, à combien revient le décalitre? — Rép. 0 fr. 70 c.

COURS ÉLÉMENTAIRE.

I. — *Arithmétique.* — (*Addition.*)

1. — Un ouvrier place chaque mois 15 francs à la caisse d'épargne. Quel est son capital au bout de l'année ? — Rép. 180 francs.

2. — Charlemagne, né en 742, roi à 26 ans, couronné empereur 32 ans plus tard, vécut encore 14 ans après ce couronnement. En quelle année est-il mort? — Rép. En 814.

3. — Un train spécial, composé de 12 vagons, transporte des soldats. Chaque vagon contient 40 soldats. Combien cela fait-il d'hommes en tout? — Rép. 480.

4. — Un maquignon voudrait gagner 75 francs sur un cheval acheté 645 francs. Combien doit-il le vendre ? — Rép. 720.

5. Une poule a pondu tous les jours pendant les mois de mars, avril, mai, juin et juillet. Combien a-t-elle produit d'œufs ? — Rép. 153.

II. — *Système métrique.* — (*Mesures de superficie.*)

1. — Combien 36 mètres carrés + 48 mètres + 54 mètres + 72 mètres font-ils de décimètres carrés ? — Rép. 21.000.

2. — Combien 48 ares + 75 + 82 + 36 font-ils de mètres carrés ? — Rép. 24.100.

3. — Combien 25 hectares + 32 + 48 + 13 font-ils d'ares ? — Rép. 11.800.

4. — A 1 franc le mètre carré combien vaut l'hectare ? — Rép. 10.000 francs.

5. — Combien 345 ares + 624 + 732 + 945 font-ils d'ares ? — Rép. 2.646.

DICTÉES.

I.

COURS SUPÉRIEUR.

L'économie.

Quelque profession qu'on choisisse, le commerce, l'industrie, l'agriculture, les fonctions publiques, ou les nombreuses carrières qui peuvent être parcourues honorablement, il n'y a *aucun moyen* de s'enrichir sans le secours de l'économie. *Rien* de plus commun que les maisons qui se ruinent malgré des bénéfices considérables, en même temps que d'autres prospèrent avec des ressources médiocres. Si l'on cherche l'origine des principales fortunes *contemporaines*, on reconnaîtra que la plupart ont eu leur source dans les lentes accumulations de l'épargne, *plutôt* que dans le succès de brillantes spéculations. On voit à chaque instant échouer des projets bien conçus, tomber des établissements *en vogue*, faute d'ordre et de calcul dans les dépenses, tandis que les mêmes entreprises auraient *réussi entre* des mains plus économes et avec moins de frais d'exploitation. *Entre* les divers moyens de s'enrichir, l'économie a cet avantage, qu'elle n'exige ni talents supérieurs, ni conceptions profondes secondées par des chances favorables. Elle n'a pas besoin du coup d'œil rapide, ni des soudaines inspirations qui distinguent l'esprit d'entreprise. Elle s'accommode à la capacité la plus étroite, en même temps que les plus sublimes génies ne peuvent la dédaigner impunément.

(*Certificat d'études primaires*, département de la Meuse, 1874.)

Questions et explications.

1. *Quelque profession qu'on choisisse.* Pourquoi le *singulier?* Cela équivaut à *quelle que soit la profession qu'on choisisse*, et c'est pour cela que *choisisse* est au subjonctif. *Que* est-il conjonction ou *pronom?* Il est *pronom* et complément direct de *choisisse*. *Quelque profession* s'attache ici d'une façon particulière au pronom *que* pour ne former qu'un seul et même complément. Mais dans cette phrase : De quelque superbe distinction *que* se flattent les hommes, ils ont tous une même origine, et cette origine est petite (Bossuet), le mot *que* est *conjonction* et *de quelque superbe distinction* forme un complément indirect de *se flattent*.

2. *Aucun moyen.* Sens général : *Un moyen quelconque.* Il faut le singulier. *Aucun* s'emploie le plus souvent au singulier; mais si c'est une idée de pluralité que l'on veut exprimer ou si le sens ne doit pas être complètement exclusif, *aucun* admet le signe du pluriel. Les meilleurs auteurs se sont servis d'*aucun* au pluriel, et l'Académie autorise cette orthographe. Il n'est pas vrai que *aucun* signifie *pas un*. *Aucun*, autrefois *alcun*, *aulcun* (en italien *alcuno*, pluriel *alcuni*) vient du latin *aliquis unus*, et il a à peu près le sens de *quelqu'un*, quelque *un....*, *quelconque*. La Fontaine a dit : « Phèdre était si succinct qu'*aucuns* (quelques-uns) l'en ont blâmé. » « Plusieurs avaient la tête trop menue, *aucuns* trop grosse, *aucuns* même cornue. » *Aucuns*, d'*aucuns* s'emploient encore aujourd'hui dans le style familier : D'*aucuns* me l'ont conté. Le sens négatif d'*aucun* ne lui vient que par son adjonction avec la négation *ne*.

3. *Rien*, dans son acception primitive, est un substantif masculin, toujours au singulin. Ce mot vient du latin *res*, *rei*, *rem*, chose, quelque chose. Avec la négation *ne*, *rien*, niant toute chose, équivaut au latin *nihil*, nulle chose. *Rien n*'est si beau à voir que l'Egypte dans deux saisons de l'année. Par extension : *Petite chose, un rien, des riens.* Il vit content de *rien*. De là l'inutilité de *pas*, *point*, pour déterminer la négation : *Je ne dis rien.*

4. *Contemporaines*, De *cum*, avec; *tempus*, temps. Qui est du même temps. La préposition latine *cum* forme les préfixes *co*, *col*, *com*, *con*, *cor* qui marquent l'union, l'action simultanée : *co*habiter, *con*citoyen, *co*associé, un *co*accusé; *col*latéral, *col*laborateur; *com*bat, *com*biner, *com*patriote; *con*temporain, *con*citoyen, *con*disciple; *cor*respondant, *cor*rompre, *cor*roborer.

5. *Plutôt.* Pourquoi en un mot? — 6. *En vogue*, bien achalandés, de grande réputation. De *voguer*, être poussé sur l'eau à force de rames. La *vogue*, l'allure d'un bâtiment à rames. — 7. *Réussi.* Quel est l'auxiliaire? Y a-t-il un complément direct?

8. *Entre des mains; entre* les divers moyens. *Entre* marque une partie de l'espace qui s'étend d'un terme à un autre : *entre ces deux hommes, entre Paris et Orléans.* Il signifie aussi *dans le nombre de. Entre* les divers moyens. *Parmi* n'a que cette dernière signification. Aussi aurait-on pu dire ici : *parmi* les divers moyens (et la répétition du mot *entre* eût été évitée). Mais *parmi* ne pourrait se mettre à la place de *entre* dans *entre* des mains.

Mœurs des anciens Huns.

Les anciens Hums vivaient de la chair de leurs bestiaux ; ils prenaient les peaux pour en faire des habits et des étendards ; ils cultivaient les terres qui leur étaient échues en partage. Ils n'avaient aucune connaissances de l'art d'écrire, mais leur bonne foi était si connue que, dans leurs traités, tout barbares que ces peuples nous paraissent, leur parole suffisait. La mort était le supplice de celui qui avait fait un meurtre ou un vol considérable. Ils apportaient quelque soin à l'éducation de leurs enfants, et les élevaient d'une manière relative à l'intérêt général de la nation, c'est-à-dire qu'ils les exerçaient à chasser et à faire la guerre. Ces enfants, assis sur des moutons qu'ils regardaient alors comme des chevaux, tiraient sur les oiseaux et sur des souris avec de petits arcs. Devenus plus grands, ils allaient à la chasse des lièvres et des renards, qui leur servaient de nourriture, et, lorsqu'ils étaient en état de manier des armes plus fortes et plus pesantes, ils prenaient le parti de la guerre. Ainsi, ils n'étaient sensés hommes que quand ils en avaient tué ou qu'ils étaient assez forts ou assez habiles pour le faire. La guerre devenait leur unique occupation et le seul moyen d'acquérir l'estime de toute la nation.

De Guignes.

(*Examens* pour le volontariat d'un an, dans Seine-et-Oise.)

II.

COURS MOYEN.

Les dents.

Les *mammifères* en possèdent de trois espèces : celles du devant nommées INCISIVES, et qui servent à couper ; sur les côtés des mâchoires, poussent les CANINES, qui sont pointues et servent à déchiqueter les aliments; dans le fond de la bouche se trouvent les MOLAIRES : ce sont les meules qui servent à broyer ce que les incisives et les canines ont coupé ou déchiré.

Maintenant chaque dent se compose d'une *couronne* ou partie qui sort de la gencive; d'une *racine*, *implantée* dans une cavité nommée *alvéole ;* d'un *collet*, partie qui sépare la couronne de la racine.

Les dents se composent d'émail et d'ivoire. *L'émail*, c'est le dessus ; l'*ivoire*, c'est le dedans. Au milieu de l'ivoire se trouve une partie molle, *gélatineuse*, qui a des nerfs et des *vaisseaux*, et c'est là qu'on a mal lorsqu'on souffre des dents,

Questions et explications.

1. *Dents*. Dérivés : *dentiste*, *dentifrice*, médicament ou poudre qui sert à nettoyer les dents en les frottant. *Dentaire*. Composé : les *édentés*, ordre de mammifères ; *dentelle*, ouvrage à jour, en fil ou en soie, dont les bords sont dentelés, comme ayant des dents. — 2. *Mammifères*, animaux qui portent des *mammelles*. — 3 *Incisives*, qui coupent. Faire une *incision*. Un mot *incisif*.

4. *Canines*, pointues comme les dents du *chien*. La race *canine*. — 5. *Molaires*, qui font l'office de *meules*.

6. *Implantée*, plantée *dans*. *Implanter*, *implantation*. *Transplanter*, planter, porter au delà, plus loin ; *transplantation*. Charlemagne *transplanta* la population saxonne.

7. *Gélatineuse*, sous forme de *gélatine*, de *gelée*.

8. *Vaisseaux*, des veines et des artères.

III.

COURS ÉLÉMENTAIRE.

Durée de la vie des oiseaux.

Le pigeon peut vivre de six à dix ans; la pintade, la poule, le dindon arrivent jusqu'à douze. L'oie va plus loin ; il est vrai qu'en sa qualité d'oie, elle ne se donne pas beaucoup de chagrin. L'oie atteint bien vingt-cinq années et même les dépasse largement. Mais voici qui est mieux : le chardonneret, le moineau, oiseaux sans souci, toujours chantant, toujours frétillant, heureux au possible avec un rayon de soleil dans la feuillée et un grain de chènevis, vivent autant que l'oie gloutonne, plus que le stupide dindon. Ils vivent, les bienheureux petits oiseaux, de vingt à vingt-cinq ans, juste l'âge d'un bœuf. Quand je vous disais que tenir beaucoup de place en ce monde n'est pas tout à fait le moyen de se préparer de longs jours !

FABRE.

EXERCICES DE STYLE.

I.

COURS SUPÉRIEUR.

Lire aux élèves le récit suivant, le faire reproduire de vive voix d'abord, par écrit ensuite.

Un trait de la vie de Monseigneur Fillion.

Quelques jours après son arrivée au Mans, lors de son retour de Prusse, le brave colonel d'un régiment de cuirassiers alla faire visite à Monseigneur.

— Colonel, lui dit le prélat, avez-vous encore de vos soldats prisonniers en Allemagne ?

— Hélas, oui ! Monseigneur, malgré les sacrifices que s'est imposés tout le corps de mes officiers, car chaque homme arraché à la captivité nous coûte vingt-cinq francs.

Monseigneur alla à son secrétaire et en tira quelques billets de banque.

— Prenez, colonel, je puis disposer de cette somme de cinq cents francs environ ; veuillez l'employer à ramener sous leurs drapeaux quelques-uns de vos infortunés soldats encore prisonniers.

Le colonel remercia avec une vive émotion le charitable évêque, et s'empressa de remettre au capitaine trésorier ces billets de banque dont il n'avait pas vérifié le nombre, en lui faisant connaître leur origine et leur destination.

Quelques instants après, celui-ci vint trouver son colonel et lui dit : « Mon colonel, Monseigneur vous a trompé ; il y a 1,500 francs. — Reportez-lui immédiatement mille francs ; il y a erreur. »

Le capitaine se rendit à l'évêché. « Gardez le tout, lui dit le bon évêque, qui n'était pas riche ; s'il y a plus qu'il n'est nécessaire pour rapatrier le reste de vos soldats, je vous prie, capitaine, d'employer le surplus à leur procurer quelque bien-être. Ils en auront grand besoin, car leurs forces doivent être épuisées par les fatigues de la guerre et les misères de la captivité. »

Dès le lendemain, tous les officiers, ayant à leur tête leur colonel, se présentaient devant le vénérable prélat pour lui adresser leurs remercîments au nom du régiment, qui, par un ordre du jour, avait appris quelle main charitable allait ramener parmi eux leurs malheureux camarades.

COURS MOYEN.

Canevas. — Votre voisin, Antoine Simonet, journalier, a eu 60 ans le 26 décembre dernier. On l'a maintenu au rôle des prestations pour 1875. Il vient de recevoir son avertissement. Les prestations ne sont dues que depuis l'âge de 18 ans jusqu'à 60 ans. Il vous prie de lui faire une réclamation au préfet. Faites-la-lui. Il signera.

A Monsieur le Préfet de ...

Monsieur le préfet,

Antoine Simonet, journalier, demeurant à ..., a l'honneur de vous exposer qu'il est né le 26 décembre 1815, ainsi que le constate le certificat ci-joint de M. le maire, et que, par conséquent, il avait atteint sa 60e année avant le 1er janvier dernier.

Il vient solliciter de votre bienveillance la décharge des 3 journées pour lesquelles il est indûment imposé au rôle des prestations de la commune de ...

Ci-joint l'avertissement.

Le réclamant espère que sa demande ne soulèvera aucune difficulté, et il vous remercie à l'avance de la décision que vous voudrez bien prendre.

Il est, avec un profond respect, Monsieur le Préfet,
Votre très-humble et très-obéissant serviteur.

Antoine SIMONET.

A ..., 1er mars 1875.

COURS ÉLÉMENTAIRE.

Jugements sur les choses et les êtres (1).

LA MAISON.

LE MAITRE. *Qu'est-ce que la maison?* — L'ELEVE. La maison est une construction.

Quel est son caractère distinctif? — C'est un abri et une habitation.

Quelles sont ses qualités propres? — Elle est fermée par une porte et éclairée par des fenêtres.

Comment peut-elle être? — Elle peut être petite ou grande.

De quelles parties se compose-t-elle? — Elle se compose ordinairement d'une cave ou sous-sol, d'un rez-de-chaussée, d'un ou de plusieurs étages, de combles ou greniers.

Que contient-elle? — La maison contient une ou plusieurs familles.

Où peut-elle être? — Elle peut être bâtie dans un village, ou dans une ville, ou isolée.

En quoi est-elle? — Elle est en moellons, en briques ou en pierres.

Par qui a-t-elle été faite? — Elle a été construite sur les plans d'un architecte, par le concours du maçon, du charpentier, du couvreur, du menuisier, du fumiste, du peintre, etc.

Pourquoi a-t-elle été faite? — Elle a été faite pour offrir à l'homme un abri contre les intempéries de l'air.

A quelles conditions est-elle bonne? — La maison est bonne à la condition d'être solide, bien close, bien éclairée et facile à chauffer.

Quels avantages offre-t-elle? — Elle a l'avantage de donner à l'homme la sécurité en lui assurant le repos, la santé, la possibilité de conserver ses épargnes; enfin elle attache l'homme qui la possède au pays où elle est bâtie et dont les lois protégent sa vie et les fruits de son travail.

EXERCICES : 1° Le MAÎTRE dessine sur le tableau noir une partie de la maison : *porte*, *fenêtre*, *cheminée*, etc. L'ÉLÈVE reproduit ce dessin sur son ardoise ou sur un cahier, et il indique de vive voix ou par écrit le nom, les propriétés, la forme, les parties, le lieu, la matière, l'auteur, la destination, les conditions, l'utilité, etc. — 2° Le MAÎTRE indique les qualités, les propriétés, la forme, l'usage, etc., d'un objet. L'ÉLÈVE nomme l'objet et le dessine. EXEMPLE : Le MAÎTRE : *Quel est l'instrument de fer qui sert à ouvrir et à fermer une porte?* — L'ÉLÈVE nomme et dessine une *clef*.

COMPOSITION ORALE OU ÉCRITE : Le MAÎTRE dit ou dicte : *Le toit est — Il est disposé en — Il est fait en — Il est construit par — Il sert à — Il n'est bon que si.* — L'ÉLÈVE complète toutes ces propositions de vive voix ou par écrit.

AUTRE COMPOSITION : Récompense à qui nommera le plus de qualités distinctives de la *maison*, des *murs*, du *toit*, etc.

AUTRE COMPOSITION : Le MAÎTRE énonce ou dicte une liste de substantifs ; l'ÉLÈVE ajoute de vive voix ou par écrit si c'est le nom d'un objet, d'un être ou d'une qualité. EXEMPLE : *Tulipe*, chose; *solidité*, qualité; *cheval*, être; *bleu*, qualité; *marbre*, chose, etc.

Chacune des parties de la maison, chacun des meubles qu'elle contient, peut être l'objet d'une étude semblable.

LE CHIEN.

LE MAÎTRE. *Quest-ce que le chien?* — L'ÉLÈVE. Le chien est un animal domestique.

Quel est son caractère distinctif? — Il s'attache à son maître, qu'il reconnaît, qu'il aime et qu'il défend.

Comment peut-il être? — Il peut être de grandeur et de couleur très-diverses.

Comment se défend-il? — Il a pour armes ses dents.

De quoi vit-il? — Il est carnivore, mais il mange également du pain et certains légumes cuits.

Où vit-il? — Il habite près de l'homme et particulièrement à l'écurie.

A quoi peut-il servir? — Il sert de gardien pour la maison parce qu'il annonce par ses aboiements l'arrivée des étrangers, il sert de guide et de défenseur pour les troupeaux et pour l'aveugle.

Il sert à reconnaître le gibier, à l'indiquer au chasseur, il le suit à la piste et le rapporte quand le gibier est blessé ou tué.

Cette leçon donne lieu aux mêmes EXERCICES oraux et écrits et aux mêmes COMPOSITIONS que la leçon précédente.

Le même questionnaire peut être appliqué au *chat*, au *cheval*, etc.

ARITHMÉTIQUE ET SYSTÈME MÉTRIQUE

PROBLÈMES GRADUÉS POUR LES COMPOSITIONS.

I.

COURS SUPÉRIEUR.

I. — *Arithmétique.* — (*Fractions ordinaires.*)

1. — Une boulangerie coopérative a fourni le pain aux conditions suivantes pendant les douze mois de l'année 1873 : 2 fr. 30; 2 fr. 20; 2 fr. 20; 2 fr. 20; 2 fr. 30 ; 2 fr. 40; 2 fr. 40; 2 fr. 56; 2 fr. 74; 2 fr. 70; 2 fr. 68; 2 fr. 68 le pain de 6 kilogrammes. Trouver le prix moyen des 6 kilogrammes et de 1 kilogramme, en poussant l'approximation jus-

(1) *La Gymnastique de l'esprit*, modèles et sujets d'exercices oraux et écrits pour les enfants de 7 à 10 ans, par A. Pellissier, chez Hachette.

qu'à une fraction de centime? — Rép. 1° 2 fr. 44 c. 2/3 ; 2° 0 fr. 40 c. 7/9.

2. — Quelle sera la pension de retraite d'un fonctionnaire ayant trente ans de service, et dont le traitement a été, pendant les six dernières années, de 1.500 fr., 1.640 fr., 1.900 fr., 1.800 fr., 2,060 fr., 1.900 fr., sachant que le chiffre de cette pension doit être du soixantième de la rétribution moyenne des six dernières années, multiplié par le nombre d'années de service? — Rép. 900 francs.

3. — Simplifier le plus possible 411/1233? — Rép. 1/3.

4. — En vendant une maison 53.760 francs, on perd 1/25 du prix d'achat. Combien l'a-t-on achetée? (Vendue 25 francs, elle en a coûté 24, etc.) — Rép. 56.000 francs.

5. — Combien est-il dû à un ouvrier pour hui journées 2/3 à 6 francs par jour? — R. 52 francs.

II. — *Système métrique. — Mesure des volumes Racine cubique.*

1. — Calculer le nombre de briques qu'il y a dans une pile où l'on en compte 175 sur la longueur, 25 sur la largeur et 35 en hauteur? — Rép. 153.125.

2. — Un canal a 3m20 de largeur; l'eau qu'il contient a une profondeur de 2m50, et elle coule avec une vitesse de 0m60 par seconde. Quel est le volume d'eau que fournit ce canal par heure? — Rép. 17.280 mètres cubes.

3. — Combien de pavés y a-t-il dans un monceau cubique où l'on en compte 36 sur chaque arête? — R. 46.656.

4. — On veut ranger sur une place publique 15.000 pavés, de manière que la hauteur soit au plus de 10 rangées. En largeur on peut en placer 25. Combien y en aura-t-il dans le sens de la longueur? — R. 60.

5. — Si l'on voulait disposer en monceau cubique 1.728 pavés, combien faudrait-il en mettre suivant chaque dimension? — R. 12.

II.

COURS MOYEN.

I. — *Arithmétique. — (Divisibilité. Les quatre règles.)*

1. — Quatre associés ont à se partager une somme de 75.600 francs. Le premier doit avoir, outre sa part, un centième de la somme totale pour travail de comptabilité. Combien aura-t-il? Combien aura chacun des autres? — Rép. 1° 19.467 fr.; 2° 18.711 francs.

2. — Une division par 125 s'abrége en divisant par 1.000 et en multipliant ce qu'on trouve par 8. Trouver, par ce moyen, le quotient de 62.326.993.500 par 125. — Rép. 498 635.948.

3. — Quel est le quotient de 1.495.907.775 par 25? (On divise par 100 et on multiplie par 4.) — R. 59.836.311.

4. — Un fabricant de jouets d'enfants a vendu 12.540 toupies à 20 centimes, 3.525 à 25 centimes, et 428 à 50 centimes. Quel est la valeur de sa fourniture? (Multiplier par 0 fr. 20, c'est prendre le quart; par 0 fr. 25, le cinquième; par 0,50, la moitié.) — Rép. 4.054 francs.

5. — Quel est le produit de 45.675 par 999? (On multiplie par 1.000 et on retranche une fois le multiplicande.) — Rép. 45.629.325.

II. — *Système métrique. — Mesures de superficie.*

1. — Un morceau de plomb introduit dans un seau plein d'eau en fait sortir 1 litre 75 centilitres. Quel est, en centimètres cubes, son volume? — Rép. 1.750.

2. — Combien de litres de vapeur peut produire un mètre cube d'eau, sachant que la vapeur occupe à l'air libre un volume 1.695 fois plus grand que l'eau qui la produit? — Rép. 1.695.000 litre.

3. — Une famille consomme par jour 2 litres de boisson faite de 1/3 de vin et 2/3 d'eau. Quelle est sa dépense au bout de 90 jours, si elle paie l'hectolitre de vin 60 francs? — Rép. 36 francs.

4. — Une épicier achète 1 hectolitre d'huile pour 150 francs. Combien doit-il vendre le litre s'il veut gagner 20 0/0 sur le tout? — Rép. 1 fr. 80.

5. — Un litre d'eau-de-vie est acheté 2 francs. Combien faut-il vendre le 1/5 pour gagner 0 fr. 50 par litre? — R. 0 fr. 50.

III.

COURS ÉLÉMENTAIRE.

I. — *Arithmétique. — (Addition.)*

1. — Quatre enfants se partagent un sac de noisettes. Chacun en a 125. Combien le sac en contenait-il? — Rép. 500.

2. — Un fermier vend la moitié de ses moutons et il lui en reste 348. Combien en avait-il? — R. 696.

3. — Une maison est habitée par cinq locataires. Le premier paye 75 francs de loyer par trimestre; le deuxième 20 francs par mois; le troisième 250 francs par an; le quatrième 125 francs par semestre, et le cinquième 300 francs par an. Combien cette maison rapporte-t-elle à son propriétaire? — Rép. 1.340 francs.

4. — Une garnison comptait 1.500 hommes. On l'a doublée. Quel en est l'effectif? — Rép. 3.000 hommes.

5. — Note d'inventaire après décès: lit, valeur 150 francs; table, 15 francs; chaises, 35 francs; armoire, 70 francs; buffet, 25 francs; ustensiles de cuisine, 10 francs. Total? — Rép. 295 francs.

EXAMENS DU BREVET DE CAPACITÉ.

(Département du Tarn.)

ASPIRANTS. — BREVET FACULTATIF.

(2e session de 1874.)

Histoire.

Indiquer quels étaient les principaux états et les souverains marquants de l'Europe en 1789.

Géographie.

Indiquer sommairement les colonies anglaises dans les cinq parties du monde.

ARITHMÉTIQUE ET GÉOMÉTRIE.

I. *Arithmétique.* — Un objet en or, au titre de 0,750, pèse 150 grammes; quel serait le prix de cet objet au change des monnaies? On sait qu'au change des monnaies on ne paye que l'or pur contenu dans l'objet vendu. L'or monnayé vaut 15 fois 1/2 plus que l'argent monnayé, et le prix de fabrication d'un kilogramme d'or monnayé est de 6 fr. 70. — Réponse : 386 fr. 66 à 1/2 centime près par défaut.

II. *Géométrie.* — La largeur du châssis rectangulaire avec lequel on mesure le bois de chauffage est de 1 mètre, les bûches que l'on empile dans ce châssis ont une longueur de $1^{m}14$; quelle doit être la hauteur du châssis, pour que le volume du bois qui le remplit soit de 1 stère, en supposant que la somme des vides entre les bûches soit de 1/40 du volume total? — Rép. $0^{m}899$ à 1/2 millimètre près par défaut.

DICTÉES.

COURS SUPÉRIEUR.

Le cygne.

Fier de sa noblesse, jaloux de sa beauté, le cygne semble faire parade de tous ses avantages; il a l'air de chercher à recueillir des *suffrages*, à *captiver* les regards; et il les captive, en effet, soit que, voguant en troupe, on *voie* de loin, au milieu des grandes eaux cingler la flotte ailée, soit que, s'en détachant et s'approchant du rivage aux signaux *qui l'appellent*, il vienne se faire admirer de plus *près* en étalant ses beautés, en développant ses grâces par *mille* mouvements doux, *ondulants* et suaves.

Aux avantages de la nature le cygne réunit ceux de la liberté; il n'est pas du nombre de ces esclaves que nous puissions contraindre ou renfermer : libre sur nos eaux, il n'y séjourne, ne s'y établit qu'en jouissant d assez d'indépendance pour *exclure* tout sentiment de servitude et de captivité; il veut à son gré parcourir les eaux, débarquer au rivage, s'éloigner au *large*, ou venir, *longeant* la rive, s'abriter sous les bords, se cacher dans les joncs, s'enfoncer dans les *anses* les plus écartées; puis, quittant sa solitude, revenir à la société et jouir du plaisir qu'il paraît prendre et goûter en s'approchant de l'homme, pourvu qu'il trouve en nous ses *hôtes* et ses *amis*, et non ses *maîtres* et ses *tyrans*. (BUFFON.)

Questions et explications.

(Expliquer d'abord la ponctuation, phrase par phrase.)

1. *Des suffrages*, approbation; applaudissements. Donner son *suffrage*, c'est déclarer, d'une manière ou d'une autre, son opinion. Le *suffrage universel*, le *suffrage restreint*, *par voie de suffrage*. — 2. *Captiver*. Sens propre : retenir prisonnier. *Captivité, captif*. Au figuré (c'est le cas, ici) : séduire, gagner, attirer. *Captiver* les regards, *captiver* un auditoire.

3. *Soit qu'on voie*. Mode subjonctif, à cause de la locution conjonctive *soit que*. — 4. *Qui l'appellent*, c'est-à-dire *qui appellent lui*. Substituez *te*, *me* à *l'*, le sens apparaîtra clairement : *les signaux qui t'appellent, qui m'appellent*. — 5. *Près* et *prêt*. Différence? *Près de, prêt à?*

6. *Mille*. Epelez *l'an mille*; l'an *mil huit cent soixante-quinze*; l'an du monde *deux mille*; *une distance de trois milles*. — 7. *Ondulants*, offrant des *ondulations*, des mouvements semblables aux *ondes*. Marque ici l'*état* : accord.

8. *Exclure*, interdire l'accès en fermant pour ainsi dire. (De *ex* et *claudere*, fermer.) Conjuguez ce verbe au futur : *j'exclurai*. Epelez? Faut-il un *e*? Dérivés : *exclusion*, *exclusif*; *exclusivement*, *exclusivisme*. — 9. Au *large*, au milieu, au loin. *Large*, adjectif pris substantivement. — 10. *Longeant*. Pourquoi *e*? Formez des composés de *long*? — 11. *Anse*, baie, petit golfe.

12. *Ses hôtes et ses amis... ses maîtres et ses tyrans*. Remarquez l'opposition que forment entre eux ces mots.

COURS MOYEN.

Travaux horticoles du mois de mars.

Le mois de mars appelle toute l'activité des jardiniers. Terminer les labours, enterrer les fumiers et les engrais; semer les pois, les fèves de marais, les laitues, les chicorées, le cerfeuil, le persil, les oignons, les poireaux, les carottes, les épinards, les radis : tels sont les premiers travaux à faire. Puis on découvre et on *débutte* les artichauts et on les laboure. On plante les asperges et on en sème de nouvelles. On veille à entretenir la chaleur des couches où sont les melons, les choux-fleurs, les laitues. Il faut aussi achever la taille des arbres fruitiers en espalier, *excepté* les pêchers, pour ne pas en hâter la *floraison*. On finit les plantations en *pépinière*, on taille les *quenouilles* et les arbres à haute tige.

Questions et explications.

1. *Horticoles*. (De *hortus*, jardin.) Travaux de jardinage.

2. *On débutte*. *Butter*, c'est entourer de terre le pied d'une plante. *Débutter*, c'est ôter cette terre. *Débuter*, c'est ôter du but; c'est jouer le premier coup à certains jeux; c'est commencer, faire le premier pas dans une carrière. *Se buter*, c'est s'obstiner à... *Se rebuter*, c'est se décourager. *Rebuter* quelqu'un, c'est le rejeter durement. *Rebut*, chose rejetée.

3. *Excepté*. Comment écrivez-vous les fruits *exceptés*?

4. *Floraison* ou *fleuraison*, état des plantes en fleur. Ne pas confondre avec l'*inflorescence*, qui est l'arrangement des fleurs sur le rameau qui les porte, la manière dont elles sont disposées.

5. *Pépinière*. Terrain où l'on cultive de jeunes arbres pour les transplanter. — 6. *Quenouilles*. Arbres fruitiers taillés en forme de *quenouilles*, c'est-à-dire dont le plus grand diamètre est vers le milieu de la hauteur. On appelle *quenouille* un petit bâton entouré dans sa partie supérieure de chanvre, de lin, etc.

COURS ÉLÉMENTAIRE.

Construction d'une maison.

I.

La voici enfin construite, notre jolie petite maison! Comme on y est bien, là, au coin du feu! Mais que d'ouvriers il faut pour construire une maison! Ce sont d'abord les terrassiers qui creusent les fondations et la cave, armés de leurs pics et de leurs bêches. Puis les maçons avec leurs truelles, leurs hachettes, leurs règles et leurs équerres, leurs échafaudages et leurs échelles. Ils taillent les pierres et les moellons, ils gâchent le plâtre et le ciment, et les murs s'élèvent, et les plafonds sont enduits, et les cheminées dominent la maison ornées du bouquet traditionnel.

II.

Il a fallu aussi les charpentiers pour les planchers, pour l'escalier, pour la toiture. Ils sont venus avec toutes sortes d'outils : bisaiguës, ciseaux, compas, tarières, haches, maillets, que sais-je! Ils ont taillé et ajusté des solives et des poutres, des pannes et des chevrons. Puis sont venus les couvreurs, qui ont cloué les ardoises sur les lattes et les voliges, et les plombiers qui ont mis des gouttières en zinc et en plomb. Et dans l'intérieur, que de travail encore!

III.

Les menuisiers, avec leurs rabots et leurs scies, des ciseaux et des marteaux, la varlope et le vilbrequin, ont fait les portes, les fenêtres et les placards. Les vitriers, le diamant, la règle et le mastic à la main, ont posé les vitres et ils ont peint les fenêtres et les portes. Et les serrures, les clefs, les gonds et les pentures ont été l'ouvrage du serrurier. Enfin, le tapissier a apporté ses chaises, ses fauteuils, ses glaces. Qu'il faut de monde pour construire une maison! Mais qu'il est beau de voir ainsi les hommes se prêter l'appui de leur industrie et de leurs forces!

EXERCICES DE STYLE.

I.

COURS SUPÉRIEUR.

Lire d'abord ce qui suit :

L'aïeul et le petit-fils.

Il y avait une fois un homme vieux, vieux comme les pierres. Ses yeux voyaient à peine, ses oreilles n'entendaient guère, et ses genoux chancelaient. Un jour, à table, ne pouvant plus tenir sa cuiller, il répandit de la soupe sur la nappe, et même un peu sur sa barbe. Son fils et sa bru en prirent du dégoût, et désormais le vieillard mangea seul, derrière le poêle, dans un petit plat de terre à peine rempli. Aussi regardait-il tristement du côté de la table, et des larmes roulaient sous ses paupières; si bien qu'un autre jour, échappant à ses mains tremblantes, le plat se brisa sur le parquet. Les jeunes gens grondèrent, et le vieillard poussa un soupir. Alors il lui donnèrent pour manger une écuelle de bois. Or, un soir qu'ils soupaient à table, tandis que le bonhomme était dans son coin, ils virent leur fils, âgé de quatre ans, assembler par terre de petites planches. « Que fais-tu là? lui demandèrent-ils. — Une petite écuelle, répondit le garçon, pour faire manger papa et maman quand ils seront vieux et que je serai marié ... » L'homme et la femme se regardèrent en silence...; des larmes leur vinrent aux yeux. Ils firent venir à côté d'eux l'aïeul, qui ne quitta plus la table de famille.

Louis DUHAMEL.

Canevas. — Un vieillard ... de la soupe sur la nappe et sur sa barbe. Son fils et sa bru le font manger derrière le poêle... petit plat de terre... Un autre jour, écuelle de bois... Le jeune fils de quatre ans, un soir... petites planches. Que fais-tu? ... L'homme et la femme comprennent... L'aïeul rappelé à la table de famille.

II.

COURS SUPÉRIEUR ET COURS MOYEN.

Canevas. — Vous allez prochainement faire votre première communion. On exige des enfants qui ne sont pas nés dans la paroisse un certificat attestant qu'ils ont reçu le baptême. Ecrivez à M. le curé de la commune où vous êtes né, pour demander cette attestation. Vous ajouterez quelques paroles de circonstance, selon vos relations précédentes avec votre ancien curé, et vous annoncerez l'envoi de la somme due (1 fr. 25 c.) pour frais d'expédition et d'affranchissement.

Développement.

C......, 1er mars 1875.

Monsieur le Curé,

Permettez à un enfant qui n'a pas oublié vos bonnes leçons, et qui voudrait encore les recevoir, de venir solliciter un service de votre paternelle obligeance.

J'ai suivi assidûment, depuis notre arrivée à C..., les exercices du cathéchisme, et j'ai maintenant l'espoir d'être admis, dans quelques mois, à la première communion. M. le curé de C... désire avoir, dès maintenant, les extraits de baptême des enfants nés en dehors de la paroisse. Je suis dans ce cas, Monsieur le curé, et c'est pourquoi je viens vous prier de vouloir bien me délivrer la pièce qui m'est nécessaire. Je vous fais cette demande au nom de mes parents qui me chargent, Monsieur le curé, de vous exprimer, en même temps, leurs souvenirs respectueux. Ils voient, comme moi, avec bonheur, s'approcher le jour de ma première communion. Ce sera pour toute la famille une douce et belle fête. Nous y mêlerons le nom vénéré de notre ancien pasteur, dont nous n'avons pas oublié les pieuses exhortations et l'inépuisable bienveillance.

Daignez agréez, Monsieur le curé, avec mes remerciments, l'hommage de mon profond respect,

Votre très-humble et très-dévoué serviteur,

Auguste TRUBERT,

Né à M.... le 11 janvier 1863.

P. S. — Ci-joint un franc vingt-cinq centimes en timbres-poste pour le coût de l'expédition et l'affranchissement.

ARITHMÉTIQUE ET SYSTÈME MÉTRIQUE.

PROBLÈMES GRADUÉS POUR LES COMPOSITIONS.

I.

COURS SUPÉRIEUR.

1° Quel est le poids de la somme d'argent que l'on reçoit en vendant 67 hectolitres 4 décalitres de blé à raison de 26 francs l'hectolitre ? — Rép. 8 k. 762 g.

2° Les frais d'exploitation de l'hectare de terre cultivé en blé s'élèvent à 185 francs. Dautre part, le produit de l'hectare est de 17 hectolitres de blé, et d'une quantité de paille estimée 24 francs. A quel prix faut-il que s'élève l'hectolitre de blé pour que le cultivateur gagne 213 francs par hectare? — Rép. 22 francs.

(Certificat d'études. Meuse, 1874.)

I. — *Arithmétique.* — (*Fractions ordinaires.*)

1. — Combien est-il dû à un ouvrier qui a travaillé pendant 8 jours 1/4, 15 jours 1/2, 17 jours 2 heures, 9 jours 6 heures à raison de 3 francs la journée de 12 heures ? — Rép. 161 fr. 25 c.

2. On a trois coupons de drap : le 1er de 3/4 de mètre, le 2e de 1/4 et le 3e de 2/3. Quelle est la longueur totale des trois coupons ?— Rép. 1m 2/3.

3. — Sur 1 litre d'eau-de-vie on a vendu 1/4 et 1/5. Que reste-t-il ? — Rép. 11/20.

4.— Lorsque 1/4 de fromage est vendu 45 centimes, combien vaut le 1/3 ? — Rép. 0 fr. 60 c.

5. — Un jardinier a vendu le quart et le tiers de ses pêches. Il lui en reste 10. — Combien en avait-il ? — Rép. 24.

I. — *Système métrique.* — (*Mesure des volumes.*)

1. — Une poutre de 8m75 de long sur 48 centimètres de largeur et 55 centimètres d'épaisseur est payée 205 fr. 59 c. On la débite en solives de 16 centimètres d'épaisseur sur 11 centimètres de largeur. Trouver le prix d'une solive et celui d'un stère de ce bois? (Concours cantonal de Seine-et-Oise, 1870). — Rép. 1° 13 fr. 706; 2° 89 francs.

2. — Le litre est un cylindre dont la hauteur est double du diamètre de la base. Quelles sont ses deux dimensions? (Vol. $= \pi R^2 \times 4R = 0$ m. c. 001;

d'où $R = \sqrt[3]{\frac{0,001}{\pi \times 4}} = 0^m,043$; d'où diam. $= 0^m,086$; haut. 0^m172.) — Rép. Diam. 0086; haut. 0^m172.

3. — Quel est le poids d'un rouleau cylindrique de bois de chêne ayant 0^m30 de diamètre et 2^m50 de longueur, la densité du chêne étant 1.17 ? — Rép. 206 k. 756 g.

4. — Une commune veut construire une école de garçons. Elle possède une école de filles. Le chiffre de la population est de 1560 habitants. Le nombre total des enfants, garçons et filles, en âge de fréquenter les écoles, se calcule à raison de 15 par 100 habitants. La superficie de la classe doit offrir à chaque élève 1 mètre carré et la hauteur réglementaire de la salle est de 4 mètres: 1° quel volume d'air doit renfermer la classe; 2° quelle largeur faut-il lui donner si la longueur dont on dispose est de 12 mètres ?— Rép. 1° 468 mètres cubes; 2° 9^m75.

5. — Combien y a-t-il de litres d'eau dans une citerne cubique de 2 mètres de côté et dont l'eau est à 0^m25 du bord ? — Rép. 7.000 litres.

II.

COURS MOYEN.

I. — *Arithmétique.* — (*Fractions ordinaires.*)

1.— Combien est-il dû à un ouvrier pour 3 journées 1/4, 6 journées 2/3, 5 journées 3/4 et 8 journées 1/3 à 3 francs par jour ? — Rép. 72 francs.

2. — Combien 2 heures et 3/4 d'heure font-ils de minutes ? — Rép. 165.

3. — Simplifier le plus possible 720/1620? — Rép. 4/9.

4. — Combien rapporteront 35 litres d'eau-de-vie vendus au détail à raison de 40 centimes le cinquième? Rép. 70 francs.

5. — Un quart de fromage est vendu 35 centimes: combien vaut le fromage entier ? — Rép. 1 fr. 40 c.

II. — *Système métrique.* — (*Mesures de poids.*)

1. — La série complète des poids en lames (petits poids) comprend: le demi-gramme, le double-décigramme, le décigramme (en double), le demi-décigramme, le double centigramme, le centigramme (en double), le demi-centigramme, le double milligramme, le milligramme (en double). Quelle pesée totale donneraient ces poids sur un même plateau ? — Rép. 1 g. 009.

2. — Quel poids total obtiendrait-on en réunissant les poids moyens dont la série comprend : le gramme (en double), le double gramme, le demi-décagramme, le décagramme (en double), le double décagramme, le demi-hectogramme, l'hectogramme (en double), le double hectogramme, le demi-kilogramme ? — Rép. 999 grammes.

3. — La série des gros poids comprend : le kilogramme (en double), le double kilogramme, les poids de 5 kilogrammes, de 10 kilogrammes (en double), de 20 kilogrammes et de 50 kilogrammes. Ces poids réunis formeraient-ils un quintal ? Indiquer la différence en plus ou en moins ? — Rép. Différence en moins : 1 kilogramme.

4. — Quel est: 1° en quintaux, 2° en kilogrammes, le chargement d'un navire jaugeant 800 tonneaux métriques ? — Rép. 8.000 quintaux ; 800.000 kil.

5. — Evaluer en tonnes le poids total des marchandises que transporte un train composé de 45 vagons dont la charge moyenne est de 3.500 kilogrammes? — Rép. 157 tonnes 1/2.

III.

COURS ÉLÉMENTAIRE.

I. — *Arithmétique.* (*Soustraction et addition.*)

1. — En 1892 il y aura 400 ans que l'Amérique a été découverte. A quelle époque eut lieu ce grand événement ? — Rép. 1492.

2.— Une personne a eu 36 ans en 1845. A quelle époque aura-t-elle 70 ans? — Rép. En 1879.

3.— La différence de deux nombres est 3,047; le plus grand est 14.625: Quel est le plus petit? — Rép. 11.578.

4. — Combien, au 1er mars, s'est-il écoulé de jours depuis le 1er janvier et combien de jours y a-t-il du 1er mars à la fin de l'année? — Rép. 1° 59; 2° 306.

5. J'ai 36 ans; mon fils Auguste en a 11. Quel âge aurai-je quand il aura 25 ans? — Rép. 50 ans.

II. — *Système métrique. (Mesures de volume.)*

1. Un tas de pierres avait un volume de 1.548 mètres cubes; on en a enlevé 965 mètres cubes. Combien en reste-t-il? — Rép. 583.

2. — On a enlevé 8 tombereaux de terre. Chaque tombereau contient 2 mètres cubes. Quel est le volume de terre enlevé? — Rép. 16 mètres cubes.

3. — Pour construire une maison on a fait apporter 425 mètres cubes de pierre. On en a employé 348 mètres et il en faut encore 236 mètres. Combien doit-on en acheter? — Rép. 159 mètres.

4. — Un libraire a vendu, pour la démonstration du système métrique, 564 décimètres cubes en bois. Il lui en reste 235. Combien en avait-il? — Rép. 799.

5. — On a placé dans une boîte d'un décimètre cube 445 petits centimètres cubes. Combien en faut-il encore pour que la boîte soit pleine? — Rép. 555.

SOLUTIONS DEMANDÉES.

I. — M. P., à P. (Charente-Inférieure). — Partager 94,200 francs entre 2 personnes dont la première a 7 ans et la seconde 10 ans, de telle sorte qu'en plaçant leur argent à 5 0/0 par an, intérêts simples, elles aient la même somme à l'âge de 20 ans.

Solution. — Parmi toutes les solutions que l'on peut donner de ce problème, la plus claire et la plus simple est la suivante :

Si la première personne reçoit 1 franc, lorsqu'elle aura vingt ans, c'est-à-dire dans $20 - 7 = 13$ ans, cette somme aura rapporté :

$$\frac{1 \times 5 \times 13}{100} = 0 \text{ fr. } 65;$$

Elle possédera donc : $1 + 0{,}65 = 1$ fr. 65.

Cherchons ce que doit recevoir la seconde personne pour toucher pareille somme lorsqu'elle aura 20 ans, c'est-à-dire dans 10 ans. Pour cela, nous chercherons quel est le capital qui, placé à intérêts simples à 5 0/0 pendant dix ans, devient 1,65.

Nous dirons : 1 franc à 5 0/0 en 10 ans rapporte $\frac{1 \times 5 \times 10}{100} = 0{,}50$ et devient $1 + 0{,}50 = 1$ fr. 50. Pour que le capital soit 1,65, il faudra placer autant de francs qu'il y a de fois 1,50 dans 1,65 ou $\frac{1{,}65}{1{,}50} = 1$ fr. 10.

Ainsi, pour chaque fois 1 franc que reçoit la première personne, la seconde doit recevoir 1 fr. 10. Il faut donc partager la somme donnée 94200 en deux parties proportionnelles aux nombres 1 et 1,1 ou 10 et 11. On a donc : $10 + 11 = 21$;

$$1^{re} \text{ part } \frac{94200 \times 10}{21} = 44857 \text{ fr. } 14.$$

$$2^{e} \text{ part } \frac{94200 \times 11}{21} = 49342 \quad 86.$$

Total 94200 fr. 00.

Vérification.

Les 44857 fr. 14 de la première personne rapportent en 13 ans $\frac{44857{,}14 \times 5 \times 13}{100} = 29157$ fr. 14.

Cette somme devient :

$$44857{,}14 + 29157{,}14 = 74014{,}28.$$

Les 49342 fr. 86 de la seconde personne rapportent en 10 ans $\frac{49342{,}86 \times 10 \times 1}{100} = 24671{,}43.$

Cette somme devient :

$$49342{,}86 + 24671{,}43 = 74014{,}29.$$

somme égale à la précedente, sauf l'erreur de 1 centime provenant des décimales négligées.

EXAMENS POUR LA DIRECTION DES SALLES D'ASILE.

PARIS.

(1re session de 1875.)

Les épreuves pour l'obtention du certificat d'aptitude à la direction des salles d'asile ont commencé à Paris le 15 février. Cinquante aspirantes étaient inscrites; quarante-neuf se sont présentées.

Sur ce nombre, cinq ont été éliminées à la suite des épreuves écrites : quatre pour l'orthographe et une pour le calcul; deux ont été renvoyées pour le chant; cinq pour faiblesse générale sur l'ensemble des épreuves écrites et orales constituant l'examen d'instruction, et dix n'ont pu être admises aux épreuves pratiques à cause de leur faiblesse en couture.

Sur les vingt-sept admises aux épreuves pratiques, vingt-cinq ont été reconnues dignes d'obtenir le certificat d'aptitude : deux n'ont pu réunir le nombre de points exigés par le règlement pour l'ensemble de l'examen pratique et de l'examen d'instruction.

Voici le texte des épreuves écrites :

1° DICTÉE.

Commencez par *avertir* d'un ton ferme et sévère (1) l'enfant qui est en faute; reprenez-le en particulier, lorsque la faute est ignorée de ses camarades; en

(1) Le ton *sévère* est bien rarement de mise, nous ne pouvons nous empêcher de le dire, dans ces refuges de la première enfance qu'on appelle les salles d'asile.

public, quand la faute *a été connue* de tous. Si cela ne suffit pas, *faites-le descendre* de quelques places sur le banc qu'il occupe, afin de démontrer que celui qui *se conduit* mal mérite le dernier rang. Vous *pouvez* aussi lui donner des mauvais points, qui, s'ils arrivent à une certaine mesure, détruiront ses droits à quelque récompense. *S'il faut aller plus loin*, séparez-le de ses camarades, mettez-le sur un banc à part, banc de *déshonneur*, comme il peut y avoir un banc d'honneur; et certainement, si cette mesure est rare, employée avec quelque solennité, elle produira un véritable effet, et n'aura pas l'inconvénient de priver l'enfant de la leçon, comme dans le cas où on le mettrait à la porte. Obtenez en même temps de votre maire, de votre curé, de fréquentes visites à l'asile, et certainement la confusion que les coupables éprouveront, en se trouvant en leur présence à une place qui les humilie, sera un *excellent* moyen de les engager à ne la plus mériter.

EXPLICATIONS ET INTERROGATIONS.

1. A quel mode et à quel temps est le verbe *commencer?* Quel est le passé défini de ce verbe? *Je commençai.* — Pourquoi une cédille sous le c? Le primitif des diverses formes du verbe est l'infinitif. Dans *commencer*, le c a la prononciation douce; cette prononciation doit être conservée dans tous les dérivés, c'est-à-dire dans toutes les formes du verbe. — 2. *Avertir*, faire savoir en appelant l'attention; donner avis, *tourner* l'esprit de quelqu'un *vers* une chose à faire. Vient de *ad vertere*, mot à mot *tourner vers*. Mots de la même famille: *Averti*, *Avertissement*, *Avertisseur*, *version*, *aversion*, *conVertir*, *conVersion*, *diVertir*, *diVersion*, *verso*, *verser*, *vers*, *versable*, *versant*, *versatile*, etc. — Notez que dans *Aversion*, *a* exprime non pas l'idée de tendance (*a*, *ad*), mais l'idée de séparation, d'éloignement (*a*, *ab*).

3. Pourquoi faut-il reprendre l'enfant en particulier lorsque la faute est ignorée de ses camarades, et en public quand la faute a été connue de tous?

4. Pourquoi le participe *connue* a-t-il été écrit au féminin singulier? Conjugué avec l'auxiliaire *être* il s'accorde avec le sujet du verbe, *faute*. — 5. Quel est donc le verbe de cette proposition: *quand la faute a été connue de tous?* Est-ce *a été* ou *connue*, ou *a été connue? A été connue*, passé indéfini du verbe passif *être connu*. — A quoi reconnaissez-vous que ce verbe est *passif?* Le sujet *faute* ne fait pas l'action de *connaître;* elle ne connaît pas. Au contraire, elle est l'objet, le terme de l'action; elle la reçoit, la supporte. On peut, pour s'en assurer, tourner cette proposition par l'*actif* et dire: *quand tous ont connu la faute*. Le sujet du verbe passif devient alors le complément direct du verbe actif.

6. *Faites-le descendre de quelques rangs?* — Quel est le rôle du pronom *le?* Faut-il analyser *faites*-LE, LUI, *descendre*, ou *faites descendre* LUI *de quelque rangs? Le* est-il complément direct de *faites* ou de *descendre?* Cette phrase équivaut à *faites qu'*IL *descende; le* est véritablement sujet de l'infinitif *descendre;* mais on le considère généralement comme le complément direct de l'expression composée *faites descendre*. Nous avons déjà appelé l'attention de nos lecteurs sur le rôle particulier de *faire* suivi d'un infinitif. Placé devant un verbe, même intransitif; il lui donne, avons-nous dit, un sens actif: *faire sortir une armée; j'ai fait venir mes livres ici.*

7. *Se conduit.* Quelle espèce de verbe? Etymologie de conduire? *Cum*, avec, et *ducere*, mener, guider; *conduite; cum* a ici un sens réfléchi: *conduite*, manière de se conduire, de se diriger; — *conducteur*, *conductrice*; *conductibilité*, *conductible*, *conduction*, *induction*, *inducteur*, *induire*, *duire*, etc.

8. *Vous pouvez*. Quel est le présent du subjonctif de ce verbe? que je *puisse*. Quelques verbes ont en français deux participes présents, usités ou inusités, et le plus souvent employés l'un comme participe, l'autre comme adjectif. Ainsi, *pouvoir* fait *pouvant* et *puissant; savoir*, *savant* et *sachant*; *valoir*, *valant* et *vaillant*; *vouloir*, *voulant* et *veuillant*. Ce dernier, tout à fait inusité aujourd'hui, se retrouve dans les composés *bienveuillant*, *malveuillant*, qu'on écrit et qu'on prononce à tort: *bienveillant*, *malveillant*, comme s'il s'agissait de quelqu'un qui *veille bien* ou *mal*. Autrefois on prononçait correctement et on écrivait avec l'*u* de vouloir, je veux, *bienveuillant*, *bienveuillance*, *malveuillant*, *malveuillance*. Dans le cas de ces doubles participes, les temps de l'indicatif, le pluriel du présent et l'imparfait tout entier se tirent de l'un d'eux, l'impératif et le subjonctif de l'autre. Ainsi de *pouvant* viennent *nous pouvons*, *je pouvais;* de *savant*, *nous savons*, *je savais;* de *valant*, *nous valons*, *je valais;* de *voulant*, *nous voulons*, *je voulais;* et, au contraire, des secondes formes *puissant*, *sachant*, *vaillant*, *veuillant*, viennent les formes du subjonctif et de l'impératif: *que je puisse*, *que je sache*, *que je vaille*, *que je veuille*.

9. *S'il faut aller plus loin*. Analysez cette proposition? Quelle est sa nature? Proposition *subordonnée circonstancielle*, modifiant les principales coordonnées: *séparez-le...*, *mettez-le...* — Le sujet est *il*, *aller plus loin*, le verbe et l'attribut sont renfermés dans *faut*, équivalant à *est nécessaire*, *est indispensable*.

10. *Aller* est-il un verbe régulier ou un verbe irrégulier? Quelles sont ses principales irrégularités? *Je vais* ou *je vas* (peu usité), *tu vas*, *il va*, *nous allons*, *vous allez*, *ils vont; j'irai; j'irais; que j'aille*. Le radical *all* change donc, comme on le voit, au futur et au conditionnel; là, il se rapporte au verbe latin *ire*. Dans les formes *je vais*, *tu vas*, *il va*, *ils vont*, le radical est dérivé du verbe latin *vadere*, et ce radical se retrouve dans *s'évader*, *évasion*, *invasion*, *envahir*, etc. L'i du présent du subjonctif, *que j'aille*, est dû à l'influence de l'accent tonique. On renforce ainsi la voyelle radicale, la dernière syllabe étant muette.

11. *Déshonneur*. Mot composé de *honneur* et de *dés*. Sens de ce préfixe *dés*, quelquefois *dé* et *dis?* Cette particule marque le contraire de l'action et de la chose, et, par suite, la privation, l'anéantissement. *Déshonneur*, perte de l'honneur, de la considération; *déboucher*, *déshériter*, *désosser discréditer*. Elle a aussi le sens de *hors de*, *loin de*, et exprime une idée d'extraction, d'éloignement, de séparation, de dispersion, d'éparpillement, de position çà et là: *débarquer*, *débourser*, *décrocher*, *démembrer*, *disperser*, *disposer*, etc.

12. *Excellent*, très-bon, qui est à un degré émi-

nent, qui l'emporte. Vient de *ex* et de *cello*, vieux mot qui signifie *élever : Excellence, exceller, excellemment, excellentissime.*

2° PROBLÈMES.

I.

En 1873, une directrice a acheté, au détail ou chez les marchands voisins, les provisions du fourneau de l'asile. Elle a dépensé 1275 francs. En 1874, elle a acheté en gros ou aux Halles centrales; elle n'a dépensé que 1057 fr. 25. A combien p. 0/0 revient l'économie qu'elle a ainsi réalisée en 1874?

II.

Combien y a-t-il d'hectares, d'ares et de centiares dans 320000 m. q.? — Démontrer.

Solutions.

I.

1275 fr. — 1057 fr. = 217 fr. 75.

Sur les 1275 francs qu'elle avait dépensés en 1873, la directrice a réalisé, en 1874, une économie de 217 fr. 75.

Son économie pour 100 est donc de :

$$\frac{217 \text{ fr. } 75 \times 100}{1275} = 17 \text{ fr.} 08.$$

II.

L'are est un carré qui a 10 mètres de côté et qui vaut, par conséquent, 100 mètres carrés;

1 hectare, qui vaut 100 ares, équivaut à 10,000 mètres carrés, et le centiare, centième partie de l'are, équivaut au mètre carré.

320.000 mètres carrés valent donc 320.000 centiares.
ou 3.200 ares.
ou 32 hectares.

Dessin.

1° Une mappemonde;
2° Une bibliothèque et un fauteuil.

DICTÉES.

I.

COURS SUPÉRIEUR.

Le corps humain est une admirable machine.

Il n'y a genre de machine que l'on ne trouve dans le corps humain. Pour sucer quelque liqueur, les lèvres servent de tuyau et la langue sert de piston. Au poumon est attachée la trachée-artère comme une flûte douce d'une espèce particulière, qui, s'ouvrant plus ou moins, modifie l'air et diversifie les sons. La langue est un archet qui, battant sur les dents et sur le palais, en tire des sons exquis. L'œil a ses humeurs et son cristallin ; les réfractions s'y ménagent avec plus d'art que dans les verres les mieux taillés; il a aussi sa prunelle qui se dilate et se resserre; tout son globe s'allonge ou s'aplatit selon l'axe de la vision pour s'ajuster aux distances, comme les lunettes à longue vue. L'oreille a son tambour, ou une peau aussi délicate que bien tendue; elle résonne au mouvement d'un petit marteau que le moindre bruit agite ; elle a dans un os fort dur des cavités pratiquées pour faire entendre la voix, de la même sorte qu'elle retentit parmi les rochers et dans les échos. Les vaisseaux ont leurs soupapes tournées en tous sens; les os et les muscles ont leurs poulies et leurs leviers. Toutes ces machines sont simples; le jeu en est si aisé et la structure si délicate, que toute autre machine est grossière en comparaison.

(*Concours cantonal.* Dordogne, 1874.)

Les Boutons de la vigne.

Ceux qui s'occupent d'horticulture distinguent, longtemps avant la taille, quels seront les boutons qui auront des fleurs et ceux qui ne pousseront que du bois.

Il en est ainsi de la vigne.

A mesure que les nouveaux boutons se développent, on peut reconnaître, s'ils produiront du fruit ou du bois seulement, et, qui plus est, on peut savoir quel sera le nombre de grappes, et approximativement le volume de la grappe qui sortira de l'œil à fleur. A plus forte raison, depuis la chute des feuilles jusqu'à la taille, l'œil exercé ne peut s'y tromper, vu que la nature ne déroge que très-rarement aux lois de la végétation, lois qui ne sont pas arbitraires.

Comme les autres arbustes, la vigne a des yeux ou boutons destinés à produire des fleurs et des fruits, d'autres qui n'ont d'autre but que d'entretenir la vie, la longévité par des pousses herbacées.

II.

COURS MOYEN.

Aspect des bois coupés en automne.

Je ne sais rien de plus touchant que la vue des bois coupés en automne. Les grands arbres abattus, à *demi* cachés par les herbes, *jonchent* le sol ; leurs branches brisées et leurs feuilles froissées pendent vers la terre. La séve rouge *saigne* sur leurs blessures; ils *gisent épars*, et, parmi les buissons verts et humides, on *aperçoit* de loin en loin les *troncs inertes* et lourds qui montrent la large plaie de la hache. Les bois deviennent alors silencieux et *mornes*, une pluie fine et froide *ruisselle* sur les feuillages qui vont *se flétrir;* enveloppés dans l'air brumeux, comme dans un *linceul*, ils semblent pleurer ceux qui sont morts.

H. Taine.

Questions et explications.

1. *A demi.* Locution adverbiale : *demi* invariable. — 2. *Jonchent* le sol, couvrent le sol comme des *joncs*, coupés et parsemés à terre. — 3. La *séve rouge saigne*. Belle et exacte comparaison avec le sang qui coule d'une blessure. D'ailleurs la *séve* ne joue-t-elle pas, dans le règne végétal, le même rôle que le sang dans le règne animal?
4. *Ils gisent épars. Giver* (*jacere*, être couché),

usité seulement aux formes suivantes : il *gît* (*ci-gît*), nous *gisons*, vous *gisez*, ils *gisent*; je *gisais*, tu *gisais*, etc., *gisant*. — 5. *Epars*, épandus, parsemés, dispersés. — 6. *Aperçoit*. Les verbes en *ap* prennent deux *p*. Excepté : *apaiser*, *apitoyer*, *aplatir*, *aplanir*, *apostropher*, *apercevoir*. — 7. *Troncs*. Pourquoi un *c*? *Tronquer*, *tronçon*.

8. *Inertes*, sans vie, sans ressort, immobiles. La force d'*inertie*, propriété qu'ont les corps de persister dans l'état où ils se trouvent, tant qu'une cause étrangère n'agit pas sur eux. — 9. *Mornes*, sombres, tristes. — 10. *Ruisselle*, coule en manière de ruisseau. Un *ruisselet*, un petit ruisseau. — 11. *Se flétrir*, se faner. Opposé : s'*épanouir*, *verdir*. — 12. *Linceul*, drap de toile pour ensevelir un mort. Même origine que *linge* (*linteus*), étoffe de lin ; mot sombre et triste, pour exprimer dernier emploi de cette plante avec laquelle on file indifféremment le lange et le linceul.

Au figuré :

Le ciel faisait sans bruit, avec la neige épaisse,
Pour cette immense armée, un immense *linceul*.

III.

COURS ÉLÉMENTAIRE.

Le fer.

Le fer est considéré comme le plus important de tous les métaux. Il est très-répandu dans la nature, quelquefois à l'état *natif*, surtout *combiné* avec d'autres substances. Le fer du commerce a une couleur grise et bleue. Il est *ductile*, *malléable*, *tenace* et il pèse sept fois plus que l'eau. Vous savez à combien d'usages il sert : outils, machines, armes, nous le trouvons partout.

Questions et explications.

1. *A l'état natif*, à l'état naturel, isolé d'autres matières. — 2. *Combiné*, uni *avec*, ne faisant qu'*un avec*. On *mélange* deux liquides, le vin et l'eau ; on *combine* deux métaux, l'or et le cuivre.

3. *Ductile*, qui peut être tiré, allongé sans se rompre. *Ductilité*. — 4. *Malléable*, qu'on peut forger, battre, étendre à coup de marteaux. — 5. *Tenace*, qui tient, qui ne se casse pas. On dit aussi un esprit *tenace*, qui ne cède pas.

L'Oiseau-Mouche.

Il est si petit qu'il se perd,
Quand du soir souffle la rosée;
Par une goute il est couvert,
Par une goutte de rosée.

Du chasseur il brave le plomb,
Car où l'atteindre? Il est si frêle
Et si léger, qu'un cheveu blond
Pèse plus à l'air que non aile.

Il s'endort au milieu des fleurs.
Quand il vole de tige en tige,
Avec son chant et ses couleurs,
Il semble une fleur qui voltige.

Il voit pâlir son vermillon
Si la main d'un enfant le touche.
Il est moins grand qu'un papillon,
Un peu moins petit qu'une mouche.

Léon Gozlan.

EXERCICES DE STYLE.

I.

COURS SUPÉRIEUR.

Canevas. — Qu'entendez-vous par ces mots : *Charlemagne fut le restaurateur des lettres et des arts?*

« J'étais en tournée dans la commune de V..., nous écrit un de MM. les Inspecteurs primaires. Un enfant de dix ans lut en ma présence que « Charlemagne avait été le *restaurateur des lettres et des arts...* » Je lui demandai ce qu'il entendait là par « *lettres.* » Il me répondit fièrement : « *les voyelles et les consonnes.* » Encouragé par cette réponse, je lui demandai de vouloir bien m'expliquer également ce que signifiait le mot *restaurateur*. Cette fois il ne me répondit rien ; mais un de ses camarades, qui probablement était déjà venu à la ville, et qui se croyait plus savant, leva la main pour avoir la parole : « Monsieur, me dit-il, *c'est quelqu'un qui vend à boire et à manger.* »

« J'essayai de faire comprendre à ces pauvres enfants que ce qu'on entendait ici par *lettres*, ce n'étaient point les vingt-cinq lettres de l'alphabet, mais l'instruction, la science, une manière élégante d'exprimer sa pensée, etc. ; je leur expliquai également ce que c'était que « restaurer une maison délabrée, qui tombe en ruine, » « se restaurer soi-même, » c'est-à-dire se rendre des forces, quand on est affaibli par la faim, etc. — Je leur dis que, chez les Grecs et les Romains, peuples fort anciens, il fut un temps où l'instruction avait été très-répandue, où l'on avait composé un grand nombre de livres, etc. ; qu'ensuite les barbares, étant venus, avaient détruit la plupart de ces ouvrages ; qu'alors l'instruction avait été très-négligée, que le peuple tout entier était dans l'ignorance, et que personne presque ne savait plus lire ni écrire. C'est alors que vint Charlemagne et qu'il essaya de rétablir les écoles. — La science était comme un édifice qui était tombé en ruines ; il voulut le restaurer. Et voilà pourquoi on le nomme le *restaurateur des lettres.* »

« Je leur donnai, comme devoir, à reproduire par écrit les explications qu'ils venaient d'entendre. »

(*Bulletin des Ardennes.*)

II.

COURS MOYEN.

Canevas. — Votre père est marchand de meubles. Il a fourni à M. Louis Neveu un lit en fer, de 27 francs ; une armoire en acajou, de 105 francs ; 1 couverture de 10 fr. 50 ; une paillasse, de 12 fr. 50 ; 7 têtes de porte-manteau à raison de 0 fr. 40 l'une ; une table en bois blanc, de 10 francs. Faites la note acquittée que votre père signera.

Doit Monsieur Louis Neven à Barthélemy, marchand de meubles, rue de l'Eglise, 33, à Chartres :

1875, 25 février	1 lit en fer		27 00
	1 armoire acajou. . .		105 00
	1 couverture laine . .		10 50
	1 paillasse montée . .		12 50
	7 têtes porte-manteau.	0.40	2 80
	1 table bois blanc . .		10 00
	Total		167 80

Chartres, 25 février 1875.

Pour acquit :

Barthélemy.

Baptême de Clovis.

Le baptême de Clovis eut lieu à Reims, le jour de Noël de l'année 496. La cathédrale était magnifiquement décorée, tout étincelante de lumières, et remplie d'évêques et de prêtres. Le roi des Francs, en se présentant sous le portail où l'attendait saint Remy, revêtu de ses plus riches ornements, demanda si c'était déjà là le paradis. « Non, répondit l'évêque, ce n'en est que le vestibule. » Puis, versant l'eau sainte sur le front du glorieux catéchumène : « Courbe la tête, fier Sicambre, s'écria-t-il ; adore ce que tu as brûlé, brûle ce que tu as adoré. »

Canevas. — A Reims, le jour de Noël 496. La cathédrale est décorée, remplie d'évêques et de prêtres. « Est-ce déjà le paradis? — « Ce n'en est que le vestibule. » L'évêque verse l'eau sainte. — Ses paroles.

III.

COURS ÉLÉMENTAIRE.

Formation du vocabulaire.

Exercice sur le mot *main* et les mots qui s'y rapportent.

Questions préliminaires.

La partie du corps qui termine le bras, c'est la... *main.* La main comprend trois parties : le *carpe* ou *poignet*, le *métacarpe* et les *doigts.* Les doigts sont divisés en... *phalanges.* Chaque doigt en a... *trois.* Le pouce en a... *deux.* Dites le nom des doigts en les montrant : *pouce, index, medius, annulaire, auriculaire.* Qu'est-ce qu'un *gaucher?* montrez la *paume* de la main. La main fermée forme le *poing.* L'homme a *deux* mains : c'est un *bimane.* Des singes en ont *quatre* : ce sont des... *quadrumanes.* Prendre avec la main c'est... *manier.* L'objet pris est alors... *maniable.* Le travail des mains est un travail *manuel.* Celui qui travaille ainsi travaille... *manuellement.* Un livre formant un traité complet sur une matière quelconque et qu'on peut porter facilement dans la *main* est un... *manuel.* Un *manuscrit* est un livre écrit à la *main.*

Je vous dirai le mot, expliquez-le.

Canevas. — Main. Carpe. Métacarpe. Doigts. Phalanlanges. Les cinq doigts. Un gaucher. Le poing. Bimane. Quadrumane. Manier. Maniable. Travail manuel. Travailler manuellement. Un manuel. Un manuscrit.

Nota. — Les élèves devront formuler l'explication de ces termes par de petites phrases courtes, mais correctes et toujours complètes.

ARITHMÉTIQUE ET SYSTÈME MÉTRIQUE

PROBLÈMES GRADUÉS POUR LES COMPOSITIONS.

COURS SUPÉRIEUR.

Certificats d'études.
(Vosges. 1874.)

Garçons et filles.

Un marchand, voulant se faire payer d'un de ses clients, trouve au compte de ce dernier les articles suivants : 6m25 de calicot à 0 fr. 85 le mètre ; 7 mètres de drap à 12 fr. 75 le mètre ; 35 mètres de toile à 1 fr. 25 le mètre ; 12m80 de toile à 1 fr. 30 le mètre ; 6 85 de drap à 15 fr. 45 le mètre. Faire la facture à crédit, et au comptant avec 2 fr. 50 0/0 de remise? — Rép. : 1° 260 fr. 78 ; 2° 254 fr. 26.

Garçons.

Un particulier achète pour 11,310 francs une propriété qu'il loue 5 sacs de blé de chacun 125 litres, et 5 sacs d'avoine de chacun 175 litres ; le blé pèse 76 kilogrammes l'hectolitre et se vend 32 fr. 25 le quintal métrique ; l'avoine pèse 46 kilogrammes l'hectolitre et se vend 18 fr. 75 le quintal métrique. On demande le revenu pour cent de cette propriété, les impôts étant à la charge du fermier? — Réponse : 2 fr. 02 0/0.

Filles.

Une fermière va au marché avec 26 douzaine 1/2 d'œufs qu'elle se propose de vendre pour 24 fr. 96 ; en chemin, elle casse 6 œufs : combien doit-elle vendre la 1/2 douzaine du reste pour retirer la même somme? — Rép. 0 fr. 48.

I. — *Arithmétique.* — (*Fractions ordinaires.*)

1. — 3 personnes doivent une somme : la 1re en doit le tiers, la 2e, le quart. Que doit la 3e? — Rép. 5/12.

2. — Un débiteur paye à son créancier les 2/3 de ce qu'il lui doit, puis les 3/5 du reste. Il lui doit encore 2460 francs : combien lui devait-il? — Rép. 18450 francs.

3. — Un entrepreneur occupe 6 ouvriers, à raison de 5 francs par jour. Au bout d'une semaine il fait

leur compte. Il trouve, pour le 1er, 6 jours 2/3; pour le 2e, 4 jours 3/4; pour le 3e, 5 jours 5/6; pour le 4e, 6 jours 1/2; pour le 5e, 4 jours 1/3 et pour le 6e, 5 jours 3/8. Quelle somme lui faut-il pour payer ses six ouvriers? — Rép. 165 francs.

4. — Une personne lègue son bien à trois héritiers. Elle donne au 1er le quart; au 2e, le tiers et au 3e, 4500 francs qui restent. Quel était le montant de sa fortune? — Rép. 10800 francs.

5. — Deux associés ont gagné ensemble 5625 fr. La part du 1er doit être les 4/5 de la part du 2e. Que revient-il à chacun? — Rép. Au 1er : 2500 fr.; au 2e, 3125 francs.

II. — *Système métrique.* — (*Mesure des volumes.*)

1. — L'hectolitre est un cylindre dont la hauteur est égale au diamètre de la base. Quelle est cette hauteur?

$$(\text{Vol.} = \pi\ R^2 \times 2\ R = 0^{mc}100.$$

$$\text{D'où } R = \sqrt[3]{\frac{0{,}100}{\pi \times 2}} = 0{,}251539.$$

D'où diamètre ou hauteur = $0^m503079$.)

— Rép. $0^m503079$.

2. — Quelle est la surface latérale d'un cône dont la base a 2^m80 de rayon et dont la hauteur est 4^m50? — Rép. $46^{mc}621$.

3. — Quel est le poids d'un cylindre de fer dont le diamètre est de 0^m05 et la hauteur 2^m50, la densité du fer étant 7,788? — Rép. 38^k229 grammes.

4. — Combien vaut un bloc de pierre cubique de 0^m75 de côté à 25 francs le mètre cube? — Rép. 10 fr. 54.

5. Quel est le cube de 2289?— Rép. 11.993.263.559.

COURS MOYEN.

I. — *Arithmétique.* — (*Fractions ordinaires.*)

1. — Combien coûtent 4 douzaines 1/4 d'œufs à 1 fr. 55 la douzaine? — 6 fr. 58.

2. — De quel nombre 125 est-il le quart? — Rép. 500.

3. — Un coquetier a vendu les 3/4 de ses œufs et il lui en reste 3 douzaines. Combien en avait-il? — Rép. 144.

4. — Un ouvrier gagne 3 francs par jour. Il a perdu, le matin, 3/4 d'heure et le soir 1 heure 1/4. Combien lui est-il dû, sa journée étant de 12 heures? — Rép. 2 fr. 50.

5. — Une famille consomme par jour 1 litre 1/2 de vin. Quelle est sa dépense annuelle, si la pièce, contenant 230 litres, lui coûte 138 francs? — Réponse : 328 fr. 50.

II. — *Système métrique.* — (*Mesures de poids.*)

1. — Un tonneau vide pèse 25 kilogrammes. On l'emplit d'eau, et il contient 23 seaux et demi de chacun 1 décalitre. Quel est alors son poids? — Rép. 260 kilogrammes.

2. — Un fût vide pèse 20 kilogrammes. Plein d'eau il en pèse 240. Quelle est sa contenance? — Rép. 220 litres.

3. — Un quintal de pommes de terre a coûté 3 fr. 50. Quel est le prix de 40 kilogrammes? — Rép. 1 fr. 40.

4. — Un cultivateur a livré 3000 bottes de foin à raison de 60 francs les 500 kilogrammes. Le poids de 5 de ces bottes est d'un demi-quintal. Combien lui est-il dû? — Rép. 3600 francs.

5. — En 1872, le département de Seine-et-Marne a produit 1.690.782 kilogrammes de laine en suint, dont la valeur moyenne était de 204 fr. 45 le quintal. Calculer la valeur totale de cette production? — Rép. 3.456.803 fr. 79.

COURS ÉLÉMENTAIRE.

I. — *Arithmétique.* — (*Soustraction.*

1. — On gagne 2580 francs en vendant 36940 fr. une maison qu'on a fait construire. Combien a-t-elle coûté? — Rép. 4360 francs.

2. — Il y a 1061 ans que Charlemagne est mort et il avait régné 46 ans. Trouver la date de son avénement à la couronne et la date de sa mort? — Rép. : 1° 768; 2° 814.

3. — Combien y a-t-il de jours ouvrables dans une année ordinaire, si l'on compte 52 dimanches et 4 fêtes d'obligation? — Rép. 309.

4. — L'âge d'un arbre est indiqué par le nombre de couches de bois que l'on compte sur la section du tronc. Sur un chêne abattu en 1875, on remarque 245 couches superposées. En quelle année a germé le gland qui l'a produit? — Rép. En 1630.

5. — Les versements reçus à une caisse d'épargne ont été de 32645 francs et les remboursements, de 25692 francs. Calculer la différence? — Réponse : 6953 francs.

II. — *Système métrique.* — (*Mesures de volume.*)

1. — Un ménage a consommé, du 1er novembre au 1er mars, une première fourniture de bois de 4 stètres pour 60 francs; une deuxième, de 3 stères pour 45 francs et une troisième, de 5 stères pour 75 francs. Combien de stères ont été brûlés et quelle a été la dépense? — Rép. 12 stères pour 180 francs.

2. — D'un tas de bois mesurant 645 stères, on a vendu 328 stères et 145 stères. Combien en reste-t il? — Rép. 172.

3. — Combien 36 décastères + 45 décastères + 560 stères de bois font-ils de stères? — Réponse : 1370.

4. — Quand le stère de bois vaut 13 francs, combien vaut le décastère? — Rép. 130 francs.

5. — Si le décastère de bois vaut 140 francs, combien vaut le stère? — Rép. 14 francs.

A. T.

LEÇONS PRATIQUES ET GRADUÉES

Sur les Matières comprises dans le programme de

L'ENSEIGNEMENT PRIMAIRE

Publiées par le

JOURNAL DES INSTITUTEURS

(Premier semestre 1875)

EXAMENS DU BREVET DE CAPACITÉ.

PARIS.

(1re session de 1875.)

ASPIRANTS.

Brevet obligatoire.

1° *Orthographe.*

L'Idolâtrie romaine châtiée par les Barbares.

Rome, qui avait vieilli dans le culte des *idoles*, avait une peine extrême à *s'en défaire*, même sous les empereurs chrétiens; et le *Sénat* se faisait un *honneur* de défendre les dieux de *Romulus*, auxquels il attribuait toutes les victoires de l'ancienne république. Les empereurs *étaient fatigués* des députations de ce grand corps, qui demandait le *rétablissement* de ses idoles, et qui croyait que corriger Rome de ses *vieilles* superstitions était faire injure au nom romain. Les choses étaient encore en cet état au quatrième siècle de *l'Eglise*, et cent ans après Constantin, quand Dieu enfin *se ressouvint* de tant de sanglants décrets du Sénat contre les fidèles, et tout ensemble des cris *furieux* dont tout le peuple romain, avide du sang chrétien, avait si souvent fait retentir *l'amphithéâtre*. Il livra donc aux *Barbares* cette ville « enivrée du sang des martyrs, » comme parle saint Jean. Dieu renouvela sur elle les terribles châtiments qu'il avait *exercés* sur Babylone: Rome même est *appelée* de ce nom. Cette nouvelle Babylone, imitatrice de l'ancienne, comme elle, enflée de ses victoires, triomphante dans ses richesses, souillée de ses idolâtries, tombe aussi comme elle d'une grande chute, et saint Jean chante sa ruine. Elle est en proie aux Barbares, prise trois ou quatre fois, *pillée, saccagée, détruite*. Une autre Rome, *toute* chrétienne, sort des cendres de la première; et *c'est* seulement après l'inondation des Barbares *que* s'achève entièrement la victoire de Jésus sur les dieux romains, qu'on voit non-seulement détruits, mais oubliés.

(BOSSUET.)

Questions et explications.

1. *Idoles.* Sens de ce mot? Figure, statue représentant une fausse divinité. — Son origine? Vient du grec *éidôlon;* d'*éidos*, image, — même radical qu'*oïde*, d'*eidos*, forme, ressemblance, et *idéa*, idée. — Principaux dérivés de ce mot? *Idolâtrie*, adoration des idoles, culte rendu aux créatures: du grec *latréia*, adoration; latin *idololatria*. La forme complète de ce terme serait donc *idololatrie*; mais les langues romanes, fait remarquer M. Littré, ont depuis longtemps raccourci ce mot.

2. *S'en défaire.* — Nature de ce verbe? Rôle du mot *en?* Pronom personnel, complément indirect du verbe réfléchi *se défaire.* — Le mot *en* a-t-il la même fonction dans l'expression *s'en aller?* Décomposez le verbe *dé-faire?* Sens du préfixe *dé?* — 3. *Sénat.* — Origine de ce mot: Senatus, de *Senex*, vieillard. Assemblée délibérante, qui représente d'ordinaire l'élément aristocratique d'un Etat, et participe plus ou moins à la souveraineté, mais nulle part aujourd'hui ne l'exerce tout entière. — L'origine du Sénat romain remonte à Romulus, qui l'institua pour gouverner Rome et régler les affaires de l'Etat, lorsque la guerre l'occupait lui-même au dehors. Sous les rois, le Sénat fut une sorte de conseil de gouvernement dépendant de l'autorité royale. Sous la République, il devint l'âme et le chef même de la nation; son nom précédait celui du peuple dans le monogramme de la République (S. P. Q. R., c'est-à-dire *Senatus popolusque Romanus*, le Sénat et le peuple romain). Sous l'empire, le Sénat, entièrement déchu de sa puissance, ne fut bientôt plus que l'instrument servile de la tyrannie des mauvais empereurs; cette servilité alla même jusqu'au ridicule, puisque Domitien put faire délibérer les sénateurs sur la manière d'accommoder un turbot.

4. *Honneur.* Faire remarquer l'orthographe de ce mot, qui, par son origine, *honor*, devrait s'écrire avec un seul *n.* — Mots de la même famille: *honorable, honorabilité, honorablement, honorer, honorifique, honoraire*, etc. — 5. *Romulus*, frère jumeau de Rémus, et fils, disent les traditions fabuleuses de Rome, de Mars et de Rhéa Sylvia, fille de Numitor, roi d'Albe, qui descendait d'Enée. Fondateur de Rome, vers l'an 752 avant Jésus-Christ. Ce fut lui qui institua le *Sénat*, dont il vient d'être parlé, et qui fut ainsi appelé parce que Romulus l'avait choisi *ex senioribus*, parmi les plus âgés.

6. *Etaient fatigués.* — Analysez cette forme? Imparfait de l'indicatif du verbe passif *être fatigué*. Motivez l'accord du participe passé? — 7. *Rétablissement*, action de *rétablir*. *Rétablir*, établir de nouveau. — Sens du préfixe *re?* *Re* n'est point un mot existant par lui-même, pas plus dans le latin que dans le français: cet initiatif n'en a pas moins des significations bien déterminées. Il marque, en premier lieu, l'idée d'une action faite de nouveau ou une seconde fois: *redire, refaire;* c'est le sens *itératif*, du latin *iterum*, de nouveau, *iterare*, faire de nouveau. Il a aussi le sens *augmentatif* (qui découle du sens *itératif*) pour marquer plus d'énergie, plus d'effort de la part du sujet qui agit, lorsqu'il est obligé de recommencer son action ou de s'y prendre à plusieurs reprises pour l'accomplir: *retenir, rehausser.* — L'*e* de *re* s'élide devant un radical commençant par une voyelle ou une *h* muette:

rallumer, *rhabiller*, *rétablir*. Quelquefois aussi, mais dans un petit nombre de mots, *re* devient *red* devant une voyelle ou un *d* : *redondant* (latin *redundans*, de *unda*, onde), qui déborde, qui est de trop, superflu. — Faire remarquer la différence de sens des mots *reformer* et *réformer*, *repartir* et *répartir* ?

8. *Vieilles*. Origine de la double forme du masculin des adjectifs *beau*, *nouveau*, *fou*, *mou*, *vieux* ? A l'époque où la langue française avait une déclinaison, — c'est-à-dire des formes différentes pour un même mot, selon le rôle que ce mot, nom ou adjectif, joue dans la proposition, — *bel*, *nouvel*, *fol*, *mol*, *vieil* étaient les accusatifs, ou les cas compléments, de *beau*, *nouveau*, *fou*, *mou*, *vieux*. En supprimant les cas, on a conservé les deux formes, mais on ne s'en est plus servi alors que pour des usages de prononciation. — 9. *L'Eglise*. Pourquoi ce mot commence-t-il par une majuscule ? — 10. *Se ressouvint*. Analysez ce verbe ? Décomposez-le ? Si la particule prépositive *re* est employée devant un mot commençant par *s*, l'*s* se redouble ordinairement : *ressembler*, *ressentir*, etc. Exceptions : *résister*, *résumer*, etc.

11. *Furieux*. Sens de la terminaisons *eux*. — Ce suffixe se met à la fin des radicaux de substantifs pour en faire des adjectifs qui marquent ce qui compose, ce qui constitue, ce qui possède et ce qui est doué de. Il équivaut souvent à l'expression *plein de*. *Poreux*, qui a beaucoup de pores ; *aqueux*, plein d'eau ou de la nature de l'eau ; *herbeux*, couvert d'herbes, où il croît beaucoup d'herbes ; *affreux*, plein d'*affres*, qui cause beaucoup d'affres, c'est-à-dire une grande frayeur, une grande horreur. *Affres* est un vieux mot d'origine germanique, qui signifie *grand effroi*, *horreur* : *Les affres de la mort*.

12. *Amphithéâtre*. Edifice de forme ovale ou ronde, ayant plusieurs rangs de gradins pour les spectateurs et un espace central pour les luttes et les combats. — Composition de ce mot ? *Amphi*, préposition qui signifie *autour*, *des deux côtés*, *doublement*, et *théatron*, *théâtre*, dérivé de *théaomai*, *voir*. Autres composés de *amphi* ? *Amphibie*, (*bios*, vie) ; *amphibologie* (*ballo*, jeter ; *logos*, parole, discours) ; *amphigouri* (*gyros*, cercle).

13 *Barbares*. Pourquoi ce mot a-t-il une majuscule ? — 14 et 15. ...*Qu'il avait exercés*... *Rome est appelée*. Analysez ces verbes et expliquez l'orthographe des deux participes ?

16. *Pillée*, *saccagée*, *détruite*. Faites remarquer la gradation de ces trois adjectifs en en donnant la signification. — 17. *Rome toute chrétienne*. Nature du mot *tout* ; explication de son orthographe ? Rappelez les différents rôles de *tout*, adjectif ou adverbe ? — 18. « *C'est* seulement après l'inondation des Barbares *que* s'achève la victoire de Jésus-Christ. » Analysez cette forme, qui a été complètement expliquée dans les numéros précédents. Un moyen d'analyser ce gallicisme, plus facile que celui que nous avons donné, mais qui ne rend pas compte alors de l'expression *c'est*... *que*, serait de considérer cette expression comme *explétive* et de la supprimer. Ici il viendrait alors : « La victoire de Jésus-Christ s'achève seulement après l'inondation des Barbares. » Le sens est conservé, mais l'expression n'a plus la même énergie, et l'idée complémentaire *après l'inondation des Barbares*, sur laquelle l'auteur veut appuyer, ne ressort plus autant.

2° *Rédaction.*

Exposer les principaux faits qui marquent l'opposition et la rivalité entre l'Austrasie et la Neustrie sous les Mérovingiens.

Sommaire. — Limites de la Neustrie et de l'Austrasie. — Causes de l'opposition de ces deux pays : situation, mœurs, institutions.

Première période de la lutte (561 *à* 628). — *Rivalité de Frédégonde et de Brunehaut*.

567. Première guerre entre Chilpéric et Sigebert. — 575. Mort de Sigebert ; 584. Mort de Chilpéric. — 584-628. Clotaire II. — 587. Traité d'Andelot. — 596. Bataille de Latofao. — 597. Mort de Frédégonde. — 612 et 613. Mort de Thierry et de Theodebert, les fils de Childebert II. — 613. Mort de Brunehaut.

613-628. Clotaire II seul roi. — 622. Son fils Dagobert roi en Austrasie, sous Pépin de Landen et saint Arnulf.

Deuxième période (628-687). — *Lutte des maires du palais de Neustrie contre les maires d'Austrasie*.

628-638. Dagobert. — 633, son fils Sigebert, roi d'Austrasie. — 638. Mort de Dagobert. Sigebert en Austrasie avec Pépin de Landen ; Ega en Neustrie et Bourgogne avec Clovis. — 650 à 656. Clovis II seul roi avec Erkinoald. — 664-681. Ebroïn et saint Léger. — 679. La royauté supprimée en Austrasie : *Les Héristalls*. — 683. Mort d'Ebroïn. — 687. Bataille de Testry.

717, 719, 732. Victoires de Charles Martel à Vincly, à Soissons et à Tours. — 752. Avénement de Pépin le Bref.

3° *Arithmétique.*

I.

Réduire au même dénominateur, par le procédé le plus simple, les fractions suivantes :

$$\frac{3}{5},\ \frac{5}{6},\ \frac{7}{12},\ \frac{8}{15},\ \frac{11}{20},\ \frac{29}{30}$$

Expliquer l'opération. Dire sur quel principe repose la réduction des fractions au même dénominateur et dans quels cas cette opération est nécessaire.

II.

On fond ensemble trois lingots d'or. Le premier, au titre de 0,927, pèse 72 kilogrammes ; le second, au titre de 0,892, pèse 84 kilogrammes ; le troisième, au titre de 0,900, pèse 100 kilogrammes. Quel est le titre du mélange ?

Solutions.

I.

A la simple inspection des dénominateurs, je vois que le plus grand de ces dénominateurs 30, divise 5 et 6. Il ne divise pas 12, mais si je multiplie 30 par 2, j'obtiens 60, qui divise 12, 15, et 20. 60 peut donc être pris comme *dénominateur commun*.

Je divise alors 60 par chacun des dénominateurs des fractions proposées, et je multiplie successivement, par le quotient obtenu, les deux termes de chaque fraction correspondante.

$$\frac{3}{5} \quad \frac{5}{6} \quad \frac{7}{12} \quad \frac{8}{15} \quad \frac{11}{20} \quad \frac{29}{30} \quad 60.$$

$$12 \quad 10 \quad 5 \quad 4 \quad 3 \quad 2$$

$$\frac{36}{60} \quad \frac{50}{60} \quad \frac{35}{60} \quad \frac{32}{60} \quad \frac{33}{60} \quad \frac{58}{60}.$$

Le nombre 60 est un *multiple* de tous les dénominateurs des fractions proposées. Or, en multipliant ces dénominateurs par les quotients provenant de la division de 60 par chacun d'eux, on retrouvera évidemment ce *multiple commun*. En outre, il est clair que les fractions résultantes seront bien *équivalentes* aux premières, puisqu'on les obtient en multipliant par un même nombre les deux termes de celles-ci.

La réduction des fractions au même dénominateur repose, on le voit, sur ce principe qu'*on ne change pas la valeur d'une fraction en multipliant ses deux termes par un même nombre*, et cette réduction est nécessaire pour effectuer l'*addition* et la *soustraction* des fractions.

Remarque. — On aurait pu déterminer le dénominateur commun 60 en cherchant, — à l'aide de la décomposition en facteurs premiers, — le plus petit multiple des dénominateurs 5, 6, 12, 15, 20 et 30.

II.

Le titre d'un alliage c'est le rapport du poids du métal pur au poids total de l'alliage.

En représentant le poids du métal précieux par p, le poids total de l'alliage par P et le titre par T, on a donc :

$$T = \frac{p}{P}, \text{ d'où l'on déduit successivement :}$$

$$p = P \times T \text{ et } P = \frac{p}{T}, \text{ formules qui suffisent}$$

pour la solution de tous les problèmes sur les alliages.

Ainsi, pour résoudre la question proposée, il suffit de connaître le poids de l'or pur contenu dans les trois lingots et le poids total de ces lingots.

L'or pur contenu dans le premier lingot pèse (2e formule)........ $72^k \times 0,927 = 66^k744$,
celui du second lingot pèse. $84 \times 0,892 = 74\,928$
et celui du troisième. . . $100 \times 0,900 = 90^k$.

Le poids de l'or pur des trois lingots est donc :

$$66,744 + 74,928 + 90 = 231^k672.$$

Le poids total des trois lingots est :

$$72^k + 84^k + 100^k = 256^k.$$

Le titre demandé est alors (1re formule) :

$$\frac{231,672}{256} = 0,905.$$

AVIS.

La plupart des écoles étant en congé la semaine prochaine, nous supprimons, pour cette fois, les Dictées et les Problèmes gradués. La Lecture du Samedi pourra être remplacée, dans les écoles qui resteront ouvertes, par les sujets des Exercices de style, que nous donnons en nombre double.

EXERCICES DE STYLE.

I.

COURS SUPÉRIEUR.

Le Dimanche des Rameaux.

Entretien préliminaire.

Qu'avez-vous remarqué d'extraordinaire, à la messe, le jour des Rameaux ? Qu'est-ce que le prêtre a distribué ? Où s'est-on rendu en procession ? Au retour, les portes de l'église étaient-elles ouvertes ? Que s'est-il passé à l'entrée de l'église ? Que nous rappellent cette procession et ces rameaux ? Ces portes fermées ? — Le chant de l'Evangile a-t-il duré plus que d'habitude ? Pourquoi ? Quel est le nom de cet Evangile ? Avez-vous lu le texte français pendant qu'on chantait ? Quelles ont été vos impressions ?

Canevas. — Vous raconterez ce que vous avez vu et ressenti à l'office du dimanche des Rameaux.

La fête du dimanche des Rameaux m'a paru fort belle, autant par son caractère imposant que par la grande affluence des fidèles. Au commencement de l'office divin, le prêtre a fait la distribution des rameaux bénits. Cette cérémonie est un souvenir de l'accueil triomphal fait par les Juifs à N. S. entrant à Jérusalem. Puis, a eu lieu la procession au cimetière. C'était quelque chose de touchant que de voir chacun — hommes, femmes, enfants, — s'agenouiller sur les tombes de ses pauvres morts, et déposer, avec de ferventes prières, des couronnes et du buis sacré.

La procession des Rameaux ouvre par des chants déjà empreints de tristesse la semaine où l'Eglise revêt ses vêtements de deuil. Pourtant des invocations y retentissent qui font pressentir le grand triomphe des Pâques. « Hosanna au fils de David ! Béni soit celui qui vient au nom du Seigneur ! Hosanna au plus haut des cieux ! »

Au retour de la procession, nous avons trouvé la porte de l'église fermée. Elle ne s'est ouverte qu'après que le célébrant, tenant en main la croix, en a frappé par trois fois, en disant : « Portes éternelles, ouvrez-vous ! » L'Eglise veut ainsi nous faire comprendre que nous ne pouvons entrer dans la vie éternelle que par Jésus-Christ et par la vertu de sa croix.

L'Evangile de ce jour est le long récit de la passion du Sauveur. J'ai lu attentivement le texte français, et je me suis transporté, par la pensée, aux lieux mêmes où s'est accomplie l'œuvre sanglante de notre rédemption. Quelles souffrances a endurées pour nous l'Homme-Dieu ! Et par quels sentiments payer tant d'amour? On ne peut lire la *Passion* sans se sentir ému. Aussi, quand je suis arrivé à ce dernier cri du Sauveur : *Tout est consommé !* et que le prêtre s'est prosterné, je me suis jeté à terre moi-même dans un élan d'adoration, et, sans respect humain, j'ai touché le sol de mon front.

Lettre d'une jeune fille à une de ses amies sur l'utilité des plantes.

Canevas. — Une jeune personne qui habite la campagne se promet de mieux utiliser dorénavant ses moments de loisir. — En continuant à s'instruire, elle a vu, avec regret, lorsqu'elle est arrivée aux notions de botanique, combien, jusqu'alors, elle avait fait peu de cas des fleurs. — Elle se promet, pour la belle saison qui va bientôt commencer de faire une ample récolte de toutes les espèces de plantes et de fleurs qu'elle pourra utiliser. — Elle veut faire une petite pharmacie qu'elle tiendra ouverte aux pauvres malades.

Dans une seconde et même une troisième lettre, s'il y a lieu, elle donnera le nom des principales fleurs, plantes, racines, etc., avec leurs vertus, enfin la manière de les récolter et de les conserver.

La lettre qui suit et les deux que nous publierons prochainement ont été rédigées par une jeune fille, élève d'une pension de Seine-et-Oise, qui se prépare à subir les examens du brevet de capacité.

PREMIÈRE LETTRE.

Sais-tu, ma chère Henriette, ce que je me propose de faire? Je veux établir une petite pharmacie. Comment cette idée t'est-elle venue? diras-tu. — Je vais te l'expliquer.

Tu sais qu'en quittant la pension, mes parents étaient d'avis de me faire donner quelques simples notions sur les sciences.

D'abord, je trouvai l'étude un peu aride, cependant je ne perdis pas courage : je m'appliquai, comme nous le faisions ensemble autrefois, et lorsque j'arrivai à la botanique je trouvai dans les notions théoriques de cette étude un si grand plaisir que je résolus de mettre en pratique, dès les premiers beaux jours, les quelques connaissances que j'ai acquises sur les vertus des plantes.

Jusqu'ici, j'aimais à me promener dans la campagne ; jusqu'ici mon plus grand bonheur était d'admirer et de cueillir ces belles fleurs que croissent partout : dans les bois, dans les champs, au milieu des blés ; mais alors, je ne connaissais d'elles qu'une chose : la beauté; maintenant je leur reconnais une qualité bien préférable : l'utilité.

J'étais bien loin de me douter que les bluets que je tressais en guirlantes pouvaient guérir les maux d'yeux ; que la rose que j'aimais à effeuiller au pied de ma chapelle, que les violettes que je transformais en bouquets pouvaient adoucir les irritations de gorge, reconforter les poitrines délicates; que le pas d'âne même était utile à quelque chose : oui, le pas-d'âne, car il n'y a pas que les jolies fleurs qui fournissent de précieux remèdes : les moins belles rendent les plus grands services,

Cela peut nous enseigner une chose: c'est que, souvent, un bon cœur, une belle âme se cachent sous un extérieur modeste, tandis qu'un dehors brillant ne renferme souvent rien de bon.

Mais je reviens à mon sujet. Je me propose donc, ma chère Henriette, de récolter toutes les plantes qui peuvent être utiles, et de former, comme je te l'ai dit tout à l'heure, une petite pharmacie, qui sera ouverte à tous les pauvres malades du village.

Je m'arrête; il faut, ma chère amie, que je te quitte ; maman m'appelle, adieu. Dans une prochaine lettre, je te nommerai les fleurs que je pourrai employer utilement; je te dirai aussi comment je fais pour les conserver.

Ton amie bien dévouée,

RENÉE.

II.

COURS MOYEN.

Le Pot à beurre.

(Lire aux élèves l'anecdote suivante, qui a le mérite d'être *vraie*.)

Un grand financier habitait, à ses débuts, un très-modeste logement, au cinquième étage d'une maison de Paris.

Il avait une fontaine en grès, appelée *pot à beurre*, qui ne pouvait contenir les deux seaux d'eau que lui montait régulièrement un porteur d'eau des Champs-Elysées.

— Votre pot à beurre est trop petit, lui disait l'Aveyronnais; mais s'il était seulement rempli de pièces de cent sous, ça ferait encore un joli sac.

La fortune sourit au financier audacieux et aussi au porteur d'eau économe.

Le hasard les fit se retrouver, longtemps après, dans la même rue et presque voisins: l'homme de finance avait là un hôtel splendide, l'humble porteur d'eau une vaste boutique de charbonnier, but suprême de sa modeste ambition. Naturellement le financier, après l'avoir reconnu, lui donna « sa pratique. »

— Hé, hé, dit le charbonnier en voyant la somptueuse demeure de son ancienne connaissance du cinquième étage, où est donc le pot à beurre d'autrefois ?

Le financier fit entrer le voisin dans son cabinet et, lui montrant un coffre-fort gigantesque, il lui dit:

— Le voilà ! Le travail et l'économie l'ont métamorphosé et grandi, comme ils ont aussi métamorphosé les deux seaux du porteur d'eau des Champs-Elysées.

Canevas. — Un financier au cinquième étage, sa fontaine ou le pot à beurre. — Le porteur d'eau. Il est trop petit votre pot à beurre. La fortune leur sourit. Hôtel et boutique. Où est le pot à beurre? — Métamorphose opérée par le travail et l'économie.

Un sauvetage.

Lire le récit qui suit:

Un éboulement survenu dans la marnière (1) de Cuverville (Seine-Inférieure) avait enseveli un malheureux ouvrier. On le crut écrasé; on n'entreprit pas moins de parvenir jusqu'à lui, en perçant une galerie au fond de la marnière.

Cette galerie devait avoir 40 mètres de long. Il

(1) Les *marnes* sont des terres formées d'un mélange d'argile, de calcaire ou de craie. Elles forment des lits plus ou moins épais. On se sert de la marne pour amender le sol.

fallait non-seulement attaquer l'éboulement au-dessous, en le provoquant, et brouetter les déblais, mais encore consolider la galerie par des pièces de charpente assemblées sous terre dans un espace restreint et sous un sol qui menaçait de crouler à chaque instant.

Grâce aux précautions et à la présence d'esprit des travailleurs, on put arriver à la galerie supérieure sans encombre. Mais, à mesure que l'on approchait, l'opération devenait très-dangereuse. On vit alors s'élever le plus généreux débat.

Les ingénieurs ne voulaient pas céder le poste périlleux du dernier moment, et les gardes-mines et conducteurs demandaient pour eux seuls le danger. M. Chefler prétendit que ses collègues étant pères de famille, c'était à lui, célibataire, qu'appartenait l'honneur du poste le plus périlleux.

Il fallut lui céder, et l'on demanda un ouvrier de bonne volonté pour partager son sort. Il ne s'agissait de rien moins que de s'enterrer vivant pendant plusieurs jours peut-être. En effet, afin de dégager le puits, il fallait, de la galerie supérieure, manœuvrer de manière à faire ébouler toutes les terres qui se trouvaient au-dessous et autour de Poret.

Un écroulement général pouvait avoir lieu et boucher la galerie où se réfugieraient les deux travailleurs, qui devaient être approvisionnés de vivres pour plusieurs jours, en cas d'un accident presque certain.

Un seul ouvrier, nommé Romain, dit Capitaine, se présenta pour suivre M. Chefler. Ce dernier, à l'aide d'une échelle, alla fixer un crochet dans le dessous de l'éboulement formant voûte sur sa tête, qu'il protégeait par une botte de paille, puis il fit passer, à l'aide de Romain, la corde fixée aux crochets, aux travailleurs de la galerie de sauvetage; grâce à un levier puissant, on arracha alors les débris de pierre, et on diminua à chaque instant la distance qui séparait de Poret, que l'on croyait toujours mort.

Cependant on se figure entendre un bruit dans le puits.

On écoute; c'était la voix de Poret! On prête une oreille plus attentive et l'on entend rire...

On peut juger de la joie des travailleurs: leurs efforts vont être enfin couronnés de succès.

Romain l'interroge:

— Me reconnais-tu, Poret?

— Oui, c'est toi, Capitaine. Mes amis, sauvez-moi!

— As-tu faim? souffres-tu?

— J'ai bien soif, répond-il.

Et on redouble d'ardeur; on commence à déboucher la colonne du puits, l'air pénètre en plus grande abondance jusqu'à Poret. A ce moment il parle distinctement et avec volubilité, comme un homme atteint d'une fièvre violente; il parle de sa femme, de ses enfants; puis plus rien, silence complet!

MM. Chefler et Romain, à l'aide de leur échelle, parviennent jusqu'à lui. Le malheureux était resté suspendu, depuis cent vingt heures, au bout d'une corde, avec des terres éboulées sous lui et au-dessus de sa tête. Il avait eu assez d'air pour respirer.

On le décroche en coupant la corde d'un des crochets sur lesquels il est assis depuis cinq jours; on le descend, on l'enveloppe dans des couvertures. Hélas! il avait tout-à-coup cessé de vivre, et ce n'était plus qu'un cadavre, encore chaud, que tenaient ses héroïques sauveteurs.

Reproduisez le récit de vive voix. Puis racontez vous-même cette émouvante histoire, sous forme d'une lettre adressée à un camarade.

III.

COURS ÉLÉMENTAIRE.

Formation du vocabulaire.

Exercices sur le mot *arbre.*

Comment s'appelle un petit arbre? Un *arbuste*, un *arbrisseau*.—La culture des arbres? L'*arboriculture*. — Un terrain où l'on cultive des plantes d'arbres? Une *pépinière*. Et celui qui tient cette pépinière? Un *pépiniériste*. — Les arbres qui portent des fruits sont des arbres... *fruitiers*. Citez-en? Et les arbres *forestiers*? Citez-en?— Comment s'appelle un grand bois? Une *forêt*. — Un terrain planté d'aunes? Une *aunaie*.— De cerisiers?—De charmes? Une *charmille*. — De chênes? — De houx? Une *houssaie*.— De châtaigniers? — De sapins? Une *sapinière*.— De saules? Une *saussaie*.—Qu'est-ce que le *tronc*, les *racines*, la *souche*, les *branches*, les *rameaux*? — Quel est le plus grand des arbres? Un *baobab*. — Comment s'appellent les arbres dont le fruit a la forme d'un cône? Des *conifères*. — Quels arbres place-t-on dans les cimetières? — Qu'est-ce qu'un arbre *funéraire*?— Connaissez-vous un arbre très-vénéneux? Le *mancenillier*, dans les Indes. — Dit-on d'un animal qu'il est *vénéneux*? Il est *venimeux*.— Quel arbre produit les nèfles? les noix? le liége?—Une espèce de *chêne*. C'est l'écorce qui forme le liége.

Maintenant je vais vous dire le mot: expliquez-le.

Canevas. — Arbuste. Arbrisseau. L'arboriculture. Une pépinière. Un pépiniériste. Arbres fruitiers. Arbres forestiers. Une forêt. Une aunaie. Une cerisaie. Une charmille. Une houssaie. Une châtaigneraie. Une sapinière. Le tronc. Les racines. Les branches. Les rameaux. Le baobab. Les conifères. Un arbre funéraire. Le mancenillier. Vénéneux. Venimeux. Le néflier. Le noyer. Le chêne-liége.

Les élèves devront répondre par de petites phrases, courtes mais toujours complètes et correctes.

Erratum. — Dans la dictée du *cours moyen* (Explications), page 188, une erreur d'impression a fait écrire *Giver* au lieu de *Gésir*

ARITHMÉTIQUE ET GÉOMÉTRIE.

SOLUTIONS DEMANDÉES.

I. — Réponse à M. X. . — Votre insistance est inexplicable. — Ne vous arrêtez pas au dessin de la figure insérée dans le numéro du 10 janvier. Vous savez bien que le raisonnement est indépendant du dessin. Oui, 2AC = AB, puisque c'est l'hypotèse même de la question. Une erreur d'impression a fait mettre ACDF au lieu de AODF, mais vous ne vous y êtes pas trompé.

Refaites donc vous-même la figure du numéro du 10 janvier, appuyez-vous sur les données du problème, et appliquez mot pour mot la démonstration donnée. Vous verrez alors que cette démonstration est très-exacte et convient à tous les cas.

Vous reconnaîtrez certainement que AODF, en général, n'est pas un losange; que cela n'arrive que lorsque le triangle CAF est équilatéral, mais cela ne change en rien le résultat de la démonstration.

Dans ce cas, en effet, 2BE = AB qui, ajouté à 2AE < 2AB, donne encore 2AE + 2BE < 3AB.

De ce que le quadrilatère OBDF et le quadrilatère ODBE sont formés de deux triangles égaux, le premier étant un losange, il ne s'ensuit pas que le second le soit. Il faudrait, pour cela, que les triangles fussent assemblés de la même manière, ce qui n'arrive pas ici. Ainsi, et que cela soit dit pour la dernière fois, ODBE n'est pas un losange.

II. — M. G.-J.., à St-N. — (Morbihan). Démontrer que lorsqu'un nombre est divisible par deux ou plusieurs autres nombres premiers entre eux deux à deux, il est divisible par leur produit.

Solution. — Il faut d'abord admettre ou avoir démontré cette autre proposition : Pour qu'un nombre soit divisible par un autre, il faut et il suffit qu'il contienne tous ses facteurs premiers.

Cela posé, soit le nombre 360 divisible séparément par 4, 5 et par 9 qui sont premiers entre eux deux à deux; je dis qu'il est divisible par leur produit. En effet, 360 étant divisible par 4, par 5 et par 9, contient tous les facteurs de 4, ceux de 5 et ceux de 9. D'ailleurs ces nombres n'ont aucun facteur commun, puisqu'ils sont premiers entre eux; donc, en faisant leur produit, on n'aura pas à multiplier l'un par l'autre les mêmes facteurs, et ces facteurs n'entreront pas plus de fois dans le produit qu'ils n'entrent déjà dans 4, 5 et 9 et, par suite, qu'ils n'entrent dans 360. Le nombre 360 sera donc divisible par ce produit.

III. (*Ibid.*) — Un cône droit à base circulaire a une hauteur de 10 mètres et un rayon de base de 5 mètres. On mène un plan parallèle à la base qui coupe la hauteur à 3 mètres de la base. Quel est le volume du tronc de cône ainsi formé?

Solution. — La hauteur du petit cône supérieur est 7 mètres. D'ailleurs cette hauteur et le petit rayon de la section sont entre eux comme la grande hauteur et le grand rayon de la base; donc on a la proportion :

$$\frac{7}{10} = \frac{x}{5}, \text{ d'où } x = \frac{7 \times 5}{10} = 3^{m}5.$$

La formule qui donne le volume du tronc de cône est :

$$V = \frac{\pi H}{3}(R^2 + r^2 + Rr).$$

Faisons dans cette formule $\pi = 3{,}1416$, $H = 3$, $R = 5$, $r = 3{,}5$;

On trouve :

$$V = 3{,}1416\,(25 + 12{,}25 + 17{,}5) = 17^{m3},002600.$$

IV. — M. J.-C à J. (Marne). — Un conseil composé de a personnes a à choisir entre 3 candidats. Le premier obtient b voix de plus que le second, qui a lui-même c voix de plus que le troisième; quel est le nombre de voix accordé à chaque candidat?

Solution. — Soit x le nombre des voix du troisième. Le second a $x + c$; le premier $x + b + c$. Ensemble ils ont $3x + b + 2c$; et comme le total des suffrages exprimés est a, il s'ensuit qu'on a :

$$3x + b + 2c = a, \text{ d'où } x = \frac{a - b - 2c}{3},$$

c'est le nombre de voix obtenues par le troisième candidat. — Le second a c voix de plus ou

$$\frac{a - b - 2c}{3} + c \text{ ou } \frac{a - b + c}{3}.$$

Enfin, le premier a b voix de plus que celui-ci ou

$$\frac{a - b + c}{2} + b \text{ ou } \frac{a + b + c}{2}.$$

V. — M. M..., à E. (Marne). — Quelle est la capacité d'un tonneau de 1^m4 de longueur intérieure, le rayon de son plus grand cercle étant de $0^m,5$ et celui du petit de $0^m,4$?

Solution. — En considérant ce tonneau comme le double d'un tronc de cône dont les bases seraient le plus grand et le plus petit cercle du tonneau et dont la hauteur serait la demi-longueur du tonneau, on obtient évidemment un trop petit volume. On trouve ainsi, en effet, 894 litres.

D'après la loi, les tonneaux doivent être calculés comme un cylindre qui aurait pour hauteur la longueur interne de la futaille, et pour diamètre celui du bouge (diamètre au plus grand renflement) moins le tiers de la différence qui se trouve entre ce diamètre et celui des fonds. (Instruction publiée en pluviôse an VII.)

Ce diamètre réduit s'obtient aisément en ajoutant le plus petit diamètre au double du plus grand et en divisant la somme par 3. D'où la formule :

$$d' = \frac{2D + d}{3}.$$

Application au cas ci-dessus : $D = 1^m$, $d = 0^m8$, $d' = \frac{2 + 0{,}8}{3} = \frac{2{,}8}{3}$. Rayon du cylindre équivalent : $\frac{1{,}4}{3}$. Volume de ce cylindre ou du tonneau :

$$3{,}1416 \times \left(\frac{1{,}4}{3}\right)^2 \times 1{,}4 = \frac{3{,}1416 \times 1{,}96 \times 1{,}4}{9} =$$
$$= 0^{m3}9578$$
$$V = 958 \text{ litres.}$$

EXAMENS DU BREVET DE CAPACITÉ.

ACADÉMIE DE DOUAI.

(*Départements du Nord, du Pas-de-Calais, de la Somme, de l'Aisne et des Ardennes.*)

ASPIRANTES. — BREVET DE SECOND ORDRE.

(1re session de 1875.)

1° *Dictée.*

Sur la conversion de Madeleine.

C'est des paroles toutes pures de saint Paul que je me suis servi. J'ai cru qu'étant *consacrées*, je pouvais, à l'exemple de ce grand apôtre, les employer dans un *auditoire* chrétien; et ceux qui m'ont entendu savent avec quelle réserve, *toutes consacrées* qu'elles sont, bien loin d'en développer tout le sens, je n'ai fait que l'effleurer.

J'avais droit de croire qu'une morale que saint Paul avait crue bonne pour le siècle de l'*Eglise* naissante, c'est-à-dire pour le siècle de la sainteté, pouvait l'être à plus forte raison pour un siècle aussi corrompu et aussi perverti que le nôtre. Je me suis trompé: ce siècle, tout corrompu qu'il est, a eu sur cela plus de délicatesse que celui de l'Eglise naissante. Ce que j'ai dit n'a pas plu au monde, et Dieu *veuille* que le monde, en me condamnant, *ait* au moins *gardé* les mesures de respect, de religion, de piété, qui sont dues à mon ministère; car, pour ma personne, je sais que rien ne m'est *dû*: trop heureux si, me voyant condamné du monde, je pouvais espérer d'avoir confondu le vice et glorifié Dieu!

Ce qui *plaît* au monde n'est pas toujours le meilleur ni le plus nécessaire pour le monde. Ce qui lui *déplaît* est souvent la médecine, qui, tout amère qu'elle peut être, le doit guérir. Se choquer de semblables vérités et s'en scandaliser, c'est une des marques les plus évidentes du besoin qu'on en a.

BOURDALOUE.

Questions et explications.

1. Analysez toute cette première phrase, logiquement et grammaticalement. Nous en avons expliqué plusieurs précédemment, qui étaient identiques à celle-là: *Ce* (ceci, la chose dont je parle, que j'affirme), *est que je me suis servi des paroles toutes pures de saint Paul.* — 2. Pourquoi une minuscule à saint? C'est parce que l'expression saint Paul désigne le saint lui-même; on ne met alors ni majuscule ni trait d'union. Comment écrirait-on l'église Saint-Paul? Avec deux majuscules et un trait d'union. — 4. Expliquez l'orthographe de *servi?* Accord avec *je* représentant l'orateur sacré qui parle, Bourdaloue. — 5. Quel est le rôle de *que?* Pronom relatif, mis pour paroles, complément indirect de *je me suis servi.* — 6. *Consacrées*, au féminin pluriel. Malgré la construction, le sens indique clairement que ce participe, véritable adjectif, se rapporte à *les*, mis pour *paroles*.

7. *Auditoire.* Différents sens de ce mot? 1° enceinte où une assemblée se réunit pour entendre des orateurs; 2° lieu où l'on plaide dans les tribunaux; 3° collectivement tous ceux qui écoutent, réunion d'auditeurs. — Dans quel sens est-il pris ici? Signification des terminaisons *oir* et *oire?* Lieu ou instrument d'action: *chauffoir*, *dortoir*, *manoir* (*manere*, rester, demeurer), lieu où l'on demeure, habitation; *auditoire* (*auditorium*, d'*audire*, entendre); *réfectoire* (*refectorium*, de *refectum*, supin de *reficere*, refaire, réparer, réconforter), lieu où l'on réconforte, où l'on répare ses forces en mangeant; *purgatoire* (*purgatorium*, de *purgare*, nettoyer, purifier), lieu où les âmes des morts en état de grâce vont se purifier des péchés qui n'ont pas été expiés sur la terre; *battoir*, palette à manche pour battre le linge ou pour jouer à la paume; *ostensoir* (*ostensum*, d'*ostendere*, montrer, faire voir), pièce d'orfèvrerie dans laquelle on expose la sainte hostie ou des reliques. *Oire* termine aussi des adjectifs dérivés d'un verbe et qui présentent le sujet qualifié par eux comme faisant ou pouvant faire telle action, produisant ou pouvant produire tel effet marqué par le radical, ou bien comme ayant rapport à cette action ou à son résultat: *attentatoire*, qui attente, qui porte atteinte à; *illusoire* (*illusum*, de *illudere*, se jouer de); *dérisoire* (*derisorius*, de *deridere*, se moquer, se railler de); *natatoire* (*natatorius*, de *natare*, nager), etc.

8. *Quelle réserve*, au singulier; sens général. — 9. *Toutes consacrées*, et plus haut, dans la première phase, *toutes pures;* expliquez l'orthographe de *tout*, qui est ici adverbe, modifiant les adjectifs *pures* et *consacrées*. — Faites remarquer l'emploi du mode indicatif après *tout que; toutes consacrées qu'elles* SONT. — 10. *Eglise*. Pourquoi une majuscule? Ce mot ne prend une minuscule que quand il a la signification de temple, qu'il désigne un *édifice*. — 11. *Veuille*. Rappelez l'origine de cette forme du verbe *vouloir* que nous avons fait connaître dans un de nos derniers numéros. — 12. *Ait gardé*. Pourquoi a-t-on employé le mode subjonctif? A cause du verbe de la proposition principale: *Dieu veuille*. Rappelez la règle? Pourquoi a-t-on employé le passé du subjonctif? — 13. *Dû*. Est-ce que l'accent circonflexe est employé ici, comme l'avancent certaines grammaires et comme le répètent nombre d'élèves ou de candidats, pour distinguer ce participe de l'article contracté *du?* Non, évidemment. L'accent circonflexe ici, comme presque partout, est employé par suite d'une contraction du radical: dev-ant, d-û. On a écrit autrefois *deu*. La même remarque explique l'accent de *tû*, participe du verbe taire, autrefois *teu; sûr*, adjectif, anciennement *seur*. Le verbe *devoir* vient du latin *debere*, que les étymologistes regardent comme composé de *habere* (*avoir*): *de habere* (*ne pas avoir*), avoir perdu la possession. — 14. *Plaît* et *déplaît*. Sens de la préposition *dé*, donné dans une dictée précédente? Cause de l'accent circonflexe dans ces deux verbes? *Plaît* s'écrivait au douzième siècle *plaist*, comme *plût à Dieu* s'écrivait *pleüst Deu*

2° *Rédaction.*

Expliquer le sens de ces paroles de Louis XIV à son petit-fils, Philippe d'Anjou, le 6 novembre 1700: « *Mon fils, il n'y a plus de Pyrénées.* » Exposez ensuite jusqu'à quel point l'avenir devait réaliser les espérances du grand roi.

3° *Arithmétique.*

1° Peut-on multiplier ou diviser les deux termes d'une fraction par un même nombre sans changer la valeur de cette fraction?

Peut-on augmenter ou diminuer les deux termes d'une fraction d'une même quantité sans altérer la valeur de cette fraction?

2° Une pompe peut épuiser un bassin en 7 heures 1/2; une autre l'épuiserait en 5 heures. Si on les fait fonctionner en même temps, combien faudra-t-il d'heures pour épuiser le bassin?

Solutions.

I.

1° *On peut multiplier ou diviser les deux termes d'une fration par un même nombre sans changer la valeur de cette fraction.*

En effet, soit la fraction 2/5. Si l'on multiplie le

numérateur par 3, par exemple, on rend la fraction 3 fois plus grande, car un numérateur 3 fois plus grand indique que la fraction renferme 3 fois plus de parties.

Mais si on multiplie ensuite le dénominateur par 3, on rend la faction 3 fois plus petite, car un dénominateur 3 fois plus grand indique que l'unité a été partagée en 3 fois plus de parties et que, par suite, ces parties sont 3 fois plus petites.

Il y a donc compensation.

On prouverait de même qu'une fraction ne change pas quand on divise ses deux termes par un même nombre.

2° *Si l'on augmente d'un même nombre les deux termes d'une fraction, cette fraction augmente.*

Soit la fraction 3/4; ajoutons 2 à chacun de ses termes, nous obtenons 5/6. Comparons chacune de ces fractions à l'unité.

La première diffère de l'unité de 1/4 et la seconde en diffère de 1/6.

Les numérateurs de ces deux fractions, 1/4 et 1/6, qui expriment la différence des deux fractions proposées à l'unité, doivent nécessairement être égaux, puisque le second provient de la soustraction des deux termes obtenus en ajoutant un même nombre au numérateur et au dénominateur de la fraction proposée, et nous savons que *le reste d'une soustraction ne change pas quand on ajoute la même quantité aux deux nombres à retrancher.*

Or, 1/6 est plus petit que 1/4. Donc la fraction 5/6 approche plus de l'unité que 3/4 n'en approche elle-même. Donc 5/6 est plus grande que 3/4.

On démontrerait de la même manière qu'*une fraction diminue de valeur lorsqu'on retranche un même nombre à ses deux termes.*

II.

La première pompe, épuisant le bassin en $7^h\ 1/2$ ou $\frac{15}{2}$ heures, enlèvera en 1^h $\frac{2}{15}$ du bassin; la seconde, dans le même temps, en enlèvera $\frac{1}{5}$.

Fonctionnant ensemble, les deux pompes enlèveront en 1 heure :

$$\frac{2}{15} + \frac{1}{5} \text{ ou } \frac{2}{15} + \frac{3}{15} = \frac{5}{15} = \frac{1}{3} \text{ du bassin.}$$

Si en 1 heure les deux pompes enlèvent $\frac{1}{3}$ du bassin, elles l'épuiseront complétement en 3 heures.

DICTÉES.

I.

COURS SUPÉRIEUR.

Mers arctiques.

Une nouvelle expédition va partir, au printemps prochain, pour les mers arctiques, sous la direction d'un professeur suédois. C'est un riche marchand de Gothembourg qui couvre tous les frais de l'entreprise. L'expédition quittera probablement le port de Tromsœ, une des villes les plus septentrionales de la Norwége, dans les premiers jours de juin, et se dirigera de là sur la Nouvelle-Zemble, où plusieurs jours seront consacrés à des recherches géologiques, botaniques, zoologiques et ethnographiques; puis, si c'est possible, dans la seconde moitié d'août, l'expédition gagnera la pointe septentrionale de l'île, d'où les excursions partiraient pour explorer la partie nord-ouest des mers polaires, moins connue que la partie méridionale.

Ces excursions auraient aussi pour objet d'atteindre l'embouchure de l'Ob et du Jénisseï où l'on trouve de grande quantités de mammouths fossiles et d'autres animaux préhistoriques.

Résurrection de Jésus-Christ.

Au troisième jour, il ressuscite; il apparaît aux siens qui l'avaient abandonné, et qui s'obstinaient à ne pas croire à sa résurrection. Ils le voient, ils lui parlent, ils le touchent, ils sont convaincus. Pour confirmer la foi de sa résurrection, il se montre en diverses circonstances. Ses disciples le voient en particulier, et le voient aussi tous ensemble: il paraît un jour à cinq cents hommes assemblés. Jésus-Christ ressuscité donne à ses apôtres tout le temps qu'ils veulent pour le bien considérer; puis, il leur ordonne de porter témoignage de ce qu'ils ont vu, de ce qu'ils ont ouï, et de ce qu'ils ont touché. Afin qu'on ne puisse douter de leur bonne foi, non plus que de leur persuasion, il les oblige à sceller leur témoignage de leur sang. Ainsi leur prédication est inébranlable, le fondement en est un fait positif, attesté unanimement par ceux qui l'ont vu. Leur sincérité est justifiée par la plus forte épreuve qu'on puisse imaginer, qui est celle des tourments et de la mort même. Sur ce fondement, douze pêcheurs entreprennent de convertir le monde entier.

BOSSUET. (*Discours sur l'histoire universelle.*)

II.

COURS MOYEN.

Travaux agricoles du mois de mars.

Il faut, pendant ce mois, s'occuper de semer les avoines, les blés de printemps, les vesces de mars, les *pois*, les lentilles, les carottes, les chicorées pour *fourrage*, la *garance*, le *lin*, le *tabac*. On entretient et on sème les prés; cette dernière opération se fait avec les balayures des greniers à foin ou des alentours des meules, auxquelles on ajoute diverses graines. Dans les pays vignobles, on se hâte d'achever la taille de la vigne, en conservant les *provins*, puis on *échalasse*. C'est aussi le moment de soutirer les vins et d'opérer les mélanges des vieux avec les nouveaux lorsque cela est jugé nécessaire. On achève les plantations des *mûriers*, des *oliviers*. C'est l'époque favorable pour les *semis* des arbres résineux, tels que *pins sylvestres* et *maritimes*. On sème aussi les glands, les *faînes*, les châtaignes et on effectue les plantations des *plants* préparés dans les pépinières, ainsi que des boutures et des *marcottes* des peupliers et des saules. On fait l'extraction de la résine des pins.

Questions et explications.

1. *Agricoles*. Sens de ce mot. *Agriculture*, *agronome*, *agronomie*, mesures *agraires*. — 2. *Pois*. Homonymes : *poids*, *poix*, *pouah!* — 3. *Fourrage*.

Tous les produits qui servent à la nourriture du bétail : l'herbe fraîche des prairies naturelles et artificielles, le foin, les pailles des céréales, des racines et tubercules, etc. Ce mot vient du terme peu usité *feurre*, désignant la paille de toute sorte de blé, qui s'écrivait *foere*, *fouré*, et qu'on prononçait *fouare*, d'où est venu le nom de la rue du *Fouare*, à Paris, ainsi nommée parce qu'on y vendait de la *paille* qui servait aux écoliers pour joncher leurs classes.

4. *Garance*. Plante tinctoriale importante dont la racine fournit cette belle couleur rouge des pantalons militaires. On cultive cette plante dans la Flandre, la Normandie, le Languedoc, etc. — 5. *Lin*. D'où *linge*. Plante que l'on cultive pour ses tiges, dont on extrait une matière textile, et pour ses graines, dont la matière farineuse et huileuse est employée en médecine et dans les arts. Ses fleurs sont d'un bleu magnifique. Cette plante atteint 60 à 70 centimètres. Elle se cultive en grand dans nos départements du Nord.

6. *Tabac*. Plante originaire d'Amérique. Vous savez ce qu'on fait du tabac en poudre et du tabac en feuilles. Vous savez aussi que l'usage du tabac à fumer est dangereux, surtout pour les jeunes gens dont la croissance n'est pas achevée. — Les feuilles du tabac sont larges, d'une couleur ordinairement vert sombre. Les fleurs, blanchâtres, verdâtres ou purpurines (pourpre) sont gracieusement groupées et d'un joli effet. L'État se réserve le monopole de la culture du tabac, laquelle est autorisée seulement dans 18 de nos départements.

7. *Provins*. On appelle *provin* le rejeton d'un cep de vigne, et *provignage* l'action de coucher en terre ce rejeton qu'on finit par détacher de la souche-mère. *Provin* vient probablement du latin *propaginem*, *propagation*, du verbe *propager*, dont le sens primitif est *replanter* (*pro*, en avant, *pagare*, dérivé de *pagere* ou *pangere*, fixer, consolider.) Peut-être ce mot vient-il tout simplement de la vigne qui pousse en avant : *pro vinea*. — 8. *Echalasser*, garnir la vigne d'échalas.

9. *Mûrier*. Arbre ou arbrisseau dont les feuilles servent à la nourriture des vers à soie. — 10. *Olivier*. Arbre dont le fruit, l'*olive* fournit une huile recherchée. — 11. *Semis*. Ici, action de semer. *Semis* se dit également des *plants* eux-mêmes et des *terrains* qui les reçoivent. — 12. *Pins*. Arbre généralement de haute taille ; à feuilles toujours vertes, à fruit cônique, d'où le nom de *conifères* donné à ce genre d'arbres. *Pins sylvestres*, des bois, sauvages. *Maritimes* qui se plaisent dans le voisinage des mers. — 13. *Faîne*. Fruit du hêtre. — 14. *Plants*, d'où vient le *t?* — 15. *Marcottes*. Branches que l'on couche en terre, sans la détacher de la plante, pour qu'elle prenne racine.

III.

COURS ÉLÉMENTAIRE.

(Sur l'adjectif.)

Une étable.

Les murailles étaient *blanches* comme de l'eau de chaux.

Le plancher était *formé* de *grands* troncs de sapins non *écorcés*. Sur des planches de hêtre bien *luisantes*, on voyait des seaux de sapin aussi *jaunes* que l'or, des pots, des beurrières du même *bois* et des rangées de vases en terre *cuite* ou *vernissée*, les uns *profonds*, les autres *larges* et à *grands* bords. Il y avait *neuf belles* vaches, tant *petites* que *grandes*, et de *tous* les poils, *blanches*, *bariolées*, *toutes grasses*, le poil *luisant* et la queue aussi bien *peignée* que si elles sortaient de *hautes* herbes en fleurs. On leur avait laissé *leur* collier de cuir et *leur* clochette au cou, parce que le bruit les désennuie l'hiver à la maison, en leur rappelant les prés.

(Faire l'analyse des adjectifs contenus dans cette dictée. En faire connaître le genre, le nombre, et dire quels noms ils qualifient ou déterminent).

ARITHMÉTIQUE ET SYSTÈME MÉTRIQUE.

PROBLÈMES GRADUÉS POUR LES COMPOSITIONS.

COURS SUPÉRIEUR.

1. — Un fil de fer de 78 mètres de long est employé à faire des pointes de 3 centimètres 25 de long, qui se vendent 5 centimes la douzaine. Pour quelle somme en fournira-t-il ? — R. 10 francs.

2. — A 0 fr. 95 le décistère de bois de chauffage, on demande quelle est la valeur d'un tas de ce bois ayant 14^{m}60 de long, sur 1^{m}15 de haut, si la longueur des bûches est de 1^{m}30 ? — R. 207 fr. 35.

(*Certificat d'études*. Meuse 1874.)

I. — *Arithmétique*. — *Fractions ordinaires*.

1. — Un ouvrier a fait les 3/4 d'un ouvrage estimé 120 francs. Combien lui est-il dû ? — R. 90 francs.

2. — La différence d'intérêt d'une somme placée au denier 20 (5 0/0) ou au denier 25 (4 0/0) est 75 francs. Quelle est cette somme ? — R. 7.500 francs.

3. — En 3/4 d'heure un voyageur à pied a parcouru 4.500 mètres. Combien de temps lui faudra-t-il pour exécuter un voyage de 32 kilomètres ? — R. 5 heures 20 minutes.

4. — Toute circonférence égale les 22/7 de son diamètre. Trouver le diamètre d'une circonférence qui a 88 mètres de longueur ? — R. 28 mètres.

5. — Un jeune homme meurt sans avoir fait de testament. Il laisse une somme de 2.400 francs. Le père est survivant et a droit à 1/4 de cet héritage. Le reste, d'après la loi, est partagé en égales portions entre les frères et sœurs du défunt. Il y a 2 frères et 3 sœurs. Combien revient-il à chacun d'eux ? R. 360 francs.

II. — *Système métrique*. — (*Mesures des volumes*.)

1. — Quelle est la surface d'un ballon qui a 20 mètres de diamètre ? — R. 1.256^{mq}64.

2. — Un cuvier a 1 mètre de profondeur. Le diamètre du fond est de 0^{m}92, celui de l'entrée de 1^{m}20. Calculer le nombre de litres que contient ce cuvier ? — R. 887^{l}60.

3. — Quelle est la surface latérale d'un abat-jour dont la grande circonférence a 0^{m}75, la petite 0^{m}21, et l'arête 0^{m}135 ? — R. 0^{mq}06.48.

4. — Trouver la surface d'un toit cônique dont la circonférence a 12 mètres et l'arête 15 mètres ? — R. 90 mètres.

5. — Combien de tôle a-t-il fallu employer pour faire un tuyau de poêle de 2 mètres de long et 0^m25 de circonférence? — R. $0^{mq}50$.

COURS MOYEN.

I. — *Arithmétique.* — *Fractions ordinaires.*

1. — Simplifier et calculer : $\frac{30 \times 18 \times 12}{24 \times 42 \times 54}$? — R. 5/42.

2. — Quel est le prix de 3.800 ardoises à 5 francs le cent? (Simplifier.) — R. 190 francs.

3. — Les pièces de 5 francs en argent contiennent, en poids, 1/10 de cuivre et 9/10 d'argent pur. Calculer le poids du cuivre et de l'argent pur contenu dans 200 pièces de 5 francs? — R. Argent, 4^k500 ; cuivre, 500 grammes.

4. — Quel est le prix de 8 chaises à 65 francs la douzaine? — R. 43 fr. 33.

5. — 3 voisins achètent une pièce de vin 230 francs. Le 1er en prend la 1/2, le 2e 1/4, le 3e le reste. Combien chacun doit-il payer? — R. 1er, 115 fr.; 2e, 57 fr. 50; 3e, 57 fr. 50.

II. — *Système métrique.* — *Mesures de poids.*

1. — Un hectolitre de graines de colza rend 24 k. 22 décag. d'huile et 39 k. 70 décag. de tourteaux. Le quintal d'huile est vendu 170 francs et le quintal de tourteaux 13 fr. 80. Combien rapporte un hectolitre de colza? — R. 46 fr. 64.

2. — Le département de Seine-et-Marne a produit, en 1872, 276.597 kilogr. de suif qu'on a vendus, en moyenne, 82 fr. 70 le quintal. Calculer la valeur totale de cette production? — R. 228.745 fr. 71.

3. — Un pain de sucre pèse 7 kilogr. 5 décagr. Combien vaut-il à 1 fr. 80 le kilogramme? — R. 12 fr. 69.

4. — Quel est le poids d'une poutre en chêne dont le volume est de 540 décim. cubes, la densité de ce bois étant 0,808? — R. 436 k. 320 g.

5. — Combien coûtent 3 kilogr. 50 gr. de dragées à 1 fr. 25 le 1/2 kilogr.? — R. 7 fr. 62.

COURS ÉLÉMENTAIRE.

I. — *Arithmétique.* — *Soustraction.*

1. — Un négociant fait son inventaire de fin d'année. Il évalue à 20.500 francs ses marchandises en magasin. Il doit 3.245 francs, et on lui doit 6.400 francs. Quel est son avoir? — R. 23.655 francs.

2. — La première croisade eut lieu en 1095. Combien y a-t-il d'années? — R 780.

3. — Dans un arrondissement le nombre des élèves de toutes les écoles était, en 1873, de 12.875. En 1874, il a été de 12.986. Quelle est l'augmentation? — R. 111.

4. — Une propriété coûte 125.600 francs. On y fait pour 46.930 francs de dépenses, et on la revend en 3 lots de 65.320 francs; 85.600 francs, et 78.920 francs. Quel est le bénéfice? — R. 57.310 francs.

5. — Les recettes d'un aubergiste, les jours de marché, ont été, pour un mois, de 845 fr.; 972 fr.; 435 fr., et 740 fr. Celles du mois précédent avaient été de 638 fr.; 870 fr.; 545 fr., et 632 fr. Calculer la différence en plus ou en moins. — R. En plus, 307 francs.

II. — *Système métrique.* — *Mesures de volume.*

1. — Quel est le volume total de 25 tas de pierres dont chacun a 3 mètres cubes? — R. 75 mètres cubes.

2. — Combien 245 décimètres cubes de bois + 328 + 332 + 95 font-ils: 1° de mètres cubes; 2° de stères? — R. 1° 1 mètre cube ; 2° 1 stère.

3. — On a extrait d'une carrière 12 tas de pierres de chacun 8 mètres cubes. Quel est le volume total de la pierre extraite? — R. 96 mètres cubes.

4. — Une boîte carrée d'un mètre de côté est remplie de briques de savon de chacune un décimètre cube: combien renferme-t-elle de briques de savon? — R. 1.000.

5. — Quel est le volume total de quatre murs dont le 1er a 185 m. cubes ; le 2e, 428 ; le 3e, 540, et le 4e, 125? — R. 1.278 mètres cubes.

EXAMENS DU BREVET DE CAPACITÉ.

ACADÉMIE DE LYON.

Départements du Rhône, de la Loire, de Saône-et-Loire et de l'Ain.

(1re session de 1875.)

ASPIRANTS.

Brevet obligatoire.

1° *Orthographe.*

Les Feuilles.

Le bouton, formé dans *l'aisselle* d'une feuille qui le nourrit et l'enveloppe de son *pétiole*, ne présente d'abord qu'un point presque *imperceptible*. Il *croît*, graduellement et se montre d'une manière plus distincte aux approches de l'hiver, époque à laquelle les *frimas* lui enlèvent sa protectrice. Mais si ce secours lui manque, *c'est qu'il* est déjà pourvu des *pellicules* et des gommes sous lesquelles il peut braver impunément la rude saison. C'est donc dans cet espace étroit que, pliés selon leurs formes, les divers feuillages attendent le *printemps*. *A peine le soleil de mars a réchauffé la terre, qu'on les voit*, de toutes parts, abandonner, déchirer ou chasser les tuniques qui leur ont servi de berceau. Les arbres se coiffent de vertes chevelures sous lesquelles leurs fronts se rajeunissent. *Variées* dans leur port comme dans leurs teintes, elles se groupent, se divisent, s'étalent ou flottent avec grâce. Tantôt agréables *pendentifs*, elles se courbent et retombent en guirlandes; tantôt moins modestes, elles s'élèvent à la manière de faisceaux, de gerbes ou d'*obélisques*. Ici c'est une flèche que l'on décoche; là c'est une touffe azurée qui se marie élégamment à l'horizon. Des feuilles *innombrables se sont* tout à coup *étendues* dans les airs, pareilles à l'épée qui sort du fourreau, à l'éventail que *l'on déplisse*, ou à la pièce d'étoffe que l'on déroule. Peu de jours viennent de s'écouler, et les bosquets *se sont* si bien *enlacés*, l'ombre *s'est* tellement *épaissie*, que l'on serait tenté de demander où donc *avaient été mises* en réserve ces riches et fraîches tentures, dont s'est paré dans un instant le séjour de l'homme.

Questions et explications.

1. Quel est le sens du mot *aisselle* dans cette première phrase? Le mot *aisselle* est ici un terme de botanique. Il désigne l'angle situé au-dessus du point d'attache d'une feuille et formé par celle-ci et la partie de la tige supérieure à l'insertion de la feuille. On donne encore ce nom à l'angle que fait un rameau ou un pédoncule avec la tige qui le porte. — Connaissez-vous une autre acception de ce terme? *Aisselle* désigne encore la cavité qui se trouve au-dessous de la jonction du bras avec l'épaule.

2. *Pétiole*. Partie rétrécie de la feuille, qui lui sert de support; vulgairement la *queue* de la feuille. Ce mot vient du latin *petiolus*, petit pied, diminutif de *pes, pedes*, pied. Le *t*, dans tous les mots de la même famille, *pétiolé, pétiolule*, etc., se prononce comme *c*. — 3. *Imperceptible?* Décomposer cette expression dont le sens et l'étymologie ont été donnés dans des dictées précédentes? Rappeler la signification de la terminaison *ible?* — 4. *Il croît*. Quel est l'infinitif de ce verbe? Origine de l'accent circonflexe? *Croître* s'écrivait autrefois *croistre*.

5. *Frimas*. Brouillard froid et épais, qui se glace en tombant. Ne vient pas, comme on l'a dit, de *fremo, fremir*, mais de quelque origine inconnue, laquelle a certainement l'idée marquée par la racine, idée de froid, *frigus*. De frimas, *frimaire*, le troisième mois de l'année, sous l'ancienne République, du 21 novembre au 20 décembre. — 6. Analysez cette phrase: *Mais si ce secours lui manque*, C'EST QU'*il est déjà pourvu de pellicules... C'est que* est ici une formule explicative, équivalant à *c'est parce que, cela arrive parce que... Ce* est un pronom démonstratif, représentant la proposition qui précède: *Si ce secours lui manque*.

7. *Pellicules*, petite peau, vient de *pellis*, peau. Sens de la terminaison *cule, ule* et *ole*? Ces désinences, ajoutées à un substantif français ou latin, forment des noms *diminutifs*, masculins ou féminins, suivant le genre du nom qui leur sert de base. Ainsi, *un Globule* est un petit globe, *un animalcule* un petit animal, *une cellule* (du latin *cella*, chambre) est une petite chambre; *la radicule* (de *radix*, racine) est une petite racine; *une bestiole*, une petite bête; etc. — 8. *Printemps*, la belle, la *première* saison de l'année, *primum tempus*, celle où tout renaît et où tout espère.

9. Faire remarquer cet emploi particulier de la conjonction *que* dans: *A peine le soleil de mars a réchauffé la terre* QU'*on les voit...*? *Que* se met souvent seul, par ellipse d'une expression conjonctive plus complète: «*Approchez*, QUE *je vous parle*.» Afin que. — «*Il était à peine sorti que la maison s'écroula*.» Lorsque. — «*Il y a dix ans que je ne l'ai vu*.» Depuis que. — 10. *Variées*, adjectif qualificatif se rapportant au sujet *elles*. Insister sur cette règle de construction qui exige que l'adjectif, comme le participe ou l'infinitif, placé au commencement d'une phrase, se rapporte au sujet. Parfois cependant l'adjectif peut se rapporter au complément direct ou au complément indirect, mais il faut alors que le rapport soit très-clair et très-précis, qu'il n'y ait aucune équivoque possible. L'omission de cette règle importante se remarque souvent dans les rédactions des élèves.

11. *Pendentifs*. Employé ici par figure, par comparaison. Au propre, *pendentif* est un terme d'architecture, qui désigne une portion de voûte sphérique placée entre les grands arcs qui supportent un dôme, une coupole. — 12. *Obélisques*. Egalement employé par comparaison. L'obélisque, au propre, est une sorte de pyramide élancée, étroite, et se terminant en pointe. Cette expression vient d'un mot grec, qui signifie *aiguille*. Les obélisques, taillés d'un seul bloc de granit, sont placés parmi les monuments les plus simples et les plus anciens de l'architecture égyptienne; on croit qu'ils étaient élevés en l'honneur du soleil. L'obélisque de Louqsor, sur la place de la Concorde, à Paris, qui se rapporte au conquérant Sésostris, vers le temps de Moïse, est un des plus beaux modèles de ce genre.

13. *Innombrables*. Etymologie de ce mot? Sens de la préfixe *in* et de la terminaison *able?* — 13. *Se sont étendues*. Analysez ce verbe et motivez l'orthographe du participe? — 14. *L'on déplisse*. Rappelez l'origine de *l'*, aujourd'hui lettre euphonique, primitivement *article*: *l'hom, l'om, l'on*, pour l'homme. Décomposer le verbe *déplisser*, dont l'étymologie explique l'orthographe.

15. *Les bosquets se sont enlacés... l'ombre s'est épaissie...* Nature de ces verbes? Accord des participes avec les compléments directs *se* et *s'*. — 16. Faire remarquer la cause de l'inversion qui termine la dernière phrase: *où donc avaient été mises en réserve ces riches et fraîches tentures...* Le sujet, déterminé par la proposition incidente *dont s'est paré dans un instant le séjour de l'homme*, a beaucoup plus d'étendue que le verbe et son complément: *avaient été mises en réserve*. La construction directe eût été moins harmonieuse. Puis l'auteur voulait surtout appuyer sur cette idée de tentures riches et fraîches, parure du séjour de l'homme; il l'a exprimée à la fin: elle termine ainsi la description et frappe d'une façon plus durable l'esprit du lecteur.

2° *Composition française.*

Histoire de Duguesclin. — Indiquer les dates des principaux événements.

3° *Arithmétique.*

1° Réduire au même dénominateur les fractions 5/9, 3/8 et 7/12, et en faire l'addition. On exposera la règle générale.

2° Un terrain qui a 84 ares de superficie est recouvert d'une couche de terreau épaisse de 25 centimètres; quelle épaisseur aurait cette couche de terreau, si l'on voulait en couvrir un terrain de trois hectares et demi?

Solution.

Le terrain ayant 84 ares ou 8,400 mètres carrés de superficie, et la couche ayant 0^m25 d'épaisseur, le volume de cette couche est :

$$8400 \text{ m. c.} \times 0^m25 = 2100 \text{ m. cub.}$$

Comme le volume du terreau serait le même dans les deux cas, et que dans le second il occuperait une surface de 350 ares ou 35,000 mètres carrés, l'épaisseur cherchée serait de

$$\frac{21,000 \text{ m. cub.}}{3,500 \text{ m. c.}} = 0^m06.$$

DICTÉE.

I.

COURS SUPÉRIEUR.

Les Alpes.

Les *Alpes*, semblables à un *nœud* robuste et *proéminent* des muscles de granit de la terre, sont une chaîne de montagnes qui s'étend, sur un espace de trois cents lieues, depuis l'embouchure du Rhône vers Marseille jusqu'aux plaines de la Hongrie. Les anneaux de cette chaîne s'abaissent aux deux extrémités pour se confondre insensiblement avec la plaine; au milieu de leur *membrure*, elles s'élèvent à des hauteurs *inaccessibles* aux pas et presque aux regards de l'homme. Leurs sommets, dentelés comme des *créneaux* d'une forteresse naturelle, se dessinent en blancheur éblouissante le matin, rose à midi, violette le soir, sur l'azur foncé du ciel. Ce sont les reflets plus ou moins chauds du soleil sur les nappes de neige éternelle dont leurs *croupes* sont revêtues. Quand on les aperçoit de soixante ou quatre-vingts lieues de distance, du fond des plaines de l'Italie ou de la France, elles inspirent le sentiment de l'infini comme la mer ou le firmament.

C'est un spectacle qui écrase le spectateur, et qui de terreur en terreur, d'admiration en admiration, porte la pensée de l'homme jusqu'à Dieu, pour qui seul rien n'est haut, rien n'est vaste. Mais l'homme est anéanti sous *l'architecture* de ces montagnes, et il jette un cri. Ce cri est une *confession* de sa petitesse et un *hymne* à la grandeur de l'architecte. Voilà pourquoi il y a plus de piété sur la mer et sur les montagnes que dans les plaines. Le miroir de ses œuvres dans lesquelles la divinité se *peint* étant plus grand, la divinité s'y retrace et s'y révèle mieux. LAMARTINE.

Questions et explications.

1. — *Alpes*, d'un radical celtique, *alp*, qui exprime une idée d'élévation au physique comme au moral. *Alpestre*, qui est propre aux Alpes, qui a rapport aux Alpes. Plantes *alpestres*, qui se trouvent sur les montagnes. Par comparaison, âpre, rigide : M. Joseph de Maistre est un Bossuet *alpestre*. (Lamart.) — *Alpin*, se dit également des *plantes* qui croissent sur le sommet des hautes motagnes et des animaux qui y vivent.

2. *Nœud*. En latin *nodus*. Verbes: *nouer, dénouer*. Subst. *dénouement*. — 3. *Proéminent*. Qui est plus en relief, plus saillant que ce qui l'entoure. De *pro*, avant; *éminent*, élevé. De la même famille: *éminence, éminentissime, imminence, imminent*. Différence entre *éminent*, très-grand, et *imminent*, qui est prêt à fondre sur. Un péril *éminent* est un péril élevé, apparent, considérable. Un péril *imminent* est un péril menaçant, certain, inévitable.

4. *Membrure*. L'ensemble des *membres*. La terminaison *ure* se retrouve dans *dorure, argenture, rature, brûlure, créature*, etc. Elle indique le résultat de l'action, la manière dont l'action a été faite. — 5. *Inaccessibles*. Décomposez ce mot? Que veut dire *accessible*? Avoir *accès*? *accessit*? (qui s'est *approché*) *accession*? *accessoire*? *accessoirement*? — 6. *Créneaux*. Ouvertures pratiquées au sommet d'une tour et servant à la défense. Se dit aujourd'hui de toute ouverture faite dans un parapet, dans un mur, pour tirer sur l'ennemi au moyen de fusils. Vulgairement *meurtrières*. Racine : *cran*, entaille. De la même famille : *créné*, une lettre *crénée*, pourvu de *crans* ; *crénelage, créneler, crénelure*.

7. *Leurs croupes*, les parties renflées, les sommets. — 8. *Architecture*. Rapprochez ce mot des mots en *ure* cités plus haut. — 9. *Une confession*, un aveu. *Confesser* ses péchés, les déclarer au tribunal de la pénitence. *Confesser* son erreur, l'avouer, en convenir. *Confesser* sa foi, faire acte public d'adhésion. Se *confesser*, faire sa confession au prêtre. *Confesseur* se dit du prêtre à qui l'on se confesse et, dans la primitive Église, de celui qui, durant la persécution, avait confessé le nom de Jésus-Christ jusqu'à subir le martyre, mais sans en mourir : ce n'est pas un martyr, c'est un confesseur.

10. *Hymne* n'est féminin que dans le sens de chant d'église ; et cette distinction n'a rien qui se justifie, soit dans l'étymologie, soit dans l'historique du mot. — 11. Se *peint*. Dans les verbes terminés par *aindre, eindre, joindre* on supprime le *d*: je *crains*, tu *crains*, il *craint*; je *peins*, je *joins*, etc.

II.

COURS MOYENS.

Une médaille patriotique.

Le directeur de la *Monnaie* vient de recevoir des mains du graveur la médaille *commémorative* du siége de Paris.

Sur la face est représentée la Ville de Paris assiégée, personnifiée par une femme de haute taille, couverte d'une capote militaire, et se tenant *debout*, un fusil entre les mains, *adossée* aux *fortifications*; un canon est étendu à ses pieds. On aperçoit dans le lointain, d'un côté le *Mont-Valérien*, de l'autre les principaux monuments de Paris.

Sur le *revers*, l'artiste a gravé le monument commémoratif de Champigny, autour duquel il a inscrit les noms et les dates des cinq combats livrés autour de Paris : Châtillon, 19 septembre ; l'Hay, 30 septembre ; le Bourget, 28 et 29 octobre ; Champigny, 2 décembre ; Buzenval, 19 janvier. Au-dessus sont inscrits ces mots : *Siége de Paris*, 1870-1871.

Questions et explications.

1. *La Monnaie.* Avec une majuscule. On dit aussi *l'Hôtel des Monnaies.* Monument de Paris, où l'on fabrique des pièces de monnaie. *Monnaie*, en latin *moneta*, vient de *monere*, avertir, parce que le type ou la marque légale dont elle est empreinte avertit qu'il n'y a pas eu de fraude dans la fabrication. Les monnaies françaises sont frappées, sous la haute surveillance de l'État, dans différentes villes : Bayonne, Bordeaux, La Rochelle, Lille, Limoges, Lyon, Marseille, Nantes, Perpignan, Rouen, Toulouse. Les pièces frappées à Paris sont marquées de la lettre A. Chaque hôtel des monnaies a sa lettre particulière.

2. *Commémorative*, qui rappelle le souvenir, la *mémoire*. La *Commémoration* des morts. *Remémorer*, remettre en mémoire ; *se remémorer*, se souvenir. — 3. *Debout.* Quelle espèce de mot ? — 4. *Adossée.* Quel est le radical de ce mot? *Dos.*

5. *Fortifications.* Travaux de défense qui entourent Paris et qui, depuis 1860, en marquent la limite. Leur enceinte présente un développement de 39 kilomètres.

6. *Le Mont-Valérien*, l'un des forts de Paris. — 7. Le *revers*, côté opposé à la *face* ou a l'*envers* ou au *droit*. *Pile* a le même sens.

III.

COURS ÉLÉMENTAIRE.

La poule devenue mère.

I.

Elle était vagabonde, vorace et craintive; maintenant elle est courageuse jusqu'à la témérité, sobre et frugale ; elle a renoncé à ses courses aventureuses ; sa démarche est lente et grave, appropriée à ses augustes fonctions. Ses pas sont mesurés sur ceux de ses poussins. Tout pour eux : du matin au soir, elle cherche, elle gratte, elle appelle, elle becquète le grain pour qu'ils le voient et le mangent. Ses petits avant tout ; elle s'oublie, elle ne vit que pour eux, elle ne les quitte pas un instant, elle les nourrit, les dirige, les défend.

II.

Qu'ils ne s'écartent pas! L'entendez-vous glousser pour les retenir, se fâcher même si les petits imprudents s'éloignent un peu trop? On dirait qu'elle leur parle et qu'elle les gronde. Mais ils ont froid peut-être. Attendez : un appel plus tendre et plus pressant les réunit. Ils se pressent autour de leur mère. Elle, la bonne créature, voyez comme elle gonfle son plumage, comme elle arrondit ses ailes.

III.

Il faut que chacun ait sa place. Les heureux bambins, les chers nourrissons, ils ne se font pas prier. Voyez-vous leurs petites têtes éveillées qui se montrent à la fenêtre, sous un bout d'aile! En voici qui becquètent le cou de leur nourrice, d'autres qui trônent sur son dos. Délicieux tableau, qui fait penser à la patiente affection de nos mères et à la bonté du divin créateur de toutes choses.

EXERCICES DE STYLE.

COURS SUPÉRIEUR.

Le remords.

Un misérable avait commis un grand crime. Il avait assassiné une pauvre vieille femme pour la voler. Poursuivi par les gendarmes, il avait pu leur échapper et, depuis, on n'avait plus entendu parler de lui.

Trois années s'écoulèrent. Le criminel avait essayé de s'étourdir dans le vin. Mais son crime lui revenait sans cesse à l'esprit : le jour, la nuit, à toute heure, la malheureuse victime était là, devant ses yeux, agonisante et ensanglantée.

Quand il apercevait un cavalier, il lui semblait voir un gendarme et il se cachait ou s'enfuyait au plus vite. Et il continuait de boire; mais plus il buvait, plus les hallucinations devenaient fréquentes et impitoyables. Si bien qu'un jour, rencontrant un homme à cheval : — « Brigadier, lui dit-il en saisissant brusquement le cheval par la bride, brigadier, arrêtez-moi..... Arrêtez-moi, vous dis-je; c'est moi qui ai tué la vieille femme. »

On l'arrêta et on le remit entre les mains de la justice, qui lui fit expier son crime.

Le tigre déchire sa proie et dort. Quelle est donc cette voix qui reproche à l'homme coupable son crime? Quel est ce sentiment qui torture son cœur jusque dans les plus épaisses ténèbres, jusqu'au fond des bois?

Ce sentiment, c'est le remords; et le remords, c'est la voix de Dieu.

Canevas. — Un homme commet un crime. Il échappe à la poursuite des gendames. Il cherche à s'étourdir par l'ivresse. Tout cavalier est pour lui un gendarme. Il se cache et s'enfuit. Il rencontre un homme à cheval. « Arrêtez-moi ! » Quelle est cette voix ? Quel est ce sentiment ?

COURS MOYEN.

Canevas. — Votre père vient de recevoir un trimestre du loyer annuel de 600 francs que lui doit M. Durand (Pierre), commis des contributions indirectes, et il vous charge de préparer le reçu. Faites ce reçu au nom de votre père, qui signera.

Je, soussigné, François Leroux, propriétaire à Coulommiers (Seine-et-Marne), reconnais avoir reçu de M. Pierre Durand, commis des contributions indirectes, la somme de *cent cinquante francs*, pour trois mois de loyer, échus le vingt-huit février mil huit cent soixante-quinze, des appartements occupés par lui au rez-de-chaussée d'une maison sise à Coulommiers, rue du Chemin-de-Fer, n° 138.

François LEROUX.

Coulommiers, le 1er mars 1875.

DEUXIÈME LETTRE (1).

Sur l'utilité des plantes.

Je viens, ma chère Henriette, tenir ma promesse. Dans ma dernière lettre, je voulais, te disais-je, te faire connaître le nom des plantes que je compte utiliser, te donnant en outre leur emploi et la manière de les conserver. J'ai trop promis ; d'abord,

(1) Voyez, pour le *canevas*, le dernier numéro,

ce serait trop long ; ensuite je craindrais de t'ennuyer, Je diviserai donc en deux parties ce que je veux te dire : de cette façon, je ne fatiguerai pas ton attention et j'aurai le plaisir de t'écrire une fois de plus.

Aujourd'hui, je vais te nommer seulement les principales fleurs que je me propose de récolter pendant la belle saison ; quand je te verrai, je te donnerai plus d'explications ; et, du reste, je compte bien aussi sur quelques-unes de tes journées de loisir pour venir m'aider ! Tu verras, tu y prendras goût.

Voici ces fleurs :

Je cueillerai des violettes, des pas-d'âne, du bouillon blanc, des coquelicots, des pâquerettes, et cette collection formera la famille des pectorales.

Ma deuxième catégorie comportera les plantes émollientes : mauves, guimauves, pariétaires, etc.

Dans une troisième classe, je placerai la bardane, la patience, le fume-terre et le houblon, qui me serviront comme d'excellents dépuratifs.

Je ferai aussi une provision de plantes anti-spasmodiques : menthe poivrée, sauge, mélisse, camomille, valériane ; puis j'ajouterai les centaurées qui sont fébrifuges, le lierre terrestre, qu'on emploie dans les rhumes et les grippes, le serpolet (ou thym bâtard), si recommandé dans les coqueluches des petits enfants, et le mille-pertuis, dont l'emploi est si efficace dans les brûlures.

Je récolterai encore de la lavande, de la marjolaine et surtout de la bourrache, dont les feuilles et les fleurs sont excitantes.

Enfin, je dépouillerai nos charmants tilleuls de leurs fleurs aux vertus si précieuses dans les digestions pénibles ; et puis, mon beau sureau me laissera aussi cueillir ses larges parasols blancs qui sont sudorifiques ; je l'aime bien, mon sureau, surtout depuis que je sais qu'il contribuera au soulagement des pauvres malades.

Tu vois, ma chère Henriette, comme ma pharmacie sera bien montée. Mais je m'arrête : à la prochaine lettre, la manière de récolter et de conserver.

Adieu, je t'embrasse mille fois.

RENÉE.

COURS ÉLÉMENTAIRE.

Le papillon.

Travail en commun.

Un papillon ! un papillon! Ah! mes enfants, voilà du nouveau. Approchez ; tenez, comme il est gracieux ; voyez ses ailes brillantes qui frémissent au contact de mes doigts. C'est Auguste qui l'a pris, non sans peine. Ne lui faisons pas de mal. Nous le relâcherons. Mais avant, voulez-vous, mes amis, que nous examinions un peu ce petit personnage si coquet et si délicat ?

D'abord, que nous annonce-t-il ? D'où vient-il ? Qu'a-t-il donc fait cet hiver, qu'on ne l'ait vu nulle part ? Cher petit messager du soleil et des beaux jours, sois le bienvenu ! Il nous annonce le retour du printemps. D'où vient-il ? S'est-il, comme les hirondelles, expatrié à l'approche du froid ? Arrive-t-il de lointains rivages ? Non, mes enfants, il y a ici une merveille que je dois vous faire connaître. Ce magnifique papillon provient, vous ne le devineriez pas?... d'une vilaine *chenille !* Il est né d'hier... depuis que les rayons du soleil ont plus de chaleur. C'était un ver hideux. Le bon Dieu en a fait, par sa puissance infinie, une ravissante créature. Ce changement s'appelle *métamorphose*. Le *hanneton* subit aussi une pareille transformation. C'est d'abord un gros vilain ver blanc, qui vit sous terre et dévore tout. Il en est de même de la jolie petite *coccinelle*, la *bête du bon Dieu*, comme vous dites, et du *cerf-volant*, et de beaucoup d'autres !

A quel règne appartient le papillon ? Se nourrit-il ? Vit il ? a-t-il des petits ? oui, il pond des œufs : on dit qu'il est *ovipare*. Les animaux qui font des petits tout vivants s'appellent?... vivipares. Se meut-il ? C'est un *animal*, non un *végétal*, ni un *minéral*, n'est-ce pas ? Mais a-t-il, comme le bœuf, les oiseaux, les reptiles, les poissons, une *épine dorsale*, des *vertèbres ?* Non. Son corps est composé *d'anneaux* distincts, séparés, *coupés* pour ainsi dire. Ces animaux s'appellent des *insectes*.

Ainsi le papillon est un insecte. Il a des ailes. C'est un insecte ailé. Voyez-vous sa *tête*, ses yeux, sa trompe, ses... *cornes ?* Non, cela s'appelle des *antennes*. Voici le *corselet* ou *thorax* ; *l'abdomen* allongé et mou. Le corps est couvert de petits poils, il est... *velu*. Combien d'ailes ? Voyez comment elles sont ? Farineuses et écailleuses. Comptons les pattes ? Six, les deux de devant très-petites. De quoi se nourrit le papillon ? Comment ? Voit-on des papillons le soir ? Quelquefois. Ce sont des papillons *crepusculaires*. Il y en a qui volent la nuit. Ils sont *nocturnes*. Ceux qu'on voit le jour sont *diurnes*. Avez-vous vu des papillons de diverses couleurs ? En présence de toutes ces merveilles de la nature quels doivent être nos sentiments ?

Que veut dire *se brûler à la chandelle comme un papillon ?* De quoi le papillon est-il le symbole ? Chez les anciens il était l'emblème de l'immortalité : Comment cela ?

Résumé de la conversation.

(Le maître dit chaque phrase lentement et la fait répéter successivement à plusieurs élèves, ensuite à tous à la fois).

Les papillons sont des insectes ailés. Ils ont le corps allongé, velu ou couvert d'écailles. Ils ont la tête arrondie, deux antennes épaisses aux extrémités, deux yeux saillants, un abdomen mou et allongé et, au milieu, un corselet ou thorax ovale. Ils ont quatre grandes ailes farineuses ou écailleuses, droites dans le repos. Ils ont six pattes ; les deux de devant sont quelquefois très-courtes. Ce sont des insectes à métamorphose, comme les hannetons, les coccinelles, les cerfs-volants. Tous ces animaux sont ovipares. Sortis de l'œuf ils deviennent des chenilles voraces, puis se transforment en chrysalides. Ils changent plusieurs fois de peau.

Le papillon vole dans les airs ; il va de fleur en fleur ; on le voit dans les prés, dans les jardins. Il ne faut pas faire de mal aux papillons. Ceux qui volent le soir sont des papillons crépusculaires ; ils viennent souvent, les étourdis, se brûler à la chandelle. Ceux du jour sont appelés diurnes ; ceux de nuit, nocturnes.

Il y a des papillons de toutes couleurs : d'un bleu vif avec ronds noirs, d'un jaune de soufre avec des taches orangées, d'autres blancs et roses.

ARITHMÉTIQUE ET SYSTÈME MÉTRIQUE

PROBLÈMES GRADUÉS POUR LES COMPOSITIONS.

COURS SUPÉRIEUR.

1° Multiplier 17.048 par 208.6 et diviser le produit par 12 en cherchant le quotient à un centième près? — Rép. 296.35.

2° Les 100 kilogrammes de farine valent 40 francs; on demande d'après cela combien un boulanger doit vendre le kilogramme de pain, en admettant que le sac de farine de 157 kilogrammes produise 204 kilogrammes de pain, et que la rétribution du boulanger pour la fabrication de cette quantité, soit de 14 francs? — Rép. 0 fr. 376.

Certificats d'études.

(Meuse. 1874.)

I. — *Arithmétique.* — (*Fractions ordinaires.*)

1.— Un ouvrier faisait seul un ouvrage en 10 heures et un autre en 12 heures 1/5. En combien d'heures ces deux ouvriers feront-il l'ouvrage en travaillant ensemble? — Rép. En 5 heures 5/9.

2. — Une fruitière a acheté des poires à raison de 5 pour 10 centimes. En les revendent à 4 pour 15 centimes, elle a gagné 3 fr. 50. Combien de poires a-t-elle vendues? — Rép. 200

3. — On retient à un fonctionnaire, à son entrée en fonctions, le premier mois de son traitement et le vingtième de ce même traitement. Quelle portion lui retient-on ainsi? — Rép. 2/15.

4.— La valeur de l'or est les 31/2 de celle de l'argent. Combien vaut un kilogramme d'or si le kilogramme d'argent vaut 200 francs? — Rép. 3100 francs.

5. — Combien faut-il de litres de lait pour produire 8 kilogrammes 700 grammes de beurre, sachant que le lait donne en beurre 1/20 de kilogramme par litre? — Rép. 174 litres.

II. — *Système métrique.* — (*Mesure des volumes.*)

1.— Quel est le volume d'un cône dont la base a 1m80 de rayon et dont la hauteur est de six mètres? — Rép. 20 m. cub. 357.568.

2. — Quel profondeur faut-il donner à un réservoir cylindrique de 7 mètres de rayon, pour qu'il puisse contenir 3.850 hectolitres d'eau? — Rép. 2m50.

3. — Quel est le poids d'un boulet en fonte, de 0m069 de rayon, la densité de la fonte étant 7.20? — Rép. 9 k. 907

4. — Quel volume de maçonnerie entre-t-il dans un puits ayant 9 mètres de profondeur et un diamètre intérieur de 1m60, l'épaisseur du mur étant de 0m40? Rép. 22 m. c. 619.

5. Un tas de pavés en contient 45 rangées sur la longueur, 25 sur la largeur et 12 en hauteur. Calculer le nombre des pavés? — Rép. 13500.

COURS MOYEN.

I. — *Arithmétique.* — (*Fractions ordinaires.*)

1. — Quel est le prix de 3/2 kilogramme de beurre à 1 fr. 75 c. le kilogramme? — Rép. 2 fr. 62 c.

2. D'une pièce de ruban de 12 mètres il a été vendu 3/4 de mètre, 1/2 mètre, 0m25 et 0m50. — Combien vaut le reste à 3 francs le mètre? — Rép. 30 francs.

3. — Combien est-il dû à un ouvrier pour 8 jours 1/4 et 7 jours 2/3 à raison de 4 francs par jour? — Rép. 63 fr. 66 c.

4. — Un ancien soldat jouit d'une pension annuelle de 480 francs qu'il touche par quarts. Combien reçoit-il chaque fois? — Rép. 120 francs.

5. — Le douzième de mes contributions annuelles est de 48 fr. 75 c. Quel en est le montant total? — Rép. 585 francs.

II. — *Système métrique.* — (*Mesures de poids.*)

1.— La production annuelle d'une ruche est, en miel, de 7 kilogrammes 77 décagrammes et de 2 kilogrammes 20 décagrammes de cire. Le kilogramme de miel vaut 1 fr. 65 c. et le kilogramme de cire 3 fr. 35 c. Calculer ce qu'ont rapporté les 10087 ruches que l'on a comptées dans un département? — Rép. 203.656 fr. 53 c.

2. — Le rendement d'un quintal de betteraves est, en sucre, de 4 kilogrammes 90 décagrammes. Calculer la valeur du sucre produit par le département de Seine-et-Marne, en 1872, sachant qu'il y avait 14.141 hectares ensemencés en betteraves, que le produit moyen d'un hectare a été de 321 quintaux et que le sucre s'est vendu 68 francs le quintal? — Rép. 15.124.817 fr. 65.

3. — Facture d'un boucher. Bœuf : 3 kilogrammes 50 grammes, 6 kilogrammes 8 hectogrammes à 1 fr. 70 c. le kilogramme; veau : 2 kilogrammes 60 grammes, à 1 fr. 65 c.; mouton : 800 grammes à 1 fr. 60 c. Total? — Rép. 21 fr. 41 c.

4. — La paille de blé se vendant 4 fr. 40 c. le quintal, combien vaut une botte qui pèse 6 kilogrammes 1/2? — Rép. 0 f. 286.

5. — Une bouteille vide pèse 1 kilogramme 500. On l'emplit d'huile d'olive et le poids total est de 6 kilogrammes 40 grammes. Pour combien contient-elle d'huile, à raison de 3 francs le kilogramme? — Rép. 13 fr. 62 c.

COURS ÉLÉMENTAIRE.

I. — *Arithmétique.* — (*Soustraction et addition.*)

1. — Les jeunes gens tirent au sort à 20 ans. Quand sont nés les conscrits de 1875? — En 1855.

2. — Un locataire qui loue toute une maison 3,540 francs, la sous-loue à 3 personnes aux prix suivants : 1.240 francs; 1.965 francs et 865 francs. Quel est son bénéfice? — Rép. 530 francs.

3. — Un ouvrier a versé à la caisse d'épargne 45 francs ; 78 francs ; 245 francs ; 86 francs. Il en a retiré 125 francs et 48 francs. Quel est son capital placé? — Rép. 281 francs.

4. — A la fin du trimestre un chef de maison va payer ses fournisseurs. Il prend 4,500 francs. Combien doit-il rapporter s'il a payé au boulanger 1.845 francs; au boucher 1,760 francs; au mar-

chand de vin 672 francs et à l'épicier 125 francs? — Rép. 98 francs.

5. — Combien redoit-on sur un mémoire de 4.645 francs dont ont payé 2.500 francs et 320 francs ; — Rép. 1.817 francs.

EXAMENS DU BREVET DE CAPACITÉ.

ACADÉMIE DE LYON.

(Départements du Rhône, de la Loire, de Saône-et-Loire et de l'Ain.)

ASPIRANTES. — BREVET DE SECOND ORDRE.

(1re session de 1875.)

1° *Epreuve d'orthographe.*

Les Tombeaux aériens.

La jeune mère se leva, et chercha des yeux, dans le désert embelli par l'aurore, *quelque* arbre sur les branches duquel elle *pût* exposer son fils. Elle choisit un *érable* à fleurs rouges, et qui *exhalait* les parfums *les plus suaves*. D'une main elle *en* abaissa les rameaux inférieurs, de l'autre elle y plaça le corps de son enfant ; laissant alors échapper la branche, la branche retourna à sa position naturelle, en emportant la dépouille de l'innocence, cachée dans un feuillage odorant. Oh ! que cette coutume indienne est touchante ! Dans leurs tombeaux aériens, ces corps, pénétrés de la substance *éthérée*, enfoncés dans ces touffes de *verdure* et de *fleurs*, rafraîchis par la rosée, embaumés par les *brises*, balancés par *elles* sur la même branche où le rossignol *a bâti* son nid et fait entendre sa plaintive mélodie, ces corps ainsi exposés ont perdu toute la laideur du sépulcre. Mais si *c'est* la dépouille d'une jeune fille *que* la main de son fiancé *a suspendue* à l'arbre de la mort ; si *ce sont* les restes d'un enfant chéri *qu'*une mère *a placés* dans la demeure des petits oiseaux, le charme redouble encore. Arbre américain, *qui*, portant des corps dans tes rameaux, les *éloignes* du séjour des hommes, en les rapprochant de celui de Dieu, je me suis arrêté en extase sous ton ombre ! Dans ta sublime allégorie, tu me montrais l'arbre de la vertu : ses racines croissent dans la poussière de ce monde ; sa cîme se perd dans les étoiles du firmament, et ses rameaux sont les seuls échelons par où l'homme, voyageur sur ce globe, puisse monter de la terre au ciel.

2° *Questions et explications.*

1. *Quelque*, au singulier, dans le sens de *quelconque?* — 2. *Elle pût*. Pourquoi ce verbe est-il au mode subjonctif? Le subjonctif est le mode qui marque les faits douteux ou d'un résultat éventuel. « La jeune mère *chercha* un arbre sur les branches duquel elle pût exposer son fils. » Elle n'était point sûre de trouver ; le résultat d'une recherche est toujours *incertain*. — Pourquoi a-t-on employé le temps imparfait du mode subjonctif? — En supprimant la cause du mode subjonctif, en remplaçant, par exemple, le verbe *chercha* par le verbe *trouva*, qui ne laisse plus subsister d'incertitude, on aurait : « La jeune mère *trouva* un arbre sur les branches duquel elle *pouvait* exposer son fils. » Or, à l'imparfait de l'indicatif correspond l'imparfait du subjonctif. — *Remarque*. Lorsque l'on veut justifier l'emploi d'une des formes du subjonctif, il faut toujours, comme ici, motiver d'abord l'emploi du *mode*, puis celui du *temps*. Pour l'explication du *temps*, il vaut mieux, comme nous l'avons fait, se servir de la *concordance* des temps du subjonctif avec ceux de l'indicatif et du conditionnel que de la théorie qui fait dépendre l'emploi du temps du mode subjonctif du temps employé dans la proposition principale.

3. *Erable*, arbre de la famille des acérinées, qui croît en Europe, dans les parties tempérées de l'Asie, le nord de l'Inde et l'Amérique septentrionale.

4. *Exhalait*, laissait échapper *hors de* lui. Etymologie de ce mot ? — *Ex*, hors, *halare*, souffler, rendre une odeur. Sens du préfixe *e, ex, ef?* *Econduire* (conduire au dehors, éloigner avec ménagement, renvoyer, refuser) ; *éliminer* (de *limen*, seuil, mettre hors du seuil, faire sortir de, renvoyer) ; *émaner* (de *manare*, couler); *énorme* (de *norma*, règle, modèle), *exclure*, *exhumer* (de *humus*, terre) ; *ébrancher*, *épuiser*, etc. — 5. *Les plus suaves*. Analysez cette forme ? Adjectif au superlatif. — 6. *En*, nature et fonction de ce mot? Pronom personnel, représentant érable, et complément déterminatif de *rameaux*.

7. *Substance éthérée*. L'air le plus pur.

Différents sens du mot *éther?* de *aithô*, brûler. 1° L'air le plus pur et le plus dilaté, celui qui est dans les régions supérieures de l'atmosphère ; 2° par extension, les espaces célestes ; 3° terme de physique : fluide invisible et impondérable, éminemment élastique, que beaucoup de physiciens supposent être la cause des phénomènes de la chaleur, de la lumière et de l'électricité ; 4° terme de chimie : liquides très-volatils, inflammables, qu'on obtient par la distillation d'un acide mêlé avec l'alcool.

8. *Touffes de verdure et de fleurs*. Expliquez le singulier de verdure et le pluriel de fleurs? — 9. *Brises*, vents frais et doux. — 10. *Elles*, accord avec brises. — 11. *A bâti*. Analysez ce verbe et expliquez l'orthographe de ce participe? Quelle est la cause de l'accent circonflexe? *Bâtir* s'écrivait autrefois *bastir*. De bâtir s'est formé *bastion*, *bastille*, château fortifié. *Bâtir* a le même radical que *bâton* et *bât*, c'est-à-dire l'idée de *soutenir*, de *porter*.

12. Analysez grammaticalement cette phrase : « Mais si c'est la dépouille d'une jeune fille que... : si ce sont les restes d'un enfant chéri qu'une mère... »? *Ce*, placé devant le verbe être et précédant ainsi un substantif, un pronom ou un verbe, appelle particulièrement l'attention sur ces mots. *Ce* est sujet du verbe ; c'est lui, par conséquent, qui doit régler l'accord ; cependant il n'y aurait pas d'irrégularité, dit M. Littré, à considérer, par inversion, le nom qui suit comme sujet, de sorte que le verbe peut s'accorder, à volonté, avec *ce* ou avec le nom. C'est ce que faisait l'ancienne langue, qui disait aussi bien : *c'estes vous* que *c'est vous*. Mais l'usage moderne

a établi certaines règles à cet égard, qu'il faut connaître et observer.

Ainsi, lorsque le mot placé immédiatement après le verbe *être* est à la fois de la troisième personne et du pluriel, c'est-à-dire quand c'est un substantif pluriel ou les pronoms *eux*, *elles*, le verbe se met lui-même au pluriel : « Ce sont de très-honnêtes gens. » « Ce furent les Français qui assiégèrent la place. » (Académie.) Alors le verbe paraît ne plus s'accorder avec son sujet, mais avec l'attribut. C'est une vaine apparence ; il y a simplement inversion. C'est comme si l'on disait : de très-honnêtes gens sont ce (dont il s'agit). Les Français qui assiégèrent la place furent-*ce* (dont je parle). Quelques écrivains ont mis dans ces phrases le verbe au singulier, quoique le nom suivant fût au pluriel. On trouve ainsi dans une lettre de Mme de Grignan : « Des reproches à une tigresse, *c'est* des marguerites devant des pourceaux. » Dans Fénelon : « *C'est elles* (ces femmes) qui l'ont accompli (votre vœu). » Dans Voltaire : « Ce *n'était* plus ces jeux, ces festins et ces fêtes. » Dans Massillon : « Ce *n'est* pas les vaines distinctions que l'usage y attache. » Nous avons fait voir, dans un des numéros précédents (1), qu'il y avait une certaine nuance entre les deux expressions, selon que le verbe est employé au pluriel ou au singulier ; mais le singulier, avec un nom pluriel, n'étant plus généralement accepté aujourd'hui, les élèves devront éviter cette forme.

Comme complément de l'étude de cette règle de l'accord du verbe *être* précédé de *ce*, les maîtres pourront faire expliquer à leurs élèves l'orthographe des phrases suivantes : « L'aliment de l'âme, *c'est* la vérité et la justice. » (Fénelon.) « *Est-ce* les sons graves de l'orgue que j'entends ? » (Châteaubriand.) « *Seraient-ce* ses maîtres qui l'auraient façonné ? » (Saint-Marc Girardin.) « Il n'y aura que trop d'intérêts qui diviseront les hommes dans la même société, *ne fût-ce que* ceux de la fortune. » (Bernardin de Saint-Pierre.) « *C'est* des contraires que résulte l'harmonie du monde. » (*Id.*) « *C'est* quatre heures qui sonnent. » « *C'est* trente francs que vous me devez. »

13. Expliquez l'orthographe des participes passés, *suspendue* et *placés*, dans la phrase qui vient d'être analysée ? Accord avec les compléments directs qui précèdent : *que*, mis pour *dépouille*, et *qu'*, mis pour *restes*.

14. *Eloignés*, seconde personne du singulier, ayant pour sujet *qui*, dont l'antécédent est le substantif *arbre*, mis en apostrophe. Rappelez à ce propos les principaux cas de l'accord du verbe avec *qui*, employé comme sujet. Exemple :

« N'êtes-vous plus cet Ulysse *qui a combattu* tant d'années contre les Troyens ? »

« . . . . . Je suis, dit-on, un orphelin,
Entre les bras de Dieu jeté dès ma naissance,
Et *qui* de mes parents *n'eus* jamais connaissance. »
(Racine.)

« Je suis la vérité, qu'on invoque toujours,
Et *qui* pourtant *n'a* point d'asile. »
(François de Neufchâteau.)

(1) Numéro 6, du 7 février 1875.

« Voici, messieurs, une des actions de sa vie *qui est* si belle et si extraordinaire que je ne puis me résoudre à la passer sous silence. » (Fléchier.)

« Nous combattrons pour un des héros grecs *qui ont* renversé la ville de Priam. » (Fénelon.)

2° *Rédaction.*

Abjuration de Henri IV.— Son entrée dans Paris.

3° *Arithmétique.*

I. Faire voir comment les diverses unités du système métrique se rattachent au mètre.

II. On a allié 4835 grammes d'argent pur et 25 hectogrammes de cuivre ; combien faut-il ajouter d'argent pur à cet alliage pour qu'on puisse en faire des pièces de 5 francs? Faire connaître le nombre de ces pièces.

Solution.

Le titre des pièces de 5 francs est de 0,900. Le cuivre qui entre dans leur composition représente donc les 0,100 ou 1/10 de leur poids.

D'après l'énoncé du problème, la quantité de cuivre alliée aux 4835 grammes d'argent pur ne doit pas changer. Cette quantité, 25 hectogrammes, ou 2500 grammes, représente donc le 1/10 du poids total de l'alliage que l'on obtiendra quand on aura ajouté la quantité d'argent nécessaire pour amener l'alliage primitif au titre des pièces de 5 francs.

Si le 1/10 du poids total de l'alliage définitif est 2500 grammes, ce poids sera donc 2500 gr. $\times$ 10 $=$ 25000 gr., et il contiendra, d'argent pur :

$$25000 - 2500 = 22500 \text{ gr.}$$

Il faudra donc, par conséquent, aux 4835 grammes d'argent pur de l'alliage donné, ajouter :

$$22500 - 4835 \text{ gr.} = 17665 \text{ gr. d'argent pur ;}$$

et le nombre de pièces de 5 francs que l'on pourra fabriquer sera $\frac{25000}{5} = 5000$.

DICTÉES.

I.

COURS SUPÉRIEUR.

Les jardiniers du cœur.

Que diriez-vous, mes enfants, d'un jardinier qui laisserait les chenilles et les colimaçons courir sur les fleurs et les fruits du jardin, sans essayer de *les en* éloigner? qui ne ferait rien pour garantir les cerises et le raisin, les prunes et les pêches, des mouches et des guêpes et des coups de bec des pierrots? Vous diriez : « Voilà un jardinier qui veut que nous n'ayons rien de bon à tirer du jardin. » *Eh bien!* vos défauts, quand on les laisse en paix, ce sont les chenilles, les colimaçons, les mouches, les guêpes et les pierrots de votre caractère. Si on ne les chasse pas, ils *y* laisseront chacun leurs marques, leurs laides *empreintes*, leurs piqûres, leurs cicatrices, que rien ne pourra plus jamais faire disparaître.

Le papa *ou* la maman qui, par faiblesse, ne *font* pas à tous ces défauts une chasse sévère, sont, sans le savoir, de mauvais jardiniers du cœur et de l'esprit de leurs petits enfants, *et*, *bien* contre leur gré, ils font l'affaire des mouches, des colimaçons, des pierrots *parasites*, l'affaire des défauts, leurs ennemis, mieux que celle de leurs enfants, que pourtant ils adorent.

Questions et explications.

1. Rendez compte des signes de ponctuation.
2. *Que diriez-vous?* Analysez ces trois mots. — Détruisez l'inversion : *vous diriez que, quoi?* Le pronom *que*, est, ici, un pronom *interrogatif :* il a un emploi particulier, qui est de marquer l'interrogation. — 3. *De les en éloigner.* Analysez *les? En?* Le mot *en* vient du latin *inde* et il sert à marquer le point de départ : j'*en viens*, j'*en sors*, de là, de cet endroit. *De les en éloigner*, *en* est ici un véritable adverbe qu'on retrouve dans *s'en aller*, *s'en tirer*, *s'enfuir*. Qu'est-il dans : *en France, en marchant?* Préposition. Et dans j'*en parlerai*? Pronom. D'une chose on dit : j'*en prends soin.* D'une personne : *je prends soin d'elle.* Cette distinction n'a pas un caractère absolu. Il est bon pourtant de la connaître et plus sûr de l'observer.
4. *Ils y laisseront. Y*, adverbe de lieu modifiant *laisseront.* Qu'est-il dans j'*y pense?* — 5. *Empreintes*, impression, marque ; du verbe *empreindre.* Distinguer *emprunter*, *emprunt*, *emprunteur.* — 6. *Le papa ou la maman qui ne font.* Pourquoi *font* et non *fait?* Les sujets sont pourtant réunis par *ou*, et le verbe devrait s'accorder avec le plus près, avec *maman*? L'accord avec le dernier sujet exprimé a lieu quand l'un semble exclure l'autre : La peur ou la misère lui a fait commettre cette faute. C'est l'une ou l'autre. *Le papa ou la maman qui ne font.* L'action est commune aux deux. Il n'y a pas exclusion : le pluriel est logique.
7. *De mauvais jardiniers* et non *des mauvais jardiniers.* Lorsque le nom est précédé d'un adjectif, on supprime l'article, on emploie simplement *de. Voilà de braves gens, d'honnêtes personnes.* L'article reparaît si l'adjectif ne fait qu'un avec le substantif : *Dire des bons mots, manger des petits-pâtés, ce sont des jeunes gens.* — 8. *Eh bien! et, bien.* Rapprocher ces deux expressions et les analyser pour en expliquer la différence d'orthographe.
9. *Parasites*, qui vivent aux dépens d'autrui. Citez une plante parasite? Le gui. Un animal parasite? Le pou, la puce. Quand dit-on d'un homme : c'est un *parasite*? On dit cela d'un homme qui aime à manger chez les autres. Étymologie : *para*, au près, *sitos*, aliment. Le préfixe grec *para* (au près, contre, au delà) se retrouve dans les mots *parapluie*, *paraphrase*, *paronyme* (mot qui a du rapport avec un autre : *abstraire*, *distraire*), *parachronisme* (erreur de date) *paragraphe*, *paradoxe* (para, contre, *doxa*, opinion).

II.

COURS MOYEN.

La nature abandonnée à elle-même.

Les pièces d'eau se changent en marais; les murs de charmille se hérissent, tous les berceaux *s'obstruent*, toutes les avenues se ferment, les végétaux naturels à chaque sol déclarent la guerre aux végétaux étrangers ; les chardons étoilés étouffent sous leurs larges feuilles les gazons anglais ; des touffes épaisses de *graminées* et de trèfles se réunissent autour des arbres de Judée; les ronces y grimpent avec leurs crochets comme si elles montaient à l'assaut.

Les arbres *même* assiégent le château ; les cerisiers sauvages, les ormes, les érables montent sur ses *combles*, enfoncent leurs longs *pivots* dans ses *frontons* élevés et dominent enfin sur ses *coupoles orgueilleuses*.

BERNARDIN DE SAINT-PIERRE.

Questions et explications.

1. *S'obstruent*, se bouchent. Substantif *obstruction*, engorgement. — 2. Quels sont ces verbes se *changent*, se *hérissent*, se *ferment? Pronominaux* ou *réfléchis*. — 3. *Graminées*, de la nature du *gazon*. — 4. *Même*, aussi, mêmement : adverbe invariable. Rappelez la règle de *même?* — 5. *Assiégent.* Pourquoi accent aigu? Les verbes en *éger?...* — *Sur ses combles*, sur le faîte.
7. *Pivots.* D'où vient le *t? Pivoter*, tourner. — 8. *Frontons*, ornements le plus souvent triangulaires, placés sur la façade, au *front* d'un monument. La façade principale est le *frontispice.* Composés de *front : effronté, effrontément.* — *Coupoles orgueilleuses*, ses dômes, qui semblent s'élever avec orgueil.
10. *Bernardin de Saint-Pierre*, écrivain français (1737-1814), fit de nombreux voyages, et à son retour en France, publia *Paul et Virginie*, la *Chaumière indienne*, les *Études de la nature*, etc.

Travaux agricoles du mois d'avril.

Le mois d'avril est un mois de sacrifices pour le cultivateur. Il va être obligé de confier à la terre une partie des produits qu'il a recueillis en automne pour assurer la récolte prochaine. Ainsi il plantera les pommes de terre ; il sèmera les luzernes, les sainfoins, les trèfles, les vesces et autres plantes fourragères. C'est aussi le temps de semer la moutarde blanche, les betteraves, le houblon. On donnera un premier binage aux plantes semées en mars et on fera le premier labour des jachères. C'est à cette époque aussi qu'on interdit le pâturage des prairies pour laisser croître l'herbe qui doit être fauchée.

III.

COURS ÉLÉMENTAIRE.

L'approche du printemps.

(Sur le verbe.)

Le froid *diminue* de jour en jour. Les rayons du soleil *sont* plus chauds. L'air *devient* serein. Les semences *commencent* à pousser. Les branches, qui *paraissaient* mortes, *s'ornent* de tendres bourgeons. On *voit* déjà les feuilles vertes des lilas. A la violette, aux primevères, *vont s'ajouter* des fleurs nouvelles. Les jardins *s'embellissent*, la terre *reprend* tous ses ornements, les oiseaux *chantent* dans les branches des arbres. Adieu la neige et les frimas, la glace et les gelées blanches; *vive* le soleil! *vive* le printemps!

(Souligner les verbes. Trouver les sujets, les compléments et rappeler la règle d'accord du verbe.)

LE LIVRE.

Petit, bon espoir, bon courage,
Surmonte les premiers dégoûts.
Ce n'est qu'au terme du voyage
Qu'on goûte les fruits les plus doux.

Le maître qui t'enseigne à lire,
Met dans tes mains une clef d'or.
C'est la clef d'un magique empire
Que ta jeune âme ignore encor.

Apprends ce que c'est qu'un bon livre :
Un ami qui nous aide à vivre;
Un consolateur dans nos maux;

Un conseiller tendre et sévère,
Qui nous dicte le bien à faire.
Enfants, épelez bien les mots (1).

EXERCICES DE STYLE.

I.

COURS SUPÉRIEUR.

Troisième lettre

Sur l'utilité des plantes.

Voici, ma chère Henriette, la dernière lettre que je t'écris au sujet de ma pharmacie. Je vais terminer en te donnant la manière de récolter les plantes, les fleurs, les feuilles et les racines, et aussi les moyens de les conserver : ce dernier point est le plus important.

Ecoute bien, afin d'être plus apte à m'aider, quand tu viendras. Pour cueillir les fleurs, on choisit le moment où elles sont riches en parfums, c'est-à-dire le temps de leur épanouissement.

Quand les fleurs sont détachées des tiges, il faut les faire sécher sur des claies, mais ni dans un lieu trop humide, ni au soleil : dans le premier cas, elles pourraient s'altérer, pourrir; dans le second, le soleil absorberait leurs essences aromatiques. On doit les déposer dans un lieu sec, demi-obscur, et à une température de 15 à 20 degrés.

Ici, j'ai à t'indiquer une précaution très-importante à prendre. Lorsque les fleurs sont desséchées, elles sont ordinairement difficiles à reconnaître; il faut donc avoir soin d'étiqueter les sacs où elles sont déposées : de cette façon on ne risque pas de commettre d'erreurs. Pour les feuilles, leur dessiccation rapide demande moins de précautions : elle s'opère à l'air libre.

Quant à la récolte des racines, voici les meilleures conditions qu'elle réclame : elle doit se faire au printemps pour les plantes vivaces, à l'automne de la seconde année pour les plantes bisannuelles, et à l'époque de la floraison pour les plantes annuelles.

Pour qu'une racine soit bonne à récolter, il faut qu'elle soit moyenne, gonflée de sucs, exempte de piqûres de vers, de moisissures, en un mot de toute altération. Lorsque les racines sont arrachées, on en enlève le chevelu, on les lave, on les essuie avec soin, on les coupe par tronçons, ou, si elles sont féculentes, spongieuses, on en fait des rouelles minces que l'on met en chapelets; puis on les fait sécher sur des claies, à l'air libre ou au four.

Enfin, quelle que soit la nature des racines, quand elles sont entièrement sèches, on en fait de petites bottes qu'on renferme dans des sacs de papier gris, pour les déposer, de même que les fleurs et les feuilles, dans un lieu sec, à l'abri de la poussière et de l'humidité.

Voilà, ma chère Henriette, la besogne que je me propose de faire aux saisons prochaines; elle exige un peu de précaution, des soins et beaucoup de bonne volonté; mais on est bien récompensé de sa peine, quand, pendant l'hiver, on peut distribuer quelques remèdes de sa composition aux pauvres malades.

Adieu, chère amie.

En attendant le bonheur de te voir, je t'embrasse comme je t'aime, c'est-à-dire de tout mon cœur.

RENÉE S... (1).

II.

COURS MOYEN ET COURS ÉLÉMENTAIRE.

Les fêtes de l'année.

Causerie préliminaire.

Dans quel *mois* était *Pâques*, cette année, mes enfants? Le *combien* de mars? Quel *jour* de la semaine? Est-ce *toujours* ainsi un *dimanche?* Est-ce une fête *fixe* ou *mobile?* Quand peut arriver, *au plus tôt*, la fête pascale? Le 22 mars. Et *au plus tard?* Le 25 avril. — Comment est-elle fixée? Pâques est toujours le premier dimanche après la première pleine lune qui suit le 20 mars. Quel événement célèbre l'Eglise ce jour-là? Comment s'appelle la semaine qui précède Pâques? Quel souvenir rappelle le *vendredi saint?* le *jeudi saint?* Comment appelez-vous le *dimanche d'avant Pâques?* Et celui *d'avant les Rameaux?* Et le dimanche qui est à peu près 40 *jours avant Pâques?* C'est la *Quadragésime* ou le *premier dimanche de carême*. Comment s'appelle le *mercredi* de la semaine précédente? Et le *mardi?* Et le *dimanche d'avant? Quinquagésime* ou *dimanche gras*. C'est... combien de jours avant Pâques? 49. *Quinquagésime* veut dire?... cinquantième jour. Et *Sexagésime?* Et *Septuagésime?* Répétez le nom de ces fêtes depuis la *Septuagésime* jusqu'à *Pâques?* Et le *dimanche qui suit Pâques*, comment s'appelle-t-il? La *Quasimodo*. C'est par ces mots *quasi modo* que commence la messe de ce jour. Et l'*Ascension*, combien de jours après Pâques? 40 jours. Quel souvenir rappelle cette fête? Comment s'appellent *les trois jours d'avant*

(1) *La Poésie de l'école*, par M. Durand, inspecteur d'académie à Angers.

(1) Ces trois lettres sur l'utilité des plantes nous ont été communiquées par M. Tremblay, instituteur à La Ferté-Alais (Seine-et-Oise).

l'Ascension? Les *Rogations*. Cela veut dire?... *Prières*. Ce sont des prières publiques, des processions que l'on fait pendant trois jours dans la campagne pour appeler la bénédiction de Dieu sur les biens de la terre. Et *dix jours après l'Ascension*, quelle est cette fête? La *Pentecôte*. Combien de jours après Pâques? 50. Que rappelle cette fête? Que veut dire le mot *Pentecôte*? Le *cinquantième* jour. Quel est le *dimanche qui suit la Pentecôte*? La *Trinité*. Que rappelle ce mot? Et le *jeudi qui suit*, quelle est cette fête? La *Fête-Dieu*. Qu'est-ce que les *Quatre-Temps*? Ce sont des jours de jeûne. A quoi correspondent-ils? Aux quatre saisons. Quels sont ces jours de jeûne? Les *mercredis*, *vendredis* et *samedis* après les Cendres, la Pentecôte, le 14 septembre et le 13 décembre. Répétez les noms des fêtes qui suivent Pâques? Ces fêtes qui dérivent de la fête de Pâques et qui ne tombent pas tous les ans, le même jour, sont donc des fêtes... *mobiles*. Pâques est lui-même une fête... *mobile*. Et des fêtes qui sont le même jour chaque année? des fêtes *fixes*. En connaissez-vous? Dernièrement, le 25 mars, quelle était cette fête? L'*Annonciation*. Expliquez ce mot? Et le 1er janvier, quelle est cette fête? La *Circoncision*. Et le 6 janvier? L'*Epiphanie*, ou les *Rois*. Le 2 février? La *Purification* ou *la Chandeleur*. Cette fête rappelle la Présentation de Jésus au temple et la Purification de la Vierge. On l'appelle ainsi parce que les assistant portent et font bénir des cierges, des *chandelles* de cire. Et le 24 juin, c'est?... La *Saint-Jean-Baptiste*. Le 15 août, L'*Assomption*. Le 8 septembre? La *Nativité de la Vierge*. Le 1er novembre? La *Toussaint*. Le 25 décembre? *Noël*. Et l'*Avent*, qu'entend-on par ce mot? Ce sont les quatre dimanches qui précèdent Noël. Et le *Carême*? Les 40 jours d'avant Pâques.

Travail personnel.

Chacun de vous, mes enfants, va me faire une ou plusieurs phrases sur les mots que je vous indiquerai. A vous, Ernest? *Pâques?* — Ernest. Pâques est une grande fête établie en l'honneur de la résurrection de Notre Seigneur Jésus-Christ. Pâques était, cette année, le 28 mars. Cette fête tombe toujours un dimanche, mais elle arrive tantôt en mars, tantôt en avril : au plus tôt, le 22 mars; au plus tard, le 25 avril. C'est donc une fête *mobile*. Beaucoup de fêtes sont fixées d'après celle de Pâques. Ce sont aussi des fêtes *mobiles*. Les autres fêtes qui arrivent chaque année, le même jour, sont des fêtes *fixes*. — A vous, Jules. *Semaine sainte?*

Nous laissons aux maîtres le soin d'achever cet exercice qui, on le voit, a pour but de *faire parler* les jeunes élèves et de les habituer à réfléchir. Quand ils auront ainsi appris à s'exprimer de vive voix, simplement et correctement, ils aborderont sans difficulté, à son heure, le style écrit.

Nous indiquerons les *mots-idées* qui, dictés aux élèves des deux autres cours, peuvent fournir le texte d'une rédaction, dont la lecture, faite en commun, intéressera la classe entière.

Canevas. — Pâques. La Semaine sainte. Les Rameaux. La Passion. La Quadragésime. Les Cendres. Le Mardi gras. La Quinquagésime. La Sexagésime. La Septuagésime. La Quasimodo. L'Ascension. Les Rogations. La Pentecôte. La Trinité. La Fête-Dieu. Les Quatre-Temps. Fêtes mobiles et fêtes fixes. La Circoncision. L'Epiphanie. La Chandeleur. La Saint-Jean-Baptiste. L'Assomption. La Toussaint. Noël. L'Avent. Le Carême.

ARITHMÉTIQUE ET SYSTÈME MÉTRIQUE.

PROBLÈMES GRADUÉS POUR LES COMPOSITIONS.

COURS SUPÉRIEUR.

Certificats d'études.

1° Diviser 1 par 7,75, et prendre la moitié du quotient poussé jusqu'à moins d'un cent millième? — Rép. 0,06451.

2° Une boîte a 1m50 de haut, 0m71 de large et 0m80 de long, à l'intérieur. On demande quelle sera la hauteur de la partie vide quand on aura versé le contenu de 5 sacs de blé de chacun 1 hectolitre 12? — Rép. 0m274. (Meuse, 1874.)

I. — *Arithmétique.* — *Nombres décimaux.*

1. — Soit un chemin de fer allant de la terre au soleil et un train de grande vitesse faisant 15 lieues, à l'heure ou 360 lieues par jour. Combien faudrait-il d'années de 365 jours 1/4 pour aller de la terre au soleil, la distance étant de 24.000 rayons terrestres et le rayon de la terre valant 1594 lieues? — Rép. 290 ans.

2. — Une pièce d'or de 20 francs pèse 6 grammes 45161 ; elle contient les 0,9 de son poids en or pur et le reste en cuivre. Quel est le poids de l'or et celui du cuivre qu'elle contient? — Rép. Or 5 gr. 806449. Cuivre 0 gr.645161.

3. — La vraie valeur de π (rapport de la circonférence au diamètre) est 3,1415926. Le rapport trouvé par Archimède est 22/7. Celui de Métius est 355/113. Celui de Rivard, 333/106. A quelle décimale chacun de ces trois rapports diffère-t-il du rapport vrai? — Rép. Celui d'Archimède diffère à la 3e décimale (3,1428). Celui de Métius, à la 7e (3,1415920). Celui de Rivard, à la 5e (3,14150).

4. — Dans la pratique on prend 3,1416 pour rapport de la circonférence au diamètre. Une circonférence ayant 23m562, trouver le rayon de cette circonférence? — Rép. 3m75.

5. — La durée véritable de l'année est de 365 jours, 242227. Dans le calendrier Julien on la supposait de 365 jours 1/4. Exprimer, en fraction à deux termes, l'erreur commise : 1° par an, 2° en 400 ans? — Rép. 1° 4773/1.000.000; 2° 31.092/10.000 (ou 3 jours, 1092).

II. — *Système métrique.* — (*Cubage*).

1. — Un seau a la forme d'un tronc de cône. Les rayons des deux bases ont 0m30 et 0m40, et la profondeur est de 0m36. Quelle est la capacité du seau? — Rép. 139 litres 48.

2. — Quel est, en centimètres cubes, le volume d'une règle ayant 0m65 de longueur sur 0m03 de largeur et 0m001 d'épaisseur? — Rép. 19 centimètres cubes 5.

3. — Un dortoir a 25 mètres de longueur, 7m50 de largeur et 4 mètres de hauteur. Combien peut-il contenir de lits si chaque élève doit avoir, suivants les règlements, 15 mètres cubes d'air ? — Rép. 50.

4. — Quelle quantité de blé y a-t-il dans une caisse ayant 2.85 de longueur, 0m80 de largeur et 8m75 de profondeur ? — Rép. 17 hectolitres 10 lit.

5. — Quelle longueur doit avoir un tas de pierres de mètres de largeur et de 2 mètres de hauteur pour que le volume soit de 24 mètres. — Rép. 4 mètres.

COURS MOYEN.

Arithmétique. — (Fractions ordinaires.)

1. — Combien est-il dû à un ouvrier pour 25 journées 3/4 à raison de 4 fr. 50 la journée ? — Rép. 115 fr. 87 cent.

2. — On a vendu le tiers d'une pièce de vin 40 francs. Combien vaut le reste, au même prix ? — Rép. 80 francs.

3. — 2 ouvriers ont fait ensemble un travail qui leur a raqporté 120 francs. Le 1er y a employé 10 jours 1/4 et le 2e 13 jours 3/4. Combien chacun doit-il recevoir ? — Rép. 1er, 51 fr. 25 ; 2e 68 fr. 75 c.

4. — Un demi-litre d'eau-de-vie est acheté 1 fr. 90 ; à combien revient le quart ? — Rép. 0 fr. 60.

5. — Combien faut-il acheter de bouteilles d'une contenance de 2/3 de litre pour soutirer une pièce de vin de 240 litres ? — Rép. 360.

COURS ÉLÉMENTAIRE.

Arithmétique. — (Multiplication.)

1. — Combien y a-t-il de jours dans trois années — Rép. 1095.

2. — Combien 13 douzaines d'assiettes font-elles d'assiettes ? — Rép. 156.

3. — En 1874 il a été vendu aux Halles centrales de Paris 3.26.835 poulets au prix moyen de 3 fr. l'un. Calculer le montant total de cette vente ? — Rép. 9.688.505 francs.

4. — Une personne s'est acquitée d'une dette en 12 paiements de chacun 1248 francs. Combien devait-elle ? — Rép. 14.976 francs.

5. — Faire le total de la facture suivante : 4 pantalons à 32 francs l'un ; 8 gilets à 15 francs ; 5 habits à 72 francs et 4 chapeaux à 16 francs ? — Rép. 672 francs.

EXAMENS DU BREVET DE CAPACITÉ.

ACADÉMIE DE LYON.

Départements du Rhône, de la Loire, de Saône-et-Loire et de l'Ain.

(1re session de 1875.)

ASPIRANTS.

Brevet facultatif.

1re SÉRIE.

1° *Arithmétique.*

Donner la théorie de la racine carrée sur l'exemple suivant : 1234567.

2° *Géométrie.*

Calculer la surface de la figure AB O CD, dont on connaît les deux côtés parallèles AB et CD, et leur distance E F.

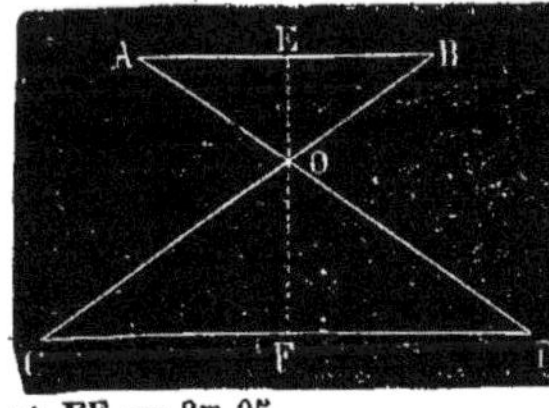

Donner la formule et l'appliquer aux nombres suivants : AB = 1,25 CD = 4m,17 et EF = 3m,05

Solution (1).

La surface à calculer se compose des deux triangles COD et AOB ; de plus, la distance EF étant per-

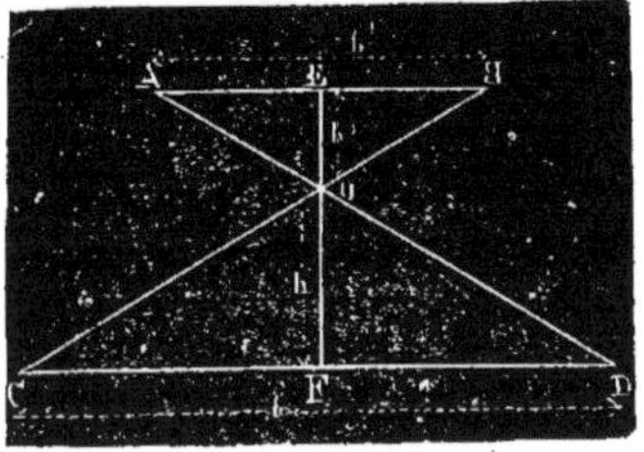

pendiculaire à CD et à AB, représente la somme des hauteurs des deux triangles.

Or, les lignes partant du sommet de l'angle O, ou les prolongements de ces lignes, sont coupés proportionnellement par des parallèles.

Nous aurons donc, en appelant b la base du triangle COD et h sa hauteur, b' la base du triangle AOB et h' sa hauteur, et enfin d la distance EF :

1° $$\frac{b}{b'} = \frac{h}{h'} = \frac{h}{d-h};$$

$$bd - bh = b'h;$$

$$h = \frac{bd}{b+b'};$$

et surface $$\text{COD} = \frac{b^2 d}{2(b+b')}. \quad (1)$$

2° $$\frac{b}{b'} = \frac{h}{h'} = \frac{d-h'}{h'};$$

$$bh' = b'd - b'h';$$

$$h' = \frac{b'd}{b+b'};$$

et surface $$\text{AOD} = \frac{b'^2 d}{2(b+b')}. \quad (2)$$

Faisant la somme des formules (1) et (2), on a :

$$\text{surface ABOCD} = \frac{b^2 d + b'^2 d}{2(b+b')} = \frac{d(b^2+b'^2)}{2(b+b')}. \quad (3)$$

(1) Une confusion de formules 'a fait imprimer dans le dernier numéro (Solution du problème d'arithmétique), $\frac{25000}{5} = 5000$ au lieu de $\frac{25000}{25} = 1000$.

Et cette dernière formule nous fait voir que la surface cherchée est égale au produit de la distance entre les parallèles par la somme des carrés de ces parallèles, divisé par la double somme de ces mêmes parallèles.

Remplaçant les lettres de la formule (3) par leurs valeurs respectives, on a :

$$\text{surface ABOCD} = \frac{3^m05\,(4^m17^2 + 1^m25^2)}{2\,(4^m17 + 1^m25)}$$

$$= 5^{mcar}\,33^{dc}\,23^{cc} \text{ par excès.}$$

D.

Autres solutions.

En désignant EF par h, et OF par x, EO $= h\text{-}x$.

Les deux équations du problème sont alors :

$$bx + b'h - b'x = 2\,S$$

$$bh - bx - b'x = 0,$$ puisque les triangles sont semblables.

La seconde donne $x = \frac{bh}{b + b'}$, substituant dans la 1re, on a :

$$\frac{(b - b')\,bh}{b + b'} + b'h = 2\,S, \text{ d'où : } 2\,S = \frac{(b^2 + b'^2)\,h}{b + b'}$$

$$\text{et } S = \frac{(b^2 + b'^2)\,h}{2\,(b + b')}.$$

Autrement :

En désignant par S′ et S″ les surfaces des deux triangles, on a :

$$\frac{S'}{S''} = \frac{b^2}{b'^2} \text{ ou } \frac{S' + S''}{S'} = \frac{b^2 + b'^2}{b^2}, \text{ mais } S' + S'' = S$$

$$\text{et } 2\,S' = bx = \frac{b^2\,h}{b + b'} \text{ donc } \frac{2\,S\,(b + b')}{b^2 h} = \frac{b^2 + b'^2}{b^2},$$

$$\text{donc } 2\,S = \frac{(b^2 + b'^2)\,h}{(b + b')} \text{ et } S = \frac{(b^2 + b'^2)\,h}{2\,(b + b')}.$$

F.

2e SÉRIE.

1° *Histoire.*

Rivalité de François 1er et de Charles-Quint.

2° *Géographie.*

Décrire et tracer le bassin de la Garonne et de ses affluents.

ASPIRANTES.

Brevet de premier ordre.

1° *Arithmétique appliquée.*

I. — Théorie de la numération écrite des nombres entiers.

II. — La rétribution scolaire pendant un mois s'est élevée à la somme de 115 francs. Le taux de cette rétribution étant par mois de 2 fr. 50 pour les payants et de 1 fr. 25 pour les gratuits, on demande le nombre total des élèves qui ont fréquenté l'école pendant le mois, sachant, d'ailleurs, que le nombre des gratuits surpasse de 11 celui des payants.

Solution.

Les 11 élèves gratuits ont produit une somme de :

1 fr. 25 × 11 = 13 fr. 75.

En retranchant cette somme du total de la rétribution, il vient :

115 francs — 13 fr. 75 = 101 fr. 25.

Et cette somme de 101 fr. 25 représente évidemment la rétribution pour un nombre égal de payants et de gratuits.

La rétribution moyenne de chacun de ces élèves sera alors, par mois, de :

$$\frac{2 \text{ fr. } 50 + 1 \text{ fr. } 25}{2} = 1 \text{ fr. } 875.$$

Et on aura pour le nombre total des élèves :

$$\frac{101,25}{1,875} + 11 = 65.$$

Autre solution.

Soit x le nombre des élèves payants, le nombre des gratuits sera $x + 11$.

L'énoncé du problème donne alors :

$$2,50 \times x + 1,25\,(x + 11) = 115$$

$$2,50\,x + 1,25\,x = 115 - 13,75 = 101,25$$

$$3,75\,x = 101,25$$

$$\text{et } x = \frac{101,25}{3,75} = 27.$$

Le nombre des payants est donc 27, celui des gratuits 27 + 11 = 38, et le nombre total des élèves 38 + 27 = 65.

2° *Histoire et Géographie.*

I. — Premières années du règne de Louis XIII, de 1610 à 1624.

II. — Quelles sont, sans parler de l'Algérie, les possessions coloniales de la France; indiquer la situation de chacune d'elles, la production, l'industrie, le commerce.

DICTÉES.

COURS SUPÉRIEUR.

I.

Le Travail.

Le travail n'est pas seulement un de nos plus *impérieux* devoirs, il *peut être* considéré comme un moyen assuré de les remplir tous ; par les habitudes d'ordre, de régularité, d'activité qu'il apporte avec lui et la paix intérieure qui en est la conséquence, il devient un des plus solides fondements de la moralité humaine. La moralité humaine n'est pas autre chose, en effet, que l'amour de l'ordre, que le respect de la règle et de la loi, porté à sa plus haute *puissance*. *L'immoralité*, au contraire, c'est le *désordre* né de l'ennui, qui lui-même a sa principale cause dans l'*oisiveté*. Or, on l'a dit avec raison, l'oisiveté est la mère de tous les vices. Quand notre pensée n'est fixée à rien, quand nos facultés restent sans emploi, tout les tente et les entraîne; elles sont livrées *à la merci* de tous les caprices de l'imagination et des sens. Le travail, même quand il ne s'applique qu'à des œuvres *matérielles*, est, par la volonté soutenue qu'il exige, une sorte de *gymnastique* de l'âme qui entretient le cours régulier des idées et des sentiments, comme la *gymnastique* entretient le cours régulier du sang. Une des sauvegardes de la moralité de l'homme, le travail est aussi la plus sûre garantie de son indépendance, par conséquent de sa dignité, lorsqu'il *joint* à l'activité qui *crée* la prévoyance qui conserve.

(Franck, de l'Institut.)

Questions et explications.

1. *Un impérieux devoir*. Un devoir qui *commande*, auquel la conscience ne permet pas de résister. On dit *un homme impérieux, un ton impérieux, un caractère impérieux*. Poétiquement, *Un fleuve impérieux, l'aigle impérieux*.

Ne sais-tu pas encore, homme faible et superbe,
Que l'insecte insensible enseveli sous l'herbe
Et l'aigle *impérieux* qui plane au haut du ciel,
Rentrent dans le néant aux yeux de l'Eternel?

(Voltaire.)

1. *Impérieux* est l'adjectif de *imperium, empire*, mot qui signifie commandement, autorité, puissance. 2. — *Il peut être*. Sans trait d'union. Distinguer de l'adverbe *peut-être*. — 3. *Porté à sa plus haute puissance*, au plus haut degré, expression tirée du langage mathématique.

4. *Immoralité, désordre*. Quel nom donnez-vous à la première partie de ces mots *im, dés*? Ce sont des *initiales* ou *préfixes*. — Leur rôle? Elles modifient négativement le sens des mots *moralité, ordre*. — Comment appelez-vous les syllabes qu'on ajoute à la fin des mots pour en modifier également le sens? *Montagne, monticule, monceau*. — Ce sont des *désinences* ou *suffixes*. Dans les mots *colporter, colportage, colporteur*, distinguez les désinences et les préfixes? Et la partie commune *port*, qui forme comme la base, la souche de ces mots, comment la nommez-vous? — Le *radical*, la *racine*.

5. *Oisiveté*. Etat d'une personne qui n'a rien à faire, qui ne fait rien. *Otium*, loisir. Des gens *oiseux* ont l'habitude de ne rien faire, des gens *oisifs* ne font rien actuellement. — 6. *Elles sont livrées à la merci*, elles sont le jouet, elles sont dominées. *Etre à la merci* de quelqu'un, c'est être dans sa dépendance, s'en remettre à sa grâce, à sa pitié. Sens des expressions : Crier *merci*, demander *merci*, recevoir *à merci*. *Merci, grand merci*. — 7. *Œuvres matérielles*. Trouvez l'opposé? Œuvres *intellectuelles*.

8. *Une sorte de gymnastique*, une sorte d'exercice, de travail régulier. La *gymnastique* est l'art, l'action d'exercer le corps pour le fortifier. Ce mot s'emploie aussi comme adjectif : Des exercices *gymnastiques*. Le *gymnase* était le lieu où les Grecs s'exerçaient à la lutte, le corps nu (*Gymnos*, nu). Par analogie, on a donné le nom de *gymnases* aux établissements où l'on forme la jeunesse aux exercices du corps. En Allemagne on donne le nom de *gymnase* ou *gymnasium* aux collèges ou écoles latines. Le *gymnasiarque* est le chef du *gymnase*, celui qui dirige les exercices gymnastiques. Le *gymnaste*, dans l'antiquité, était l'officier préposé à l'éducation des athlètes. Chez nous, on appelle *gymnaste* celui qui est très-fort sur les exercices gymnastiques et, par extension, celui qui fait des tours de force et d'agilité.

9. *Lorsqu'il joint*. Dans les verbes terminés par *aindre, eindre, oindre* et par *soudre*, on supprime le *d* aux deux premières personnes du singulier du présent de l'indicatif, et à la 3e personne on met un *t*. Epelez : je *joins*, tu *joins*, il *joint*; je *crains*, tu *crains*, il *craint*; je *peins*, tu *peins*, il *peint*; j'*absous*, tu *absous*, il *absout*. Et comment écrivez-vous je *rends*, tu *rends*, il *rend*? je *répands*, tu *répands*, il *répand*?

10. *Qui crée*. Le verbe *créer* se conjugue régulièrement d'après *aimer*. Il suffit de distinguer nettement le *radical* de la *terminaison*. Aim-*er*, cré-*er*; j'aim-*e*, je cré-*e*; tu aim-*es*, tu cré-*es*; il aim-*e*, il cré-*e*; nous aim-*ons*, nous cré-*ons*, vous aim-*ez*, vous cré-*ez*; ils aim-*ent*, ils cré-*ent*. Il aim-*a*, il cré-*a*. J'aim-*erai*, je cré-*erai*. Participe passé : Aim-*é*, cré-*é*; aim-*ée*, cré-*ée*. L'orthographe des verbes *agréer, suppléer*, et même de *prier*, (nous *prions*, vous *priez*) *étudier* (que nous *étudiions*, que vous *étudiiez*), etc., s'explique également par l'application régulière des règles de la formation des temps.

A ce propos nous devons faire remarquer que les règles sur la formation des temps sont simplement des règles *mécaniques*, des *moyens* assez simples et assez faciles pour apprendre aux élèves les formes des verbes réguliers, et qui pour cette raison peuvent être conservées. Mais rien, dans l'histoire de la langue, ne motive ni ne justifie ces règles.

II.

L'Ignorance.

L'ignorance est tour à tour défiante et présomptueuse; elle accueille tous les faux bruits; elle repousse les conseils; elle proscrit les améliorations; elle se prévient contre les lumières. Dans l'ignorance, vous reconnaîtrez toutes les causes de la plupart de ces préjugés vulgaires, aussi répandus qu'obstinés, dont les effets sont si funestes et si déplorables. Celui qui ne connaît pas les causes réelles des événements adopte, pour les expliquer, les premières suppositions arbitraires qui lui sont présentées et repousse ensuite la lumière parce qu'il croit savoir. La foi à la sorcellerie, aux enchantements, aux maléfices n'est-elle pas la suite de l'ignorance des lois les plus simples de la nature? La superstition est-elle autre chose que l'ignorance des vrais rapports qui existent entre l'homme et son créateur? Cette routine qui se traîne dans les pratiques les plus vicieuses, cette imitation servile qui copie les exemples les plus erronés ne sont-elles pas les fruits d'une ignorance qui accepte tous les guides, dans l'impuissance où elle est de se diriger elle-même?

(*Certificat d'études primaires*. Eure, 1874.)

COURS MOYEN.

I.

Les Fauvettes.

Ces jolis oiseaux nous arrivent au moment où les arbres développent leurs feuilles et commencent à laisser *épanouir* leurs fleurs : les uns viennent habiter nos jardins, d'autres *préfèrent* les avenues et les bosquets ; plusieurs espèces s'enfoncent dans les grands bois, d'autres fréquentent les endroits *incultes* et *montueux*, couverts de broussailles et d'arbustes, et quelques-uns se cachent au milieu des roseaux. Ainsi les fauvettes remplissent tous les lieux de la terre, et *les animent* par les mouvements de leur tendre gaieté. En *leur* donnant tant de qualités aimables, la nature semble *avoir oublié* de parer leur plumage. Il est obscur et *terne, excepté quelques* espèces qui sont légèrement tachetées ; toutes les autres n'ont que des teintes plus ou moins sombres de *blanchâtre*, de *gris* et de *roussâtre*. *Presque* toutes les fauvettes partent en même temps au milieu de l'automne. Leur départ se fait avant que les premiers froids viennent détruire les insectes et flétrir les petits fruits dont elles vivent ; car non-seulement on les voit chasser aux mouches, aux moucherons et chercher les vermisseaux, mais encore manger les *baies* de lierre et de ronces, les graines du *sureau* et du *troëne*.

(BUFFON.)

Questions et explications.

1. *Fauvettes*. Diminutif de *fauve*. Sens de *fauve?* Qui tire sur le roux. — 2. *Epanouir*, déployer, *épandre*. — 3. *Préfèrent*. Accent grave devant une syllabe muette. 4. *Incultes*, non cultivés. Citez des mots commençant par *in*, particule négative ? *Injuste, inachevé, inactif, inattentif, incolore, indépendant, imparfait, imberbe, immobile* (*m* devant *p, b, m*).

5. *Montueux*, coupé de monts, de hauteurs. *Montant*, incliné de manière à présenter une *montée*.— 6. *Les animent*. Analyser *les*? Sens de *animer*? Donner l'âme (*anima*), c'est-à-dire la vie. — 7. *Leur*. Pronom personnel, invariable, complément indirect de *donnant*.

8. *Avoir oublié*. Quel est ce temps ? Passé de l'infinitif. — 9. *Terne*, sans éclat. — 10. *Excepté... quelques*. Expliquez l'orthographe de ces mots. — 11. *Blanchâtre, roussâtre*. Le suffixe *âtre* désigne l'apparence, l'imitation et marque quelquefois une idée défavorable : *marâtre*, mauvaise mère ; *gentillâtre*, pauvre gentilhomme.

12. *Presque*. Nature et fonction de ce mot ? Adverbe modifiant *toutes*.. — 13. *Baie*. Fruit charnu dépourvu de noyau, et dont les graines sont placées au milieu de la pulpe : tels sons les raisins, les groseilles. — 14. *Sureau, troëne*. Le même mot sert à désigner l'arbre et le fruit.

II.

Travaux horticoles du mois d'avril.

C'est le moment d'achever les plantations de toute sorte. On plantera les œilletons d'artichaut, les choux-fleurs, les fraisiers, l'oseille, la ciboule, les tomates, les romaines, la laitue, le céleri. On sèmera toutes les plantes cucurbitacées, les chicorées et autres salades, les légumes pour l'été, les salsifis, les pois, les fèves, les carottes, les haricots.

Il faudra aussi prendre soin de couvrir avec des paillassons, pendant la nuit et la matinée, les arbres en espalier qui seront en fleurs. On s'occupera aussi des greffes en fente et par approche.

Pour tous ces travaux on n'aura encore que de minces récoltes : des épinards, de l'oseille, des champignons, et sur couches des laitues, des radis, des choux-fleurs ; mais vers la fin du mois on sera dédommagé par la pousse des asperges.

COURS ÉLÉMENTAIRE.

Le Dindon.

I.

Le dindon est un animal domestique, introduit en France il y a trois siècles. Il est originaire de l'Amérique, où il vit à l'état sauvage, par troupes de plusieurs centaines d'individus. Sa couleur, chez nous, varie du noir au blanc. C'est une précieuse conquête pour l'agriculture. La femelle fait par an deux pontes de quinze à vingt œufs d'un blanc sale tachetés de points roux et un peu plus gros que ceux de la poule.

II.

Les jeunes dindons sont très-délicats. Il faut en prendre le plus grand soin pendant deux mois environ. D'abord on leur donne des jaunes d'œufs hachés, puis de la mie de pain, de la viande hachée ou de la farine d'orge et de pomme de terre. Quinze jours après, on les conduit deux fois par jour aux champs en évitant avec le plus grand soin le grand soleil et l'humidité. Après quatre mois ils peuvent être mangés.

EXERCICES DE STYLE.

ENTRETIENS ET RÉCITS COMMUNS AUX TROIS COURS.

Le Petit Chaperon rouge.

« Des contes de fées ! Nous avons tant de choses sérieuses à enseigner ! Et que deviendront la physionomie austère de l'école, et la gravité professionnelle ! » Nous n'affichons point, nous l'avouons, ce rigorisme qui ne se déride pas. Nous croyons, au contraire, qu'il faut, non-seulement intéresser les enfants, mais les amuser de temps à autre, se faire petit avec eux, se servir de ce qu'ils savent, des impressions reçues, des récits familiers, pour les habituer à raisonner, à s'exprimer correctement, à raconter avec naturel. L'étude par elle-même n'est pas toujours attrayante. Ne la faisons pas « pédante et crottée. » Nous aimons mieux, faut-il le dire ? l'école où le maître et les élèves, sans que la discipline ait en rien à en souffrir, font échange de dévouement paternel et d'affection filiale, où s'épanouit un sentiment de confiance réciproque, reflété sur des visages heureux, que l'école où l'*on n'ose pas rire*, où *le maître est tout noir*, toujours sévère et guindé, toujours cantonné dans l'aridité du livre classique et de la leçon du jour.

A ce point de vue, nous sommes de l'avis de M. Bréal : « Laissons une large place aux œuvres d'imagination et de poésie. Depuis les grandes conceptions épiques qui ont charmé le premier âge de l'humanité jusqu'aux simples contes de fées, le merveilleux est dû à l'esprit de l'enfant..... A côté de ces poëmes figureront les grandes épopées modernes, la *Chanson de Roland*, la *Jérusalem délivrée*, les *Martyrs*. Les fables de La Fontaine et de Florian ont naturellement leur place marquée dans notre bibliothèque. Nommons enfin les *Contes de Perrault*, et un choix des *Mille et une Nuits*. Ces récits ont fait les délices de nos pères : pourquoi les refuserions-nous à nos petits contemporains? »

On voit pourquoi, quoi que murmurent certains esprits moroses, nous n'avons pas peur des fictions, et nous ne redoutons pas le *Petit Chaperon rouge*.

Vous avez été bien sages toute la semaine, mes enfants, si je vous lisais quelque chose qui vous amuse un peu ? — Oui, oui, Monsieur ! — Vous êtes tous de cet avis, même ce petit Jules qui, du fond de la classe, agite sa main et fait des signes de tête pour dire oui. Ecoute bien, mon petit Jules, c'est.... un conte! Le *Petit Chaperon rouge!* — « Je le connais ! je le connais ! » — Je me doute bien, mes enfants, que plusieurs d'entre vous connaissent ce conte, mais beaucoup en ont seulement entendu parler, et les autres ne pourraient sans doute pas le dire en bon français et dans tous ses charmants détails. D'ailleurs, il est si joli, si naïf, qu'il fera plaisir, même à vous, les grands, n'est-ce pas? Tenez, moi qui suis vieux et qui sais ce conte depuis trente ans, je l'ai relu hier soir d'un bout à l'autre. Cela m'a déridé l'esprit et je me suis cru un instant sur les genoux de ma bonne grand'mère quand j'avais l'âge de Jules. Qui de vous, les grands, voudrait nous raconter le *Petit Chaperon rouge?* Vous, Ernest? Allez !... C'est cela; pourtant vous avez oublié plusieurs petites choses; et puis, pourquoi vous arrêter ainsi? pourquoi répéter les mêmes mots? pourquoi dire toujours *et puis, et puis, et puis?* Ah! c'est que c'est bien difficile de bien raconter une histoire, un conte. C'est du style, cela encore, et croyez bien qu'elles sont rares les personnes qui savent enlever lestement, de vive voix ou par écrit, une anecdote, un récit. L'auteur du *Petit Chaperon rouge*, lui, c'était son affaire, les contes! Il s'appelle... comment? — Oui, Charles Perrault. Il fut avocat, puis premier commis de Colbert. Il vivait, par conséquent, sous... quel roi? Sous Louis XIV. C'est dans sa vieillesse qu'il écrivit, pour amuser ses enfants, ses *Contes de fées* Citez-moi le nom de ces contes : Le *Petit Poucet*. Oui, nous le connaissons, celui-là, si vous vous rappelez? La *Belle au Bois dormant*, la *Barbe Bleue*, le *Chat Botté*, *Cendrillon*, *Riquet à la Houppe*, *Peau d'Ane* et celui qui nous occupe en ce moment : *Le Petit Chaperon rouge*. Huit contes en tout. Allons, maintenant écoutez!

Le Petit Chaperon rouge.

Il y avait une fois une petite fille de village bien bonne et bien sage; sa mère en était folle, et sa mère-grand plus folle encore. Cette bonne femme lui fit faire un petit chaperon rouge qui lui seyait si bien, que partout on l'appelait le Petit Chaperon rouge. Un jour, sa mère ayant fait des galettes, lui dit : « Va voir comment se porte ta mère-grand; car on m'a dit qu'elle était malade : porte-lui une galette et ce petit pot de beurre. » Le Petit Chaperon rouge partit aussitôt pour aller chez sa mère-grand, qui demeurait dans un autre village.

En passant dans un bois, elle rencontra compère le Loup, qui eut bien envie de la manger, mais il n'osa à cause de quelques bûcherons qui étaient dans la forêt. Il lui demanda où elle allait. La pauvre enfant, qui ne savait pas qu'il était dangereux de s'arrêter à écouter un loup, lui dit : « Je vais voir ma mère-grand, et lui porter une galette avec un pot de beurre que ma mère lui envoie. » — « Demeure-t-elle bien loin? » lui dit le Loup. — « Oh! oui, lui dit le Petit Chaperon rouge; c'est par delà le moulin que vous voyez tout là-bas, là-bas, à la première maison du village. » — « Eh bien! dit le Loup, je veux l'aller voir aussi; je m'y en vais par ce chemin-ci, et toi par ce chemin-là, et nous verrons à qui plus tôt y sera. »

Le Loup se mit à courir de toute sa force par le chemin qui était le plus court; et la petite fille s'en alla par le chemin le plus long, s'amusant à cueillir des noisettes, à courir après des papillons et à faire des bouquets des petites fleurs qu'elle rencontrait. Le Loup ne fut pas longtemps à arriver à la maison de la mère-grand; il heurte : « Toc, toc. — Qui est là? — C'est votre fille, le Petit Chaperon rouge, dit le Loup en contrefaisant sa voix, qui vous apporte une galette et un petit pot de beurre que ma mère vous envoie. » La mère-grand. qui était dans son lit, à cause qu'elle se trouvait un peu mal, lui cria : « Tire la chevillette, la bobinette cherra. » Le Loup tira la chevillette et la porte s'ouvrit. Il se jeta sur la bonne femme et la dévora en moins de rien; car il y avait trois jours qu'il n'avait mangé. Ensuite il ferma la porte, et s'en alla coucher dans le lit de la mère-grand, en attendant le Petit Chaperon rouge, qui quelque temps après vint heurter à la porte : « Toc, toc. — Qui est là? » Le Petit Chaperon rouge, qui entendit la grosse voix du Loup, eut peur d'abord, mais, croyant que sa mère-grand était enrhumée, il répondit : « C'est votre fille, le Petit Chaperon rouge, qui vous apporte une galette et un petit pot de beurre que ma mère vous envoie. » Le Loup lui cria, en adoucissant un peu sa voix : « Tire la chevillette, la bobinette cherra. »

Le Petit Chaperon rouge tira la chevillette et la porte s'ouvrit. Le Loup la voyant entrer, lui dit en se cachant sous la couverture : « Mets la galette et le petit pot de beurre sur la huche, et viens te coucher avec moi. » Le Petit Chaperon rouge se déshabille, et va se mettre dans le lit où elle fut bien étonnée de voir comment sa mère-grand était faite en son déshabillé. Elle lui dit : — « Ma mère-grand, que vous avez de grands bras! — C'est pour mieux t'embrasser, ma fille. — Ma mère-grand, que vous avez de grandes jambes! — C'est pour mieux marcher, mon enfant. — Ma mère-grand, que vous avez de grandes oreilles! — C'est pour mieux écouter, mon enfant. — Ma mere-grand, que vous avez de grands yeux! — C'est pour mieux voir, mon enfant! — Ma mère-grand, que vous avez de grandes dents! — C'est pour mieux te manger. » En disant ces mots, le méchant Loup se jeta sur le Petit Chaperon rouge et le mangea.

PERRAULT.

N'est-ce pas qu'il est très-joli, ce conte ? Et quelle en est la *moralité?* Quelle leçon faut-il en tirer? L'auteur nous le dit :

« On voit ici que les jeunes enfants
« Font très-mal d'écouter toutes sortes de gens. »

Et c'est très-vrai. N'écoutez que les personnes de bon conseil, fuyez les méchants, les mauvais sujets; n'entrez pas en pourparlers avec le *loup*, tôt ou tard il vous dévorerait !

Maintenant, mes enfants, que je vous donne le moyen de retenir un conte, une leçon, une page. Voici le conte lu en entier. C'est bien. D'abord n'y a-t-il pas quelques mots que vous n'ayez pas compris? Vous savez, il faut comprendre tout ce qu'on lit. Voyons, un *chaperon*, qu'est-ce que c'est? Une coiffure. *Qui lui seyait si bien.* Qui lui?... *allait* si bien. C'est le verbe?... *seoir*, qui signifie *convenir*. Conjuguez-le? *Je sieds?* Non. Ce verbe ne s'emploie qu'à la troisième personne du singulier ou du pluriel. Ce chaperon *sied*, ces chapeaux *siéent* bien. Ce vêtement *siérait*, *siéra*, *seyait* bien ou mal. C'est alors un verbe *impersonnel*. — *Ta mère-grand*. Diriez-vous comme cela? — *Tire la chevillette*. Qu'est-ce qu'une *chevillette?* Une petite... *cheville*. C'était autrefois une espèce de clef en bois. Et la *bobinette?* C'était un petit morceau de bois qui servait à fermer les portes dans les campagnes. *Cherra?* Tombera. C'est le futur du verbe... *choir*, qui n'est plus usité. Le vieux français conjuguait ce verbe en entier : *chais*, *chéais*, *cherrais*, *chut*, *chéant*, *chu*. Il ne s'emploie plus maintenant qu'à l'infinitif. — *Une huche*, qu'est-ce? Un grand coffre de bois où l'on pétrit et où l'on met le pain.

Voilà tous les mots compris. Faut-il les apprendre tous par cœur? Vous faites ainsi pour une leçon, et c'est un tort. Vous y mettez beaucoup plus de temps, et souvent vous ne retenez que des mots.

Allons au fond. Voyons les *idées*. Les mots viendront tout seuls. Pas de paresse d'esprit, d'abord. Attention! De quoi s'agit-il, voyons? D'une *petite fille*, d'une *grand'mère*, d'un *loup*. Voilà les trois idées principales. Que fait la petite fille? Qui rencontre-t-elle? Où va le loup? Qui mange-t-il d'abord? Que fait-il ensuite? Qui mange-t-il enfin? Voilà la charpente du récit. Où ces différentes scènes se passent-elles? D'abord la petite fille, nous la voyons chez sa mère. Puis dans un bois, où elle rencontre?... Dernier acte: chez la mère-grand. Arrivons aux détails. Cette petite fille, comment était-elle? Sa mère l'aimait-elle bien? Et sa grand'mère? Quel vêtement particulier avait-elle? De là son nom de... Un jour, sa mère avait fait... quoi? Elle l'envoya porter... quoi? à qui?... Qu'est-ce qu'on avait dit à la mère?... Remarquez ce bon sentiment. Où demeurait la grand'mère?... Il fallait traverser!... Quelle rencontre fit-elle?... Que demande le loup?... Savait-elle qu'il est dangereux d'écouter un loup?... Sa réponse?... Montre-t-elle la maison de sa grand'mère? L'imprudente! Que dit le loup?... Pourquoi ne mange-t-il pas tout de suite l'enfant?... Et comment tous deux vont-ils?... Que fait la petite fille?... Pauvre petite! elle ne se doute pas de ce qui va lui arriver! Le loup heurte. Que répond-il et comment?... avec sa grosse voix! L'hypocrite! le rusé! Que dit la grand'mère?... Que fait le loup?... Où se couche-t-il?... Toc, toc. Qui c'est?... La voix lui semble un peu grosse. Elle croit que sa grand'mère est... enrhumée. Mais elle va *voir* que c'est le loup... Que fait le loup et que dit-il?... La voilà dans le lit... bien surprise de voir une grand'mère avec de si grands... bras, de si grandes... jambes, de si grandes... oreilles, de si grands... yeux, de si grandes... dents. Et la voilà... croquée. Ce qui prouve que les jeunes enfants...

Ah! je parie que vous saurez tous le conte, même toi, petit Jules? — Oui, monsieur! — et que vous ne l'oublierez jamais. Dites-le, Auguste. Bien. Vous, les grands, du premier et du second cours, vous le reproduirez par écrit, voulez-vous? Oui, cela vous amusera, n'est-ce pas?

Et rappelez-vous que, pour étudier une leçon, pour retenir un récit, une histoire, ce ne sont pas les mots qu'il faut voir d'abord, ce sont les idées, les faits, les actes, et cela comme si la scène se passait devant vous. Les mots et les phrases s'apprennent ensuite facilement.

ARITHMÉTIQUE ET SYSTÈME MÉTRIQUE

PROBLÈMES GRADUÉS POUR LES COMPOSITIONS.

COURS SUPÉRIEUR.

Certificats d'études.

1° Multiplier 0,0569 par 0,0078, et retrancher du produit sa centième partie? — Rép. 0,000.4393818.

2° La houille coûte de transport 0 fr. 03 par tonne et par kilomètre, et 1 fr. 45 de chargement. Combien devra-t-on payer pour 348.708 kilogrammes chargés et transportés à 389 kilomètres 735 mètres? — Rép. 4582 fr. 73 c.

I. — *Arithmétique.* — (*Nombres décimaux.*)

1. — L'air pèse 773 fois moins que l'eau a volume égal. Trouver, à moins d'un millième de gramme, le poids : 1° d'un litre d'air; 2° d'un mètre cube d'air? — Rép. 1° 1 gr. 293; 2° 1293 gr.661.

2. — Le décimètre cube de fer pèse 7 k. 788. Quel est en centimètres cubes le volume d'un morceau de fer qui pèse 358 gr. 248? — Rép. 46.

3. — La monnaie d'or a une valeur quinze fois et demie plus grande que celle de l'argent, à poids égal. Quel doit être le poids d'une pièce de 5 francs en or? — Rép. 1 gr. 6129.

4. — Quelle est, à 0,0001 près, la longueur d'un degré dans une circonférence décrite avec un rayon de 11m50? — Rép. 0m2007.

5. — Un négociant achète 20 barils d'huile d'olive contenant chacun 1 hectolitre 1/4, à raison de 190 francs le quintal. Il paye comptant et obtient une remise de 5 centimes par franc. L'hectolitre d'huile pèse 89 kilogrammes. Combien doit payer ce négociant? — Rép. 4016 fr. 12 c.

II. — *Système métrique.* — (*Cubage.*)

1. — Quel rayon faut-il donner à un réservoir cylindrique de 3 mètres de profondeur pour qu'il puisse contenir 1000 hectolitres? — Rép. 3m25.

2. — Quelle est la capacité d'un tonneau de 0m80 de longueur intérieure, le diamètre de son plus grand

cercle étant de 0^m63 et celui du petit de 6^m54? — Rép. 126 litres. (Voir page 208 du journal.)

3. — Une citerne cubique contient 640 hectolitres. Quel est le côté? — Rép. 4 mètres.

4. — Un arbre équarri a 6^m25 de longueur et 0^m40 d'équarrissage au milieu. Combien vaut-il à 8 francs le décistère? — Rép. 88 francs.

5. — J'ai payé un tas de bois de 4^m50 de longueur, 3 mètres de hauteur et un mètre de largeur, 189 francs. A combien me revient le stère? — Rép. 14 francs.

COURS MOYEN.

I. — *Arithmétique.* — (*Fractions ordinaires.*)

1. — 3 personnes doivent ensemble 1.880 francs. La première en doit le tiers, la seconde le quart. Combien doit la troisième? — Rép. 750 francs.

2. — Les 5/6 d'un mètre de drap coûtent 25 francs. Quel est le prix du mètre? — Rép. 38 francs.

3. — Combien coûtent 48 litres 2/5 d'eau-de-vie à 3 francs le litre? — Rép. 145 fr. 20 c.

4. — Quel est le vingtième de 2.400 francs? — Rép. 120 francs.

5. — En 3/4 d'heure un facteur rural parcourt 4.500 mètres. Combien par heure? — Rép. 6 kilomètres.

II. — *Système métrique.* — (*Monnaies.*)

1. — Quel est le poids de 645 francs en monnaie d'argent? — Rép. 3,225 grammes.

2. — Combien cinq millards représentent-ils de pièces de 20 francs? — Rép. 250 millions.

3. — Quel est le poids de 1000 francs : 1° en or, 2° en argent; 3° en bronze? — Rép. 1° 322 gr. 58; 2° 5000 gr.; 3° 100.000 gr.

4. — A poids égal, combien la monnaie d'or vaut-elle de fois celle d'argent? — Rép. 15 1/2.

5. — Quel est le montant d'un versement de 4 billets de 1000 francs, 5 à 100 francs, 4 à 28 francs et de 2 kilogrammes de monnaie d'argent? — Rép. 4,980 francs.

COURS ÉLÉMENTAIRE.

I. — *Arithmétique,* — (*Multiplication.*)

1. — Un employé paye à l'hôtel 60 francs par mois. Combien lui reste-t-il sur un traitement annuel de 1.200 francs? — Rép. 480 francs.

2. — Un ancien soldat touche 128 francs de pension par trimestre. Quel est le montant annuel de sa pension? — Rép. 512 francs.

3. — Calculer ce que font de jours 52 semaines et 1 jour? — Rép. 365 jours.

4. — Faire l'addition abrégée de 12 paiements de chacun 15.485 francs? — Rép. 185.820 francs.

5. — Quel est le produit de 45 fois 348? — Rép. 15.660 francs.

II. — *Système métrique.* — (*Mesures de capacité.*

1. — Quel est le prix de 36 pièces de vin de chacune 240 litres à 1 franc le litre? — Rép. 8.640 fr.

2. — Combien de litres font 43 hectolitres 3 décalitres 5 litres? — Rép. 4.335.

3. — Lorsque le litre de vin coûte 0 fr. 60, combien vaut l'hectolitre? — Rép. 60 francs.

4. — Quelle est la dépense annuelle d'une famille qui, par semaine, consomme un décalitre de vin à 6 francs le décalitre? — Rép. 312 francs.

5. — Le quart d'une pièce de vin est vendu 35 francs. Combien vaut la pièce entière? — Rép. 140 francs.

T.

LEÇONS PRATIQUES ET GRADUÉES

Sur les Matières comprises dans le programme de

L'ENSEIGNEMENT PRIMAIRE

Publiées par le

JOURNAL DES INSTITUTEURS

(Premier semestre 1875)

COURS ÉLÉMENTAIRE, COURS MOYEN, COURS SUPÉREUIR :

LANGUE FRANÇAISE

Exercices de style, — Dictées expliquées
Orthographe et sens des mots

EXAMENS DU BREVET DE CAPACITÉ.

PARIS.

(2e session de 1874.)

ASPIRANTES AU BREVET DE SECOND ORDRE.

Nous reproduisons le texte de la dictée du 7 février 1875, dont l'explication n'avait pu être donnée qu'en partie.

Pompéï.

A Rome, on ne trouve guère que les débris des monuments publics, et ces monuments ne retracent que l'histoire politique des siècles écoulés ; mais à Pompéï, c'est la vie privée des anciens qui s'offre à vous telle qu'elle était. Le volcan qui a couvert cette ville de cendres, l'a préservée des outrages du temps. Jamais des édifices exposés à l'air ne se seraient ainsi maintenus, et ces souvenirs enfouis se sont retrouvés tout entiers. Les peintures, les bronzes étaient encore dans leur beauté première, et tout ce qui peut servir aux usages domestiques est conservé d'une manière effrayante. Les amphores sont encore préparées pour les festins des jours suivants : la farine qui allait être pétrie est encore là. Les restes d'une femme sont encore parés des vêtements qu'elle portait dans le jour de fête que le volcan a troublé, et ses bras desséchés ne remplissent plus le bracelet de pierreries qui les entoure encore. On ne peut voir nulle part une image aussi frappante de l'interruption subite de la vie. Le sillon des roues est visiblement marqué sur les pavés des rues, et les pierres qui bordent les puits portent la trace des cordes qui les ont creusées peu à peu. On voit encore sur les murs d'un corps de garde les caractères mal formés, les figures grossièrement esquissées que les soldats y ont tracées pour passer le temps, tandis que ce temps avançait pour les engloutir.

Mme de Staël (Corinne.)

Fin des *Explications et interrogations* (1).

12. *Effrayante*, qui effraye ou est capable d'effrayer. Différence entre *effroyable* et *effrayant?* Ces deux mots ont même origine, puisque effrayer et effroyer sont deux formes d'un même mot. Il n'y a de différence que dans la finale. *Effroyant* est le participe présent d'effrayer, et *effroyable* est l'adjectif verbal *d'effroyer*, une des formes anciennes d'effrayer. *Effroyable* l'emporte sur *effrayant*, comme effroi sur frayeur. Une chose effrayante donne de la frayeur ; une chose effroyable cause de l'effroi, de l'horreur. — *Effrayant* exprime simplement le fait d'effrayer, et ce qui est effrayant peut effrayer à tort. *Effroyable* exprime non-seulement le fait d'inspirer de l'effroi, mais il fait entendre, en outre, que la chose effroyable l'est avec raison, de sa nature, actuellement, et même par les conséquences qu'elle peut avoir : *un songe est effrayant, une guerre est effroyable.*

13. *Amphores*, s. f., vases à deux anses, où les anciens mettaient le vin et l'huile.

14. La farine qui *allait* être pétrie... *Aller* est employé ici comme auxiliaire. Trois verbes, outre *être* et *avoir*, servent à former des expressions auxiliaires ; ce sont : *devoir*, *venir* (*de*) et *aller*, lorsque, joints à un infinitif, ils perdent leur signification naturelle pour signifier seulement l'époque de l'action exprimée par cet infinitif. — « Je *dois* partir demain pour la campagne; il *vient de* sortir. » — *Aller* sert à marquer une action qui est sur le point de s'accomplir. *Le jour va finir. Allez-vous recommencer vos doléances?* Ce sens exceptionnel se borne au présent de l'indicatif et à l'imparfait ; quelquefois on le trouve au participe présent. Mais toutes les autres formes du verbe gardent la signification primitive, qui est d'exprimer le but de l'action : *J'irai lui parler. Allez le voir.*

15. *Vêtement*, *fête*... Rappelez la cause de l'emploi de l'accent circonflexe dans ces deux mots, et pour cela, cherchez des expressions appartenant aux familles de ces mots. — L'accent circonflexe remplace l'*s* qui existait autrefois dans ces deux mots (*vestimentum, vestement ; festum, feste*). L'*s* a été conservé dans *veste*, vêtement de dessous, habit court et sans basques ; *vestiaire*, lieu où sont gardés les habits ; *travestir*, etc. ; *festin*, *festiner*, *festival*, *festoyer*, etc.

16. *Puits*. Trou profond creusé dans la terre pour obtenir de l'eau Diverses acceptions de ce mot? *C'est un puits de science*, en parlant d'un homme très-savant. *Ce qu'on lui dit tombe dans un puits*, se dit d'un homme fort secret. — L'*s* qui termine ce mot vient du latin *puteus*. Du mot *puits*, le français a fait une famille importante : *puiser*, *épuiser*, *épuisement*, *inépuisable*, etc.

17. *Ont creusées*. Participe passé conjugué avec *avoir* ; s'accorde avec son complément direct *les*, mis pour *pierres* et non pour *puits* : Ce sont les pierres qui ont été creusées.

(1) Voir le numéro 6.

18. *Corps de garde.* Poste militaire, lieu où se tient une petite troupe qui monte la garde. Au pluriel : des corps de garde. L'Académie écrit ce mot sans trait d'union.

19. *Les caractères... les figures... que les soldats y ont tracées...* Accord du participe passé avec *que*, représentant *figures*. Les noms *caractères* et *figures* sont placés par gradation : l'accord a lieu avec le dernier.

20. *Avançait.* Cause de l'emploi de la cédille ? Infinitif : *avancer*. Le *c* doit conserver la même prononciation douce dans tous les dérivés de l'infinitif. Cette règle n'est pas particulière aux verbes ; elle s'applique à tous les mots. Exemple : *façade*, qui vient de *face*.

DICTÉES.

COURS SUPÉRIEUR.

I.

La Maison maternelle.

Voilà le *toit* que ma mère appelait sa *Jérusalem*, sa maison de paix ! Voilà le *nid* qui nous abrita tant d'années de la pluie, du froid, de la faim, du *souffle du monde*, le nid où la mort est venue prendre tour à tour le père et la mère, et dont les enfants se sont successivement *envolés*, *ceux-ci* pour un lieu, *ceux-là* pour un autre, *quelques-uns* pour l'éternité ! *J'en* conserve précieusement les restes, la paille, les mousses, le duvet, et bien qu'il soit maintenant vide, désert et refroidi de toutes ces délicieuses tendresses *qui l'animaient*, j'aime à le revoir, j'aime à y coucher encore quelquefois, comme si je devais y retrouver à mon réveil la voix de ma *mère*, les pas de mon *père*, les cris joyeux de mes *sœurs*, et tout ce bruit de *jeunesse*, de *vie* et d'*amour* qui *résonne* pour moi seul sous les vieilles poutres, et qui n'a plus que moi pour l'entendre et pour le *perpétuer* un peu de temps.

LAMARTINE.

Questions et explications.

1. *Maternelle.* De *mater*, mère, où réside la *mère*. On dit dans le même sens *paternelle*, de *pater*, père. Lamartine avait pour sa *mère* un véritable culte. Ce sont surtout les doux soins de sa mère qui lui font aimer cet abri de son jeune âge, et le mot *maternelle* exprime mieux sa tendresse et ses regrets. — 2. *Le toit*, expression figurée, *la maison*. — 3. *Sa Jérusalem*. La *Jérusalem céleste*, le ciel ; son paradis.

4. *Le nid*. La maison n'est-elle pas le *nid* où les enfants sont réchauffés, nourris, soignés par le père et par la mère, comme les petits oiseaux d'abord chétifs et nus ? — 5. *Du souffle du monde*, des contacts mauvais. *Souffle*, dans le sens d'inspiration, influence. — *Monde* veut dire ici : esprit, sentiments profanes et dangereux :

Honteux attachements de la chair et du *monde*,
Que ne me quittez-vous quand je vous ai quittés ?
(CORNEILLE.)

6. *Envolés*, participe passé d'un verbe pronominal, s'accorde avec *se*, mis pour *enfants*, masculin pluriel.

7. *Ceux-ci... ceux-là* sont employés ici d'une manière absolue pour énumérer ; *quelques-uns* complète l'énumération. En opposition, *ceux-ci*, *celle-ci*, *celles-ci*, *ceci* désignent le terme le plus rapproché ; *ceux-là*, *celles-là*, *cela* le terme le plus éloigné. — 8. *J'en conserve... les restes... En*, mis pour *d'elle*, *de la maison*, pronom personnel ; complément déterminatif de *restes*, *paille*, *mousse*, *duvet*.

9. *Qui l'animaient*, qui *animaient lui*, le foyer. *Le*, complément direct de animaient. — 10. *La voix de ma mère*, les pas de mon *père*, etc. Quelle est la fonction de ces mots : *mère*, *père*, *sœurs*, *jeunesse*, *vie*, *amour* ? Ce sont des compléments *déterminatifs* de *voix*, *pas*, etc. — 11. *Qui résonne*. *Résonner*, renvoyer le son. Sens des préfixes *re*, *ré*. *Résonner* signifie, à la lettre, dont le *son* revient, se fait entendre plusieurs fois. — Quelle différence entre *résonner* et *raisonner* ? — 12. Le *perpétuer*, transmettre, le faire durer. *Perpétuer*, en latin *perpetuare*, de *perpetuus*. Dérivés de *perpétuer* ; *perpétuité*, (*condamner à perpétuité*), *perpétuel*, *perpétuellement*.

II.

L'ancienne place Dauphine.

La nouvelle rue qu'on vient d'ouvrir à travers la place Dauphine est, depuis quelques jours, livrée à la circulation.

Que de transformations a subies ce coin de Paris, un de ceux pour lesquels la légende remonte le plus haut !

Il paraît en effet prouvé que déjà sous la domination romaine l'emplacement actuel du Palais de Justice était celui d'une construction monumentale. Ce qui est plus certain, c'est que, sous la monarchie franque, nos rois chevelus partageaient leur résidence entre le château élevé à l'intérieur des fortifications et les Thermes, qui étaient alors construits en pleine campagne.

Eudes fut le premier qui fit de ce palais sa demeure définitive. Ce fut Robert le Pieux qui l'agrandit. Louis le Gros et Louis le Jeune y moururent, et c'est dans ses murs que Philippe-Auguste épousa l'infortunée Ingeburge, qu'il devait répudier. Une de ses pièces porte encore le nom de *Cuisines de Saint-Louis*, et la salle actuelle des Pas-Perdus occupe un emplacement où le pieux fils de la reine Blanche avait établi une galerie magnifique destinée aux actes solennels. Philippe le Bel, Louis XI, Charles VIII et Louis XII ne cessèrent de faire agrandir ce palais. François Ier fut le dernier de nos rois qui l'ait habité. Il préférait l'hôtel Saint-Paul et son palais des Tournelles. A partir du règne d'Henri II, ce fut le Parlement qui y demeura seul, et la Justice en prenait possession pour ne le plus quitter.

COURS MOYEN.

Un bel exemple.

Un des premiers astronomes de ce temps, Mathieu, ancien professeur d'analyse à l'Ecole polytechnique, membre de l'Institut et du bureau des Longitudes, vient de mourir à Paris, âgé de 91 ans.

Mathieu était né à Mâcon, en 1783 ; il était fils

d'un modeste menuisier. L'enfant fréquentait l'école gratuite de sa ville natale ; de très-bonne heure se développèrent son goût et ses aptitudes pour les mathématiques. On le surprenait chez lui le soir, noircissant le papier de calculs et de signes algébriques. Il étudia d'abord sans direction, puis il reçut les conseils du savant et vénérable abbé Sigorne.

Il avait entendu parler de l'Ecole polytechnique. Ce fut son but. Il vint à Paris en 1801; suivit le cours de l'Ecole centrale des Quatre Nations, où il obtint le premier prix de mathématiques.

Admis à l'Ecole polytechnique en 1803, il en sortit deux ans plus tard avec le titre d'élève ingénieur des ponts et chaussées. Il était attiré vers les études de science pure; il laissa les applications, et dès 1806 il remplaça à l'Observatoire son camarade Arago.

COURS ÉLÉMENTAIRE.

I.

Les nids des oiseaux.

Il y *a* des oiseaux qui *creusent* leurs nids dans les carrières et les rochers, comme des ouvriers mineurs : tels *sont* les merles de roche et les pétrels. D'autres industrieux maçons, *scellent* aux angles de nos bâtiments, un nid fait de terre détrempée. Les pics, véritables charpentiers, *creusent* le bois et s'y *font* un nid bien abrité. La plupart des oiseaux de proie *établissent* avec des bûchettes des plates-formes, des aires où *s'élève* leur famille. Les fauvettes, les pinsons, les bouvreuils *tressent* d'élégantes corbeilles qu'ils *garnissent* à l'intérieur d'un duvet moelleux et chaud. Ne *touchons* pas aux nids d'oiseaux.

Questions et explications.

1. Soulignez les verbes? Comment distingue-t-on *à* préposition de *a* verbe? — 2. *Creusent*. Faites voir que c'est un verbe? On peut dire je *creuse*, tu *creuses*, il *creuse*... on peut le... *conjuguer*. A quelle personne est *creusent*? Pourquoi? Comment s'accorde le verbe? Comment trouve-t-on le sujet d'un verbe? Il faut se demander *qui est-ce* qui creuse? Mêmes questions sur les autres verbes. — 3. Que font les ouvriers *mineurs*? Quelles substances tire-t-on ainsi de la terre? — 4. Quel est l'oiseau qui bâtit son nid aux murs de nos maisons? — 5. Que font les *charpentiers*? — 6. Qu'est-ce qu'une *bûchette*? une *planchette*? une *maisonnette*?... Qu'indique, en général, cette terminaison *ette*? — 7. Nommez des oiseaux de proie? Pourquoi sont-ils ainsi appelés? — 8. Qu'est-ce que l'*aire* de la grange? Comment s'écrit un *air* de chanson? l'*air* que nous respirons? un pauvre *hère*? prendre la *haire*? — 9. Comment s'appelle le contraire de l'*intérieur*? — 10. Que veut dire *moelleux*? — 11. Pourquoi ne faut-il pas détruire les nids d'oiseaux? — 12. Essayons maintenant de reproduire la dictée de mémoire, par cœur.

II.

Exercice sur le verbe.

Les mouches *bourdonnent*, l'âne *brait*, le bœuf *beugle*, les brebis *bêlent*. Le chat *miaule*, le cheval *hennit*, les chiens *jappent* et *aboient*. La poule *glousse*, le poulet *piaule*, la tourterelle et le pigeon *roucoulent*. Le loriot, le merle et le sansonnet *sifflent*. Les corbeaux *croassent*, la grenouille *coasse*. Le sanglier et le porc *grognent*. Les lapins *glapissent*, les lions *rugissent*, l'hirondelle *gazouille*.

Souligner les verbes. Les analyser. Trouver les sujets. Transformer ensuite toutes ces petites phrases, en remplaçant le verbe par son substantif correspondant et en faisant du sujet le complément de ce substantif, comme : le *bourdonnement* des mouches ; le *beuglement* du bœuf ; le *bêlement* des brebis, etc.

EXERCICES DE STYLE.

COURS SUPÉRIEUR.

I.

Utilité des oiseaux.

Entretien préliminaire.

La *fécondité* des insectes est-elle grande? Quel *mal* font les insectes? L'homme tue les monstres des forêts ou les apprivoise, mais les insectes? que peut-il contre eux? Qui se charge de les détruire? L'insecte est le *ravageur* de nos récoltes, l'oiseau en est le... *protecteur*. Quels petits animaux détruit encore l'oiseau? Y a-t-il des oiseaux malfaisants? Oui, presque tous les oiseaux de proie diurnes. Nommez-en? La chouette, le hibou, l'effraie sont-ils utiles? Et la pie, le geai, la corneille noire, le corbeau?

Il en est qui sont utiles et nuisibles à la fois. Citez-en? Et notre *pierrot* criard et pillard? En Hongrie, dans le pays de Bade, en Angleterre, on avait mis sa tête à prix, qu'arriva-t-il? De quoi nous débarrassent les moineaux? Et les sansonnets? Et les mésanges? Comment s'appellent les oiseaux qui vivent de grains! Des *granivores*.

Citez des oiseaux exclusivement insectivores? Que détruit le coucou? Qu'aurait dû faire l'homme en faveur des oiseaux? Et que fait-il? Et que font les enfants? Que dit l'Ecriture sainte au sujet des nids d'oiseaux? *Résolutions*.

Canevas. — Fécondité des insectes. Le mal qu'ils font. Leur nombre. Monstres et insectes. Ravageurs et protecteurs. Autres animaux détruits par l'oiseau. Oiseaux malfaisants. Oiseaux de proie diurnes. Pie, geai, corneille et corbeau. Nos pierrots. Leur tête à prix. Services qu'ils rendent. Oiseaux granivores. Oiseaux insectivores. Le coucou. Torts de l'homme envers l'oiseau. Citation de l'Ecriture sainte. Résolutions que doivent prendre les enfants.

Développement.

Les insectes sont doués d'une prodigieuse fécondité, qui en fait des êtres fort dangereux pour l'homme. Il peut tuer les monstres des forêts ; mais contre ces myriades de petits animaux presque invisibles il reste impuissant. La Providence est venue à son secours en lui donnant pour auxiliaire et pour allié l'oiseau. Si l'insecte est le ravageur des récoltes, l'oiseau en est le protecteur. Il est l'ange ragdien de l'épi de blé. Il détruit aussi plusieurs espèces de petits animaux, tels que les rats, les souris, les mulots. Le faucon, l'épervier, le milan, l'autour sont des oiseaux de proie diurnes malfaisants. La buse est utile : elle détruit des milliers de souris. La chouette, le hibou, l'effraie poursuivent dans les granges, dans les greniers et dans les champs, les rats, les souris, les campagnols, les mulots et les lérots, ainsi que les hannetons et les papillons nocturnes. La pie, le geai et la corneille sont plutôt nuisibles qu'utiles. Le corbeau, malgré le mal qu'il fait, détruit beaucoup de lombrics, de larves et de vers blancs. Les alouettes, le moineau, la mésange, le pinson, la linotte, le bouvreuil, le chardonneret, le sansonnet, en un mot les granivores, sont en même temps nuisibles et utiles, mais plutôt utiles.

Nos pierrots criards valent mieux que leur réputation. On mit une fois leur tête à prix en Hongrie, dans le pays de Bade et en Angleterre ; mais bientôt des myriades d'insectes ravagèrent les récoltes, et il fallut rappeler les précieux auxiliaires. Le roi de Prusse, Frédéric, voyant que les pierrots mangeaient son fruit favori, la cerise, leur déclara également la guerre. Cerisiers et autres arbres dépérirent en peu de temps, dévorés par les insectes : les pierrots étaient vengés ; on fut obligé de les rapatrier.

Les pierrots consomment une quantité prodigieuse de hannetons. Les sansonnets vivent de limaces, de chenilles et de papillons. Les mésanges dévorent jusqu'à vingt chenilles par minute.

Les oiseaux exclusivement insectivores, les hirondelles, les grives, les fauvettes, les pics, les bergeronnettes, les lavandières, les rossignols, les coucous... ne cessent de poursuivre les insectes. Les coucous même attaquent les grosses chenilles velues et en débarrassent les arbres.

Malgré tous les services que lui rendent les oiseaux, l'homme les poursuit par tous les moyens possibles, et l'enfant, sans pitié, emporte les œufs et détruit les petits. « Si, en te promenant, dit la Sainte Ecriture, tu trouves en ton chemin, sur un arbre ou à terre, un nid d'oiseaux et la mère couvant les petits ou les œufs, tu ne prendras point la mère ni les petits ; mais tu les laisseras en liberté, pour qu'il ne te mésarrive et que tu vives longtemps. »

Voici venir la saison des nids. Nous nous rappellerons ces paroles. Nous laisserons aux oiseaux leurs œufs et leurs petits.

II.

Canevas. — Un jeune homme, refusé deux fois aux examens du brevet, écrit à l'Inspecteur d'académie pour lui demander un emploi d'adjoint. Il n'a échoué que sur les épreuves orales. Il comprend ce qui lui manque. Les fonctions d'adjoint lui donneront l'expérience de l'enseignement. Il se montrerait digne de la confiance dont on voudrait bien l'honorer.

A Monsieur l'Inspecteur d'académie, en résidence à M...

Monsieur l'Inspecteur d'académie,

J'ai l'honneur de solliciter de votre bienveillance un poste d'instituteur adjoint.

Je me suis présenté deux fois aux examens du brevet de capacité, et deux fois, après avoir bien réussi dans les épreuves écrites, je me suis vu refusé aux épreuves orales. La dernière session surtout m'a fait voir quels étaient les points faibles de ma préparation. Il ne suffit pas de savoir, il faut pouvoir enseigner ; il faut être au courant des méthodes et des procédés, et être capable, sur un sujet donné, de faire une leçon convenable.

Cette pratique ne m'est pas habituelle. J'ai travaillé beaucoup isolément, mais je ne me suis pas exercé à transmettre ce que j'ai appris. Exposer les principes de l'écriture, trouver des exemples de grammaire et en déduire les règles, présenter d'une manière méthodique et claire une théorie d'arithmétique, tracer à main levée au tableau noir une carte géographique, faire un récit d'histoire intéressant, expliquer l'organisation d'une école, sont autant de choses sur lesquelles je reconnais ne pas m'être suffisamment préparé. Je n'avais attaché qu'une médiocre importance à l'examen oral et à la partie pédagogique des épreuves. C'est un tort dont je subis les conséquences, et que je vais m'empresser de réparer.

Les fonctions d'adjoint me sembleraient le moyen le plus sûr d'acquérir l'expérience qui me manque.

Si vous daignez, Monsieur l'Inspecteur d'académie, donner une suite favorable à ma demande, je m'efforcerai, tout en me préparant aux prochaines épreuves du brevet, de remplir exactement les nouveaux devoirs qui me seront imposés.

Daignez agréer, Monsieur l'Inspecteur d'académie, l'hommage de mon profond respect.

G....

Saint-....., 1er mai 1875.

COURS MOYEN.

I.

Le dénicheur cruellement puni.

(Lire le récit qui suit.)

Un hibou avait fait son nid assez près d'une ferme, dans un vieux têtard de chêne ; la femelle avait paisiblement couvé les œufs. Un garçon de la ferme avisa le nid, et, cédant à l'antipathie qu'inspirent, dans les campagnes, les hiboux et les chouettes, il massacra les petits. Le père et la mère résolurent de se venger de l'imprudent qui les privait ainsi de leur famille. Les soirs qui suivirent, quand le jeune paysan rentrait des champs, on ne manquait pas d'apercevoir le mâle volant tout autour de la maison, mais on n'y prenait pas garde. Il paraissait naturel qu'il revînt voltiger autour de son ancien nid. Mais il était guidé par un autre instinct : il guettait le destructeur de ses petits. Pendant quatre jours, il fit le même manége sans oser attaquer. Enfin, le cinquième, le garçon sortait de la ferme, quand du haut d'un arbre s'élança le hibou qui fondit sur lui, et, d'un coup de griffe, lui arracha presque l'œil gauche. Le paysan, fou de douleur, poussa un cri de désespoir et tomba sans connaissance ; l'oiseau de proie était déjà loin. On porta secours au blessé. Le lendemain, il fut visité par un médecin, qui constata que la griffe du hibou avait déchiré l'iris dans toute sa largeur. L'œil était complétement perdu.

Entretien préalable.

De qui parle-t-on dans ce récit ? Où le hibou avait-il fait son nid ? Comment appelez-vous le sentiment que l'on éprouve contre les hiboux et les chouettes? Quel est le contraire de l'*antipathie?* La *sympathie*. Que fit ce garçon de ferme? Que résolurent les deux oiseaux? Que faisait le mâle tous les soirs? Combien de temps dura son manége? Où se tenait le hibou? Comment se vengea-t-il? Que fit le paysan? Et l'oiseau? Que constata le médecin? Qu'est-ce que l'*iris?* C'est la partie colorée de l'œil qui entoure là prunelle. Résultat final? Quelle est la morale de ce récit? Pourquoi ne faut-il pas détruire les nids d'oiseaux? Outre l'utilité constatée des oiseaux, est-ce que leur enlever leurs petits, les faire souffrir, prouve un bon cœur? La loi punit-elle les dénicheurs? Oui, certainement.

Sommaire. — Nid de hibou. Petits massacrés. Vengeance. Le cinquième jour, coup de griffe Douleur et désespoir. Secours inutile. Iris déchiré. Œil perdu. Réflexions. Quel titre mettrons-nous à ce récit?

II.

Canevas. Établir le compte des *recettes* et des *dépenses* d'une famille pendant la première semaine du mois d'avril 1875. Le 1er, elle a en caisse 10 francs. Elle dépense tous les jours 80 centimes de pain. Le 1er, le 5 et le 7, 1 kilogramme de viande à 95 centimes le 1/2 kilogramme. Le 6, la femme a acheté 75 centimes de savon; le 7, 65 centimes de légumes, et le mari reçoit ce jour-là 6 jours de paye à 4 francs. Totaliser et fair la balance.

	Avril 1875.	RECETTES.		DÉPENSES.	
1	En caisse	10	»	»	»
»	Pain, viande	»	»	2	70
2	Pain	»	»	»	80
3	Pain.	»	»	»	80
4	Pain.	»	»	»	80
5	Pain, viande.	»	»	2	70
6	Pain, savon	»	»	1	55
7	Pain, légumes, viande. .	»	»	3	35
»	6 jours de paye à 4 fr. .	24	»	»	»
	Reçu.	34	»	»	»
	Payé.	»	»	12	70
	En caisse, le 7 avril . .	21	30	»	»

COURS ÉLÉMENTAIRE.

Formation du vocabulaire.

Causerie sur la famille.

En sortant de l'école, mes enfants, vous rentrez *chez vous*, dans votre.... *maison*, dans votre.... (Trouvez d'autres mots ayant le même sens; mon but est de vous faire connaître le plus de mots possible et de vous les faire comprendre.) Ainsi, au lieu de dire *votre maison*, vous pouvez dire votre... *demeure*, votre... *habitation*. Vous y trouvez vos... *parents*, c'est-à-dire votre... *père*, votre... *mère*, vos... *frères* et vos... *sœurs*. C'est là votre... *famille*. La réunion de toutes les familles forme le genre... *humain*, le... *monde*, l'*humanité*, la race... *humaine*. Il y a des *personnes* de tout âge. Jusqu'à 7 ou 8 ans, c'est... l'*enfance;* de 8 à 15, la... *jeunesse;* de 15 à 25, c'est... l'*adolescence;* de 25 à 60,... l'*âge mûr;* de 60 à 75, la *vieillesse;* après 75 ans, la... *décrépitude*. Un homme de 60 ans s'appelle un... *sexagénaire;* de 70 ans, un... *septuagénaire*, de 80, un... *octogénaire;* de 90, un... *nonagénaire;* de 100, un *centenaire*. Le frère de votre père ou de votre mère est votre... *oncle*. Leur sœur est votre... *tante*. Leurs enfants sont vos... *cousins* ou *cousines*. Le père de votre père ou de votre mère est votre.... *grand-père*, votre... *aïeul*. Leur mère est votre... *grand'mère*, votre *aïeule*. De ces personnes âgées, dont vous *descendez*, vous êtes les... *descendants*, et elles sont vos... *ascendants*, vos... *ancêtres*. L'enfant *baptisé* devient... *chrétien*. Il a un... *parrain* et une... *marraine*, dont il est le... *filleul* ou la... *filleule*. Ils l'ont tenu sur les fonts... *baptismaux*. Vous aviez un *nom de famille*, ils y ont ajouté un ou plusieurs... *prénoms*. Le plus âgé des frères et sœurs, c'est.... l'*aîné*. De là, dans l'histoire, un droit... d'*aînesse* ou de *primogéniture*. Deux enfants nés en même temps, comme Jacob et Esaü, sont des... *jumeaux*. L'enfant qui a perdu son père ou sa mère, ou tous les deux, est un enfant... *orphelin*. Pour gérer ses biens, pour le soutenir et le diriger, il lui faut, comme au jeune arbre, un... *tuteur*. Il est alors en... *tutelle*, il est... *mineur*. A 21 ans, il sera... *majeur*. L'amour d'un père pour ses enfants, c'est l'amour... *paternel*. Celui de la mère est l'amour... *maternel*. Celui des enfants pour les *auteurs de leurs jours*, pour leurs *parents*, pour leurs père et mère, c'est l'amour... *filial*. Caïn tua son frère; il commit un... *fratricide*. Tuer quelqu'un, un homme, une femme, c'est commettre un... *homicide*. Tuer son père, sa mère, c'est un horrible... *parricide*. Se tuer, c'est commettre un.... *suicide*. Le peuple qui fit mourir Jésus-Christ, son Dieu, est un peuple... *déicide*. Ravaillac, qui tua le roi Henri IV, fut un... *régicide*. Quittons bien vite ces mots affreux, mes enfants. Pensons plutôt aux bonnes familles, aux bons enfants et aux bons parents. Quel est le 4e commandement de Dieu? Retenez-le bien. Aimez votre famille, et faites-lui to jours honneur par votre conduite et par votre travail.

Interrogation. — Reprendre chaque mot souligné et en demander la définition. Exiger que les réponses forment toujours des phrases complètes. Faire épeler les mots dont l'orthographe peut n'être pas connue. Les écrire ou les faire écrire en même temps au tableau noir.

ARITHMÉTIQUE ET SYSTÈME MÉTRIQUE.

PROBLÈMES GRADUÉS POUR LES COMPOSITIONS.

COURS SUPÉRIEUR.

Concours cantonaux.

1. — La dépense d'un ménage s'est élevée, du 1er janvier au 17 octobre 1869, à 1.845 fr. 50. De

combien a-t-il fallu diminuer la dépense de chaque jour, pour que la dépense totale de l'année ne s'élève qu'à 2.200 francs ? — Rép. 1 fr. 64 c.

2. — Un vigneron, qui possède une vigne rectangulaire ayant 345m75 de longueur et 278 mètres de largeur, espère récolter 1 hectolitre 20 de vin par are. Il désire savoir : 1° combien il lui faudra de tonneaux de 230 litres pour loger sa récolte; 2° le produit net de sa propriété, sachant que les frais de culture, d'engrais, etc., se sont élevés à 480 francs par hectare, et que le vin est estimé 14 francs l'hectolitre? — Rép. 1° 502 tonneaux ; 2° 10.611 fr. 48 c.

I. *Arithmétique. (Nombres décimaux et fractions.)*

1. — Un litre d'huile de colza pèse 914 millièmes de kilogramme. Quel est le prix de 2 hectolitres 3/4 de cette huile à 1 fr. 15 le kilogramme? — Rép. 289 fr. 05 c.

2. — 3 enfants se sont partagé un héritage : le 1er en a eu le tiers, le 2e les 40 centièmes et le 3e 12.000 francs. Quel est le montant de l'héritage? — Rép. 45.000 francs.

3. — Le prix fort d'une fourniture de livres est 152 fr. 60 c. On paye 122 fr. 08 c. Quelle fraction du prix fort a-t-on remise ? Quelle est, p. 0/0, cette remise ? — Rép. 1° 1/5; 2° 20 p. 0/0

4. — En une année de 360 jours une somme rapporte 6 francs. Combien rapporterait-elle en 180 jours, en 90 jours, en 30 jours, en 36 jours, en 24 jours? — Rép. 1° 3 fr. ; 2° 1 fr. 50 ; 3° 0 fr. 50 ; 4° 0,60 ; 5° 0,40.

5. — Quel total obtiendrait-on en ajoutant à une somme de 4.860 francs ses 0,75, ses 0,50, ses 0,25 et son 0,20? — Rép. 13.122 francs.

II. — *Système métrique. — (Cubage.)*

1. — Une des mesures en usage pour les matières sèches a 503 millimètre 079 de hauteur et un diamètre égal à cette hauteur. Quelle est cette mesure ? — Rép. L'hectolitre.

2. — Quelle est la mesure de capacité dont le diamètre est de 86 millimètres 025 et la hauteur le double ? — Rép. Le litre.

3. — La grande pyramide d'Egypte a une base carrée dont le côté égale 23m48; sa hauteur est de 146m18. On demande le poids de cette pyramide, en admettant qu'elle soit pleine, et que la pierre dont elle est formée ait pour densité moyenne 2.75? — Rép. 7.387.467.475 k.

4. — Un ouvrier extrait de la pierre, qu'il dispose en un monceau régulier de 3m25 de large et 1m50 de haut. Quelle hauteur doit avoir ce tas de pierre pour contenir 24 mètres cubes 375 ? — Rép. 5 mètres.

5. — Si le bois de chêne vaut 10 francs le décistère, combien valent 2 poutres mesurant 7 mètres de long, 0m40 d'équarrissage et 12 solives de 4m50 de long sur 0m16 d'équarrissage? — Rép. 362 fr. 24 c.

COURS MOYEN.

I. — *Arithmétique. — (Fractions ordinaires.)*

1. J'ai payé les 3/4 d'une dette sur laquelle je redois encore 3.645 francs. Quelle était cette dette? — Rép. 14,580 francs.

2. — Partager 4.500 francs entre deux personnes de manière que l'une ait les 4/5 de cette somme et l'autre le reste? — Rép. 1e 3600 fr, ; 2e 900 fr.

3. — Deux fonctionnaires se sont succédé ; leur traitement annuel est de 2.400 francs. Combien revient-il à chacun, le premier ayant exercé pendant 3 mois, le second pendant 9 mois? — Rép. 1er 600 francs ; 2e 1800 francs.

4. — Un négociant offre trois prix pour le concours cantonal : le 1er aura une valeur de 25 francs, le 2e des 2/5 en moins et le 3e d'un tiers en moins que le 2e. Quelle sera la valeur totale des prix ? — Rép. 50 francs.

5. — Une école compte 320 élèves partagés en 5 classes : la 1re comprend le huitième des enfants, 3 autres chacune un quart. Combien d'élèves dans la cinquième classe ? — Rép. 70.

II. — *Système métrique. — (Monnaies.)*

1. — Quelle somme auriez-vous si vous possédiez un spécimen de chacune de nos pièces de monnaie actuelles? — Rép. 193 fr. 88 c.

2. — Une somme d'argent pèse 6 kilogrammes 200 grammes. Que vaudrait-elle si c'était : 1° de l'or ; 2° de la monnaie de bronze?— Rép. 1° 18.600 f.; 2° 60 fr.

3. — Quel serait le poids d'une somme de 1000 francs : 1° en argent ; 2° en or; 3° en bronze? — Rép. 1° 5 kil. ; 2° 322 gr. 58 ; 3° 100 kilog.

4° Un kilogramme de monnaie d'or vaut 3 100 fr., les frais de fabrication sont fixés à 6 fr. 70 c. par kilogramme. Combien valent les 900 grammes d'or pur qu'il contient ? Combien vaut un gramme ? — Rép. 1° 3.093 fr. 30 c.; 2° 3 fr. 437.

5. — Un kilogramme de monnaie d'argent vaut 200 francs, moins les frais de fabrication, qui sont de 1 fr. 50. Combien vaut un gramme d'argent pur? — Rép. 0 fr. 220555.

COURS ÉLÉMENTAIRE.

II. — *Arithmétique. — (Multiplication.)*

1. — Il y a dans une prairie 25 vaches qu'on peut évaluer à 450 francs l'une. Quelle est leur valeur totale ? — Rép. 11.250 francs.

2. — Combien gagne par an un ouvrier qui gagne 4 francs par jour ? — Rép. 1.460 francs.

3. — Par semaine une maison de commerce reçoit 645 francs en moyenne. Quelle est sa recette d'une année? — Rép. 33.540 francs.

4. — Quel est le prix de 6 stères de bois à 15 francs le stère ? — Rép. 90 francs.

5. — Combien y a-t-il de minutes dans un jour de 24 heures ? — Rép. 1.440.

II. — *Système métrique. — (Mesures de capacité.)*

1. Un vigneron a 125 pièces de vin de chacune 240 litres. Combien possède-t-il de litres de vin ? — Rép. 30.000 litres.

2. — Chaque mois un ménage consomme pour 45 francs de comestibles. Quelle est cette dépense par an? — Rép. 540 francs.

3. — Combien de minutes a vécu un enfant de 3 ans? — Rép. 65.700.

4. — Quel est le prix de 8 douzaines de chemises à 6 francs la chemise ? — Rép. 576 francs.

5. — Combien coûtent 985 stères de bois à 15 francs le stère? — Rép. 14.775 francs. T.

EXAMENS DU BREVET DE CAPACITÉ.

ACADÉMIE DE RENNES.

(Départements d'Ille-et-Vilaine, de la Mayenne, de Maine-et-Loire, de la Loire-Inférieure, du Morbihan, des Côtes-du-Nord et du Finistère.)

(1re session de 1875.)

ASPIRANTES.

Brevet de second ordre.

1° *Épreuve d'orthographe.*

C'est ici *que* j'atteste la foi publique, Messieurs, et que, parlant de la douceur et de la modération de M. de Turenne, je puis avoir pour *témoins* de ce que je dis tous ceux qui l'ont suivi dans les armées. *S'est-il fait* un plaisir de se servir du pouvoir qu'il a eu de *nuire* à ceux *même* qu'on regarde et qu'on traite comme ennemis ? *Où a-t-il* laissé des marques terribles de sa colère ou de ses vengeances particulières ? Laquelle de ses victoires a-t-il estimée par le nombre des misérables qu'il accablait ou des morts qu'il laissait sur le champ de bataille ? Quelle vie a-t-il exposée pour son intérêt ou pour sa propre réputation ? Quel soldat n'a-t-il pas ménagé *comme* un sujet du prince et une portion de la *république ?* Quel goutte de sang a-t-il répandu *qui* n'ait servi à la cause commune ?

On l'a vu dans la *fameuse* bataille des Dunes arracher les armes des mains des soldats étrangers qu'une férocité naturelle acharnait sur les vaincus. On l'a vu gémir de ces maux nécessaires que la guerre traîne après soi, que le temps force de dissimuler, de souffrir et de faire. Il savait qu'*il y a* un droit plus haut et plus sacré que celui que la fortune et l'orgueil imposent aux malheureux, et *que* ceux qui vivent sous la loi de Jésus-Christ doivent épargner, autant qu'ils le peuvent, un sang consacré par le sien, et ménager des *vies* qu'il a rachetées par sa mort.

Il cherchait à soumettre les ennemis, non pas à les perdre. *Il eût voulu* pouvoir attaquer sans nuire, se défendre sans offenser. (FLÉCHIER.)

Questions et explications.

1. C'EST *ici* QUE... Faire analyser ce gallicisme, que nous avons déjà expliqué plusieurs fois. *Ce* (ceci, la chose dont je parle, le fait en question) *est que j'atteste ici...* On pourrait encore plus facilement, mais moins exactement, considérer *c'est... que* comme un *explétif*, et analyser simplement : *J'atteste ici la foi publique...*

2. *Témoins*, au pluriel, à cause de ce qui suit : *tous ceux*. Analysez grammaticalement *témoins* et *ceux ? Ceux*, complément direct de *je puis avoir ; témoins* est complément indirect du même verbe ; la préposition *pour* a ici le sens de *en qualité de*. — 3. *S'est-il fait ?* Analysez cette construction ? *Est-il (ayant) fait à soi ; il*, sujet ; *s'* (pour *à soi*), complément indirect du verbe transitif réfléchi *il s'est fait*, employé interrogativement.

4. *Nuire*, verbe intransitif, complément déterminatif du substantif *pouvoir*. — 5. *Même*. Expliquer l'invariabilité de ce mot. Après un seul substantif ou un seul pronom, autre que les pronoms personnels, *même* est adjectif ou adverbe, selon que l'on veut exprimer une idée de *similitude*, d'*identité*, ou bien une idée d'*extension*.

6. *Où a-t-il laissé*. Qu'est-ce que ce *t* placé entre deux traits d'union ? Lettre euphonique. Lorsque le temps d'un verbe terminé par une voyelle est immédiatement suivi des pronoms *il, elle, on*, on intercalle un t : *dira-t-on, joue-t-elle, fera-t-il, va-t-il*. Autrefois, le vieux français avait un *t* à la troisième personne de toutes les conjugaisons : *il aimet; il at*. Naturellement *et* dans *il aim*ET était muet comme *ent* dans *ils aim*ENT. Quand on prenait la forme interrogative, le *t* se prononçait : *il aimet*, devenait *aimet-il*. Plus tard, vers le temps de Philipe-Auguste, le *t* disparut dans la forme directe. Il persista dans la forme interrogative, parce que, dans ce cas, il devenait sensible et sonore ; seulement, on ne tarda pas à oublier l'origine et la raison d'être de cette lettre : on la sépara par un tiret du corps du mot dont elle faisait partie ; et au lieu de la vieille forme *aimet-il ?* on écrivit, dès le seizième siècle, *aime-t-il ?* C'est cette confusion qui a donné naissance à ce qu'on appelle notre *t* euphonique.

7. Analysez *comme ?* Conjonction. Sa fonction ? La conjonction est un mot qui sert à lier deux propositions ou deux parties semblables d'une même proposition. *Comme*, ici, est un terme de comparaison ; il unit deux propositions dont l'une, la seconde, est elliptique. Le verbe *il devait ménager* est sous-entendu ; *sujet du prince* et *portion de la république* forment le complément direct de ce verbe.

8. *République*. Remarquez le sens dans lequel Fléchier emploie ce mot. Il ne le prend pas dans le sens particulier de *gouvernement de plusieurs, Etat gouverné par plusieurs ;* non, il le prend dans le sens général, conforme du reste à l'étymologie *respublica*, de *res*, chose, et *publica* publique. — « J'appelle *République* tout état régi par les lois, sous quelque forme d'administration que ce puisse être ; car alors l'intérêt public gouverne, et la chose publique est quelque chose. (J.-J. ROUSSEAU.)

9. *Qui*. Que remarquez-vous sur la construction de ce pronom ? Pour que le rapport du pronom relatif avec son antécédent ne laisse jamais de doute, on doit les rapprocher le plus possible. Cependant, on peut les séparer si la clarté du sens n'en souffre pas. C'est alors le goût et l'oreille qui décident. « Et le fils dégénère *qui* survit un moment à l'honneur de son père. » « Un loup survint à jeun, *qui* cherchait aventure. »

10. *Fameuse*, féminin de *fameux*. Sens de la terminaison *eux*, étudié à plusieurs reprises déjà ? Qui possède abondamment, ou en quantité plus ou moins grande, la chose désignée par le radical, ou bien qui est de la nature de cette chose, qui y ressemble : *fameux*, qui a une grande réputation, bonne ou mauvaise, une grande renommée ; de *fama*, renommée. Citez d'autres mots terminés en *eux* et donnez-en la signification ? *Belliqueux* (*bellum*, guerre) ; *captieux* (*captio*, artifice, tromperie) ; *impétueux* (*impetus* choc, attaque, impétuosité) ; *insidieux* (*insidiæ*, embûches, piége) ; *oléagineux* (*oleum* ou *olea*, huile ; *gegnere*, produire) ; *savoureux*, *affectueux*, *anguleux*, etc.

11. *Soi.* Différence dans l'emploi de *soi* et de *lui, elle, eux, elles*. Rappelez la règle générale? — L'usage tend continuellement à substituer *lui* ou *elle* à *soi;* mais il faut résister à cette tendance, *soi* étant plus *clair* que *lui* ou *elle*. *Soi* est de rigueur avec un nom indéterminé, *on*, *chacun*, et avec un verbe à l'infinitif. Avec un nom déterminé de personne, on emploie plus souvent *lui* ou *elle* que *soi*. Quand le nom est un nom de chose, *soi* est préférable à *lui* ou à *elle*.

12. *Il y a...* Analysez cette proposition? *a*, verbe impersonnel, synonyme de existe. Le sujet est *il*, *un droit plus haut et plus sacré*. *Un droit*, complément déterminatif du sujet grammatical *il* (complément que beaucoup de grammairiens appellent encore *sujet réel*, par opposition à *il* considéré comme un sujet apparent); *y* particule, dérivant probablement de l'adverbe de lieu, mais ayant perdu sa valeur primitive et n'étant plus qu'un *explétif*, dont la fonction paraît être d'indiquer que le verbe *avoir* a perdu son sens actif de *posséder*, qu'il n'a plus que la signification d'*exister*. « Il y a un droit plus haut et plus sacré... » équivaut à : « Il est un droit plus haut et plus sacré; un droit plus haut et plus sacré *est, existe*. » — 13. *Que*. Nature et fonction de ce mot? Conjonction servant à unir la proposition subordonnée complétive *ceux... doivent épargner... un sang consacré par le sien*, à la principale *il savait*. — 14. *Vies*. Faire remarquer le nombre de ce mot.

15. *Il eût voulu*. Quel est ce temps? Seconde forme du passé du conditionnel, équivalant à *il aurait voulu*. Rappeler le moyen de distinguer les trois formes du *passé antérieur*, du *second passé du conditionnel* et du *plus-que-parfait du subjonctif: il eut voulu, il eût voulu, qu'il eût voulu?* Au point de vue de l'orthographe, il suffit de mettre au pluriel. Si ce changement de nombre amène *eurent voulu*, il ne faut pas d'accent : c'est le *passé antérieur*. Si le pluriel est *eussent voulu*, il faut un accent; ce peut être alors ou la deuxième forme du *conditionnel passé* ou le *plus-que-parfait du subjonctif*. Pour distinguer ces deux derniers temps, ce dont on a besoin dans l'analyse, il faut voir si l'on peut employer la première forme du *passé du conditionnel* : ce serait alors ce temps. En outre, le *plus-que-parfait du subjonctif* appartient toujours à une proposition *subordonnée*, laquelle se rattache à une autre proposition par une *conjonction* ou une *locution conjonctive*.

2° *Exercice de style* (1).

Causes, principaux événements et résultats de la troisième croisade.

---

(1) Plusieurs de nos abonnés nous demandent de traiter la question d'histoire, comme nous donnons la solution des problèmes. — Nous voudrions pouvoir satisfaire ces lecteurs, mais l'espace nous manque. D'excellents traits d'histoire existent d'ailleurs, dans lesquels les jeunes gens qui se préparent à l'examen du brevet trouveront toutes les questions convenablement traitées. Nous nous efforcerons cependant de donner de temps à autre soit, comme nous l'avons déjà fait, le sommaire, le *canevas* de la rédaction, soit, lorsque le sujet présentera quelque difficulté d'exposition, la narration complète.

3° *Arithmétique*.

Un marchand a acheté 11.922^{kil}8, d'huile de colza au prix de 62 fr. l'hectolitre. Il paye comptant et on lui fait un escompte de 7 0/0. Il revend les $\frac{5}{6}$ de l'huile au prix de 73 francs les 100 kilogrammes, et le reste, en bloc, 1890 francs. Calculer son bénéfice. — Un litre d'huile pèse 913 grammes.

Solution.

Le litre d'huile pesant 913 grammes, le nombre de litres d'huile achetés est de :

$$\frac{11922800}{913} = 13058 \text{ lit. } 92$$

qui valent, au prix de 62 francs l'hectolitre ou 0 fr. 62 le litre,

$$0 \text{ fr. } 62 \times 13058{,}92 = 8096 \text{ fr. } 53.$$

Mais comme le marchand a un escompte de 7 0/0, il ne paye réellement que :

$$8096 \text{ fr. } 53 - 8096 \text{ fr. } 53 \times 0{,}07 = 7529 \text{ fr. } 77$$

Or, les $\frac{5}{6}$ de l'huile vendus au prix de 73 francs les 100 kilogrammes ou 0 fr. 73 le kilogramme, ont produit :

$$\frac{0 \text{ fr. } 73 \times 11922{.}8 \times 5}{6} = 7253 \text{ fr. } 04,$$

qui, ajoutés au produit de la vente du reste en bloc, donnent une somme totale de :

$$7253 \text{ fr. } 04 + 1890 \text{ francs} = 9143 \text{ fr. } 04.$$

Le bénéfice total du marchand est donc de :

$$9143 \text{ fr. } 04 - 7529 \text{ fr. } 77 = 1613 \text{ fr. } 27.$$

LEÇONS PRATIQUES ET GRADUÉES

Sur les matières comprises dans le programme de

L'ENSEIGNEMENT PRIMAIRE

Publiées par le

JOURNAL DES INSTITUTEURS

(Premier semestre 1875)

COURS ÉLÉMENTAIRE, COURS MOYEN, COURS SUPÉRIEUR :

LANGUE FRANÇAISE

Exercices de style, — Dictées expliquées

Orthographe et sens des mots

ARITHMÉTIQUE

SYSTÈME MÉTRIQUE — GÉOMÉTRIE

HISTOIRE — GÉOGRAPHIE

DESSIN — MUSIQUE

EXAMENS ET CONCOURS

Épreuves écrites et questions posées aux examens pour le Brevet de capacité, le Certificat d'études les Concours cantonaux, etc.

DICTÉES.

COURS SUPÉRIEUR.

Le requin.

Le requin parvient jusqu'à une longueur de plus de 10 mè r s. Les *anecdotes* que nous *avons entendu* raconter sur lui ; tous les actes de férocité qu'on *a cités*, effrayent vraiment l'imagination. Sa voracité, l'impétuosité de ses mouvements en ont fait un des animaux marins les plus terribles *qu'il y ait jamais eu*. Combien de voyageurs ont été victimes du peu de précautions qu'ils *avaient pris !* Combien *il s'en est trouvé* qui, en se baignant tranquillement dans la mer, *ont été dévorés* par ce monstre, sans pouvoir échapper à la rapidité de ses atteintes ! Le requin est plus dangereux que la plupart des *cétacés ;* il inspire même plus d'effroi que les *baleines* qui, moins bien armées, ne provoquent presque jamais ni l'homme ni les grands animaux. Les requins *sont répandus* sur tous les climats ; *ils se sont emparés*, pour ainsi dire, de toutes les mers, et on les *a vus* souvent apparaître au milieu des *tempêtes*. (Certificat d'etudes primaires. Eure. 1874.)

COURS MOYEN.

L'oiseau-mouche.

Les *pierres* et les *métaux* polis de notre art ne sont pas *comparables* à ce *bijou* de la nature. Son *chef-d'œuvre* est le petit *oiseau-mouche;* elle l'a *comblé* de tous les dons qu'elle n'a *fait* que partager aux autres oiseaux : légèreté, rapidité, prestesse, grâce et riche parure; tout appartient à ce petit *favori*. L'*émeraude*, le *rubis*, la *topaze* brillent sur ses habits; il ne les souille jamais de la poussière de la terre, et dans sa vie *tout aérienne*, on le voit à peine toucher le gazon par instants ; il est toujours en l'air, volant de fleur en fleur; il a leur fraîcheur comme il a leur éclat ; il vit de leur nectar et n'habite que les climats où sans cesse elles se renouvellent.

(Buffon.)

Questions et explications.

1. L'*oiseau-mouche*. Oiseau d'Amérique, ainsi nommé à cause de sa petitesse. — 2. Les *pierres*. De quelles pierres est-il ici question? De pierres *précieuses*. Citez-en ? L'émeraude, la topaze, le rubis. Et la plus précieuse de toutes ? Le diamant. Avec quoi coupe-t-on le verre ? — 3. *Métaux*. Quel est le singulier ? Rappelez la règle des noms en *al?* Exceptions. Résumez les règles du pluriel dans les noms ?

4. *Comparables*. Le contraire ? *Incomparable*. Le verbe ? *Comparer*. Le substantif ? *Comparaison*. — 5. *Bijou; chef-d'œuvre; oiseau-mouche*. Quel est le pluriel de ces mots ? Rappelez les règles de la formation du pluriel dans ces noms. — 6. *Comblé*. Accord avec *l'* mis pour l'oiseau-mouche. — 7. *Fait*. Invariable, pourquoi ? Quel est le complément direct de *partager?*

8. *Favori*, qui est l'objet d'une *faveur*. Mots de la même famille ? *Favorable*, défavorable, *favoriser*, *favoritisme*. — 9. Couleur de l'*émeraude ?* Verte, ordinairement. Du *rubis ?* Rouge vif. De la *topaze ?* Jaune. — 10. *Tout*. Sens de ce mot ? *Tout à fait*. Adverbe, invariable. Par quelle sorte de lettre commence *aérienne?* Formulez la règle de *tout?*

11. *Aérienne*. Sens de ce mot ? De la même famille : *aérer*, *aériforme*, *aérolithe*, *aéronaute*, *aérostat*. — 12. Quel est le titre de cette dictée ? A quoi l'oiseau-mouche n'est-il pas comparable ? Comment s'appelle un bel ouvrage ? Quel est le chef-d'œuvre de la nature, quant aux oiseaux ? Pourquoi ? Quels dons a-t-elle départis à l'oiseau-mouche ? Quelles couleurs brillent sur ses habits ? Comment

s'appelle l'habit d'un oiseau? Son?... Le souille-t-il de poussière? Où vit-il? Où se repose-t-il? Peut-on le comparer aux fleurs? De quoi vit-il? Vivrait-il dans les climats froids? Pourquoi? Où trouve-t-on l'oiseau-mouche? — 13. Qui veut, maintenant, me reproduire cette dictée par cœur? Ce sera votre *exercice de récitation* pour la prochaine fois.

COURS ÉLÉMENTAIRE.

I.

Dieu.

Il est un Dieu. Les herbes de la vallée et les cèdres de la montagne le bénissent. L'insecte bourdonne ses louanges. L'éléphant le salue au lever du jour. L'oiseau le chante dans le feuillage. La foudre fait éclater sa puissance. L'Océan déclare son immensité. Les cieux racontent la gloire de Dieu.

II.

Le soleil.

Le soleil est le roi de la nature. Sa chaleur fait croître et mûrir les moissons. Il élève l'eau en vapeur et en nuages qui retombent sous forme de pluies fécondantes. Le soleil donne aux divers climats leurs richesses variées. Sans le soleil, tout est triste et sombre. Dès qu'il paraît, la nature entière sourit. Les rayons du soleil échauffent et réjouissent le cœur de l'homme.

EXERCICES DE LANGAGE ET DE RÉDACTION.

I.

COURS SUPÉRIEUR.

Expressions figurées, proverbes, allusions.

Voyons, mes enfants, nous allons aujourd'hui, pour varier nos exercices de style, chercher ensemble le sens, l'explication de certains proverbes, de certaines maximes, que vous avez déjà, j'en suis bien sûr, entendu formuler autour de vous, mais dont vous ignorez, peut-être, l'exacte signification.

Ecoutons tous. C'est vous, du reste, qui allez trouver les réponses; vous les exprimerez de vive voix d'abord; vous en ferez ensuite le résumé par écrit.

Exercice en commun.

Qu'est-ce qu'un *abîme?*... Un malheur vient rarement seul. Un second le suit presque toujours. De même une mauvaise action en appelle ordinairement une autre. La pente du vice est glissante et rapide. On s'enfonce ainsi dans sa misère, dans sa honte, dans le déshonneur : *l'abîme appelle l'abîme.* Expliquez, à votre tour, cette expression?

Continuer ainsi. Enoncer le proverbe, l'expression figurée, qui éveille immédiatement la curiosité de l'enfant. Puis expliquer, commenter, citer des exemples et conclure par la phrase proverbiale. Ensuite, prendre la marche contraire : donner l'explication, le mot propre, et faire trouver l'expression figurée, le proverbe. Ainsi *être impitoyable*, c'est avoir le cœur dur, un cœur de rocher, un *cœur d'airain.* Jules César, accueillant d'un visage impassible et rude son noble et courageux adversaire, Vercingétorix, et, six ans après, lui faisant trancher la tête dans un cachot, quel *cœur* avait-il donc? Animer cette leçon par toute espèce d'explications, de souvenirs littéraires ou historiques. Puis dicter un canevas succinct, que les élèves développeront par écrit.

Canevas. — L'abîme. Chiens qui aboient. Aboyer à la lune. Les absents. Le veau d'or. Le mal. La peur. Battre de l'aile. Battre d'une aile. En avoir dans l'aile. Rogner les ailes. Pied ou aile. Sous l'aile. De l'air du temps. En l'air. Ciel, front, cœur d'airain.

Développement.

1. *L'abîme appelle l'abîme.* Un malheur en appelle un plus grand. Une faute en amène une autre.
2. *Tous les chiens qui aboient ne mordent pas.* Les gens qui crient et font de grandes menaces ne sont pas toujours les plus à craindre.
3. *Aboyer à la lune.* Crier inutilement, clabauder.
4. *Les absents ont tort.* On néglige les intérêts des absents.
5 *Adorer le veau d'or.* Faire la cour à un homme de peu de mérite, à cause de ses richesses.
6. *Le mal a des ailes.* Le mal arrive promptement.
7. *La peur donne des ailes.* La peur précipite la marche du plus lent.
8. *Battre de l'aile* Être mal à son aise.
9. *Ne battre que d'une aile.* Déchoir, perdre de sa considération.
10. *En avoir dans l'aile.* Être atteint d'une maladie, d'une disgrâce.
11. *Rogner les ailes de quelqu'un.* Lui retrancher ses profits, son autorité, ses moyens.
12. *Tirer pied ou aile d'une chose.* En tirer un profit, un avantage.
13. *Etre sous l'aile de sa mère.* Sous sa protection, sous sa surveillance.
14. *Vivre de l'air du temps.* N'avoir rien pour subsister.
15. *Paroles, projets en l'air.* Sans fondement, sans réalité.
16. *Mettre tout en l'air.* En mouvement, agiter.
17. *Je connais des paroles sur cet air-là.* J'ai déjà entendu les mêmes choses, les mêmes opinions, les mêmes excuses.
18. *Un ciel d'airain.* Sécheresse excessive.
19. *Un front d'airain.* Un front sans pudeur, qui ne rougit jamais.
20. *Avoir un cœur d'airain.* Être impitoyable.

II.

COURS MOYEN.

Le haquet.

Sommaire. — Vous ferez la description d'un haquet. A quoi il sert. Combien de roues. Limons et brancard. Leur jonction. Plan incliné. Treuil.

Développement.

La haquet est une espèce de charette longue et étroite, fréquemment employée pour transporter des ballots pesants et surtout des tonneaux.

Le haquet est à deux roues; les limons distincts du brancard y sont fixés au moyen d'une longue cheville en fer autour de laquelle ils peuvent tourner. Ce moyen de jonction permet de faire basculer le brancard, de manière à appuyer son extrémité postérieure sur le sol sans qu'il soit nécessaire de dételer. Dans cette situation, la voiture forme un plan incliné sur lequel on fait glisser la charge, ce qui simplifie l'opération du chargement et du déchargement. Cette opération est encore facilitée par un treuil qui se trouve placé sur les limons dans le voisinage de leur jonction avec le brancard.

Lorsque le chargement est effectué, on relève la voiture; on la fixe aux limons au moyen d'une seconde cheville pour qu'elle conserve sa direction horizontale. On attache à l'arrière la corde qui a servi à charger, on la fait passer par-dessus les objets à transporter, et on la tend au moyen du treuil dont un des leviers est ensuite attaché à l'un des limons.

III.

COURS ÉLÉMENTAIRE.

Canevas. — Dites à quels animaux nous sommes redevables de nos chapeaux, de nos vêtements de laine, de nos souliers, de la soie, du fromage, des fourrures, des oreillers, des peignes? Faites de petites phrases bien claires.

Développement.

Nos chapeaux sont fabriqués avec des poils de castor, de lapin, de lièvre et de quelques autres animaux. C'est avec la toison des brebis que sont faits nos vêtements de laine. La peau du cheval, du bœuf, du veau, du buffle, fournit le cuir dont on fait nos souliers. La soie est produite par un insecte qu'on appelle le ver à soie. La vache, la chèvre, la brebis nous fournissent le fromage. Les fourrures nous viennent de la peau du chat, du renard, du blaireau, du mouton, de la fouine, du putois, de la loutre, de l'hermine.

C'est la fine plume du canard, du cygne et de l'oie qu'on met dans les oreillers. On fait les peignes avec les cornes du bœuf, de la chèvre, du bélier, et avec les dents de l'éléphant.

ARITHMÉTIQUE ET SYSTÈME MÉTRIQUE

PROBLÈMES GRADUÉS POUR LES COMPOSITIONS.

COURS SUPÉRIEUR.

Concours cantonaux.

1. — Une ménagère a dans sa basse-cour 18 poules qui, en un an, ont donné ensemble 2.106 œufs. Ces 18 poules ont consommé dans le même temps: 1° 215 litres de criblures de blé à 8 francs l'hectolitre; 2° 185 litres d'orge à 1 fr. 35 le décalitre; 3° 50 kilogrammes de son à 16 francs les 100 kil. Les 2.106 œufs ont été vendus 1 fr. 80 les 26. On demande: 1° combien en moyenne chaque poule a pondu d'œufs? 2° combien on a dépensé pour la nourriture de chaque poule? 3° quel a été en somme le bénéfice de la ménagère? — Rép. 1° 117 œufs; 2° 2 fr. 78; 3° 95 fr. 62.

2. Sachant que, pour couvrir une maison, il faut 40 tuiles par mètre carré de surface, combien coûtera au prix de 68 francs le mille de tuiles, la couverture d'une maison ayant 45m50 de long sur 24m20 de large? — Rép. 3.601 fr. 26.

I. — *Arithmétique.* — (*Règle de trois.*)

1. — Il faut 7.200 sacs contenant chacun 150 kilogrammes de farine pour nourrir une armée de de 80,000 hommes pendant 18 jours. Combien faudrait-il de sacs de 125 kilogrammes pour nourrir pendant 15 jours une armée de 50.000 hommes? Rép. 4.500.

2. — 5/6 de litre d'alcool pèsent 3/4 de kilogramme. Combien 2/3 de litre pèsent-ils? — Rép. 3/5 de kilogramme ou 600 grammes.

3. — On a employé 2.800 pavés de 8 centimètres de longueur sur 6 centimètres de largeur pour paver une cour. Combien en aurait-il fallu s'ils avaient eu 10 centimètres sur 7 centimètres? — Rép. 1.920.

4. — Quelle est la hauteur d'un arbre qui donne 38m75 d'ombre, lorsqu'un bâton de 2m25 produit une ombre de 3m70? — Rép. 63m72.

5. — 2,350 kilogrammes de pommes produisent 1.000 kilogrammes de cidre. Combien faut-il de kilogrammes de pommes pour faire 338 hectolitres de cidre, 1 hectolitre de cidre pesant 60 kilogrammes? Rép. 47,658 kilogrammes.

II. — *Système métrique.* — (*Densités.*)

1. — Quel est le volume d'une balle de plomb pesant 20 grammes 5, la densité du plomb étant 11.35? — Rép. 1 centimètre cube 806.

2. — Quel est le poids d'une barre de fer de 3m65 de longueur, 0m07 de largeur et 0m03 d'épaisseur, la densité du fer étant 7.8? — Rép. 59 kilogrammes 870 grammes.

3. — 3 décimètres cubes 5 centimètres cubes de mercure pèsent 40 kilogrammes 868 grammes. Quelle est la densité du mercure? — Rép. 13.6

4. — Combien obtiendrait-on de balles de plomb pesant 25 grammes en fondant une masse de plomb de forme cubique dont le côté est 0m34, la densité du plomb étant 11,35? — Rép. 17,844.

5. — Sachant que la densité de l'huile d'olive est 0.914. Combien vaut un litre de cette huile à 3 fr. 25 le kilogramme. — Rép. 2 fr. 97 c.

COURS MOYEN.

I. — *Arithmétique.* — (*Règles de trois.*)

1. — Une pièce de vin contenant 236 litres m'a coûté 141 fr. 60 c. J'en cède 25 litres. Combien me doit-on? — Rép. 15 francs.

2. — Un domestique gagne 75 francs par mois de 30 jours. Il sort au bout de 12 jours. Combien lui est-il dû? — Rép. 30 francs.

3. — Quel est le prix de 432 assiettes à 2 fr. 50 c. la douzaine? — 90 francs.

4. — Une grosse de plumes (12 douzaines) est achetée 1 fr. 25 c. Combien doit-on en donner

pour 5 centimes si l'on veut gagner 55 centimes sur le tout? — Rép. 4.

5. — 6 ouvrières peuvent faire un trousseau en 15 jours. Combien faudrait-il employer d'ouvrières pour le faire en 9 jours? — Rép. 10.

II. — *Système métrique.* — (*Mesure du temps.*)

1. — Convertir en secondes 4 heures 25 minutes 48 secondes? — Rép. 15.948.

2. — Combien y a-t-il d'heures dans 32.400 secondes? — Rép. 9.

3. — Un fonctionnaire gagne 2.400 fr. par an. On lui retient le vingtième de cette somme pour la pension de retraite. Combien reçoit-il en réalité : 1° par mois; 2° par semaine; 3° par jour? — Rép. 1° 190 francs; 2° 43 fr. 84 c.; 3° 6 fr. 24 c.

4. — Combien est-il dû à un ouvrier pour 14 jours 5 heures 30 minutes de travail à raison de 3 fr. 25 c. la journée de 12 heures? — Rép. 46 fr. 98 c.

5. — Combien 250 francs de loyer par an font-ils par trimestre? — Rép. 62 fr. 50.

COURS ÉLÉMENTAIRE.

I. — *Arithmétique.* — (*Multiplication.*)

1. — Quelle est la dépense annuelle d'une famille qui dépense 5 francs par jour? — Rép. 1.825 fr.

2. — Combien faut-il de kilogrammes de foin pour nourrir 15 chevaux pendant un an si l'on donne à chaque cheval une botte de 8 kilogrammes par jour? — Rép. 43.800.

3. — Combien y a-t-il de minutes dans un jour? — Rép. 1.440.

4. — Un fermier a vendu 4 bœufs à raison de 375 francs l'un; 3 vaches à 245 francs l'une; 40 moutons à 20 francs l'un. Combien a-t-il reçu? — Rép. 3.195 francs.

5. Une société de secours mutuels est composée de 435 membres participants payant 6 francs par mois et de 120 membres honoraires payant aussi 12 francs par mois. Quelle est sa recette totale par an? — Rép. 4.050 francs.

II. — *Système métrique.* — (*Poids.*)

1. — Une pièce de 5 francs en argent pèse 25 grammes. Quel est le poids de 175 de ces pièces? — Rép. 4.375 grammes.

2. Une famille consomme par semaine 7 kilogrammes de viande. Quelle est sa dépense par an à 2 francs le kilogramme? — Rép. 728 francs.

3. — Quel est le prix de 35 quintaux de sucre à 145 francs le quintal? — Rép. 5.075 francs.

4. — Quand le kilogramme de café vaut 4 francs, combien vaut le quintal? — Rép. 400 francs.

5. — Combien 325 grammes + 238 grammes + 437 grammes font-ils de kilogrammes? — Rép. 1.

ARITHMÉTIQUE.

SOLUTIONS DEMANDÉES.

M. L..., à G... (Seine-et-Marne). — Votre solution algébrique est exacte; mais comme votre problème est intéressant, nous le reprenons complètement en le traitant par les deux méthodes.

Question. — Un marchand de nouveautés achète deux pièces de drap de qualités différentes; la première, qui a $11^m 1/3$ de plus que la deuxième, lui coûte 400 fr. 57. La seconde dont le mètre lui coûte 0 fr. 16 de plus que le mètre de la première, coûte 293 fr. 75. On demande : quel est le prix du mètre de chaque qualité; combien il y a de mètres dans chaque pièce.

Solution arithmétique. — Cherchons d'abord le nombre de mètres de la première pièce et le prix d'un de ces mètres. En tenant compte de la première condition de l'énoncé, on voit que le produit des deux nombres cherchés est 400 fr. 57. En tenant compte de la seconde condition, on voit, en outre, que, si l'on diminue le premier nombre de 11 1/3 ou 34/3 et si l'on augmente le second nombre de 0,16, le produit des deux nombres ainsi transformés est 293,75. Or, si l'on multiplie un nombre moins 34/3 par un autre nombre plus 0,16, le produit se compose : du produit du premier nombre par le second, moins les 34/3 de ce second nombre, et, en outre, du produit de ce premier nombre par 0,16, moins $34/3 \times 0,16$.

Le second prix 293,75 peut donc être considéré comme composé avec le premier 400,57 dont on retranche d'abord les 34/3 du second nombre cherché, auquel on ajoute ensuite les 0,16 du premier nombre, et dont on retranche enfin $\frac{34 \times 0,16}{3}$.

La différence, entre 400,57 et 293,75 ou 106,82, vaut donc les 34/3 du second nombre, moins les 0,16 du premier, plus $\frac{34 \times 0,16}{3}$; et trois fois cette différence, ou $106,82 \times 3 = 320,46$, vaut 34 fois le second nombre, moins $3 \times 0,16 = 0,48$ fois le premier, plus $34 \times 0,16 = 5,44$.

De 320,46, j'ôte ce dernier nombre 5,44. Le reste 315,02 est égal à 34 fois le second nombre, moins 0,48 fois le premier. Par suite, $315,02 : 34 = 9,265$ vaut le second nombre, moins les $\frac{0,48}{34} = 0,01412$ du premier.

Cette fraction du premier nombre devant donner un résultat assez faible, nous aurons une première valeur approchée *en moins* du second nombre en négligeant la fraction et prenant ce second nombre égal à 9,265.

Le premier nombre serait alors égal à :

$$400,57 : 9,265 = 43,234,$$

valeur un peu trop grande, mais qui nous permettra de rectifier la précédente. Prenons-en les 0,01412 et ajoutons le produit 0,610 à la première valeur 9,265 du second nombre; elle devient 9,875.

A cette seconde valeur du second nombre en correspond aussi une nouvelle, plus approchée, du premier nombre qui est $400,57 : 9,875 = 40,56$, dont les 0,01412 sont $40,56 \times 0,01412 = 0,573$.

Le second nombre prend alors la valeur plus exacte $9,265 + 0,573 = 9,838$.

La valeur correspondante du premir est :

$$500,57 : 9,838 = 40,716$$

fournissant la correction $40,716 \times 0,01412 = 0,575$.
Le second nombre devient enfin :

$$9,265 + 0,575 = 9 \text{ fr. } 840.$$

Nombre de mètres correspondant : 40m708.
Si l'on voulait pousser l'approximation plus loin, on trouverait que la correction à faire subir au premier nombre serait toujours de 0,575 ; donc les deux derniers nombres auxquels on est arrivé sont exacts avec trois décimales. D'où les réponses suivantes :

1° 40m708 au prix de. . . . 9 fr. 84 l'un;
2° 29m375 — . . . . 10 ». —

Solution algébrique. — En désignant par x et par y le nombre de mètres et le prix de l'un deux dans le premier cas, les équations du problème sont évidemment :

$$xy = 400,57 \text{ et } \left(x - \frac{34}{3}\right)\left(y + 0,16\right) = 293,75.$$

Effectuons les opérations dans la seconde et remplaçons xy par sa valeur 400,57, elle devient :

$$34y - 0,48x = 315,02 \text{ ou } 17y - 0,24x = 157,51,$$

substituons à y sa valeur $\frac{400,57}{x}$, nous avons, après réduction :

$$24x^2 + 15751x - 6809,69 = 0.$$

qui, résolue, et après rejet de la valeur négative qui ne signifie rien, donne, comme précédemment :

$$x = 40,7083...$$

DICTÉES.

COURS SUPÉRIEUR.

Les Nids des oiseaux.

Aussitôt que les arbres ont *développé* leurs fleurs, *mille* ouvriers commencent leurs *travaux*. *Ceux-ci* portent de longues pailles dans le trou d'un vieux mur; *ceux-là* maçonnent des *bâtiments* aux fenêtres d'une église ; d'autres dérobent un *crin* à une *cavale*, ou le brin de laine que la brebis a *laissé suspendu* à la ronce. Il y a des bûcherons qui croisent des branches dans la *cime* d'un arbre; il y a des *filandières* qui recueillent la *soie* sur un chardon. Mille palais *s'élèvent*, et chaque palais est un nid; chaque nid voit des *métamorphoses* charmantes : un œuf brillant, ensuite un petit couvert de duvet. Ce nourrisson prend des plumes ; sa mère lui apprend à se soulever sur sa couche. Bientôt il va jusqu'à se percher sur le bord de son berceau, d'où il *jette* un premier coup d'œil sur la nature. Effrayé et *ravi*, il se précipite parmi ses frères, qui n'ont point encore vu ce spectacle ; mais, *rappelé* par la *voix* de ses parents, il sort une seconde fois de sa couche ; et ce jeune roi des airs, qui porte encore la *couronne de l'enfance* autour de sa tête, ose déjà contempler le vaste ciel, la cime *ondoyante* des pins et les abîmes de verdure au-dessous du chêne paternel. (CHATEAUBRIAND.)

Questions et explications.

1. *Développé.* Quel est ce mot ? Quel est l'auxiliaire qui accompagne le participe ? Rappelez la règle du participe passé conjugué avec *avoir*. — 2. *Mille.* Dans la date ordinaire des années selon l'ère chrétienne, l'usage veut qu'on écrive *mil*, au lieu de *mille*, quand ce terme est suivi d'un ou de plusieurs autres nombres : l'an mil sept cent. Mais partout ailleurs il garde son orthographe habituelle : l'an du monde deux mille (Acad.) ; Rome fut fondée en l'an du monde trois mille deux cent cinquante. — 3. *Travaux.* Quand dit-on des *travails* ? — 4. *Ceux-ci... ceux-là.* Ces pronoms marquent ici l'énumération. Ils servent souvent à indiquer l'opposition ; alors *ceux-ci, celui-ci, celle-ci* désignent les termes les plus rapprochés ; *ceux-là, celui-là, celle-là*, les termes les plus éloignés.

Tel est l'avantage ordinaire
Qu'ont sur *la beauté les talents ;*
Ceux-ci plaisent dans tous les temps,
Celle-là n'a qu'un temps pour plaire.
(VOLTAIRE.)

Par une tournure exceptionnelle, on place quelquefois *celui-là* en tête d'une proposition principale, et on l'explique ensuite par une incidence déterminative : « *Celui-là* est deux fois grand, qui, ayant toutes les perfections, n'a pas de langue pour en parler. »

4. *Bâtiments.* Quels sont ces bâtiments et ces oiseaux ? — 5. *Crin.* L'ancienne langue employait **crin** dans le meilleur style pour signifier les cheveux de l'homme ou de la femme. De là cette expression : *Se prendre aux crins.* Aujourd'hui *crin* se dit des poils qui garnissent l'encolure et la queue du cheval, du bœuf, de la vache.

Des coursiers attentifs le *crin* s'est hérissé.
(RACINE.)

Que veut dire : *être comme un crin ?* Etre irritable, se fâcher pour la moindre chose. Dérivés de *crin ? Crinière, crinier*, celui qui travaille le crin, *criniforme, crinoline.* — 5. *Cavale.* Femelle du cheval. Etymologie : *caballus*, cheval. Dérivés : *cavalerie, cavalier, cavalièrement.* — 6. *A laissé suspendu.* C'est le *brin* qui a été *laissé* et qui est *suspendu.* — 7. *Cime.* Faut-il un accent circonflexe ? Non. — 8. *Filandières*, dont le métier est de *filer*.

Elle filait et le chanvre et le lin,
On la nomma Berthe *la filandière.*
(MILLEVOYE. *Charlemagne à Pavie.*)

Les sœurs *filandières*, les Parques. Masculin *fileur*. Un autre féminin : *filaresse*, était anciennement usité. — 9. *La soie.* Quelle est cette soie ? La fleur du chardon, formant une espèce de bourre.

10. *S'élèvent.* Pourquoi accent grave ? — 11. *Métamorphoses.* Changements de forme. — 12. *Jette.* Pourquoi double *t* ? Exceptions ? — 13. *Ravi.* Charmé. Sens de *ravir* dans *ravir* le bien d'autrui. *Ravir* au ciel, *ravir* les spectateurs. Pourquoi l'oiseau est-il ici *ravi* ? — 14. *Rappelé.* Pourquoi ce mot ne prend-il pas deux *l* comme *rappelle* ? — 15. *Voix* et *voie* ? — 16. *La couronne de l'enfance.* Qu'est-ce ici ? Le *duvet* du petit oiseau. Laquelle

des deux expressions vous paraît la plus élégante, la plus poétique? Comment appelez-vous cette manière d'exprimer une même chose par plusieurs mots au lieu d'un seul? C'est une périphrase.

17. *Ondoyante*, qui ondoie, qui se meut en ondes, comme l'eau. Primitif: *onde*. Dérivés: *ondée*, *ondoiement*, *ondoyer*, *ondulation*, *onduler*, *onduleux*.

COURS MOYEN.

Travaux agricoles du mois de mai.

Après les travaux nombreux de mars et d'avril, le mois de mai est presque un temps de repos. Cependant, il y a encore à faire à la ferme: on sarcle, on coupe les chardons dans les champs de froment, d'orge, d'avoine; on fait les seconds labours des *jachères*; on prépare les terres destinées à recevoir les semis qui restent à effectuer; on herse les pommes de terre, les orges, les avoines de printemps; on sarcle les carottes, les choux, le lin.

C'est dans le mois de mai qu'on sème les *colzas* printaniers destinés à remplacer ceux d'hiver qui ont manqué; on sèmera aussi le chanvre, les choux-navets, les choux-raves en place; les vesces, les pois gris, le *maïs* vert pour fourrage, les haricots en plein champ.

On sème aussi le tabac dans les pays où cette culture est pratiquée; enfin on repique les betteraves semées en mars. C'est dans ce mois que l'on commence à récolter les trèfles *incarnats*, les vesces d'hiver, le trèfle jaune pour fourrage.

Vers la fin de mai, on donne la seconde façon aux vignes, et on exécute les premiers *soufrages* sur les vignes malades.

Questions et explications.

1. *Jachères*. On appelle ainsi la terre que l'on abandonne à elle-même pendant un temps déterminé, sans lui demander de produits, mais en la soumettant aux labours, aux hersages, et en lui donnant des engrais. — 2. *Colzas*. On désigne ainsi plusieurs variétés d'espèces de choux. Les colzas sont cultivés en grand pour l'extraction de l'huile de leurs graines. C'est surtout dans les départements du nord qu'on en rencontre abondamment. — 3. *Maïs*. Le maïs prend place dans nos cultures comme plante alimentaire pour l'homme et comme plante fourragère. On consomme la farine de maïs dans le midi, le centre et l'est de la France, et principalement sous la forme de *gaudes* ou bouillie épaisse. On l'emploie souvent pour préparer des potages très-nourrissants; cette farine mêlée à celle du froment sert aussi pour faire du pain de ménage. Comme plante fourragère, le maïs fournit des grains très-propres à nourrir et à engraisser le bétail et surtout la volaille; les extrémités fleuries que l'on coupe après la floraison, et même les feuilles, constituent aussi un bon fourrage sec. — 4. *Incarnats*. D'une couleur entre la couleur de cerise et la couleur de rose, couleur de *chair*. De *caro*, *carnis*, chair. De la même famille: *incarner*, *s'incarner*, *incarnation*; *carnivore*, *carnier*, *carnassière*, *carnage*, *carnaval*; *charcutier*, *charnel*, *charnu*, *charnure*, *acharnement*, *s'acharner*, *décharné*. — 5. *Soufrages*. Opération qui consiste à répandre, au moyen de soufflets, sur les parties vertes des vignes, de la fine poussière de soufre, dans le but de combattre une végétation parasite connue sous le nom d'oïdium. Le soufre est un corps simple, d'un jaune citron, que l'on rencontre en grande quantité dans la nature à l'état libre ou de combinaison. La Sicile possède des mines de soufre qui paraissent inépuisables. C'est de là que la France tire presque exclusivement les 20 ou 30 millions de kilogrammes de soufre qu'elle emploie annuellement.

COURS ÉLÉMENTAIRE.

Sur l'adjectif (révision).

Les races humaines.

La race *blanche* a le visage *ovale*, le profil presque *vertical*, les yeux bien *ouverts* avec la fente des paupières *horizontale*, la bouche *fine*, *petite* ou modérément *fendue*, les lèvres *minces*, les cheveux *longs* et *soyeux*, la barbe *fournie*.

La race *jaune* a le visage *élargi* vers les pommettes, le front *fuyant*, le menton *resserré*, le nez *écrasé* à la racine, la bouche *grande* et *saillante*, les yeux *petits*, *bridés* et *relevés* en haut vers l'angle *externe*, les oreilles *grandes* et *écartées*, la peau d'un *jaune brun*, les cheveux *durs* et *lisses*, la barbe *noire* et *rare*.

La race *nègre* a un profil *oblique*, les lèvres *épaisses*, le nez *épaté*, les pommettes *saillantes*, le menton *court* et *fuyant*, la peau *noire*, le cheveux *noirs*, *laineux* et *crépus*, la barbe *noire* et *laineuse*.

EXERCICES DE STYLE.

I.

COURS SUPÉRIEUR.

Pierre l'Ermite.

Sous le pontificat d'Urbain II, l'an 1087, un pauvre ermite, nommé Pierre, quitta la ville d'Amiens, où il vivait dans la pénitence, et entreprit le voyage de la Terre-Sainte. Un jour qu'il priait au sépulcre du Sauveur, il crut entendre une voix qui disait: « Pierre, lève-toi; va annoncer à mon peuple la fin de son oppression et de ses malheurs. » Pierre se lève, revient en Occident, raconte, les larmes aux yeux, qu'il a vu les lieux saints profanés et les chrétiens victimes des infidèles. Il parcourt l'Europe, la tête et les pieds nus, un crucifix à la main, redisant à tous les souffrances de ses frères. Ses récits, ses traits amaigris, ses austérités et ses larmes excitent partout l'enthousiasme. Chacun veut expier ses péchés en entreprenant le glorieux pèlerinage, et en combattant pour la délivrance du tombeau du Seigneur; des multitudes le suivent, et demandent à s'acheminer vers la Terre-Sainte.

Après avoir lu ce récit, l'instituteur, par des questions bien posées et s'enchaînant l'une l'autre, fera rédiger, au tableau noir, par les élèves eux-mêmes le *canevas* suivant:

L'ermite Pierre quitte la ville d'Amiens (1087)

« et part pour Jérusalem. Une voix lui dit d'aller « annoncer la fin des malheurs du peuple chrétien. « Il parcourt l'Europe, excite l'enthousiasme, et des « multitudes s'acheminent vers la Terre-Sainte. »

Les élèves développeront ensuite ce *canevas* par écrit.

II.

COURS SUPÉRIEUR ET COURS MOYEN.

Lettre à une grand'mère.

Vous êtes admis à la *Confirmation*. Ecrivez à votre grand'mère pour l'inviter à la cérémonie. Rendez-lui compte, en même temps, de vos études religieuses. Vous aviez dernièrement à apprendre la *Passion*. Comment avez-vous fait? Avez-vous su? Il vous manque quelques jours pour la première communion. Vous utiliserez ce retard. Compliments.

C......, 5 mai 1875.

Ma chère grand'mère,

J'ai une bonne nouvelle à vous annoncer : je suis admis à la *Confirmation*. La cérémonie est fixée au 8 juin prochain. Vous y viendrez, n'est-ce pas ? Il manquerait quelque chose à notre joie si vous n'étiez pas là. Nous comptons tous sur vous.

Je suis toujours assidûment les leçons d'instruction religieuse. Je vous dirai même, ma bonne grand'mère, non pour me vanter, mais pour vous faire plaisir, que je sais habituellement bien mon catéchisme ainsi que mes évangiles. Aussi, j'ai gagné une belle collection de bons points, que je vous montrerai.

Nous avons eu, il y a quelques temps, à apprendre la *Passion*. C'était bien long. Tout d'abord il me semblait que jamais je ne pourrai retenir ces dix à douze pages. Je comptais en savoir tout au plus deux ou trois, M. le vicaire nous ayant laissés libres d'apprendre ce que nous pourrions. Mais vous savez que mon père tient à ce que je ne fasse jamais les choses à moitié. « Il faut que tu saches le tout, me dit-il, et tu le sauras. » Je baissai l'oreille. Comment apprendre une si longue leçon? Mon père me la divisa alors en plusieurs parties formant chacune comme un tableau vivant, une manière de *chemin de croix*. Il m'expliqua toutes les scènes, me montra les divers personnages de ce drame sublime; me fit remarquer le lieu où chaque scène se passait et la succession de ces douloureuses stations. J'étudiai alors chaque fragment. Le soir, avant le sommeil, je me récitais à moi-même ce que j'avais appris dans la journée, et le matin je savais mieux. Bref, à la fin de la semaine, je possédais mes douze pages, et le dimanche je les récitai sans me tromper. M. le vicaire m'a promis une belle récompense. J'entre dans ces détails, ma bonne mère, parce que je sais combien vous vous intéressez à tout ce que je fais.

J'espérais aussi, vous le savez, être admis à la première communion cette année. Malheureusement, ce n'est pas possible : il me manque onze jours pour avoir l'âge réglementaire. La condition est absolue, et il ne faut d'exception pour personne : je comprends cela. Que voulez-vous? Je mettrai ce retard à profit et je serai, j'en suis bien sûr, encore mieux préparé l'année prochaine qu je ne l'aurais été cette année.

En attendant, bonne mere, venez à ma confirmation. Ce sera une touchante cérémonie. Le temps a l'air de s'y préparer, comme nous : voilà le soleil et les belles journées. Ne manquez pas de venir.

Mon père, ma mère et votre Auguste vous embrassent bien tendrement.

Votre petit-fils,
AUGUSTE.

III.

COURS MOYEN ET COURS ÉLÉMENTAIRE.

Les aliments.

Travail en commun.

Ce que nous mangeons, mes enfants, le *pain*, la *viande*, etc., comment appelez-vous cela ? De la *nourriture*, oui, ou bien encore des... *aliments*. — D'où nous viennent ces aliments? La *viande* par exemple? Et le *pain?* — Le *bœuf*, la *vache*, le *veau*, ce sont des... *animaux*. Ils appartiennent au règne... *animal*. — Le *blé*, le *seigle*, l'*orge*, ce sont des... *végétaux*. Ils appartiennent au règne... *végétal*. — Et le *sel?* Il ne vient ni d'un *animal*, ni d'un *végétal*. On en tire de la terre, il y a des *mines* de sel comme il y a des bancs de grès, de pierres, c'est un... *minéral*. On en tire également des eaux de la mer. — La nature comprend trois règnes : le règne *animal*, le règne *végétal* et le règne *minéral*.

Ainsi donc les aliments nous viennent des... *animaux*, des... *végétaux* et le sel est un... minéral. Savez-vous si les aliments d'*origine animale* nourrissent mieux que les aliments d'origine *végétale?* Quels aliments tirons-nous des animaux? La *chair*, le *lait*, les *œufs*.

Comment appelez-vous les commerçants qui vendent la *chair*, la *viande* des animaux? Des *bouchers*. Leurs maisons de commerce sont des *boucheries*. On y trouve des provisions de *bouche*. Qui nous vend le *lait?* Qu'est-ce qu'une laitière? Qui vend spécialement des *œufs*? Un *coquetier*.

Citez des animaux de *boucherie?* Quelle est la viande la plus nourrissante? Celle du *bœuf*. La viande de *vache* est-elle bonne? Certainement. Et celle du *mouton*? du *veau?* du *porc?* Mange-t-on du *cheval?* Dans quelle circonstance est-on très-heureux d'en avoir? Y a-t-il des boucheries de viande de *cheval?*

Quelle *préparation* fait-on subir à la viande pour la manger? Citez plusieurs manières de faire cuire la viande?

Quels sont les oiseaux domestiques désignés sous le nom de *volaille?* Qu'entend-on par le *gibier?* Combien y a-t-il de sortes de gibier? Nommez du gibier à *plumes?* à *poil?*

On mange aussi du *poisson*. Nommez des *poissons* que l'on mange? Quelle est la première condition pour que la chair de poisson soit bonne? Connaissez-vous différentes manières de faire cuire le poisson? Il y a d'autres animaux *vivant dans l'eau* et qui nous servent de nourriture. Nommez-en?

Quel est le *lait* le plus employé? A quoi reconnait-on que le lait est *bon?* Peut-on savoir si l'on a mis *de l'eau* dedans? Est-ce permis à une laitière de *falsifier* le lait qu'elle vend? La *loi* a-t-elle prévu ce cas? Que fait-on avec la *matière grasse* du lait? Et avec la *matière caséeuse?* Quels sont les *fromages* les plus renommés?

Quels animaux nous donnent des *œufs*? Les œufs forment-ils un bon aliment?

Voilà, mes enfants, ce qui concerne les aliments d'origine *animale*. Nous verrons une autre fois les aliments qui nous viennent des *végétaux*.

Résumons maintenant en quelques lignes notre causerie. Achevez tous ensemble les petites phrases que je commencerai.

Les *aliments* sont.... des substances qui nous nourrissent. Ils nous viennent... des *animaux* et des... *végétaux*. Le *sel* est... une substance minérale.

Il y a trois règnes dans la nature : le règne... *animal*, le règne... *végétal* et le règne.... *minéral*.

Nous tirons des animaux la... *chair*, le... *lait*, les... *œufs*. Les animaux de boucherie sont... le *bœuf*, la *vache*, le *veau*, le *mouton*, le *porc*, le *cheval* et le *chevreau*. La viande par excellence est la viande... *de bœuf*. Il est faux de croire que la viande *de vache* n'est pas aussi bonne que celle de bœuf. Le *mouton* fournit un aliment digestif, sain et nutritif. La viande de *veau* est légère et salubre. Le *porc* donne une viande moins digestible, mais bonne aussi. En temps de guerre on s'estime heureux d'avoir à manger de la viande de *cheval*. Aujourd'hi il y a dans les grandes villes des boucheries de viande de cheval.

Pour être bonne à manger, la viande doit être soumise à la... *cuisson*, on la fait... *cuire*. On apporte sur la table des viandes... *grillées*, *rôties*, *bouillies*, en *fricassée*.

Les oiseaux domestiques désignés sous le nom de *volaille* sont : le *coq*, la *poule*, le *dindon*, le *pigeon*, l'*oie* et le *canard*.

Par *gibier* on entend les animaux qui vivent à l'état sauvage, dans les bois et dans les campagnes. Le gibier *à plume* comprend les... *oiseaux*, tels que les.... *perdrix*, les *cailles*, etc. Le gibier *à poil* comprend les... *quadrupèdes*, *lapins*, *lièvres*, *cerfs*, etc., etc.

Les *poissons* que nous mangeons le plus souvent sont le *hareng*, la *raie*, la *sole* .. Pour être bon, le poisson doit être bien frais. On mange le poisson en *friture*, en *matelotte*, *grillé*. Les *autres animaux* vivant dans l'eau et qui nous servent de nourriture sont les *huîtres*, les *moules*, le *homard*, la *langouste*, les *crevettes*, le *crabe*, l'*écrevisse*, la *tortue*.

Le *lait* le plus employé est le lait de vache. Le lait est *bon* s'il bout sans se coaguler, sans *tourner*. Il y a des instruments avec lesquels on peut savoir si le lait est *falsifié*. La *loi* condamne à l'amende et à la prison les personnes qui falsifient le lait. La *matière grasse* du lait donne le *beurre*. La *matière caséeuse* fournit le *fromage*. On connaît les fromages de *Marolles* et de *Brie*, de *Gruyère* et de *Hollande*, de *Roquefort*, etc.

Les *œufs* constituent un aliment sain et nutritif.

Tous les aliments dont nous venons de parler sont d'origine... *animale*.

ARITHMÉTIQUE ET SYSTÈME MÉTRIQUE.

PROBLÈMES GRADUÉS POUR LES COMPOSITIONS.

COURS SUPÉRIEUR.

Concours et certificat d'études.

I. — Un homme laisse à ses trois enfants pour tout héritage un terrain de 5 hectares 34 partagé en trois parties d'égale contenance. La première partie est en pré et vaut 105 francs l'are ; la deuxième, plantée en vigne, vaut 9.540 francs l'hectare ; la troisième, en terre labourable, vaut 6.480 francs l'hectare. L'aîné prend le pré, le deuxième la vigne, et le troisième la terre labourable. Combien chacun des deux premiers doit-il donner d'argent au plus jeune pour qu'ils soient tous également partagés?

Rép. L'aîné doit donner 2.934 fr. 80 c.
Et le deuxième 1.246 fr.

(*Concours départemental*. — Lot)

II. — Un champ a une superficie de 3 hectares 7 ares ; on y pratique un chemin long de 326 mètres et large de 6m50. A combien sera réduite la superficie de ce champ? — Rép. A 2 hectares 85 ares 81 centiares.

(*Certificat d'études primaires*. — Ardennes.)

I. — *Arithmétique*. — (*Règles d'intérêt*.)

1.— Une personne qui a 100.000 francs en place une partie à 4 1/2 0/0 et l'autre partie à 6 0/0, ce qui lui fait un revenu de 5.460 francs. Quelles sont les deux sommes placées à 4 1/2 et à 6 0/0? — Rép. 36.000 francs à 4,50 et 64.000 francs à 6.

Solution : 100.000 francs à 4,50 donneraient 4.500 francs d'intérêt. Il manquerait 960 francs. En remplaçant 100 francs à 4,50 par 100 francs à 6, le revenu augmente de 1 fr. 50. Autant de fois 1,50 sera contenu dans 960, autant de fois il faudra faire cette substitution. 960 : 1,50 = 640. 640 fois 100 francs ou 64.000 francs sont donc placés à 6 0/0, et 100.000 francs — 64.000 francs ou 36.000 fr. sont à 4 1/2 0/0.

2.— Un capital et ses intérêts pendant 15 mois forment une somme de 3.705 francs. Au bout de 4 ans le même capital avec ses intérêts s'élèverait à 3.936 francs. Trouver le capital et le taux ? — Rép. Capital 3.600 fr. ; taux 2 1/3.

Solution : En 48—15 ou 33 mois, l'intérêt a été de 3.936 — 3.705 ou 231 francs. En 1 mois, de 7 fr. En 15, de 105 fr. Le capital est 3.705 — 105 ou 3.600 fr. Le taux $= \dfrac{105 \times 100 \times 12}{3600 \times 15} = 7/3 = 2\ 1/3$.

3. — Quelle somme faut-il placer à 5 0/0 pour avoir 5 francs de revenu par jour? — Rép. 36.500 fr.

4. — Pendant combien de temps faut-il laisser placée à 5 0/0 une somme de 7.500 francs pour qu'elle s'élève à 8.000 francs ? — Rép. 16 mois.

5. — J'ai emprunté pour 8 mois, à 6 0/0, une somme de 5.600 francs. Combien devrai-je rembourser ? — 5.824 francs.

II. — *Système métrique. — (Densités.)*

1. — Un bloc de marbre pèse 1.260 kilogrammes. Combien vaut-il à 150 francs le mètre cube, la densité étant 2.73 ? — Rép. 69 fr. 23.

2. — Un épicier achète 235 francs un baril d'huile pesant, brut, 158* kilog. 325 et vide 19 kilog. 45 grammes. A combien lui revient : 1° le litre, 2° le kilogramme, sachant que la densité de cette huile est 0.915 ? — Rép. : 1° 1 fr. 54; 2° 1 fr. 68.

3. — Un gramme de mercure pris à la température 0° (densité 13.956) est introduit dans un tube capillaire, et y occupe une longueur de 0^m137. — Calculer le diamètre du tube ? — Rép. $0^m0006838$.

4. — Quel est, en centimètres cubes, le volume d'un kilogramme de glace, de liége, de cuivre, d'argent, de plomb, d'or, les densités étant : glace, 0,865 ; liége, 0,240 ; cuivre, 8,85 ; argent, 10,47 ; plomb, 11,35 ; or, 19,258 ? — Rép. 1° 1156,069 ; 2° 4,166,666 ; 3° 112,994 ; 4° 95,510 ; 5° 88,106 ; 6° 51,926.

5. — Une poutre en chêne mesurant 650 décimètres cubes pèse 546 kilogrammes. Quel est le poids spécifique de ce chêne ? — Rép. 0,840.

COURS MOYEN.

I. — *Arithmétique. — (Règles d'intérêt.)*

1. — 100 francs rapportant 5 francs par an, combien rapporteront 860 francs ? — Rép. 43 francs.

2. — En 12 mois 100 francs rapportent 5 francs. Combien rapporteraient-ils en 3 mois ? — Rép. 1 fr. 25 c.

3. — 840 francs ont rapporté en un an 42 francs. A quel taux étaient-ils placés ? — Rép. 5 0/0.

4. — Pour avoir 5 francs d'intérêt il faut placer 100 fr. Combien faut-il placer pour avoir 3.650 fr. ? — Rép. 73.000 francs.

5. — L'intérêt de 100 francs en 360 jours est de 5 francs. Quel est l'intérêt de la même somme pour 90 jours ? — Rép. 1 fr. 25 c.

II. — *Système métrique. — (Mesures du temps.)*

1. — De combien de jours se compose chaque trimestre de l'année 1875 ? — Rép. 1er 90 ; 2e 91 ; 3e 92 ; 4e 92.

2. — Un père de famille gagne 5 fr. 75 c. par jour et dépense 3 fr. 25 c. Quelle somme économise-t-il par an s'il se repose le dimanche et les quatre fêtes d'obligation ? — Rép. 590 fr. 50 c.

3. — Un train part à 6 heures 3/4. Il arrive à destination au bout de 4 heures 1/2. A quelle heure arrive-t-il ? — Rép. 11 h. 1/4.

4. — Un voyage a duré de 10 heures 1/4 du soir à 6 heures 25 minutes du matin. Combien a-t-il duré ? — Rép. 8 h. 10 min.

5. — Combien y a-t-il de minutes : 1° dans une année ordinaire ; 2° dans une année bissextile ? Rép. 1° 525.600 ; 2° 527.040.

COURS ÉLÉMENTAIRE.

II. — *Arithmétique. — (Multiplication.)*

1. — Quelle valeur forment 685 pièces de 20 francs ? — Rép. 13.700 francs.

2. — Une usine occupe 4 ouvriers à 8 francs par jour ; 12 à 6 fr. ; 24 à 5 francs et 35 à 4 francs. Quelle somme faut-il chaque quinzaine pour payer ces ouvriers ? — Rép. 5.460 francs.

3. — Un père a 6 enfants qui lui assurent, chacun, un revenu de 7 francs par semaine. Quel est le revenu annuel de ce père ? — 2.184 francs.

4. — Une personne dépense 3 francs par jour pour sa nourriture, 35 francs par mois pour son logement et 840 francs par an pour autres frais. Quelle est sa dépense annuelle ? — Rép. 2.355 fr.

5. — Un fonctionnaire gagne par mois 200 francs sur lesquels l'Etat lui retient 10 francs. Combien reçoit-il par an ? — Rép. 2.280 francs.

II. — *Système métrique. — (Poids.)*

1. — Un boucher vend chaque semaine 425 kilogrammes de viande. Quel poids vend-il par an ? — Rép. 22.100 kilogrammes.

2. — Il s'en manque de 325 grammes qu'une bouteille contienne 1 kilogramme d'huile. Quel poids d'huile contient-elle ? — Rép. 675 grammes.

3. — Quel est le prix de 645 quintaux de foin à 12 francs le quintal ? — Rép. 7.740 francs.

4. — Quel est le poids de 428 pièces de 5 francs en argent, sachant qu'un franc pèse 5 grammes ? — Rép. 10.700 grammes.

5. — Quel est le prix de 4 caisses de café pesant net 75 kilogrammes à 4 francs le kilogramme ? — Rép. 1.200 francs.

EXAMENS DU BREVET DE CAPACITÉ.

ACADÉMIE DE RENNES.

(Départements d'Ille-et-Vilaine, de la Mayenne, de Maine-et-Loire, de la Loire-Inférieure, du Morbihan, des Côtes-du-Nord et du Finistère.)

(1re session de 1875.)

ASPIRANTS,

Brevet facultatif.

1re SÉRIE

Arithmétique et géométrie appliquées.

Un solide est formé d'un prisme droit à base de losange. Les diagonales de celui-ci sont 7^m25 et 3^m48. La hauteur du prisme est 4^m54. Il est surmonté d'une pyramide qui a pour base la base supérieure du prisme et pour hauteur 3^m95. On demande le volume du solide entier et la surface latérale du prisme seul.

Quelle serait la hauteur d'un nouveau prisme à base de losange, géométriquement semblable au précédent et dont la surface latérale serait 2,89 plus grande que celle du prisme donné.

Solution.

La surface de la base du prisme est de

$$\frac{7^m25 \times 3^m48}{2} = 12^{mc}6150;$$

et le volume de ce prisme est alors de

$$12^m6150 \times 4^m54 = 57^{mc}272100.$$

La pyramide qui la surmonte ayant la même base, on a pour le volume de cette pyramide

$$\frac{12^m6150 \times 3^m95}{3} = 16^{mc}609750;$$

et la somme de ces deux volumes donne pour celui du solide entier :

$$57^{mc}272100 + 16^{mc}609750 = 73^{mc}881850.$$

En second lieu, la surface latérale du prisme se compose de 4 rectangles égaux ayant pour hauteur

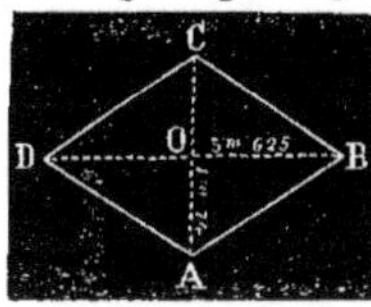

la hauteur du prisme 4^m54, et pour base le côté AB du losange ABCD. Or le triangle rectangle AOB donne :

$$AB = \sqrt{AO^2 + OB^2} \text{ ou } AB = \sqrt{1^m74^2 + 3^m625^2}.$$

On a donc pour la surface latérale demandée :

$$\sqrt{1^m74^2 + 3^m625^2} \times 4^m54 \times 4 = 73^{mc}0209.$$

Enfin, la surface du nouveau prisme serait

$$73^{mc}0209 \times 2.89 = 211^{mc}0304;$$

et comme les surfaces de deux rectangles sont entre elles comme les carrés de leurs hauteurs, en appelant x la hauteur cherchée, nous aurons :

$$\frac{x^2}{4.54^2} = \frac{211.0304}{73.0209}$$

d'où

$$x = \sqrt{\frac{4.54^2 \times 211.0304}{73.0209}} = 7^m72.$$

D.

Dessin linéaire et d'ornement.

Une lampe modérateur avec un globe ou un abat-jour, d'après un modèle.

2e SÉRIE.

Histoire et géographie.

Causes de la guerre de Trente ans; ses résultats pour la France.

Ligne de partage des eaux de la France; fleuves et rivières qui y prennent leur source; canaux qui la traversent.

3e SÉRIE.

Dessin d'imitation. — Esquisse d'une tête d'après un modèle.

4e SÉRIE.

Langues vivantes.

Version.

Age, that lessens the enjoyment of life, increases our desire of living. Those dangers which, in the vigour of youth, we have learned to despise, assume now terrors as we grow old. Our caution increasing as our years increase, fear becomes at last the prevailing passion of the mind; and the small remainder of life is taken up in useless efforts to keep off our end, or provide for a continued existence.

Whence then is this increased love of life, which grows upon us with our years? whence comes it, that we thus make greater efforts to preserve our existence, at a period when it becomes scarce worth the keeping? Is it that nature, attentive to the preservation of mankind, increases our wishes to live, while she lessens our enjoyments?

Thème.

L'orage peut éclater avant que j'atteigne la ville.

On lui pardonna son insolence.

La nature est fertile en agents qui sont destinés à devenir les instruments de l'homme et à lui assurer la domination du globe. Jusqu'à ce jour ces agents sont cachés et nos annales ne renferment que peu d'exemples de leur puissance; mais avant la fin de ce siècle, peut-être, ils deviendront aussi familiers à tout le monde que les choses les plus communes.

ASPIRANTES.

Brevet de premier ordre.

Histoire et géographie.

1. État de la France à la mort de Charles VI.
2. Le Portugal; bornes, montagnes, fleuves, divisions politiques, villes principales de chaque province.

Arithmétique appliquée.

Deux personnes, en réunissant leur avoir, ont 167280 francs. La première place ses fonds à 4 0/0 pendant trois mois, et elle se fait un revenu double de celui que toucherait la seconde, plaçant ses fonds à 5 0/0 pendant 7 mois.

Quel est le revenu de chacune d'elles ?

Solution.

Pour avoir 1 franc d'intérêt, d'après les conditions de l'énoncé, la première personne doit placer, en employant la formule $C = \frac{100\,x}{it}$, un capital de

$$\frac{1 \text{ fr.} \times 100 \times 12}{4 \times 3} = 100 \text{ francs.}$$

La seconde personne, pour avoir 0 fr. 50 d'intérêt; c'est-à-dire un intérêt deux fois moindre que celui de la première, doit placer un capital de

$$\frac{0 \text{ fr. } 50 \times 100 \times 12}{5 \times 7} = \frac{600 \text{ francs}}{35}.$$

Les deux capitaux sont donc entre eux comme les nombres 100 et $\frac{600}{35}$ ou comme les nombres 35 et 6.

En partageant 167280 francs proportionnellement à ces nombres, dont la somme est 41, nous aurons : Pour le capital de la première personne

$$\frac{167280 \text{ fr.} \times 35}{41} = 142800;$$

ce qui donne pour son revenu

$$\frac{142800 \text{ fr.} \times 4 \times 3}{100 \times 12} = 1428 \text{ fr.}$$

Le capital de la seconde personne sera

$$\frac{167280 \text{ fr.} \times 6}{41} = 24480 \text{ francs};$$

ce qui donne pour son revenu

$$\frac{24480 \text{ fr.} \times 5 \times 7}{100 \times 12} = 714 \text{ francs};$$

et, en effet, $714 = \frac{1428}{2}$.

Nota. — On aurait pu dire encore : si le second capital était deux fois plus grand les intérêts seraient égaux. Or, dans ce cas, les capitaux sont inversement proportionnels aux produits du taux par le temps. Donc les capitaux sont entre eux :: $\frac{35}{6}$; donc le premier capital est les $\frac{35}{41}$ de leur somme et le second les $\frac{6}{41}$.

Dessin linéaire et d'ornement.

Un verre à pied, d'après un modèle.

LANGUES VIVANTES.

Version.

It was now far advanced in autumn. The dew lay thick on the long grass, where it was touched by the sun ; but where the sward lay in shadow, it was covered with hoar frost, and crisped under his foot, as he returned through the woods. The leaves of the ash-trees detached themselves from the branches, and without an air of wind, fell spontaneously on the path. The mists still lay lazily upon the heights, and the huge old tower was entirely shrouded with vapour, except where a sunbeam, struggling wit the mist, penetrated into its wreath so far as to show a projecting turret upon one of the angles of the old fortress, which, long a favourite haunt of the raven, was popularly called the Corbie's Tower. Beneath, the scene was open and lightsome, and the robin-redbreast was chirping his best, to atone for the absence of all other choristers.

Thème.

Un brouillard épais couvrait toute la vallée. Quand il se fut dissipé, une scène lugubre nous consterna. Il semblait qu'un tremblement de terre eût tout dévasté. Le lac était tari ; à la place de son eau calme et limpide étaient d'énormes fragments de roches roulés des montagnes battues en ruine. Les arbres étaient déracinés et renversés. Leurs troncs ravagés et leurs branches carbonisées étaient épars sur le sol desséché.

DICTÉES.

COURS SUPÉRIEUR.

I.

La politesse est un devoir

La *civilité* fait partie de la morale. Il ne suffit pas de garder les devoirs essentiels de la probité, qui font l'homme de bien; il faut aussi garder ceux de la société, qui font l'*honnête homme*.

La *rudesse* et l'incivilité ne se trouveront point dans un homme entièrement vertueux, puisqu'elles viennent *ou* de l'orgueil, *ou* du mépris des autres, *ou* de la paresse à s'instruire de ce qu'on leur doit, *ou* de la facilité à se mettre en colère : de sorte qu'il est impossible qu'un homme ne soit *honnête* et civil s'il est humble, patient, charitable, modeste et soigneux.

Mais on ne doit pas se contenter des apparences, et faire consister la civilité en une habitude de cacher et de *déguiser* ses sentiments, pour *témoigner* aux autres le respect ou l'amitié *que* le plus souvent on *n'a* pas.

La civilité véritable consiste plus à nous *abstenir* de ce qui peut *incommoder* les autres, à être doux, modestes et patients, qu'à parler beaucoup et se donner beaucoup de mouvement. Un petit mot *obligeant*, bien placé, fait plus de plaisir *que* tous ces grands compliments qui ne viennent pas du cœur.

Fleury.

Questions et explications.

1. — *Civilité*, de *civilis*, civil; *civis*, citoyen. Bonnes manières à l'égard des *concitoyens*, d'autrui. Synonymes? *Politesse, courtoisie.* L'étymologie établit suffisamment les nuances de signification de ces trois mots. La *civilité* préside aux relations *civiles*, entre *citoyens*. Elle a son cérémonial, ses règles de convention. C'est le premier degré. La *politesse* dit plus. C'est l'état de ce qui est *poli*. Elle ajoute des manières et des façons de s'exprimer nobles, fines, délicates. Enfin la *courtoisie*, politesse des *cours* féodales, implique en outre des sentiments chevaleresques, généreux, que ne renferment ni la civilité ni la politesse.

2. — *Probité*. Exacte régularité à remplir tous les devoirs de la vie civile. Synonyme : *intégrité*. La *probité* est uniquement relative aux devoirs envers autrui et aux devoirs de la vie civile. A *intégrité* s'attache l'idée particulière d'une pureté qui ne se laisse entamer ni corrompre.

3. — *Rudesse*. Qualité de ce qui est brut, non dégrossi, non poli. Pris ici figurément. — 4. *Ou* peut marquer l'alternative : Oui *ou* non, et la liaison : Le roi, l'âne *ou* moi nous mourrons. Dans le sens conjonctif on peut répéter *ou* : *Ou* de l'orgueil, *ou* du mépris, *ou* de la paresse. Mais cela ne pourrait avoir lieu dans le cas où il marque l'alternative.

5. — *Honnête*. Remarquez la différence de sens entre *homme honnête* et *honnête homme*. — 6. *Déguiser*. Changer le goût, la manière, la façon, la *guise*. — 7. *Témoigner*. Ici verbe *actif*. *Témoigner*, servir de témoin, contre quelqu'un : verbe *neutre*. — 8. *Que*. Nature et fonction? Pronom conjonctif, complément direct de *a*. — 9. *On n'a*. Faites sentir la nécessité de la négation *n'*. Nous n'avons pas. — 10. *Abstenir*. *Abs* marque l'éloignement, la séparation. Se tenir loin de, se priver. — 11. *Incommoder*. Décomposez ce mot.

12. *Obligeant*. Se dit des personnes et des choses. Un homme *obligeant*. Des manières *obligeantes*, un ton *obligeant*. Synonyme. *Serviable*. Celui qui est *serviable* aime à rendre des services. Celui qui est *obligeant* aime à *obliger*, c'est-à-dire non-seulement à rendre service mais aussi à faire plaisir. Aussi obligeant se dit du ton, des manières, des paroles ; à quoi *serviable* ne peut s'appliquer.

13. — *Que* conjonction, servant à lier la proposition qui précède : *Un petit mot obligeant, bien placé, fait plus de plaisir*, à la proposition elliptique qui suit : *tous ces grands compliments* (sous-entendu : *n'en font*).

II.

Le vrai Patriote.

Il n'y a de bon patriote que l'homme vertueux, celui qui comprend, celui qui aime tous ses devoirs et qui s'étudie à les accomplir.

Jamais un tel homme n'ira se confondre avec l'adulateur des puissants ou le comtempteur haineux de l'autorité. Irrévérence ou servilité : excès des deux parts.

Si le gouvernement lui a confié un emploi civil ou militaire, le but qu'il doit se proposer n'est pas sa fortune, mais bien l'honneur et la prospérité du pays.

S'il vit en simple particulier, que l'honneur et la prospérité du pays soit également l'objet de ses vœux. Il sait que dans toutes les sociétés il existe des abus, et il désire vivement que ces abus se réforment ; mais il déteste la fureur de ceux qui voudraient les réformer par la révolution et par les représailles sanguinaires ; car, de tous les abus, ceux-là sont les plus terribles et les plus funestes. Il n'appelle pas, il n'excite pas les discordes civiles ; au contraire, par ses paroles et par ses exemples, il se fait, autant qu'il le peut, le modérateur des opinions exagérées et le conseiller fervent de l'indulgence et de la paix. Il ne cesse d'être un agneau qu'au jour où la patrie en danger réclame son bras pour la défendre. Alors il devient un lion ; il combat et triomphe ou meurt.

COURS MOYEN.

I.

Un Nid de BOUVREUIL.

Nous nous rappelons avoir trouvé une fois un de ces nids dans un rosier ; il ressemblait à une *conque* de *nacre*, contenant quatre *perles* bleues ; une rose pendait au-dessus, tout humide ; le bouvreuil mâle se tenait immobile sur un arbuste voisin, comme une fleur *de pourpre* et *d'azur*. Ces objets étaient répétés dans l'eau d'un *étang*, avec l'ombrage d'un noyer qui servait de fond à la *scène*, et derrière lequel on voyait se lever l'aurore. Dieu nous donna dans ce petit tableau une idée des grâces dont il a paré la nature. (CHATEAUBRIAND.)

Questions et explications.

1. *Bouvreuil*. Un de nos oiseaux les plus charmants, remarquable par son joli plumage, sa belle voix, son gosier flexible. Il s'apprivoise facilement et s'attache à ceux qui l'ont élevé. Avec toutes ces qualités, le bouvreuil est un oiseau assez nuisible à l'agriculture par les dégâts qu'il fait en mangeant les bourgeons des arbres fruitiers. — 2. *Conque*. Coquille marine formant entonnoir. — 3. *Nacre*. Matière blanche et brillante qui forme l'intérieur de plusieurs coquilles. Elle est produite par une sécrétion du mollusque nommé avicule. — 4. Les *perles* sont des globules d'un blanc argentin qui se forment dans certaines coquilles.

5. *De pourpre*, d'un rouge éclatant. *D'azur*, bleue. — 6. *Etang*, du latin *stagnum*. Dérivés : *stagnation*, *stagnant*. — 7. *Scène*. Homonymes : *cène saine*, *la Seine*, *seine* ou *senne*, filet.

8. — Reprenons ce morceau. Où était le nid? A quoi ressemblait-il? A quoi comparer les œufs? Qu'y avait-il au-dessus du nid? Où se tenait le bouvreuil mâle? A quoi pouvait-on le comparer? Où se réflétait le tout? Qu'y avait-il au fond de la scène? Et derrière? Quelle idée offre ce petit tableau? — 9. Essayez maintenant de reproduire ce morceau de vive voix.

II.

Travaux horticoles du mois de mai.

Les travaux de jardinage sont extrêmement multipliés pendant ce mois. On achève de semer toutes les cucurbitacées, les radis, les romaines, les laitues d'été ; des poireaux, des carottes, des céleris pour l'hiver ; les choux-fleurs demi-durs, les brocolis, les choux-raves, le chou de Milan court hâtif, les choux de Vaugirard, de Poméranie, le chou-navet, le rutabaga.

On sème sur couches les chicorées et escaroles, en pleine terre tous les haricots, les fèves et pois tardifs, les navets, l'oseille, le cerfeuil, le persil, la ciboule ; la chicorée, les laitues, les épinards, le pourpier et les cardons. On plante les dernières pommes de terre, l'estragon ; on met en place les tomates, les aubergines.

Les arrosements sont indispensables pour peu que la sécheresse se fasse sentir. On plante les derniers œilletons d'ananas.

Les arbres fruitiers en plein air réclament beaucoup de soins. On greffe encore la vigne, les noyers et les châtaigniers. On éclaircit les abricots s'ils sont trop serrés. On recherche avec soin les limaçons, les coupe-bourgeons et autres insectes.

Les récoltes importantes du potager commencent asperges, artichauts, petits pois, fèves, haricots verts se succèdent ; à la fin de mai on a des melons ; parmi les fruits, les fraises des quatre saisons, les cerises précoces ; parmi les fleurs, les roses de Bengale et de mai.

COURS ÉLÉMENTAIRE.

I.

Le muguet.

Connaissez-vous rien de plus charmant que les

blancs et gentils grelots du muguet de mai? Le muguet est une jolie petite plante à fleurs blanches, d'une odeur suave et pénétrante, un peu musquée. Il est très-répandu dans les bois, dans les vallées ombragées. Les femmes et les enfants le cueillent au printemps et en font des bouquets pour vendre à la ville. Les muguets cultivés dans les jardins n'ont pas une si bonne odeur que les muguets des bois.

II.

Les hirondelles.

Qu'elles sont gracieuses et brillantes sous leur plumage noir! L'œil est trop lent pour les suivre dans leurs mille détours et retours. Elles détruisent des myriades d'insectes qu'elles happent en volant. Par un temps serein, les moucherons voltigent haut; quand la pluie menace, ils descendent sur les plantes, dans les herbes. Les hirondelles s'élèvent et s'abaissent avec eux. Elles rasent, pour saisir leur butin, le pavé de nos villes, la surface des eaux. Gentilles messagères du printemps, soyez les bienvenues!

EXERCICES DE STYLE.

COURS SUPÉRIEUR.

I.

Les lilas.

Entretien préliminaire.

Essayons, mes enfants, de faire aujourd'hui la description du lilas, dont les fleurs, dernièrement, vous ont servi à composer de si jolis bouquets.

Et d'abord, est-ce un arbre, un arbuste, un arbrisseau? Comment sont disposées ses feuilles? ses fleurs? Leur odeur? — Comment s'appelle d'une façon générale la manière dont les fleurs sont disposées sur la tige? L'*inflorescence.* — Comment sont disposées les fleurs de lilas? En *panicules,* en pelotons allongés, en thyrses. — Les feuilles sont-elles grandes? Ne sont-elles pas en forme de cœur? Elles sont alors *cordiformes.* — Quelle est la couleur des fleurs du lilas? — Le lilas est-il d'un effet agréable? N'orne-t-il pas la chaumière aussi bien que les jardins les plus somptueux? — Que regrette-t-on à l'égard du lilas? Quel goût ont ses feuilles, ses fleurs, sa tige? Quel est le seul animal qui vive sur cet arbrisseau? — Utilise-t-on le bois du lilas? et ses fleurs?

Sommaire. — Description du lilas : Feuilles, fleurs. Panicules. Forme des feuilles. Couleur des fleurs. Effet du lilas. Regret. Amertume. Cantharides. Usages.

Développement.

Les lilas sont des arbrisseaux à rameaux opposés, portant des feuilles également opposées et de jolies fleurs d'une odeur agréable, groupées en élégantes panicules. Les feuilles du lilas sont grandes et en forme de cœur. Les fleurs du lilas commmun sont violacées; elles sont blanches, bleuâtres ou rougeâtres dans quelques variétés. Peu de plantes produisent un buisson aussi frais, aussi beau, d'un aussi gracieux effet. L'odeur du lilas est des plus agréables. Le lilas est l'ami des chaumières comme l'ornement des jardins les plus somptueux. Il orne tous les lieux, il attire tous les regards, il récrée la vue. Ce qu'il y a de fâcheux, c'est que ses fleurs ne durent pas assez; semblables aux roses, elles n'ont que quelques instants de fraîcheur; elles se fanent bientôt sous l'action même des rayons qui les ont colorées. Toutes les parties du lilas, le bois, les feuilles, les fleurs sont très-amères. Aussi ne voit-on les feuilles servir d'aliment à aucun animal, si ce n'est aux cantharides. Le bois du lilas est très-dur, grisâtre, d'un grain fin analogue à celui du buis. Il est susceptible d'un beau poli, mais il a le défaut de se fendre. Les fleurs sont employées en pharmacie.

II.

COURS SUPÉRIEUR ET COURS MOYEN.

Canevas. — Vous avez besoin de votre acte de naissance. Ecrivez au maire de votre pays natal pour le lui demander.

A Monsieur le maire de Rambouillet.

Monsieur le Maire,

J'ai l'honneur de vous demander de vouloir bien me faire adresser une expédition de mon acte de naissance.

Je suis né en votre commune le 15 octobre 1857. Mes prénoms sont Victor-Auguste, et je suis fils de Louis-Henri Tavernier, entrepreneur de maçonnerie, et de Aimée-Marguerite Delafond.

Je joins à ma lettre un mandat de 2 francs, pour les frais de timbre, d'expédition et de légalisation.

Veuillez agréer, Monsieur le Maire, avec mes remercîments empressés, l'hommage de mon profond respect.

V.-A. TAVERNIER.

Ouvrier tailleur, 15, rue de la Paroisse, à Versailles.

Versailles, 1er mai 1875.

III.

COURS MOYEN ET COURS ÉLÉMENTAIRE.

Les aliments. (Suite.)

Causerie.

Outre la viande, le lait, les œufs, que mangeons-nous encore? Du pain, des pommes de terre, des haricots, des fruits... Ce sont aussi des... *aliments.* Nous viennent-ils des animaux? Non, ils nous sont fournis par des... *végétaux.* Nous en formons une autre classe : *les aliments d'origine végétale.* Avec quoi fait-on du *pain*? Avec de la *farine*, dites-vous? oui; et la farine? Avec du *blé*. Seulement? Avec du... *seigle*, de l'*orge*, du *maïs* ou *blé de Turquie*. Quel nom commun donne-t-on à ces plantes dont les semences nourrissent l'homme? Ce sont des... *céréales.* Ainsi le *blé* ou *froment*, le *seigle*, l'*orge*, l'*avoine*, le *riz*, le *maïs*, le *millet* sont des... *céréales.*

Quelle est la céréale qui donne le meilleur pain? C'est le blé. Vous avez vu, dans la plaine, de belles pièces de blé, toutes dorées par le soleil d'été. Aujourd'hui, en mai, ce blé, comment est-il, mes enfants? Oh! une chétive plante encore. On dirait de l'herbe ordinaire. Tout l'hiver ce blé est resté enfoui dans la terre, sous la neige. Puis sa petite tige verte a grandi, sous le regard inquiet du bon laboureur qui a tant peiné pour le faire venir. Le voilà sauvé. Le soleil du printemps va le fortifier, l'épi paraîtra et nous verrons encore les tiges jaunies se courber gracieusement sous le poids de leurs grains bénis. Respect, mes enfants, à ce père nourricier du genre humain! Que notre pied n'écrase pas dans son germe, le long du chemin, l'humble tige verte, et n'allez pas, dans la saison des fleurs, cueillir, au milieu des blés, le bluet ou le coquelicot, au risque de faire mourir l'épi dont vous auriez froissé la racine.

Et le blé récolté, comment le transforme-t-on en farine et en pain? A quoi reconnaît-on que le pain a été bien préparé? qu'il a été mal fait? Que fait-on encore avec le froment? Oui, des *pâtisseries* et des *pâtes alimentaires* dites *d'Italie*, le *macaroni*, le *vermicelle*. D'où vient ce dernier nom? De la ressemblance du vermicelle en paquet avec de longs vermisseaux.

Après le blé, quel est le grain qu'on utilise le plus dans l'alimentation? Le *seigle*. On mélange la farine de seigle et la farine de blé pour avoir du pain de différentes qualités. Vous savez qu'il y a du pain *blanc* et du pain *bis*. Lequel préférez-vous? Le pain blanc. Pourtant le pain bis est plus nourrissant et plus sain. A quoi sert surtout l'*avoine?* à la nourriture des chevaux. Et l'*orge?* à la fabrication de la bière. Je vous dirai comment un autre jour. Dans les pays pauvres, où le froment ne peut mûrir, on fait du pain d'orge et même du pain d'avoine. — Et le *riz*, savez-vous ce que c'est? On n'en récolte pas en France, mais on en consomme beaucoup. Il nous vient surtout du Piémont ou de l'Amérique, d'une province appelée la Caroline. Cette plante exige de la chaleur, de l'humidité et des terrains qu'on puisse inonder à volonté : on les appelle des *rizières*. Le *millet* est cultivé surtout dans l'Asie centrale, en Arabie et en Afrique. Quels sont les autres aliments tirés du règne végétal? Les pommes de terre, les légumes, les fruits. Citez-moi des légumes dont on mange les racines, les tiges, les feuilles, les fleurs? Les choux, les carottes, l'asperge, l'artichaut, le navet, l'oseille, la chicoré, etc. Et les légumes dont on mange les graines? Les pois, les haricots, les fèves. Citez quelques-uns des fruits qui paraissent sur nos tables? Classez-les en fruits à pepins et en fruits à noyau?

Résumons notre conversation. Je vous dirai le mot, l'idée, vous l'expliquerez par une petite phrase.

Canevas. — Les aliments. Les aliments végétaux. Les céréales. Le blé : en hiver, au printemps, au temps de la moisson. Le pain : fabrication. Pain bis et pain blanc. Pâtes alimentaires. Avoine. Orge. Riz. Millet. Pommes de terre. Légumes. Fruits à pepins, fruits à noyau.

ARITHMÉTIQUE ET SYSTÈME MÉTRIQUE

PROBLÈMES GRADUÉS POUR LES COMPOSITIONS.

COURS SUPÉRIEUR.

Concours cantonaux.

1. — Un cultivateur a acheté, à raison de 12 fr. 50 c. l'are, une propriété de 4 hectares 50 ares, qui a produit en blé 62 hectolitres valant 18 fr. 50 c. Les frais d'exploitation se sont élevés à 170 francs par hectare. Quel a été le produit net de cette exploitation, et combien p. 0/0 a rapporté la somme nécessaire à son acquisition? — Rép. 1° 386 fr. 62 c.; 2° 6,87 p. 0/0.

2. — On vient de faire carreler une chambre à four ayant 4ᵐ60 de longueur sur 3ᵐ90 de largeur, avec des briques carrées qui ont 0ᵐ165 de côté. Quelle sera la dépense, sachant que le mille de briques vaut 95 francs et que la main-d'œuvre revient à 1 fr. 25 le mètre carré? — Rép. 85 fr. 02 c.

I. — *Arithmétique.* — (*Règles d'intérêt.*)

1. — Quel est le capital qui, augmenté de ses intérêts à 4 0/0, est devenu en 18 jours 8.466 fr. 90 c.? — Rép. 8.450 fr.

2. — Quelle est la somme des intérêts produits par les capitaux suivants placés tous à 4 0/0: 3.960 francs pendant 80 jours; 2.745 francs pendant 65 jours; 18.648 francs pendant 95 jours; 9.252 francs pendant 110 jours? — R. 369 fr. 95 c.

3. — Combien vaut, au bout de 4 ans, capital et intérêts composés, une somme de 24.000 francs placée à 5 p. 0/0? — Rép. 29.172 fr. 15 c.

4. Un rentier possède un capital de 36.500 francs, placé à 5 p, 0/0. Quel est son revenu journalier? — Rép. 5 francs.

5. — Quel capital faut-il placer à 5 p. 0/0 pour avoir un revenu mensuel de 300 francs? — Rép. 72.000 francs.

II. — *Système métrique.* — (*Volumes et densités.*)

1. — La contenance d'un seau cylindrique est de 10 litres et la surface latérale est de 18 décimètres carrés. Quel est le rayon? — Rép. 0ᵐ111.

2. — Calculer le poids d'un cylindre massif en fer laminé (densité 7.788), le diamètre étant 0ᵐ0655 et la longueur 3 mètres? — Rép. 120 kilogrammes.

3. — Quel est le poids d'une pierre ayant 1ᵐ25 sur 0ᵐ90 et 0ᵐ65, la densité étant 2,5? — Rép. 1.828 kilogr. 125.

4. — On a rempli d'huile d'olive une cruche dont la contenance est de 9 litres 40. Quel est le poids de cette huile dont la densité est 0.915? — Rép. 8 kilog. 601.

5. — Un morceau d'ivoire pèse 2 kilogr. 950 gr. Son volume est de 1 décimètre cube 529. Trouver la densité de l'ivoire? — Rép. 1,917.

COURS MOYEN.

I. — *Arithmétique.* — (*Règles d'intérêt.*)

1. — Quel est l'intérêt annuel de 3,460 francs à 5 0/0? — Rép. 173 francs.

2. — Quel est l'intérêt produit en 3 ans 5 mois par un capital de 48.650 francs placé à 6 0/0? — Rép. 3.973 fr. 25 c.

3. — Quel capital faut-il placer à 5 0/0 pour avoir 10 francs de rente par jour? — Rép. 73.000 francs.

4. — A quel taux se trouve placée une somme de 25.000 francs avec laquelle on achète un pré qu'on afferme 1.000 francs par an? — Rép. 4 0/0.

5. Combien de temps faut-il pour que 1,500 francs placés à 6 0/0 deviennent, intérêt compris, 2.000 francs? — Rép. 5 ans 6 mois 2/3.

II. — *Système métrique.* — (*Mesure du temps.*)

1. Combien y a-t-il de secondes dans trois heures 29 minutes 48 secondes? — Rép. 12.587.

2. — En 12 heures une montre avance de 15 minutes. De combien de secondes avance-t-elle en 5 minutes? — Rép. 6 secondes 1/4.

3. — Un train omnibus part de Paris à 11 heures 45 minutes du matin. Il arrive à Bordeaux le lendemain matin à 5 heures 35 minutes. Quelle est la durée de ce trajet? — Rép. 17 heures 50 minutes.

4. — Un train express part de Paris à 10 heures 45 minutes du matin. Il arrive à Bordeaux le même jour à 10 heures 50 minutes du soir. La distance parcourue est de 585 kilom. Quelle est, en moyenne, par heure, la vitesse de ce train? — Rép. 48 kilom. 413 mèt.

5. — La malle des Indes (train composé d'une locomotive et de deux wagons, faisant le service postal de Marseille à Calais) parcourt 100 kilomètres à l'heure. Combien parcourt-elle de mètres: 1° par minute; 2° par seconde? — Rép. 1° 1.666 mètres; 2° 27 mètres.

COURS ÉLÉMENTAIRE.

I. — *Arithmétique.* — (*Multiplication.*)

1. — Combien y a-t-il de minutes dans une année bissextile? — Rép. 527,040.

2. — Un propriétaire paye 12.875 francs de contributions par an. Il a déjà fait 4 versements de chacun 1073 francs. Combien redoit-il? — Rép. 8.583 francs.

3. — Une main de papier contient 25 feuilles et une rame 20 mains. Combien de feuilles dans une rame? — Rép. 500 feuilles.

4. — Si un cheval consomme 6 litres d'avoine par jour, quelle est la consommation de 18 chevaux pendant un an? — Rép. 39.420 litres.

5. — Un libraire a acheté 12 douzaines d'ouvrages à 3 francs l'un; 4 douzaines à 2 francs et 6 douzaines à 1 franc. On lui fait une remise de 20 francs sur 100 francs. Combien doit-il? — Rép. 480 francs.

EXERCICE ÉTYMOLOGIQUE.

Nous avons eu plusieurs fois déjà l'occasion de signaler à nos lecteurs les ouvrages publiés sur la langue française par M. Cocheris.

Le savant élève de l'École des Chartes et conservateur de la bibliothèque Mazarine va faire paraître prochainement un livre intitulé : *Explication étymologique des Fables de la Fontaine*. Avec l'autorisation de l'auteur (1), nous détachons de ce travail *La Cigale et la Fourmi.*

La

Prov. — Article féminin, provenant de l'adjectif démonstratif latin *illa*, qui signifie *cette.*

Transf. — *Illa* est devenu *la* par la chute de *il* qui était déjà bref chez les comiques latins, et qui n'étant point accentué s'est facilement perdu.

Race......	latin,	*illa*
	ital., espagn., prov.,	*la*
	portug.,	*a*

Hist. — L'article était inconnu aux Romains; aussi, pour donner plus de clarté au langage, prirent-ils l'habitude, vers la fin de l'Empire, de joindre au substantif le démonstratif *ille, illa, illud*, selon que ce substantif appartenait en genre masculin, féminin ou neutre, et équivalant à notre pronom démonstratif, *ce, celle* ou *cette*. L'article défini *le, la* est souvent remplacé en certain patois par le pronom démonstratif *ce, cet*; à l'imitation du latin, on dit *ch'curé, ch'kien, ch'courtil*, pour *le curé, le chien, le courtil.*

Cigale

Insecte; zoologiquement parlant: animal articulé muni de six pattes.

Prov. — Du diminutif latin *cicadula*, provenant de *cicada.*

Transf. — La voyelle atone *u* ayant disparu régulièrement, le *d* s'est trouvé à côté de l'*l* qui l'a absorbé, comme dans *moule* de *mod'lum*, *mouler* de *mod'lare*. Cette suppression du *d* est fréquente lorsqu'il se trouve en présence du *v* (comme *advocat, advenir, advent*, aujourd'hui *avocat, avenir, avent*) ou du *j* (*adjouter*, aujourd'hui *ajouter*). Le *c* s'est adouci en *g.*

Race...	latin,	*cicada* et son dim. *cicadula*
	ital., prov.,	*cigala*
	espagn., portug.,	*cigara*

Hist. — La forme espagnole *cigara* a donné naissance à notre mot *cigare.*

Ayant

Prov. — Du participe présent latin, au cas régime, *habentem.*

Transf. — Le *b* est tombé comme consonne médiane précédant la syllabe accentuée *en*, comme dans *parabole* devenu *parole, nativus, naïf, dotare,*

(1) M. Cocheris a déjà publié *Le premier livre des Fables de La Fontaine*, texte 1668, accompagné d'une version latine interlinéaire, calquée sur le texte français, établissant la généalogie des mots français et les différentes phases de leur transformation. (Paris, librairie de l'*Echo de la Sorbonne*, rue Guénégaud, 7.)

douer. La chute de la consonne médiane réunissant deux voyelles, il s'est produit un hiatus qui a été évité par une épenthèse de l'*ï* trématé, remplacé au XVe siècle par un *y*, comme dans *adbaubari* qui *d'adbou'ari* est devenu *aboyer*, dans *tubellum*, qui de *tu'ell'* est devenu *tuyau*, etc. L'*h* de *habentem* n'ayant aucune valeur phonique a disparu, comme dans *on* de *homo*, *orge* de *hordeum*, etc. La lettre *h*, qui est tombée aussi bien en provençal que dans les autres dialectes, s'est longtemps conservée dans le dialecte de Franche-Comté.

Race..	latin,	*habens, habentem*
	prov.,	*avent*
	anc. ital.,	*avent*
	Ital. mod.,	*avendo*
	esp..	» (*teniendo* du verbe *tener*).
	portug.,	» (*tendo*, du verbe *ter*).

Chanté.

Prov. — Du participe latin *cantatum*.

Transf. — *Cantatum* a fait régulièrement *cantat*, le *t* final se prononçant à peine et causant un aplanissement sourd de l'*a*, qui explique la transformation dans les dialectes septentrionaux de tous les suffixes accentués *atum* ou *at* en *eit*, *ied* ou *ed*. En effet, *chanté* se disait en bourguignon *chanteit*, en picard *kantiet* et en normand *chanted*. C'est ainsi que *pratum* est devenu *pré*, *gratum gré*, *advocatum avoué*.

Les mots en *atum* ne conservent la forme *at* que lorsqu'ils sont dus à une influence artificielle, autrement dit savante. C'est ainsi que de :

Advocatum, sont venus.	*avocat*, forme artificielle.
	avoué, forme populaire.
Juratum.............	*jurat*, forme artificielle.
	juré, forme populaire.

Le *chuintement*, qui a transformé *can* en *chan*, est un trait distinctif de certains dialectes qui transforment *c* dur en *ch* devant l'*a* et du dialecte picard qui chuinte le *c* dur devant l'*e* et l'*i*. C'est à l'influence dialectale que nous devons ces doubles formes :

campagne,	*cancre*,	*cappe*,
champagne.	*chancre*.	*chappe*.

Race....	latin,	*cantare*
	prov.,	*cantar* et *chantar*
	ital.,	*cantare*
	esp.,	*cantar*
	portug.,	*cantar*

Famille. — Le mot *chanté* appartient à une famille qui a pour racine *can*, commune au sanscrit, au grec et au latin. Cette racine s'est transformée dans notre langue en *chan*. Il y a donc deux types, le type *can* et le type *chan*.

Type *can*....	*can*	*tique*
	»	*tilène*
	»	*tate*
	»	*tatille*
	»	*tabile*
	»	*tatrice*

Type *chan*		*chan*	*t*
		»	*ter*
	en	»	»
	désen	»	»
	dé	»	»
		»	*teur*
	en	»	»
	»	»	*teuse*
	»	»	*tement*
	désen	»	»
		»	*table*
		»	*tage*
		»	*tre*
		»	*trerie*
		»	*terelle*
		»	*tonner*
		»	*te-pleure*
		»	*son*
		»	*sonner*
		»	*sonnier*
		»	*sonnette*

Signification

Sens direct.	Action......	génér.	*chant*
		spéc.	*cantique*, *cantilène*, *cantate*, *cantatille*, dim., *chanson*, *chansonnette*, dim.
	Expresion de l'action....	génér.	*chanter*
		spéc.	*chantonner*, *chansonner*
	Auteur de l'action.....	génér.	*chanteur*, *chanteuse*
		spéc.	*cantatrice*, *chantre*, *chansonnier*
	Office, résultat de l'action............		*chantrerie*
	Qualité de l'action.		*cantabile*, *chantable*
	Objet ayant un rapport plus ou moins éloigné avec l'action.		*chanterelle*
Sens indirect.	Action........		*enchantement*, *désenchantemen*
	Expression de l'action........		*déchanter*, *enchanter*, *désenchanter*
	Auteur de l'action............		*enchanteur*, *enchanteresse*
Sens figuré.	Action........		*chantage* (le Renard et le Corbeau).
	Expression de l'action........		*chanter*
Sens double.	Mot composé...		*chante-pleure* (qui pleure en chantant; horloge d'eau, arrosoir, égout).

(*A suivre.*)

LEÇONS PRATIQUES ET GRADUÉES

Sur les Matières comprises dans le programme de

L'ENSEIGNEMENT PRIMAIRE

Publiées par le

JOURNAL DES INSTITUTEURS

(Premier semestre 1875.)

EXAMENS DU BREVET DE CAPACITÉ.

ACADÉMIE DE TOULOUSE.

(Départements de la Haute-Garonne, de l'Ariége, de l'Aveyron, du Gers, du Lot, des Hautes-Pyrénées, du Tarn et de Tarn-et-Garonne.)

ASPIRANTS.

Brevet obligatoire. — 1re session de 1875.

1° *Orthographe.*

Les savanes.

Opposons au tableau d'une sécheresse *absolue* dans une terre trop ancienne celui des vastes plaines de fange, (3) des *savanes* noyées du nouveau continent: (2) nous y verrons par excès ce que l'autre n'offrait que par défaut. (1)

Des fleuves d'une largeur immense, (7) tels que l'*Amazone*, (8) *la Plata*, (9) l'*Orénoque*, (5) roulant à grands flots leurs vagues écumantes et se débordant en *toute* liberté, (6) semblent menacer la terre d'un *envahissement* et faire effort pour l'occuper *tout* entière. (4) Des eaux *stagnantes*, (12) répandues *près* et *loin* de leurs cours, (13) couvrent le *limon* vaseux qu'elles ont déposé, (11) et ces vastes *marécages*, (14) *exhalant* leurs vapeurs en brouillards *fétides*, (15) communiqueraient à l'air l'*infection* de la terre, (16) si bientôt elles ne retombaient en pluies *précipitées* par les orages ou *dispersées* par les vents. (10) Et ces *plages*, alternativement sèches et noyées, où la terre et l'eau semblent se disputer des possessions *illimitées*, et ces *broussailles* jetées sur les *confins* indécis de ces deux *éléments*, ne sont peuplées que d'animaux *immondes* qui *pullulent* dans ces *repaires*, *cloaques* de la nature, où tout retrace l'image des *déjections* monstrueuses de l'antique limon.

Les *énormes* serpents tracent de larges sillons sur cette terre *bourbeuse;* les *crocodiles*, les *crapauds*, les *lézards* et mille autres *reptiles* à larges pattes en pétrissent la fange ; des millions d'insectes, enflés par la chaleur humide, *en* soulèvent la vase ; et tout ce peuple *impur*, rampant sur le limon ou bourdonnant dans l'air qu'il obscurcit encore, toute cette *vermine* dont *fourmille* la terre attire de nombreuses *cohortes* d'oiseaux ravisseurs, dont les cris confus, mêlés aux *coassements* des reptiles, en troublant le silence des *affreux* déserts, semblent ajouter la crainte à l'horreur pour en écarter l'homme et en *interdire* l'entrée aux autres êtres sensibles.

(BUFFON.)

Explications et interrogations.

Nous expliquerons aujourd'hui la *ponctuation*, laissant au maître le soin de demander le sens, l'étymologie et les raisons de l'accord ou de l'invariabilité des mots soulignés.

(1) On met un point ici parce que ce qui précède forme une phrase complète. On vient d'énoncer ce qu'il convient de faire pour avoir une idée des savanes de l'Amérique ; ce qui suit est une description de ces savanes. — (2) On emploie les deux points parce que ce qui suit est là conséquence de ce qui précède, c'est le résultat de l'acte exprimé par la première partie de la phrase. — (3) La virgule sépare ici *des termes de même nature*, les compléments déterminatifs *plaines* et *savanes*, du pronom *celui* mis pour *tableau*.

(4) Ce qui précède est la peinture des grands fleuves de l'Amérique ; ce qui suit, celle des eaux stagnantes. Ce sont donc deux tableaux distincts, achevés tous les deux : ce sont deux phrases différentes, qu'il faut séparer par un point.

(5 et 6) « Roulant à grands flots leurs vagues écumantes et se débordant en toute liberté » est un complément qualificatif accessoire; c'est pour cela qu'on le met entre deux virgules. Quelques grammairiens en feraient peut-être un complément circonstantiel de *semblent menacer ;* ils sous-entendraient la préposition *en* devant *roulant*. D'autres en feraient une proposition-participe. Cela ne changerait pas la ponctuation. — On n'a pas mis de virgule après *vagues écumantes* à cause de la conjonction *et*. — (7) On met la virgule ici pour séparer le complément déterminatif *tels* du complément de même nature *d'une longueur immense*. — (8 et 9.) La virgule s'emploie pour séparer des parties semblables d'une même proposition : *l'Amazone, la Plata, l'Orénoque* sont les sujets de la proposition elliptique *tels... que l'Amazone, la Plata, l'Orénoque* (*sont*, sous-entendu).

(10) Ce qui précède, depuis *Des eaux stagnantes...* est la peinture de ces *eaux* et de ces *marécages;* ce qui suit est la description des *animaux* qui *habitent* ces plages et ces broussailles. Nous avons dit autrefois que la *phrase* était un véritable tableau, dont le *point* est le *cadre*. Il y a ici deux descriptions différentes ; il y a donc deux phrases : c'est ce qui motive l'emploi du point. — (11) La virgule est employée ici pour séparer deux propositions de même nature, deux *principales coordonnées* : « Des « eaux stagnantes répandues près et loin de leurs « cours couvrent le limon vaseux...» *et* « et ces vastes « marécages, exhalant leurs vapeurs en brouillards « fétides, communiqueraient à l'air l'infection de la « terre... » On aurait mis le point-virgule si la seconde proposition n'avait pas été précédée de la conjonction *et*. La conjonction *et* a pour effet ordinaire d'atténuer la valeur du signe de ponctuation qu'on

emploierait si elle n'était pas exprimée. Là où on aurait mis une virgule, ordinairement on ne met rien (Voir l'explication plus haut nos 5 et 6). Là où on aurait mis un point-virgule, on ne met qu'une virgule ; là où on aurait mis deux points, on ne met qu'un point-virgule.

(12 et 13) *Répandues près et loin de leurs cours*, est un complément qualificatif non essentiel, que l'on doit par suite mettre entre deux virgules. On n'a pas mis de virgule après *limon vaseux* parce que la proposition *qu'elles ont déposé* est une proposition incidente déterminative. On ne sépare *jamais* par une virgule la proposition incidente déterminative du terme qu'elle complète, tandis qu'on met *toujours* entre deux virgules une proposition incidente explicative. — (14 et 15) *exhalant leurs vapeurs en brouillards fétides* est encore un complément qualificatif accessoire de *ces vastes marécages*. Certains grammairiens pourraient considérer ce qualificatif comme un complément circonstantiel du verbe *communiqueraient* (EN exhalant leurs vapeurs... etc). — Quel que soit le mode d'analyse que l'on choisisse, qualificatif du sujet ou complément circonstanciel du verbe, ce membre de phrase doit toujours être placé entre deux virgules.— (16) On a mis une virgule ici pour séparer la proposition principale coordonnée « et ces vastes marécages... « communiqueraient à l'air l'infection de la terre » de la proposition subordonnée circonstancielle « si « bientôt elles ne retombaient en pluies précipitées par les orages ou dispersées par les vents. »

Continuer ainsi, phrase par phrase, et motiver d'abord l'emploi des signes de ponctuation qui séparent les grandes parties de la phrase, les périodes; puis ceux qui distinguent les propositions les unes des autres, puis enfin ceux qui séparent les différents termes, essentiels ou accessoires, dans chaque proposition.

L'explication de la ponctuation, nous l'avons déjà dit, est un excellent exercice d'intelligence, de réflexion et de jugement. Une même dictée, nous le savons, peut être parfois ponctuée de diverses manières; mais la ponctuation, quelle qu'elle soit, doit toujours être motivée. Quand l'élève place une virgule, un point-virgule ou deux points, il faut qu'il sache pourquoi. Lui demander ce *pourquoi* le force à réfléchir, à penser. Pour motiver la ponctuation, il faut qu'il comprenne exactement le sens des phrases, la relation qui existe entre les diverses parties de ces phrases, les propositions et les mots.

Puis, cette explication de l'emploi des signes de ponctuation est un moyen fort intéressant et très-pratique de faire de l'analyse logique. La ponctuation, en effet, repose tout entière sur l'analyse logique.

A ce propos, nous croyons devoir conseiller aux maîtres de choisir entre tous les systèmes d'analyse, celui dont le classement le plus simple.

Un des meilleurs, à notre avis, consiste à ne considérer que trois espèces de propositions : les *principales*, les *incidentes* et les *subordonnées*. Pour nous, les *principales* ne se subdivisent pas : *principale absolue* et *principale relative* sont des termes contradictoires. Lorsqu'il y a plusieurs propositions principales dans une phrase, elles sont dites *coordonnées*. Ce terme *coordonnées* est, du reste, un terme général qui peut s'appliquer à toute espèce de proposition. Il y a des *incidentes coordonnées*, des *subordonnées coordonnées* comme il y a des *principales coordonnées*.

Nous distinguons deux espèces d'*incidentes* : l'*incidente déterminative* et l'*incidente explicative;* ainsi que deux espèces de *subordonnées:* la *subordonnée complétive*, qui joue le rôle de *complément* direct ou indirect de l'attribut, et la *subordonnée circonstantielle*, qui modifie toute l'idée exprimée par la proposition à laquelle elle est jointe.

Ce classement est très-suffisant; c'est, en général, celui qui est adopté par les grammaires les plus récentes et les plus suivies.

2° *Rédaction.*

Caractère du grand Condé; ses victoires; son rôle politique.

Arithmétique.

I. — Le capital de 480,000 francs augmenté de ses intérêts pendant trois ans et sept mois vaut 583,200 francs après ce temps. On demande à quel taux ce capital a été placé?

Solution.

Le capital de 480000 francs qui est devenu, au bout de 3 ans 7 mois ou 43 mois, 583200 francs, a rapporté pendant ce temps

$$583200 \text{ fr.} - 480000 \text{ fr.} = 103200 \text{ francs.}$$

Si 480000 fr. en 43 mois ont rapporté. . . . . 103200 fr.,

1 fr. en 1 mois a rapporté. . . $\dfrac{103200}{48000 \times 43 \text{ fr.}}$;

et 100 fr. en 12 mois

$$\frac{103200 \text{ fr.} \times 100 \times 12}{480000 \times 43} = 6 \text{ francs.}$$

Le taux cherché est donc 6 0/0.

II. — Les 2/5 d'un champ sont plantés en froment, les 3/9 en vignes et le reste en pommes de terre. La deuxième partie surpasse la troisième de 8 ares 4 centiares. On demande l'étendue totale du champ et l'étendue de chaque parcelle.

Solution.

Les deux parcelles du champ plantées en froment et en vignes formant les $\frac{2}{3} + \frac{3}{9}$ ou les $\frac{18}{45} + \frac{15}{44} =$ $= \frac{33}{45}$ de la surface totale, il reste pour la parcelle plantée en pommes de terre $\frac{45}{45} - \frac{33}{45} = \frac{12}{45}$ de l'étendue totale.

La deuxième partie surpassant la troisième de 8 ares 04, il s'ensuit que $\frac{15}{45} - \frac{12}{45}$ ou $\frac{3}{45}$ du terrain sont représentés par 8 ares 04.

Alors, les $\frac{45}{45}$ valent

$$\frac{8 \text{ ares } 04 \times 45}{3} = 120 \text{ ares } 60;$$

Et on a, pour l'étendue de la première parcelle,

$$\frac{120 \text{ ares } 60 \times 2}{5} = 48 \text{ ares } 24;$$

pour celle de la seconde,

$$\frac{120 \text{ ares } 60 \times 3}{9} = 40 \text{ ares } 20;$$

Et pour celle de la troisième,

$$120 \text{ ares } 60 - (48 \text{ ares } 24 + 40 \text{ ares } 20) = 32 \text{ ares } 16.$$

DICTÉES.

COURS SUPÉRIEUR.

I.

Le matin des oiseaux.

De minces colonnes de fumée blanchâtre s'échappent du toit des chaumières; les chiens jappent autour des fermes, et les clochettes sonnent au cou des vaches. Les oiseaux quittent alors leurs buissons, agitent leurs ailes et s'élancent dans les airs, pour saluer le soleil, qui vient une fois de plus leur donner sa bienfaisante lumière. *Plus d'un* pauvre petit moineau *se réjouit* d'avoir échappé aux dangers de la nuit. Perché sur une petite branche, il avait cru pouvoir dormir sans crainte, la tête ensevelie sous ses plumes, *quand*, à la lueur d'une étoile, il a vu dans les arbres se glisser la chouette silencieuse, méditant *quelque forfait*. La *fouine* était venue du fond de la vallée, l'*hermine* était descendue du rocher, la *martre* des sapins avait quitté son nid, le *renard* rôdait dans les broussailles. Tous ces ennemis, le pauvre petit les avait *vus* pendant cette nuit terrible. Sur son arbre, à terre, dans l'air, partout la destruction le menaçait. *Qu'elles* avaient été longues, ces heures où, *n'osant* bouger, il n'avait pour protection que les jeunes feuilles qui le cachaient! Aussi maintenant, quel plaisir pour lui de s'élancer à tire-d'aile, de vivre en sécurité, protégé, défendu par la lumière!

TSCHUDI.

Questions et explications.

1. *Plus d'un...* Cette expression, qui éveille une idée de pluralité, exige le verbe au singulier. Cependant Marmontel a pu dire : A Paris, on voit *plus d'un* fripon qui *se dupent* l'un l'autre, parce que l'idée de réciprocité exprimée par *l'un l'autre* commande le pluriel. Avec *plus d'un* répété le verbe peut se mettre au pluriel: *Plus d'un* brave guerrier, *plus d'un* vieux sénateur *rappelaient* vos beaux jours (Delille). *Plus de deux, plus de trois...* veulent le verbe au pluriel.

2. *Quand, à la lueur...* Faire remarquer qu'il n'est pas exact de dire que le mot *quand* prend un *t* devant la préposition *à*. C'est le sens qu'il faut toujours consulter. Ici *quand* signifie *lorsque*, c'est un adverbe de temps. *Quant à* est une locution prépositive, signifiant *pour ce qui est de*, *à l'égard de*.

3. *Quelque forfait*. Singulier, un *forfait quelconque*. Synonyme de forfait : *crime*. *Crime* est le terme général ; le *forfait* est un grand crime. *Forfait* indique d'ordinaire un crime commis par quelque personnage d'une grande position, d'une grande puissance. Verbe *forfaire*. Substantif *forfaiture*. Etymologie de *forfaire? for*, de *forâs*, qui nous a donné notre préposition *hors*. *Faire* quelque chose *hors* des bornes du devoir, de l'honneur. *Forain*, qui est de dehors, qui n'est pas du lieu, de la ville même. *Faubourg*, autrefois *forsbourg*, puis *forbourg*, bourg bâti hors de l'enceinte d'une ville.

4. La *fouine*. Mammifère de la taille d'un jeune chat. Son pelage est brun-bistré sur le dos, avec le museau pâle, les pattes et la queue brunes. — 5. L'*hermine* est un petit mammifère, un peu plus grande que la belette, à laquelle elle ressemble beaucoup. Elle est d'un rose marron en été et porte alors le nom de *roselet*. En hiver, son pelage devient entièrement blanc, excepté le bout de la queue qui reste noir. — 6. *La martre*, ou *marte*, a un pelage d'un brun assez brillant, avec le fond jaunâtre, et sous la gorge une tache jaune bien marquée. Elle vit dans nos bois, surtout parmi les pins et les sapins. — 7. *Le renard* est commun dans toute l'Europe, en Syrie, en Perse, dans l'Inde. Il est célèbre par sa ruse et sa finesse. C'est la terreur des poulaillers et des garennes.

8. *Les avait vus*. Accord avec le complément dir. et *les*, mis pour *ennemis*. Rappelez la règle du participe conjugué avec *avoir*. — 9. *Qu'elles avaient été longues*. On confond souvent *quelles* et *qu'elles*. Le sens est *combien elles*... Il y a ici deux mots. Supposez le masculin, vous auriez *qu'ils*... nécessairement en deux mots.

10. *N'osant bouger*. Avec les verbes *cesser*, *oser*, *pouvoir*, on supprime généralement *pas* et *point*. Si l'on veut insister sur la négation on garde *pas* et *point* : *Ne pouvant pas* éviter la censure de ma raison, comment pourrai-je éviter celle de mon Dieu? Avec *savoir*, c'est le sens qui décide. Il y a une différence entre : *Il ne sait pas ce qu'il fait, ce qu'il dit* (il ignore la conséquence de son action, de ses paroles), et *il ne sait ce qu'il fait, ce qu'il dit* (il agit, il parle au hasard).

II.

L'ennemi et l'ami du charançon.

Le plus grand ennemi du charançon, c'est le haricot ; et son ami de prédilection, c'est le petit pois sec.

Voulez-vous purger un tas de blé du charançon qui l'infecte ? Rien de plus facile : faites mourir des haricots, et semez-en la farine sur la superficie du tas de blé ; immédiatement vous verrez la colonie dévorante se sauver de tous les côtés.

Voulez-vous, au contraire, faire envahir votre blé par le charançon? Rien de plus facile encore : placez-y un tas de pois secs. Vous ne tarderez pas à voir le charançon s'y établir, puis envahir le tas de blé.

D'où une double conclusion : 1° éviter absolument de placer des récoltes de pois ronds dans les greniers à blé ; 2° saupoudrer de farine de haricot les tas de blés infestés de charançon.

COURS MOYEN.

I.

La Fête-Dieu.

Je n'ai jamais vu cette longue suite de prêtres en habits *sacerdotaux*, ces jeunes *acolytes* vêtus de leurs *aubes* blanches, *ceints* de larges ceintures bleues et jetant des fleurs devant le *Saint-Sacrement*, cette foule *qui les précède* et *qui les suit* dans un silence religieux, tant d'hommes le front prosterné contre terre; je n'ai jamais entendu ce chant *grave* et *pathétique* entonné par les prêtres et répondu par une infinité de voix d'hommes, de femmes, de jeunes filles et d'enfants, sans que mes entrailles *ne* s'en soient *émues* et que les larmes *ne* m'en soient *venues* aux yeux.

DIDEROT.

Questions et explications.

1. La *Fête-Dieu*, fête religieuse instituée par le pape Urbain IV en 1264, en l'honneur du Saint-Sacrement; elle tombe le jeudi qui suit la Trinité et se célèbre le dimanche suivant.

2. Habits *sacerdotaux*, de prêtre, propres aux ecclésiastiques. Le *sacerdoce*, c'est la prêtrise, le caractère de prêtre. — 3. *Acolytes*. Ce mot a le sens littéral de *qui accompagne, serviteur*. On nomme *acolytes* les clercs promus au plus élevé des ordres mineurs et dont l'office est de porter les cierges, de préparer le feu, l'encensoir, le vin et l'eau, et de *servir, d'accompagner* à l'autel le prêtre, le diacre et le sous-diacre. Familièrement, celui qui *accompagne* quelqu'un.

4. *Aubes*. Longs vêtements de toile blanche. — 5. *Ceints*. Homonymes? — 6. Le *Saint-Sacrement*, l'Eucharistie. — 7. *Qui les précède et qui les suit*. Remarquez l'opposition de ces termes. Trouvez les substantifs dérivés? Distinguez les sujets et les compléments des verbes *précède* et *suit*? — 8. *Grave*, bas de ton : *pathétique*, qui touche l'âme et l'émeut.

9. *Sans que... ne*. Cet emploi de *ne* après *sans que* n'est pas à imiter. « *Avant que* et *sans que* ne doivent jamais être suivis de la négation. (Lemaire.) *Sans que*, suivi du subjonctif, ne prend *ne*, ni quand la phrase est affirmative, ni quand elle est négative. La négative n'est pas même admise après *sans que* suivi de *ni*, *aucun*, *personne*, *rien*, *jamais*.

> Je reçus et je vois le jour que je respire,
> *Sans que* père *ni* mère ait daigné me sourire.
>
> (Racine.)

Elle n'est pas non plus admise, bien que *sans* soit suivi du verbe *craindre* : Vous pouvez traiter avec lui sans *craindre qu*'il vous trompe. (Littré.)

10. *S'en soient émus*. Participe passé de verbe pronominal. Accord avec *s'* mis pour *entrailles*. — 11. *Soient venus*. Participe passé de verbe neutre conjugué avec *être*. Accord avec le sujet *larmes*.

II.

Chasse aux aiglons dans les Pyrénées.

Cette chasse se fait à deux ; l'un des dénicheurs est armé d'une carabine à double canon, l'autre d'une espèce de pique de fer longue d'environ soixante centimètres. Aux premières lueurs du jour, les chasseurs arrivent sur la cime de la montagne où l'aigle a établi son aire, et pendant qu'il est allé chercher de la nourriture pour ses petits. Le premier se place sur le sommet du roc, et, la carabine à la main, attend l'arrivée de l'aigle pour l'attaquer; l'autre descend au fond de l'aire, soit d'anfractuosité en anfractuosité, soit au moyen de cordes. Il s'empare des aiglons trop faibles encore pour résister longtemps; l'aigle a entendu les cris de ses petits, il accourt et se précipite sur le hardi montagnard, qui le frappe avec sa pique, tandis que son compagnon tire sur l'oiseau. Le but de cette chasse est de détruire une race nuisible aux troupeaux.

GÉRARD.

COURS ÉLÉMENTAIRE.

I.

Vie champêtre.

La terre n'est jamais *ingrate* : elle nourrit toujours de ses fruits ceux qui la cultivent soigneusement; elle ne refuse ses biens qu'à ceux qui craignent de lui donner *leurs peines*. Plus les laboureurs ont d'enfants, plus ils sont riches : les plus jeunes conduisent les moutons dans les *pâturages*; les autres, qui sont plus grands, mènent déjà les plus grands troupeaux ; les plus âgés labourent avec leur père. Cependant, la mère, avec ses filles, prépare un repas simple à son époux et à ses chers enfants, qui doivent revenir *fatigués* du travail de la journée : elle a soin de traire ses vaches et ses brebis, et on voit couler des ruisseaux de lait; elle fait un grand feu, autour duquel *se réunit* toute la famille.

FÉNELON.

II.

L'alouette.

L'alouette est le chantre des airs, le musicien de la plaine. Dès les premiers beaux jours, son chant retentit dans la campagne. A l'aurore naissante, l'alouette matinale part du sillon comme une flèche et va porter au ciel son hymne d'allégresse. L'alouette est l'oiseau du laboureur, sa compagne joyeuse et assidue. Les alouettes font leur nid dans les blés quand ils sont en herbe.

EXERCICES DE STYLE.

COURS SUPÉRIEUR.

La Fête-Dieu.

Canevas. — Décrivez une procession de la Fête-Dieu. Faites connaître vos impressions.

(Le maître pourra lire d'abord le modèle suivant, tiré du *Génie de christianisme.* Mais il aura soin de faire remarquer et d'expliquer les différences qui existent entre ce récit de Châteaubriand et la procession à laquelle ils ont assisté dans leur village. La rédaction qu'il leur demande, à eux, c'est la description exacte de ce qu'ils ont vu et l'expression des sentiments qu'ils ont éprouvés.)

Développement.

Aussitôt que l'aurore a annoncé la fête du Roi du monde, les maisons se couvrent de tapisseries de laine et de soie, les rues se jonchent de fleurs, et les cloches appellent au temple la troupe des fidèles. Le signal est donné : tout s'ébranle, et la pompe commence à défiler.

On voit paraître d'abord les corps qui composent la société des peuples. Leurs épaules sont chargées de l'image des protecteurs de leurs tribus, et quelquefois des reliques de ces hommes qui, nés dans une classe inférieure, ont mérité d'être adorés des rois par leurs vertus : sublime leçon que la religion chrétienne a seule donnée à la terre.

Après ces groupes populaires, on voit s'élever l'étendard de Jésus-Christ, qui n'est plus un signe de douleur, mais une marque de joie. A pas lents s'avance sur deux files une longue suite de ces époux de la solitude, de ces enfants du torrent et du rocher, dont l'antique vêtement retrace à la mémoire d'autres mœurs et d'autres siècles. Le clergé séculier vient après ces solitaires; quelquefois des prélats, revêtus de la pourpre romaine, prolongent encore la chaîne religieuse. Enfin, le pontife de la fête apparaît seul dans le lointain : ses mains soutiennent la radieuse Eucharistie, qui se montre sous un dais à l'extrémité de la pompe, comme on voit quelquefois le soleil briller sous une nuage d'or, au bout d'une avenue illuminée de ses feux.

Cependant des groupes d'adolescents marchent entre les rangs de la procession : les uns présentent les corbeilles de fleurs, les autres les vases des parfums.

Au signal répété par le maître des pompes, les choristes se retournent vers l'image du soleil éternel, et font voler des roses effeuillées sur son passage. Des lévites, en tuniques blanches, balancent l'encensoir devant le Très-Haut. Alors des chants s'élèvent le long des lignes saintes : le bruit des cloches et le roulement des canons annoncent que le Tout-Puissant a franchi le seuil de son temple. Par intervalles, les voix et les instruments se taisent, et un silence aussi majestueux celui que des grandes mers dans un jour de calme, règne parmi cette multitude recueillie : on n'entend que plus ses pas mesurés sur les pavés retentissants.

Mais où va-t-il, ce Dieu redoutable dont les puissances de la terre proclament ainsi la majesté? Il va se reposer sous des tentes de lin, sous des arches de feuillages, qui lui présentent, comme au jour de l'ancienne alliance, des temples innocents et des retraites champêtres. Les humbles de cœur, les pauvres, les enfants, le précèdent; les juges, les guerriers, les potentats le suivent. Il marche entre la simplicité et la grandeur, comme, en ce mois qu'il a choisi pour sa fête, il se montre aux hommes entre la saison des fleurs et celle des foudres.

Les fenêtres et les murs de la cité sont bordés d'habitants dont le cœur s'épanouit à cette fête du Dieu de la patrie : le nouveau-né tend les bras au Jésus de la montagne, et le vieillard, penché vers la tombe, se sent tout à coup délivré de ses craintes; il ne sait quelle assurance de vie le remplit de joie à la vue du Dieu vivant.

CHATEAUBRIAND.

Ce sujet peut être également donné aux élèves du cours moyen. Il peut aussi fournir le texte d'un entretien familier (exercice d'observation) pour le cours élémentaire.

II.

COURS MOYEN.

L'arbre.

Canevas. — Décrire un arbre : racines, tronc, branches. A quoi servent les racines? De combien de parties se compose le tronc? Comment se connaît l'âge d'un arbre? Grosses branches et rameaux. La séve et le sang. Bois mort et bois vert. Utilité des arbres. Doit-on mutiler les arbres?

Développement.

L'arbre est un végétal, une plante. On distingue dans l'arbre trois parties : les racines, le tronc, les branches. Les racines soutiennent l'arbre et puisent dans la terre les sucs dont il se nourrit. Le tronc est la partie droite, plus ou moins grosse, qui s'étend des racines aux branches.

Quand on scie le tronc d'un arbre, on y remarque quatre parties distinctes : l'écorce, l'aubier, le bois et la moëlle. L'âge d'un arbre est indiqué par le nombre des couches de bois superposées qu'il renferme : autant de couches ou ronds, autant d'années.

Du tronc partent les branches. Il y a de grosses branches et de petites, que l'on appelle des rameaux. Les branches portent des feuilles, des fleurs et des fruits.

De même que le sang nourrit les animaux, de même la séve nourrit l'arbre. Quand la séve ne circule plus, l'arbre meurt; il donne du bois mort. C'est du bois mort que nous brûlons. Le bois vert ne brûle pas bien.

Au printemps la séve monte des racines à l'extrémités des branches, des rameaux et des feuilles; elle redescend en automne. On abat le bois en hiver.

Les arbres sont utiles et beaux à voir. Rien de triste comme une plaine sans arbres. Aussi avec quelle joie les voyageurs du désert aperçoivent-ils un rare bosquet, une oasis! Nous voyons avec plaisir, nous aussi, une route bordée d'arbres. Il ne faut pas ébranler ni couper les arbres : la raison le défend et la loi punit ceux qui les mutilent.

III.

COURS ÉLÉMENTAIRE.

Jeu intellectuel sur le mot OISEAU.

Vous allez, mes enfants, chacun à votre tour, exprimer une pensée quelconque sur un mot... le mot *oiseau*, par exemple. Ceci est un jeu d'un nouveau genre, très-amusant mais surtout très-utile, parce qu'il force à réfléchir, à émettre des idées justes et qu'il apprend à parler. Allons, le premier, Ernest, commencez! Chacun sa phrase, à volonté.

1. Les *oiseaux* sont des animaux ovipares à deux pieds, ayant des plumes et des ailes. — 2. Aux petits des *oiseaux* Dieu donne la pâture. — 3. Les coqs, les poules, les dindons, les canards, sont des *oiseaux* domestiques. — 4. Les cailles, les bécasses, les cigognes sont des *oiseaux* de passage. — 5. L'aigle est le roi des *oiseaux*. — 6. L'*oiseau-mouche* est le chef-d'œuvre de la nature. — 7. Petit à petit l'*oiseau* fait son nid. — 8. Les *oiseaux* égayent de leurs chants nos vergers, nos haies et nos plaines. — 9. Les *oiseaux* de proie dévorent les autres oiseaux. 10. Les poëtes appellent l'aigle l'*oiseau* de Jupiter; le paon, l'*oiseau* de Junon; la chouette, l'*oiseau* de Minerve.

Cet exercice intéresse à un haut degré les enfants. D'abord ils n'osent rien dire. Encouragez-les. Ne riez pas de leurs naïvetés. Rectifiez doucement leurs erreurs. Aidez-les par des questions bien choisies : un mot suffit quelquefois pour éveiller une idée et les tirer d'embarras. Nul ne veut rester coi et nous avons vu toute une classe, petits et grands, prendre un réel amusement à ce jeu de l'intelligence, qui n'est pas sans analogie avec le joyeux *corbillon*.

ARITHMÉTIQUE ET SYSTÈME MÉTRIQUE.

PROBLÈMES GRADUÉS POUR LES COMPOSITIONS.

COURS SUPÉRIEUR.

Concours et certificat d'études.

1. — Un établissement est éclairé par 72 becs de gaz qui brûlent en moyenne pendant 6 heures et 45 minutes par jour. Trouver le prix du gaz consommé par cet établissement au bout de 4 mois, l'un de 28 jours, un autre de 30 jours et les deux autres de 31, sachant que chaque bec brûle par minute 3 litres de gaz et que le prix du mètre cube est de 0 fr. 30 ? — Rép. 3149 fr. 28 c.

(*Concours départemental de la Somme*. 1873.)

2. — Un marchand a acheté 6 pièces de vin de 228 litres chacune. Il a payé 547 fr. 30 c. d'achat, 52 fr. de transport, 288 francs de droits et 20 francs de commission. Il trouve 5 litres 4 de lie dans chaque pièce. Combien ce marchand doit-il vendre le litre de vin pour gagner 240 francs sur le tout? Combien gagne-t-il ainsi pour 100 ? — Rép. : 1° 0 fr. 85 2° 26 fr. 45 c.

(*Certificat d'études*. Doubs 1874.)

I. — *Arithmétique*. — (*Règles d'intérêt.*)

1. — Est-il plus avantageux de placer 18.000 francs à 5 p. 0/0 que d'en placer le quart à 6 0/0 et le reste à 5 1/2 p. 0/0? — Rép. Le deuxième placement vaut mieux. Avantage : 22 francs 50 c.

2. — Combien une somme doit-elle être placée de temps à 4 1/2 p. 0/0 pour que l'intérêt simple soit égal aux 4/5 du capital ? — 17 ans 9 mois 10 jours.

3. Une somme inconnue vaudra dans 4 mois 1.224 francs, et 3 mois après elle vaudra 1,242 francs. Quelle est cette somme, et quel est le taux de l'intérêt ? — Rép. 1° 1.200 francs; 2° 6 0/0.

4. — Pendant combien de temps doit-on placer 5.000 francs à intérêts composés à 4 0/0, pour que ce capital ait acquis une valeur de 9.000 francs ? — Rép. 11 ans 14 mois 23 jours.

5. — Combien 8.450 francs payables dans 5 ans 8 mois, valent-ils comptant, les intérêts simples étant comptés à 6 1/4 p. 0/0? — Rép. 6.240 francs

II. — *Système métrique*. — (*Densités.*)

1. — Quel est le volume d'une barre de fer qui pèse 77k. 90 si la densité du fer est 7.79 ? — Rép. 0mc010.

2. — Quel est le poids de 6 litres 4 d'alcool dont la densité est 0.8 ? — Rép. 5 k. 120.

3. — Trouver le rayon d'un boulet en fonte pesant 10 kilogr., la densité de la fonte étant 7.20 ? — Rép. 0m069.

4. — Une pièce de chêne a 4m25 de long sur 0m45 d'équarrissage. La densité du chêne a étant 0 60 combien pèse cette pièce de bois? — Rép. 5.163 k. 750.

5. — 57 décimètres cubes de glace pèsent 53 kilogrammes 01. Quelle est la densité de la glace ? — Rép. 0.93.

COURS MOYEN.

I. — *Arithmétique*. — (*Règles d'intérêt.*)

1. — Une ferme achetée 25.000 francs est louée par an 1.125 francs. A quel taux se trouve placé le prix d'achat de cette ferme ? — Rép. 4 1/2.

2. — Une personne économise par an 500 francs. Dans combien d'années aura-t-elle 3 francs de rente par jour si elle place ses fonds à 5 0/0 et à intérêts simples seulement ? — Rép. 43 ans 9 mois 18 jours.

3. — En 360 jours un billet de 100 francs rapporte 5 francs d'intérêt. Combien rapporterait-il en 5 mois 30 jours? — Rép. 2 fr. 08.

4. — Quelle rente journalière donnerait un lot de 100,000 francs qu'on placerait à 5 0/0? Rép. 13 fr. 69 c.

5. — Un rentier touche par trimestre 275 francs pour l'intérêt d'un capital placé à 5 0/0. Quel est ce capital ? — Rép. 22.000 francs.

II. — *Système métrique. — (Mesure du temps.)*

1. — Un commis voyageur reçoit 3.000 francs par an. Combien gagne-t-il par mois, par semaine, par jour ? — Rép. 1° 250 francs ; 2° 57 fr. 69 c. ; 3° 8 fr. 21 c.

2. — Un ouvrier gagne 4 francs par jour de 10 heures. Combien lui doit-on pour 6 jours s'il a perdu une première fois 3/4 d'heure et une deuxième fois 1/2 heure ? — Rép. 23 fr. 50 c.

3. — Un enfant se couche à 8 h. 1/2 et se lève à 6 heures. Combien d'heures dort-il ? — Rép. 9 heures 1/2.

4. — La fête de saint Jean-Baptiste est le 24 juin. Quel jour sera-ce en 1875 ? — Rép. Un jeudi.

5.— Quel jour sera le 31 décembre 1875 ? — Rép. Un vendredi.

COURS ÉLÉMENTAIRE.

I. — *Arithmétique. — (Multiplication.)*

1. — Il y a dans une prairie 48 bœufs qui peuvent être évalués à 650 francs l'un. Calculer la valeur totale de ces bœufs ? — Rép. 31.000 francs.

2. — A raison de 40 personnes par wagon, combien un train composé de 25 wagons peut-il transporter de personne ? — Rép. 1.000.

3. — Quel est le prix de 8 douzaines de chaises à 4 francs la chaise ? — Rép. 384.

4. — Combien vaut un troupeau de 175 moutons évalués, en moyenne, à 30 francs l'un ? — Rép. 5.250 francs.

5. — Un garçon boucher reçoit 50 francs par semaine. Combien reçoit-il par an ? — Rép. 2.600 francs.

EXAMENS DU BREVET DE CAPACITÉ.

ACADÉMIE DE TOULOUSE.

Départements de la Haute-Garonne, de l'Ariége, de l'Aveyron, du Gers, du Lot, des Hautes-Pyrénées, du Tarn et de Tarn-et-Garonne.)

(1re session de 1875.)

ASPIRANTES AU BREVET DE SECOND ORDRE.

1° *Epreuve d'orthographe.*

De charmes dont il faut entourer l'étude.

Il faut toujours montrer aux enfants un but solide et agréable qui les soutienne dans le travail, et ne prétendre jamais les assujettir par une autorité sèche et absolue. Ne prenez jamais, sans une extrême nécessité, un air austère et impérieux. Vous ôteriez ainsi aux enfants la confiance sans laquelle il n'y a nul fruit à espérer de l'éducation. Faites-vous aimer d'eux ; qu'ils soient libres avec vous et qu'ils ne craignent pas de vous laisser voir leurs défauts. Pour y réussir, soyez indulgent à ceux qui ne se déguisent point devant vous. Ne paraissez ni étonné ni irrité de leurs mauvaises inclinations ; au contraire, compatissez à leurs faiblesses. Quelquefois il arrive, peut-être, qu'ils seront moins retenus par la crainte ; mais, à tout prendre, la confiance et la sincérité leur seront plus utiles.

Un enfant qui confond dans sa tête les idées qui se présentent à lui liées ensemble, hait l'étude et la vertu, parce qu'il est prévenu contre la personne qui lui en parle. Ne le reprenez jamais ni dans son premier mouvement ni dans le vôtre. Si vous le faites dans le vôtre, il s'aperçoit que vous agissez par humeur et non par raison : vous perdez sans ressource votre autorité. Si vous le reprenez dans son premier mouvement, il n'a pas l'esprit assez libre pour avouer sa faute et pour sentir l'importance de vos avis : c'est même l'exposer à perdre le respect qu'il vous doit.

Il faut considérer que les enfants ont la tête faible, que leur âge ne les a encore rendus sensibles qu'au plaisir, et qu'on leur demande souvent une exactitude et un sérieux dont ceux qui l'exigent seraient incapables.

(FÉNELON. *De l'éducation des Filles.*)

2° *Rédaction.*

Faire connaître sommairement Colbert et signaler les services qu'il a rendus à la France.

3° *Arithmétique.*

1° On place dans l'un des plateaux d'une balance un vase plein d'eau distillée. Pour faire équilibre, il faut mettre dans l'autre 75 pièces de 5 francs, 280 pièces de 2 francs et 378 pièces de 20 francs. On demande, en litres, la capacité du vase, sachant qu'il pèse 275 grammes.

Solution.

Le poids total des pièces faisant équilibre au vase est de

$$25^{gr} \times 75 + 10^{gr} \times 280 + 6^{gr}45 \times 378 =$$
$$= 7113 \text{ grammes.}$$

Le poids du vase étant de 275 grammes, il reste, pour le poids de l'eau distillée,

$$7113^{gr} - 275^{gr} = 6838 \text{ grammes.}$$

Or, comme le gramme est le poids d'un centimètre cube ou d'un millilitre d'eau, la capacité du vase est donc de 6838 millilitres ou $6^{lit}838$.

2° Quatre joueurs se sont associés : le premier a gagné 35 francs ; le second, le 1/9 du gain total ; le troisième, les 3/8 de ce gain et le quatrième, les 5/12 de ce même gain. — Combien chaque joueur a-t-il gagné ?

Solution.

Les trois derniers joueurs ont gagné ensemble

$$\frac{1}{9} + \frac{3}{8} + \frac{5}{12} \text{ ou les } \frac{65}{72} \text{ du gain total.}$$

Donc les $\frac{72}{72} - \frac{65}{72}$ ou les $\frac{7}{72}$ de ce gain sont représentés par les 35 francs qu'a gagnés le premier joueur.

Le gain total est donc alors:

$$\frac{35 \text{ fr.} \times 72}{7} = 360 \text{ francs.}$$

Et l'on a :

Pour le gain du 2e joueur $\frac{360 \text{ f.} \times 1}{9} = 40$ fr.

— 3e — $\frac{360 \text{ fr.} \times 3}{8} = 135$

— 4e — $\frac{360 \text{ fr.} \times 5}{12} = 150$

DICTÉES.

COURS SUPÉRIEUR.

I.

Le chant du ROSSIGNOL.

Ce *coryphée* du printemps se prépare-t-il à chanter l'hymne de la nature, il commence par un *prélude* timide, par des tons faibles, presque indécis, comme s'il voulait essayer son instrument et intéresser ceux qui l'écoutent; mais ensuite, prenant de l'assurance, il s'anime par degrés, il s'échauffe, et bientôt il déploie dans leur plénitude toutes les ressources de son incomparable organe: coups de gosier éclatants; *batteries* vives et légères; fusées de chant, où la netteté est égale à la *volubilité;* murmure intérieur et sourd qui n'est point appréciable à l'oreille, mais très-propre à augmenter l'éclat des tons appréciables; roulades précipitées, brillantes et rapides, articulées avec force et même avec une dureté de bon goût; accents plaintifs, cadencés avec mollesse; sons *filés* sans art, mais enflés avec âme, sons enchanteurs et pénétrants; vrais soupirs, qui semblent sortir du cœur et *font palpiter* tous les cœurs, qui *causent* à tout ce qui est sensible une émotion si douce, une langueur si touchante. BUFFON.

Questions et explications.

1. *Rossignol.* Petit oiseau à bec fin et à plumage grisâtre. Ses chants durent d'avril à juin; puis, la couvée achevée, il veille aux soins de ses petits et ne chante plus; il n'a plus qu'une espèce de cri rauque, et l'on ne reconnaît pas alors la plaintive et mélodieuse *Philomèle*. C'est le nom poétique du rossignol; *Progné* est celui de l'hirondelle. D'après la mythologie, Philomèle et Progné étaient filles de Pandion, roi d'Athènes. Térée, beau-frère de Philomèle, lui fit couper la langue pour l'empêcher de révéler ses crimes et la fit enfermer. Elle fut délivrée par Prognée, sa sœur, et les dieux changèrent celle-ci en hirondelle et Philomèle en rossignol. — 2. *Coryphée.* Chef du chœur; celui qui dirigeait les chœurs dans les pièces du théâtre grec. Chef des chœurs dans nos opéras. Au figuré, celui qui se distingue le plus, qui est au premier rang. — 3. *Prélude. Préluder*, de *præ*, d'avance, et *ludere*, jouer. S'essayer avant de chanter. — 4. *Batteries.* Terme de musique. Suite d'accords à notes détachées et frappées. Autres sens de ce mot? Querelle de gens qui se battent; ensemble de pièces d'artillerie; compagnie d'artillerie composée de six canons et de leurs hommes et commandée par un capitaine; manière de battre le tambour. *Batterie de cuisine*, qu'est-ce? *Batterie électrique*, réunion de plusieurs bouteilles de Leyde pour produire une plus forte électricité. *Dresser ses batteries*, prendre ses mesures.

5. *Volubilité.* Rapidité de langage. Ce mot vient de *volvere*, tourner. *Volubilis*, plante à fleurs en clochettes. *Volubilité*, facilité de se mouvoir ou d'être mû en rond. *Volubilité de la langue*, facilité de la langue de se mouvoir de çà et de là. *Volubilité*, habitude de parler trop et trop vite. — 6. *Sons filés*, soutenus d'une manière égale. — 7. *Font palpiter*, émeuvent au point que le cœur ait des *palpitations*, *batte* ou semble *battre* plus qu'à l'ordinaire. De *palpitare*, fréquentatif de *palpare*, palper.

8. Qui *causent*, qui sont cause, qui occasionnent. Que signifie *causer avec quelqu'un?* S'entretenir. — 9. De quoi est-il question dans cette dictée? Quel nom figuré l'auteur donne-t-il au rossignol? Comment cet oiseau essaye-t-il son instrument? Que dit-on de son organe? Analysez ce chant du rossignol : coups de gosier?... batteries?... fusées de chant?... murmure?... roulades?... accents?... sons?... vrais soupirs?... Redites cette énumération? Comment trouvez-vous le style de ce morceau? Riche, n'est-ce pas? brillant, imagé. Voulez-vous savoir le nom de l'auteur? *Buffon*, célèbre naturaliste français, mort en 1788. — 10. Qui veut maintenant reproduire cette dictée par cœur?

II.

La Paix.

La paix, c'est l'ordre parfait, et le trouble, les discussions, la guerre, ne sont entrés dans le monde que par la violation de l'ordre ou par le péché; ainsi, point de paix où *règne* le péché; point de *paix* dans l'homme dont les *pensées*, les affections, les volontés ne sont pas en tout conformes à l'ordre ou à la vérité et à la volonté de Dieu; point de paix dans la société dont les doctrines et les lois s'écartent de la loi et des doctrines de Dieu; et quiconque, homme ou peuple, brise cette loi, nie ces doctrines, ne fût-ce qu'en un seul point, cet homme, ce peuple rebelle à Dieu, subit à l'instant le châtiment de son crime. Un malaise inconnu s'empare de lui: je ne sais quelle force désordonnée le pousse et le repousse en tous sens, et nulle part il ne trouve de repos: comme Caïn, après son meurtre, il a peur. Non, la paix n'est, en effet, que pour les enfants de Dieu : ils la goûtent en eux-mêmes et la répandent sur les autres; elle coule, pour ainsi dire, de leur cœur, comme ces fleuves qui arrosaient l'heureux séjour de notre premier père au temps de son innocence. LAMENNAIS.

COURS MOYEN.

I.

Nos amis les animaux.

Nul ne sait, à moins d'avoir été bouvier, pasteur, soldat, chasseur ou solitaire comme moi, combien il y a d'amitié entre les animaux et leur maître. Ce monde est un océan de *sympathies* dont nous ne buvons qu'une goutte, quand nous pourrions en absorber des torrents. Depuis le cheval et le chien jusqu'à l'oiseau, et depuis l'oiseau jusqu'à l'insecte, nous *négligeons* des *milliers* d'amis. Vous savez que moi je ne néglige pas ces amitiés, et que de la loge du dogue de basse-cour à l'étable du *chevrier*, et de l'étable au mur du jardin où *je m'assieds* au soleil, *connu* des souris d'*espalier*, des *belettes* au museau flaireur, des *rainettes* à la voix d'argent, ces clochettes du troupeau souterrain, et des lézards, ces *curieux aux fenêtres*, qui sortent la tête de toutes les fentes, j'ai des relations et des sentiments partout. *Honni soit qui mal y pense!* Je suis comme le *vicaire de Goldsmith*, j'aime à aimer!

(Lamartine.)

Questions et explications.

1. *Sympathies*, rapports affectueux. De *sun*, avec; *pathos*, passion, affection. Opposé : *antipathie*. Rapprocher *synchronisme* (rapport de choses qui se font dans le *même temps*) et *anachronisme*, faute contre la chronologie. — 2. *Négligeons*. Pourquoi un *e* devant l'*o*? Rappelez la règle? Epelez *négligence*, *négligent*, *négligente?* Comment s'écrit le participe présent du verbe *négliger?* — 3. *Milliers*. Est-ce un adjectif ou un nom? Et *million*, milliard? Pourquoi ces mots peuvent-ils prendre la marque du pluriel? Quand *mille* prend-il un *s?*

4. *Chevrier*, qui conduit les chèvres au pâturage. — 5. Je *m'assieds*. Conjuguez ce verbe au présent de l'indicatif : je *m'assieds*, tu *t'assieds*, il *s'assied*, nous *nous asseyons*, vous *vous asseyez*, ils *s'asseyent* (épelez ces mots). Imparfait : je *m'asseyais*... nous *nous asseyions* (épelez). Passé défini : je *m'assis*... nous *nous assîmes*. Futur : je *m'assiérai* ou je *m'asseyerai*... Imparfait du subjonctif : *que je m'assisse*... *qu'il s'assît*. — 5. *Connu*. A quel nom se rapporte ce mot? — 6. *Espalier*, rangée d'arbres fruitiers dont les branches sont étendues et fixées contre un mur ou un treillage.

7. *Belettes*. Comment La Fontaine, dans une de ses fables, appelle-t-il une belette? (La dame au nez pointu.) — *Rainettes* (de *rana*, grenouille). Genre de grenouilles dont les doigts sont terminés par de petites pelottes ou disques élargis à l'aide desquels ces animaux se fixent sur les arbres ou sur les corps verticaux. Sa voix forte, qui a quelque analogie avec celle du canard, se fait entendre de très-loin.

9. *Ces curieux aux fenêtres*. Rapprochement très-pittoresque. — 10. *Honni soit qui mal y pense*. C'est la devise de l'ordre anglais de la Jarretière. *Honni* (prononcez comme s'il n'y avait qu'un seul *n*), participe passé de *honnir*, faire honte, blâmer. — 11. *Le vicaire de Goldsmith*. Goldsmith (1728-1774) est un historien et romancier irlandais, auteur du *vicaire de Wakefield*, roman très-intéressant et qui eut un grand succès.

II.

La Fleur.

La fleur donne le miel : elle est la fille du matin, le charme du printemps, la source des parfums, la grâce des vierges, l'amour des poëtes. Elle passe vite comme l'homme, mais elle rend doucement ses feuilles à la terre. Chez les anciens, elle couronnait la coupe du banquet et les cheveux blancs du sage; les premiers chrétiens en couvraient les martyrs et l'autel des catacombes : aujourd'hui, et en mémoire de ces antiques jours, nous la mettons dans nos temples. Dans le monde nous attribuons nos affections à ses couleurs : l'espérance à sa verdure, l'innocence à sa blancheur, la pudeur à ses teintes de rose; il y a des nations entières où elle est l'interprète des sentiments : livre charmant, qui ne renferme aucune erreur dangereuse et ne garde que l'histoire fugitive des révolutions du cœur.

(Chateaubriand.)

COURS ÉLÉMENTAIRE.

I.

La Grande Fée du bon Dieu.

Ces puissantes marraines pour qui *c'était* un jeu de changer des *souris* en *chevaux*, des lézards en *laquais*, de laides *nippes* en habits somptueux, ces *gracieuses* fées qui vous émerveillent de leurs *fabuleux* prodiges, que sont-elles, mes chers enfants, en comparaison de la réalité, la grande fée du bon Dieu, qui, d'un *ver* impur, objet de dégoût, sait faire une ravissante créature? Elle touche de sa *divine* baguette une misérable chenille *velue*, un ver abject qui bave dans le bois pourri, et le miracle est fait : la *dégoûtante larve* est devenue un *scarabée* tout reluisant d'or, un papillon dont les ailes d'*azur* auraient fait *pâlir* la toilette princière de Cendrillon.

Fabre (*Le livre d'histoires.*)

Questions et explications.

Fée. Être imaginaire à qui l'on attribuait le don don de connaître l'avenir et de faire des prodiges. — *Ces*. Pourquoi par un *c*? Analysez cet adjectif. — *Puissantes*. Comment s'accorde l'adjectif? — *C'était*. Pourquoi un *c*? *Cela* était. — *Souris*. Au singulier, faut-il une *s*? Rappelez la règle? — *Chevaux*. Quel est le singulier? La règle? Ne connaissez-vous pas quelques exceptions à cette règle du pluriel des noms en *al*?

Laquais. Comment s'écrit le singulier? — Des *nippes*. Des vêtements. Etre bien *nippé*, mal *nippé*. — *Gracieuses*. Pas d'accent. Et sur *grâce?* — *Fabuleux prodiges*. Merveilles incroyables, qui tiennent de la fable. — *Ver*. Homonymes : *verre* de cristal; oiseau *vert*; *vers* les rives de France; apprendre des *vers*.

Impur. Quel est l'opposé? Et de *pureté?* — *Dégoût*. Avoir du *dégoût*. Trouver le contraire? — *Divine*. Qui tient de la *divinité*, de *Dieu*. — *Velue*. Couverte de petits poils. — *Abject*. Ignoble. *Jeté* à bas, dans la fange.

Dégoûtante. Un *t*. Les feuilles *dégouttantes*, deux *t*. — *Larve*. Première forme de l'insecte. La chenille, est la *larve* du papillon. — Un *scarabée*. Insecte dont les ailes sont recouvertes d'un étui corné. Exemple : le hanneton. — D'*azur*, bleues. — *Auraient fait pâlir*. Auraient affaibli, rendu moins belle comparativement.

II.

L'Enfant qui sait pardonner.

André a un bon cœur; il est patient; il ne se met

jamais en colère. Un jour, son frère Léon, en jouant, lui fit tomber un pot de fleurs sur la tête et lui fit grand mal. Léon avait agi étourdiment : il méritait d'être grondé ; mais André cacha l'étourderie de son frère.

Un autre jour, sa sœur Claire lui fit la grimace, prit tous ses joujoux et les jeta au feu. Claire avait agi méchamment : elle méritait d'être punie. André regrettait sa toupie, sa balle et son polichinelle ; cependant il ne frappa point sa sœur et ne se plaignit pas à son père. Il pardonna à Claire, disant : « Claire, Dieu défend de se venger ; je lui obéis, et je te pardonne. »

(VALADE-GABEL.)

EXERCICES DE STYLE.

I.

COURS SUPÉRIEUR.

Jeu intellectuel sur le mot DIEU.

(Voir le numéro précédent (1) : Exercice de style pour le cours élémentaire.)

Voyons, mes enfants, nous allons, nous aussi, comme vos petits condisciples du cours élémentaire, chercher à composer des phrases sur un mot donné. Mais, comme vous êtes plus grands, plus instruits, nos phrases se rapporteront à des idées d'un ordre plus élevé.

Rappelez donc vos souvenirs, citez, si vous le voulez, les fragments des morceaux de poésie que vous avez appris ; et nous expliquerons le sens de toutes ces phrases.

Prenons le mot *Dieu*, le plus grand de tous, celui en qui se résument toutes nos affections et tous nos devoirs. Nous allons chercher vingt phrases contenant le mot Dieu.

1. *Dieu* est un pur esprit, immuable, infini, éternel, qui voit tout, qui peut tout, qui a créé tout et qui gouverne tout. — 2. C'est *Dieu* qui nous fait vivre, c'est *Dieu* qu'il faut aimer. — 3. L'homme s'agite et *Dieu* le mène. — 4. La parole qui nie *Dieu* brûle les lèvres par lesquelles elle passe. — 5. Une conscience sans *Dieu*, c'est un tribunal sans juge. — 6. Je crains *Dieu*, cher Abner, et n'ai point d'autre crainte. — 7. Le *Dieu* des chrétiens est un *Dieu* d'amour et de consolation. — 8. Si la vie et la mort de Socrate sont d'un sage, la vie et la mort de Jésus sont d'un *Dieu*. — 9. Tout annonce d'un *Dieu* l'éternelle existence. — 10. Oui, c'est un *Dieu* caché que le *Dieu* qu'il faut croire. — 11. *Dieu* laissa-t-il jamais ses enfants au besoin ? — 12. Ame de l'univers, *Dieu*, père, créateur, sous tous ces noms divers, je crois en toi, Seigneur. — 13. Tout était *Dieu*, excepté *Dieu* lui-même. — 14. Donnez, pour être aimés du *Dieu* qui se fit homme. — 15. La voix du peuple est la voix de *Dieu*. — 16. Qui donne aux pauvres prête à *Dieu*. — 17. L'homme propose et *Dieu* dispose. — 18. Chacun pour soi, *Dieu* pour tous. — 19. A brebis tondue *Dieu* mesure le vent. — 20. Les cieux racontent la gloire de *Dieu*.

(1) N° 22, du 30 mai.

II.

COURS SUPÉRIEUR ET COURS MOYEN.

La Fenaison.

(Entretien préliminaire.)

Qu'entend-on par la fenaison ? Quelles opérations comprend-elle ? Fauchage, fanage, emmeulage ; bottelage, engrangement. A quelle époque doit-on faucher les prairies ? Si c'était avant qu'elles fussent en fleurs, le fourrage aurait-il tout son arome ? Plus tard, les tiges ne seraient-elles pas trop dures ? Quel temps faut-il pour ce travail ? N'est-ce pas le matin, à la rosée, qu'il est bon de faucher ? De quel instrument se sert-on ? Que fait-on aux faux pour qu'elles coupent bien ? Avec quoi les aiguise-t-on ? Comment s'appellent les lignes de plantes coupées par le faucheur ? Que fait-on des *andains ?* Avec quoi fane-t-on ? Laisse-t-on le foin étendu la nuit ? On le met en... *veillottes.* Pourquoi ? Et comment ? N'y a-t-il pas des râteaux mécaniques ? Que fait-on le lendemain ? Ne retourne-t-on pas le foin ? Pourquoi ? N'a-t-on pas aussi des faneuses mécaniques ? L'herbe séchée, qu'en fait-on ? Pourquoi met-on le foin en meules, meulons ou tas ? En grandes meules ne peut-on pas conserver un an ou deux le foin ? Quand le temps est beau, combien de jours durent toutes ces opérations ? Ne peut-on pas botteler le foin sur place ? Quest-ce que le *regain ?* A quelle époque le récolte-t-on ? Ne peut-on pas comprimer le foin ? Dans quel but ? Usages du foin, du regain ?

Canevas. — Fenaison. Opérations. Fauchage ; moment, outil. Andains. Fanage : outils. Nuit et lendemain. Veillottes. Meules. Bottelage. Regain. Foin comprimé. Usages.

Développement.

La fenaison est l'ensemble des travaux qui ont pour but de convertir en foin les herbes des prairies. Elle comprend le fauchage, le fanage, l'emmeulage, le bottelage et l'engrangement.

Le fauchage doit avoir lieu au moment de la floraison : plus tôt, il y aurait perte sur la quantité et même sur la qualité, les plantes n'ayant pas acquis tout leur développement et tout leur arome ; plus tard, les tiges seraient trop dures et moins nutritives. La fenaison ne se fait bien que par le beau temps. Il est bon de faucher de grand matin, quand l'herbe est humectée par la rosée. Le fauchage des prairies se fait le plus souvent avec la faux. Il est nécessaire d'aiguiser souvent cette faux pendant le travail. L'ouvrier porte sur lui une pierre de grès pour cet usage. Dans les grandes exploitations on coupe le foin avec des machines d'invention récente appelées *faucheuses.* Les rangs d'herbe coupée que le faucheur jette à terre à chaque coup de faux sont des *andains.* On les fane sur le pré avec des fourches, des râteaux ou des machines appelées *faneuses.* Ce foin est retourné au milieu du jour et, le soir, mis en petits tas, en *veillottes,* pour être préservé de l'humidité de la nuit. Le lendemain, le même travail recommence. Le troisième jour ordinairement on met le foin en meules, dans lesquelles il achève de jeter son eau et son feu.

On conserve le foin en meules ou dans le fenil, botteló ou non botteló. Les meules sont temporaires ou permanentes. Les premières se font sur la prairie. Elles sont enlevées au bout de quelques semaines. Les secondes sont faites avec plus de soin et durent une ou plusieurs années. Le foin botteló se conserve bien et permet une distribution plus régulière au bétail.

Le regain est le foin de seconde ou de troisième coupe. Le foin peut être comprimé, par des presses hydrauliques, au point d'occuper un espace sept fois moindre. Le transport en devient plus économique et plus facile, et la qualité même y gagne. Le foin sert à la nourriture des chevaux, des vaches et des moutons. Le regain, en outre, est utilisé pour les emballages.

III.

COURS ÉLÉMENTAIRE ET COURS MOYEN.

La Poule.

Causerie

La poule est un oiseau... *sauvage* ou *domestique?* En latin elle s'appelle *gallina* et le coq *gallus*, d'où le nom de *gallinacés* donné aux oiseaux qui ressemblent au coq et à la poule. En connaissez-vous? Oui, les pintades, les faisans, les paons, les pigeons, les tourterelles, les cailles même, tous ces oiseaux sont de la famille, de l'*ordre* des... *gallinacés.* — Qu'est-ce que les poules, les coqs ont sur la tête, une?... *crête.* Et aux pattes, des?... *ergots.* Les petits de la poule — tout petits, sans plumes encore, rien que du duvet — s'appellent des?... *poussins.* Plus gros, avec des plumes par tout le corps, ce sont des?... *poulets.* Et une poule grasse, c'est une?... *poularde.* Et un *chapon?*... c'est un coq engraissé. Quelle est l'utilité de ces oiseaux? Nous mangeons leurs... *œufs*, leur... *chair;* et que fait-on de leurs *plumes?* — Le *dindon* est-il plus gros ou moins gros que la poule? *Plus gros*, mais la poule est plus facile à élever et elle produit un plus grand nombre d'œufs. Au *canard* et à l'*oie*, que faut-il pour vivre? De l'eau, une mare. La poule vit partout où vit l'homme. Le *faisan* vit dans les bois, en liberté complète ou en cage, comme un esclave. La poule va, vient, autour de la maison. Le soir elle retrouve son *poulailler*, et au premier appel, dans la journée, elle accourt. Que mange-t-elle? Des grains, des fruits, des légumes, des racines, des débris de toute sorte, des mouches, des vers de terre. L'animal qui vit de chair est un animal?... *carnivore.* Celui qui vit d'herbe est un...? *herbivore.* De fruits, un...? *frugivore.* D'insectes, un?... *insectivore.* Et de tout, fruits, herbe, chair, est un?... *omnivore.* (Que veut dire *omnibus?* Pour *tous*, voiture pour *tous.*) — Sans la poule, que deviendrait le grain dispersé dans la basse-cour? Et les mauvaises graines dans le fumier? La poule les détruit et les utilise.

Faut-il surveiller la poule quand elle commence à pondre? Où pond-elle? Que fait-elle aussitôt qu'elle a pondu? Le chant de la poule est-il beau? Quand elle est devenue mère, par quels petits cris appelle-t-elle ses poussins, par des?... *gloussements.* Elle... *glousse.* Le dindon, lui, *glougloute*, il fait des... *glouglous.* Ces mots, vous le voyez, *imitent* le cri lui-même. Comment est le chant du *coq?* Ce chant est... *éclatant, sonore.* Quand le coq commence-t-il à chanter? Qu'est-ce qu'on peut dire du coq? Qu'il est?... *fier, orgueilleux, superbe, impérieux, hardi, audacieux.* Il aime la guerre, il est?... *belliqueux, martial, batailleur, intrépide.* Il est réveillé de bon matin, il est?... *matinal, vigilant.*

Et la poule, de sa nature, elle est?... *timide* et *craintive.* Mais quand elle a des petits, elle devient?... *courageuse* jusqu'à la?... *témérité.* Dites comment elle se dévoue pour ses poussins? De qui est-elle l'emblème! N'étiez-vous pas aussi, vous, de petits poussins, tout nus et sans force? et la conséquence pour un bon fils?... — Savez-vous combien d'œufs une poule peut pondre par an? 150 à 200. Savez-vous combien nous vendons d'œufs tous les ans à l'Angleterre? Près de deux cents millions. Paris, à lui seul, en consomme annuellement plus de cent millions.

La poule *couve.* Comment s'appelle cette action? L'*incubation.* Combien dure-t-elle? *Vingt* jours.

Il y a un mot qu'on prête au roi de France, Henri IV, à propos de la *poule*... la *poule au pot.* Dites-nous cela, un des grands? Dans La Fontaine, il est aussi question d'une *poule aux œufs d'or.* Qui nous dira cette fable?

Expliquez ces mots : *avoir la chair de poule.* C'est *une poule mouillée*, un *cœur de poule.* Voulez-vous être des *poules mouillées*, avoir des *cœurs de poule?* Non, à la bonne heure; du courage pour être un jour des *hommes* énergiques, au cœur ferme et droit.

Résumons-nous maintenant, et donnez-moi la signification, l'explication de chacun des mots que je vais vous dire.

Canevas. — La poule. Gallinacés. Crête. Ergots. Poussins. Poulets. Poularde. Chapons. Utilité de la poule : œufs, chair, plumes. Le dindon. L'oie et le canard. Le faisan. Poulailler. Carnivores, herbivores, frugivores, insectivores, omnivores? Gloussements. Le chant du coq. Caractère du coq. Caractère de la poule. La poule mère. L'incubation. La poule au pot. La poule aux œufs d'or. Avoir la chair de poule. Une poule mouillée, un cœur de poule.

Récitation.

La Poule aux œufs d'or.

L'avarice perd tout en voulant tout gagner.
Je ne veux, pour le témoigner,
Que celui dont la poule, à ce que dit la fable,
Pondait tous les jours un œuf d'or.
Il crut que dans son corps elle avait un trésor;
Il la tua, l'ouvrit, et la trouva semblable
A celles dont les œufs ne lui rapportaient rien,
S'étant lui-même ôté le plus beau de son bien.

(LA FONTAINE.)

ARITHMÉTIQUE ET SYSTÈME MÉTRIQUE

PROBLÈMES GRADUÉS POUR LES COMPOSITIONS.

COURS SUPÉRIEUR.

Concours et examens.

1. — Un marchand qui a vendu pour 11.780 fr. 19 c. de drap acheté 35 fr. 25 c. le mètre se trouve avoir gagné 15 pour 100 sur le prix d'achat. Combien a-t-il acheté de mètres? — Rép. 290m59.

(*Certificats d'études.* Paris, 1873.)

2. — Un caissier a donné en deux fois les 2/5 et les 3/8 de son argent. Combien avait-il dans sa caisse, sachant qu'il lui reste 63 francs ? — Rép. 280 francs.

(*Ecole normale d'Aix* 1874. *Examen d'admission.*)

3. — Une salle a une capacité de 450 mètres cubes. Calculer le poids de l'oxygène qui entre dans la composition de l'air qu'elle renferme, sachant que l'air contient 23 pour 100 de son poids d'oxygène et pèse 773 fois moins que l'eau ? — Rép. 133 k. 893.

(*Concours cantonal de l'Aisne.*)

I.— Arithmétique. (Escompte. Echéance moyenne.)

1. — Un billet de 1.698 fr. 60 c. est payable dans 14 mois. Combien le banquier remettra-t-il au porteur, en échange du billet, l'escompte étant à 6 pour 100 ? — Rép. 1579 fr. 70.
2. — A quel taux d'intérêt un billet de 6.400 francs, payable dans 20 jours, subira-t-il un escompte de 19 fr. 20 c. ? — Rép. A 5,40.
3. — Quel est le montant d'un billet, payable dans 2 mois 1/2, escompté à 6 p. 0/0 et pour lequel on reçoit 11.850 francs? — Rép. 12.000 francs.
4. — A quelle époque est payable un billet de 1.240 francs, qui, à 5 p. 0/0, a subi un escompte de 16 fr. 36 c.? — Rép. A 95 jours.
5. — Un débiteur voudrait remplacer par un seul billet trois autres billets, le 1er de 1.250 francs à 6 mois d'échéance; le 2e de 1.500 francs à 7 mois, le 3e de 2.000 fr. à 10 mois. A quelle échéance doit-il faire ce billet pour que sa valeur soit la somme des trois autres ? — Rép. A 8 mois.

II. — *Système métrique.— (Nombres complexes.)*

1. — Quel angle font les deux aiguilles d'une horloge 1° à 1 heure, 2° à 3 heures, 3° à 5 heures, 4° à 2 heures moins 12 minutes? — Rép. 1° : 30°; 2° : 90°; 3° : 150°; 4° : 126°.
2. — Le complément d'un angle est le nombre de degrés, minutes, secondes qui manque à cet angle pour valoir un angle droit au 90°. Calculer le complément d'un angle de 23° 27' 25" ? — Rép. 66° 32' 35".
3. — Deux angles supplémentaires valent deux angles droits. Quel est le supplément d'un angle de 23° 27' 25" ? — Rép. 156° 32' 35".
4. — La somme des angles d'un triangle vaut deux angles droits. Soit un triangle rectangle dont un des angles aigus a 65°. Quelle est la valeur du second angle ? — Rép. 25°.
5. — Le mille marin vaut une minute ou la 60e partie d'un degré. Combien de mètres vaut-il ? — Rép. 1 852 mètres.

COURS MOYEN.

I. — *Arithmétique. — (Règles d'escompte.)*

1. — En payant comptant on vous fait une remise de 4 p. 0/0 sur une facture de 312 fr. 60 c. Combien devez-vous payer ? — Rép. 300 fr. 10 c.
2. — Un boulanger s'est engagé à fournir de pain un hospice avec un rabais de 6 1/2 p. 0/0 sur le prix de 0 fr. 30 c. le kilog. Sa fourniture d'un trimestre a été de 1.350 kilogrammes. Combien lui doit-on ? — Rép. 378 fr. 68 c.
3. — Un libraire achète 13 douzaines d'ouvrages à 1 fr. 50 c. l'un avec une remise de 20 0/0 et le 13e pour rien. Combien doit-il ? — Rép. 172 fr. 80 c,
4. Combien vaut un billet de 500 francs payable à 90 jours, l'escompte étant à 6 p. 0/0 ? — Rép. 492 fr. 50 c.
5. — L'Etat retient 5 p. 0/0 sur le traitement de ses fonctionnaires. A combien se réduit un traitement annuel de 2.400 fr. ? — Rép. 2.280 francs.

II. — *Système métrique.— (Mesure des surfaces.)*

1. — Un jardin carré de 145 mètres de côté a été acheté 12.615 francs. A combien revient l'hectare ? — Rép. A 6.000 francs.
2. — Quelle est la surface du plafond d'une école dont la longueur est de 12 mètres 75 et la largeur 9 mètres 40 ? — Rép. 119 m. 85.
3. — Quelle est la surface d'un triangle ayant 428 mètres 75 de base et 124 mètres de hauteur ? — Rép. 26 ares 58 cent. 25.
4. — Un parallélogramme a 48 mètres 50 de longueur et 25 mètres de hauteur. On le partage en deux triangles égaux. Quelle est la surface de chacun de ces triangles ? — Rép. 606m25.
5. — Quelle largeur faut-il prendre sur un terrain de 125 mètres de longueur pour avoir une contenance de 6 ares ? — Rép. 4m80.

COURS ÉLÉMENTAIRE.

I.— *Arithmétique.— (Multiplication et révision.)*

1.— Quel est le prix de 3.548 chevaux à 1.500 francs l'un? — Rép. 5.322.000 francs.
2. — Une hirondelle détruit au moins 500 insectes par jour. Combien 25 peuvent-elles en détruire en 7 mois dont 3 de 30 jours et 4 de 31 jours? — Rép. 2.675.000.
3. — Un chapelier a acheté 5 douzaines de casquettes à 3 francs l'une, 2 douzaines de chapeaux à 14 francs l'un et 3 douzaines à 10 francs l'un. On lui fait une remise de 85 francs. Combien doit-il ? — Rép. 791 francs.
4. — Un aubergiste a 6 pensionnaires qui lui paient 90 francs par mois. Combien reçoit-il par an ? Rép. 6.480 francs.
5. — Un ouvrier gagne par semaine 42 francs.

Il dépense par mois 150 francs. Quelle est son économie annuelle? — Rép. 384 francs.

II. — *Système métrique.* — (*Monnaies.*)

1. — Un receveur a dans sa caisse 1 billet de 1000 francs, 1 de 500, 2 de 200, 4 de 100, 3 de 50, 5 de 25, 2 de 20 et 485 francs de monnaie. Quel est son avoir? — Rép. 3.100.

2. — Quel est le poids de 3.485 pièces de 2 francs? — Rép. 34.850 grammes.

3. — On paie une dette de 1.265 francs avec 64 pièces de 20 francs. Combien faut-il rendre? — Rép. 15 francs.

4. — Combien faut-il de pièces de 20 centimes pour faire 100 francs? — Rép. 500 francs.

5. — Combien 18 sous font-ils de centimes? — Rép. 90 centimes.

EXAMENS DU BREVET DE CAPACITÉ.

BREVET COMPLET. — LANGUES VIVANTES.

Plusieurs de nos lecteurs nous ayant manifesté le désir de voir paraître de temps en temps, dans les colonnes de notre journal, le texte des épreuves données dans les examens aux aspirants de la 4e série du brevet complet, nous donnons aujourd'hui les versions et les thèmes (anglais et allemand) qui ont été proposés aux candidats de l'académie de Lyon.

Les textes des autres épreuves pour les divers examens de cette académie, ont paru dans les numéros 15, 16 et 17 des 11, 18 et 25 avril dernier.

VERSION ALLEMANDE.

Der hungrige Rabe.

Ein hungriger Rabe fand ein Aas auf dem Felde und freudete sich dessen sehr. Er hüpfte vor Freude hin und her, schlug seine Flügel zusammen und sang mit rauher Stimme so laut, dass der Adler in der Luft sein Geschrei hörte. « Wass mag dieses « bedeuten? dachte der Alder; es ist kein Geschrei « gegen einander derer, die obliegen, oder derer, « die unterliegen. » Er liess sich herab, verscheuchte den Raben und trug das Gewild davon. — Nun schreiet der Rabe nicht mehr, wenn er einen Frass findet.

THÈME.

Le vieux soldat à son manteau.

Voici trente ans que tu me sers; tu as survécu à mainte tempête, à maint combat; et quand s'allumait l'éclair des canons, nul de nous jamais ne trembla. Nous avons passé ensemble bien des nuits, transpercés jusqu'aux os; c'est toi seul qui me réchauffais, et ce que mon cœur éprouvait d'affection, c'est à toi, cher manteau, que je le confiais. Nous demeurerons donc étendus tous deux dans la tombe jusqu'au dernier appel.

THÈME ANGLAIS.

Le Travail.

Ne me dites point que je travaille trop. L'esprit plié depuis longtemps aux belles-lettres s'y livre sans peine et sans efforts, comme on parle facilement une langue qu'on a longtemps apprise, et comme la main du musicien se promène sans fatigue sur le piano. Il faut donner à son âme toutes les formes possibles. C'est un feu que Dieu nous a confié; nous devons le nourrir de ce que nous trouvons de plus précieux.

Version.

I have always regarded the spirit of mercy which appears in the Chinese laws with admiration. An order for the execution of a crimiual is carried from court by slow journeys of six miles a day, but a pardon is sent down with the most rapid dispatch. If five sons of the same father be guilty of the same offence, one of them is forgiven, in order to continue the family; and comfort, his aged parents in theer decline.

Similar to this, there is a spirit of mercy breathes through the laws of England, which some erroneously endeavour to repress: the laws, however, seem unwilling to punish the offender, or to furnish the officers of justice with every means of acting with severity. This is the glory of an Englishman that he is not only governed by laws, but that these are also tempered by mercy.

Nous publierons la traduction des versions ainsi que le modèle des thèmes dans un de nos prochains numéros.

DICTÉES.

COURS SUPÉRIEUR.

I.

Les Germes et la Moisson.

Souvent, par une tiède journée d'avril, je me promène dans la campagne, et je regarde ces champs où le cultivateur n'a rien encore à récolter, mais où le blé déjà vert et de belle venue lui promet une abondante moisson, ces arbres couverts de fleurs, prélude heureux des fruits d'été ou d'automne, ces vignes qui montrent déjà leurs bourgeons d'où sortira la vendange, en un mot cette magnifique nature où s'opère un travail qui doit produire tant de richesses. Quel malheur, me dis-je à moi-même, si quelque fléau venait s'abattre sur ces riantes plantes, si la gelée, la grêle, ou un soleil trop ardent venaient dessécher sur leurs tiges ces plantes si délicates encore! Ce qui pousse là, c'est bien peu de chose à présent, un peu d'herbe, un germe presque imperceptible; quoi de plus chétif en apparence?

Mais c'est le fruit de pénibles travaux ; c'est tout l'espoir du travailleur ; c'est la moisson, c'est la récolte, c'est la fortune d'une famille, du village, du pays tout entier.

L'enfant ressemble à ces jeunes pousses d'avril. Quel malheur si le vice venait à flétrir dans leur germe les qualités que Dieu à mises en son âme pour faire la prospérité et l'honneur du pays !

(*Certificat d'études*. Loiret, 1875.)

II.

Des mauvais traitements qu'on fait subir aux animaux.

Il y a des gens qui passent leur vie à malmener les animaux, sans s'imaginer le moins du monde qu'ils commettent ainsi journellement de très-mauvaises actions. A leurs yeux, la peau du cheval a été créée pour le fouet, le cuir du bœuf pour l'aiguillon, le mouton pour exercer la dent du chien, et celui-ci, à son tour, pour essuyer la mauvaise humeur du maître et lui lécher la main après cela. Chez ces gens-là, un côté de l'intelligence ne fonctionne pas, un côté du sens moral est engourdi. Ils ne voient pas, dans la bête, l'être qui sent, souffre ou se réjouit à l'occasion ; l'être qui se souvient d'une caresse et se révolte sous une brutalité ; l'être qui sait aimer et haïr selon qu'on se conduit bien ou mal à son égard.

La plupart de nos conducteurs de chevaux agissent sans discernement, frappent sans mesure des bêtes chargés à l'excès et les frappent même sans nécessité, par désœuvrement, par distraction, pour s'exercer la main. C'est triste et odieux tout à la fois. La raison n'y pouvant rien, la loi est intervenue, en France, et nous nous en félicitons ; mais nous nous féliciterions bien autrement si l'homme arrivait à comprendre ses devoirs, et si, pour l'honneur de notre espèce, la conscience de nos actes rendait cette loi inutile.

La mission que s'est imposée la Société protectrice des animaux n'a pas d'autre but ; seulement, elle s'adresse plus aux gens convertis qu'aux gens à convertir. Il faut que ses principes, excellents d'ailleurs, pénètrent parmi les enfants et fassent partie essentielle de l'éducation.

(*Certificat d'études*. Ardennes, 1875.)

COURS MOYEN.

I.

Travaux agricoles du mois de juin.

Les *semailles* sont terminées ; on continue le labour des jachères ; puis viennent ceux des champs destinés à recevoir le colza d'hiver. Les *sarclages* seront faits vigoureusement, on *binera* les pommes de terre, les betteraves, les maïs, les haricots. On sème quelques récoltes spéciales : les *cardères* pour l'année suivante, le sarrasin, la *navette*, les navets, le trèfle, la luzerne. La principale occupation du mois de juin, c'est le commencement des récoltes ; d'abord ce sont les fourrages en vert, trèfle, luzerne, chicorée, gesse, vesce ; enfin, vers la fin du mois, la *fenaison*. Les colzas, les navettes d'hiver se coupent aussi au mois de juin. La *tonte* des moutons est encore une opération importante de ce mois. On donne une *façon* aux vignes ; on lie les ceps et on continue à *ébourgeonner* ; on renouvelle le soufrage. Dans les pays de production de la soie on taille les *mûriers*.

Questions et explications.

1. *Les semailles*, action de semer les grains. Se dit des grains eux-mêmes : Les oiseaux ont mangé les semailles. Se dit aussi du temps où l'on ensemence les terres : Nous sommes aux semailles du printemps. — 2. *Les sarclages* ont pour but de détruire les mauvaises herbes et d'ameublir le sol. — 3. *On binera*. *Biner*, c'est donner un second labour aux terres, aux vignes ; c'est aussi, dans une plantation de légumes, briser la superficie du terrain pour l'empêcher de durcir et pour détruire les mauvaises herbes qui commencent à pousser. Autre acception de ce mot : *Biner*, verbe neutre, signifie dire deux messes le même jour dans deux églises différentes. *Binage* est le substantif commun aux deux verbes. Etymologie : *Biner* vient de *binare*, *binus*, double, de *bis*, deux. — Que veut dire *bisser* un couplet, un vers ?

4. *Les cardères* ou *cardaires*. Ce sont des plantes bisannuelles, à tige couverte d'aiguillons. Une des espèces de ce genre est cultivée de temps immémorial ; c'est la *cardère à foulon* ou *chardon à foulon*, dont l'emploi pour le *cardage* des draps a valu à cette plante le nom de *cardère*. On cultive cette plante en grand dans le voisinage des manufactures de drap. — 5. *La navette*. Espèce de navet sauvage qui fournit l'huile grasse connue sous le nom d'huile de navette. *Navette d'été*, nom vulgaire du chou précoce ou quarantaine. *Grosse navette*, le colza. *Navette*, terme d'Eglise. Petit vase de métal où l'on conserve l'encens. *Navette* de tisserand : instrument où les tisserands mettent leur trame, pour la passer au travers de la chaîne, en faisant des étoffes de chanvre, de lin, de laine, de soie, de coton.

6. *La fenaison*, action de couper, faner et rentrer les foins. — 7. *La tonte*, action de tondre. — 8. *Ebourgeonner*, retrancher les bourgeons superflus. Sens d'*ébrancher* ? — 9. *Les mûriers*. Arbres originaires de la Chine, cultivés dans le Midi, et dont les feuilles servent à la nourriture des vers à soie.

II.

La Communion.

Voilà donc des hommes, des femmes, des enfants qui reçoivent Dieu dans eux, au milieu d'une cérémonie auguste, à la lueur de cent cierges, après une musique qui a enchanté leurs sens, au pied d'un autel brillant d'or. L'imagination est subjuguée, l'âme saisie et attendrie ; on respire à peine, on est détaché de tout bien terrestre, on est uni avec Dieu, il est dans notre chair et dans notre sang. Qui osera, qui pourra commettre, après cela, une seule faute, en concevoir seulement la pensée ? Il était impossible, sans doute, d'imaginer un mystère qui retînt plus fortement les hommes dans la vertu.

VOLTAIRE.

COURS ÉLÉMENTAIRE.

I.

Les Œufs des oiseaux.

Les œufs de la fauvette sont *blanchâtres*, *jaspés*

de brun et de gris. Ceux de la pie sont blancs et verts, *mouchetés* de gris. Ceux du loriot sont blancs avec quelques taches noires. Les œufs du *pic* sont d'un blanc pur plus ou moins *lustré*. Ceux du pinson ont une couleur *bleuâtre* et blanche tachetée de rouge brique. Les chardonnerets ont des œufs *rougeâtres*, tachetés de brun. Les œufs des hirondelles sont blancs et rosés.

II.

Les roitelets ont des œufs rosés, petits comme des pois. Les œufs des moineaux sont d'un *bleu cendré*, tacheté de brun. Ceux des tourterelles et des pigeons sont *tout* blancs. Les œufs d'aigle sont trois fois gros comme des œufs de poule; ils sont d'un blanc sale et marqués de taches rousses. La ponte de ces oiseaux varie de quatre à six œufs. L'aigle, la tourterelle et le pigeon en pondent ordinairement deux. La mésange pond de huit à quatorze œufs blanchâtres, *tachetés* de rouge.

EXERCICES DE STYLE.

COURS SUPÉRIEUR.

Le sergent instituteur ou le dévouement professionnel.

Canevas. — M. Goguey (Joseph) est sergent au 18e de ligne, à Pau. Il dirige, depuis 21 ans, l'école des enfants de troupe. Instruit, d'une conduite irréprochable, il serait officier s'il n'eût préféré son école. Il enseigne avec succès. Les promenades sont utilisées. Il fait de ses élèves des chrétiens et des citoyens. En 1870, au dépôt, à Strasbourg, il continua ses leçons. Maître et écoliers, au nombre de douze, sont emmenés en Allemagne, à pied. Si l'un tombe en route, le sergent le porte sur son épaule. Ils sont internés à Torgau (Saxe) jusqu'au 7 juin 1871, époque de leur retour à Bordeaux, où se trouvait le régiment. Pendant huit mois de captivité, leçons assidues et soins maternels. Trois de ses élèves font leur première communion en Allemagne. Un d'eux est mort de fatigue et de privations: grande douleur pour le maître. M. Goguey est proposé, dit-on, pour la croix où il y a *Honneur* et *Patrie*. On lui décerne, en attendant, une médaille où il lira *Dévouement, Humanité*.

Vous êtes secrétaire de la Société qui donne cette récompense. Faites la notice.

Développement.

M. Goguey (Joseph), sergent au 18e de ligne, à Pau.

Le sergent Goguey dirige, depuis 1854, l'école des enfants de troupe. Possédant une instruction générale aussi étendue que variée, d'une conduite exemplaire, il eût pu arriver à l'épaulette, si ses goûts pour l'enseignement, la douceur de son caractère, sa modestie et sa simplicité ne lui eussent fait préférer l'instruction et l'éducation des enfants de troupe de son régiment. Il leur enseigne, avec un succès merveilleux, l'histoire, la géographie, les mathématiques, la topographie; il les conduit à la promenade, et ces promenades ont toujours un but utile; il leur fait connaître les plantes, les minéraux, la géologie; il leur parle de Dieu et en fait des chrétiens; il leur parle de la patrie et en fait des hommes.

Pendant le bombardement de Strasbourg, en 1870, le sergent Goguey se trouvait dans cette ville avec le dépôt du 18e; il ne cessa pas un jour de donner ses leçons. Lors de la capitulation, le maître et les écoliers durent partir pour l'Allemagne. Ces pauvres enfants, au nombre de douze, durent faire la route à pied. Goguey ne les quitta pas une minute, et quand quelqu'un tombait exténué de fatigue, il le portait sur son épaule.

Ils furent internés à Torgau (Saxe), jusqu'au 7 juin 1871, époque à laquelle Goguey les ramena en France, à Bordeaux, où se trouvait le régiment.

Pendant huit mois de captivité, il fit la classe à ses élèves, auxquels il prodigua les soins de la mère la plus tendre. Trois d'entre eux firent leur première communion en Allemagne. Il en perdit un, des suites de la fatigue et des privations. Ce fut pour le brave sergent une des grandes douleurs de sa vie. Son colonel, qui le tient en haute estime, vient, nous assure-t-on, de le proposer pour la croix.

En attendant le jour, qui ne saurait être éloigné, où l'on verra briller sur cette noble poitrine les mots d'*Honneur* et de *Patrie*, nous lui décernons une médaille de 1re classe, où il lira ces autres mots qu'il connaît si bien : *Dévouement, Humanité*.

(Rapport fait à la Société nationale d'encouragement au bien. Paris, 23 mai 1875.)

COURS SUPÉRIEUR ET COURS MOYEN.

Canevas. — Votre père est marchand de vin à Nantes. Il a vendu à M. Janottin, de Nantes, 125 litres de vin à 0 fr. 60 le litre, non compris le congé, qui est de 5 fr. 10. M. Janottin a rendu un fût d'une valeur de 3 francs, qu'il faut déduire. Faites la facture acquittée, prête à signer.

Maison Legendre,
Place du Marché, 45, à Nantes.

Nantes, le 15 juin 1875.

Doit Monsieur Jannotin, à Nantes :

1875	125 litres de vin rouge à 0.60	75	»
3 juin.	Congé.	5	10
	Total.	80	10
	A déduire, un fût. . .	3	»
	Net.	77	10

Pour acquit,
LEGENDRE.

COURS MOYEN.

Jeu intellectuel sur le mot FLEUR.

Vos condisciples du cours élémentaire, mes enfants, se sont exercés l'autre jour à former des phrases sur le mot *oiseau* (1); hier, vous avez en-

(1) Voir le n° 22, du 30 mai.

tendu les grands, les élèves du cours supérieur, exprimer vingt pensées sur le mot *Dieu* (1); à votre tour, vous allez chercher à composer aussi vingt petites phrases sur le mot *fleur*.

Voyons, cherchons ensemble. Nous formerons nos phrases, oralement d'abord; nous les écrirons ensuite.

Rappelez, comme vos camarades du cours supérieur, tous vos souvenirs; ensuite nous expliquerons complétement le sens de chaque phrase, ainsi que la signification exacte du mot *fleur* que vous aurez fait entrer dans chacune d'elles.

1. La *fleur* est la fille du matin, le charme du printemps, la source des parfums, la grâce des vierges, l'amour des poëtes. — 2. Dieu donne aux *fleurs* leur aimable parure. — 3. Dans une *fleur* on distingue le calice, la corolle, le pistil, les étamines, l'ovaire, les nectaires. — 4. La rose est la reine des *fleurs*. — 5. Le rossignol chante sur l'aubépine en *fleurs*. — Les *fleurs* sont le plus pur et le plus bel ouvrage de la terre. — 7. Il faut qu'avril jaloux brûle de ses gelées le beau pommier trop fier de ses *fleurs* étoilées. — 8. La tisane aux quatre *fleurs* se fait avec des *fleurs* de mauve, de pied-de-chat, de pas-d'âne et de coquelicot. — Les *fleurs* artificielles sont des ouvrages qui imitent les *fleurs* naturelles. — 10. Les *fleurs* ont un langage éloquent. — 11. La vigne, en *fleurs*, exhale au loin de doux parfums. — 12. Le taureau mugit de joie et hâte son pas pesant à la vue des prairies en *fleurs*. — 13. Quelquefois le serpent se cache sous les *fleurs*. — 14. Semez vos entretiens de *fleurs* toujours nouvelles. — 15. Quand la vigne passe *fleur*, la vendange est assurée. — 16. Bayard était la *fleur* des chevaliers. — 17. Le poisson vient à *fleur* d'eau se prendre à l'hameçon. — 18. Les *fleurs* de rhétorique sont l'ornement du style. — 19. Le pain blanc se fait avec la fine *fleur* de farine. — 20. Aucun chemin de *fleurs* ne conduit à la gloire.

COURS ÉLÉMENTAIRE.

(Lire le récit qui suit.)

Les Pêches.

Un laboureur, revenant un jour de la ville, rapporta à ses enfants cinq pêches magnifiques. N'en ayant jamais vu d'aussi belles, ils furent fort étonnés et eurent un grand plaisir à regarder ces beaux fruits de couleur rouge et couverts d'un tendre duvet. Le père les distribua à ses quatre enfants, et il y eut une pour la mère.

Le soir, quand les enfants allèrent se coucher, le père leur demanda comment ils avaient trouvé les pêches.

« Délicieuses, cher papa, dit l'aîné; elles ont un goût à la fois doux et acide. J'ai gardé soigneusement le noyau, et je veux le mettre en terre pour en avoir un arbre. »

— Bien! dit le père; c'est penser à l'avenir en sage économe, comme doit faire le laboureur.

— J'ai mangé la mienne tout de suite, cria le plus jeune, et j'ai jeté le noyau; et maman m'a encore donné la moitié de la sienne. Ah! c'était si sucré! ça fondait dans la bouche.

— Ce n'est pas là de la prudence, dit le père; mais tu as agi comme un enfant, et cela est de ton âge. Tu auras dans la vie assez d'occasions de mettre de la prudence dans ta conduite. »

Le second fils dit alors :

« J'ai ramassé le noyau que mon petit frère avait jeté: je l'ai cassé et j'ai mangé l'amande; mais j'ai vendu ma pêche, et j'en ai retiré assez d'argent pour en acheter une douzaine la première fois que j'irai à la ville.

— Voilà qui est prudent, dit le père en secouant la tête, même trop prudent pour un enfant. Et toi, Edmond? »

Edmond répondit avec franchise:

« J'ai porté ma pêche à Georges, le fils de notre voisin, qui a la fièvre; il ne voulait pas la prendre; alors je l'ai posée sur son lit; et je m'en suis allé.

— Eh bien! dit le père, lequel de vous a fait le meilleur usage de sa pêche? »

Et les enfants s'écrièrent tous ensemble:

« C'est Edmond! »

Edmond garda le silence, et sa mère l'embrassa les larmes aux yeux.

KRUMMACHER.

Questions.

Quel est le titre de cette petite histoire? D'où venait le laboureur? Que rapportait-il? Combien de pêches? Combien d'enfants? Pour qui la cinquième? Que demande le soir le laboureur? Que dit l'aîné? Qu'avait-il fait du noyau? Et le plus jeune, que dit-il? Et le second? Et Edmond? Et Georges? Lequel a fait le meilleur usage de sa pêche? Que fit la mère?

Faut-il penser à l'avenir comme le premier frère? Est-il prudent de n'y pas songer comme le second? Est-ce bien d'être avare comme le troisième? Etre bon comme le quatrième n'est-ce pas *beau* par-dessus toutes choses? — Qui veut maintenant redire l'histoire des *pêches*? Vous, Paul? Et bien, commencez.

ARITHMÉTIQUE ET SYSTÈME MÉTRIQUE.

PROBLÈMES GRADUÉS POUR LES COMPOSITIONS.

COURS SUPÉRIEUR.

Concours et examens.

1. — Sur une propriété de 36 hectares 45 ares, on a récolté 28 hectolitres et demi de blé et 900 bottes de paille par hectare. On demande la valeur de la récolte au prix de 26 fr. 50 c. le quintal de blé et 13 francs les 100 bottes de paille, sachant qu'un double décalitre de ce blé pèse 15 kilog. 450 gr. — Rép. 25.530 fr. 69 c.

(*Certificat d'études*. Ardennes 1875.)

Au milieu d'une pelouse, on veut faire un rond-point d'un rayon égal à la longueur du côté d'un carré ayant une surface de 58 mètres carrés 3696. Le travail fait, on creuse le rond-point d'une couche

(1) Voir le n° 23, du 6 juin.

de sable de $0^{m}08$ d'épaisseur. Tout autour on plante des arbres espacés de 4 mètres. On demande : 1° la surface du rond-point ; 2° sa plus grande largeur ; 3° le volume du sable employé ; 4° le nombre d'arbres plantés ; 5° leur valeur à raison de 125 francs le cent ? — Rép. 1° 183 m. c. 3739 ; 2° $15^{m}28$; 3° 14 m. c. 669912 ; 4° 12 ; 5° 15 francs.

(*Union scolaire de l'arrondissement de Sceaux. Concours de 1875.*)

I. — *Arithmétique.* — (*Rentes sur l'Etat.*)

1. — Le cours de la rente 3 0/0 est 64,85 ; celui de la rente 4 1/2 étant 93,40 et celui de la rente 5 0/0, 103 fr. 50 c., quel est le placement le plus avantageux ? — Rép. Le 5 0/0.

2. — On achète 32.850 francs de rente 3 0/0 au cours de 90 francs, qu'on revend au cours de 95 fr. 40 c. Combien gagne-t-on ? — Rép. 1.971 francs.

3. — A quel taux place-t-on son argent en achetant du 3 0/0 au cours de 64 fr. 85 c. ? — Rép. 4 fr. 62 c.

4. — On vend un titre de 60 francs de rente 5 0/0 au cours de 93 fr. 40 c. Quelle somme touchera le vendeur, sachant que l'agent de change retient 1/800 du capital pour le courtage et 0 fr. 50 c. pour le timbre ? — Rép. 1.118 fr. 90 c.

5. — Quelle somme doit-on payer à un agent de change pour l'achat de 50 francs de rente 3 0/0 au cours de 64 fr. 85 c., sachant qu'il lui est dû 1/8 p. 0/0 plus le timbre, de 0,50, si le capital employé n'atteint pas 10.000 francs ? — Rép. 1 fr. 85 c.

II. — *Système métrique.* — (*Nombres complexes.*)

1. — Trouver, à moins d'un dix-millième de mètre, la longueur de l'arc de 25° 15′ dans une circonférence de $32^{m}645$ de rayon ? — Rép. $14^{m}3865$.

2. — Un train express part de Paris à 8 heures du soir et arrive à Marseille le lendemain à 3 heures 45 minutes de l'après-midi. Quelle est la durée de parcours ? — Rép. 19 heures 45 minutes.

3. Un train omnibus part de Paris à 10 heures 45 minutes du soir. Il arrive à Marseille au bout de 29 heures 40 minutes. Quel jour et à quelle heure arriverait à Marseille un voyageur partant de Paris par ce train le samedi ? — Rép. Le lundi, à 4 heures 25 minutes du matin.

4. La distance de Paris à Marseille est de 863 kilomètres. Elle est parcourue par un train express en 19 heures 45 minutes et par un train omnibus en 29 heures 40 minutes. Combien chacun de ces trains parcourt-il de mètres à l'heure ? — Rép. 1er 43.696 ; 2e 29.089.

5. — Un ouvrier de Marseille est allé en 10 heures jusqu'à Avignon, en vélocipède. La distance est de 107 kilomètres. Combien a-t-il parcouru de mètres à la seconde ? — Rép. $2^{m}97$.

COURS MOYEN.

I. — *Arithmétique.* — (*Règles d'escompte et de société.*)

1. — Combien vaut, le 19 avril, un billet de 680 francs payable le 15 juillet, l'escompte étant de 4 1/2 p. 0/0 ? — Rép. 672 fr. 61 c.

2. — Quel est l'escompte d'une somme de 3,000 fr. payable dans trois mois, le taux étant de 5 p. 0/0 ? — Rép. 37 fr. 50 c.

3. — Sur une facture montant à 86 fr. 75 c. on fait remise des centimes. Quel est le taux de cet escompte ? — Rép. 2 fr. 80 c. p. 0/0.

4. — Un commis voyageur a 1/2 p. 0/0 sur le chiffre de vente qu'il fait. Combien lui revient-il sur 5.680 francs de vente ? — Rép. 28 fr. 40 c.

5. — 2 ouvriers ont gagné ensemble une somme de 200 francs. L'un a travaillé 8 jours et l'autre 12. Combien chacun doit-il recevoir ? — Rép. 1er 80 fr. ; 2e 120 fr.

II. — *Système métrique.* — (*Mesure des surfaces.*)

1. Combien manque-t-il à une salle de classe pour contenir 90 élèves, sachant qu'elle a $8^{m}50$ de long sur $9^{m}70$ de large et qu'il faut 1 mètre carré par élève ? — Rép. $7^{m}55$.

2. — Quelle est la circonférence d'un cercle ayant 25 mètres de rayon ? — Rép. $157^{m}08$.

3. — On entoure d'une haie un champ rectangulaire de $24^{m}75$ de long sur $12^{m}60$ de large. Quelle est la longueur de cette haie, diminuée de la largeur de la porte d'entrée qui est de $0^{m}75$? — Rép. $73^{m}95$.

4. — 16 mètres d'étoffe pour robe ont coûté 23 fr. 20 c. Cette étoffe a une largeur de $0^{m}60$. Quel est : 1° le prix du mètre de longueur ; 2° celui du mètre carré ? — Rép. 1° 1 fr. 45 c. ; 2° 2 fr. 41 c.

5. — Combien coûterait la clôture d'un jardin carré de 45 mètres de côté à 0 fr. 25 c. le mètre linéaire ? — Rép. 45 francs.

COURS ÉLÉMENTAIRE.

I. — *Arithmétique.* — (*Multiplication et révision.*)

1. — Combien de litres de froment faut-il pour ensemencer 35 hectares de terre à raison de 242 litres par hectare ? — Rép. 8.470 litres.

2. — Le département de Seine-et-Marne a produit, en 1872, 46.600 hectolitres de vin. Evaluer en argent cette production, si l'hectolitre valait en moyenne 34 francs ? — Rép. 1.594.400 francs.

3. — Un fermier avait 145 moutons. Il en a vendu 50 à 32 francs, 75 à 30 fr. et le reste à 25 francs. Combien a-t-il reçu ? — Rép. 5.850 francs.

4. — Un marchand achète 3 mètres de velours à 18 francs le mètre, 5 mètres de soie à 12 francs, 48 mètres de toile à 2 francs. On lui fait une remise de 6 fr. et il paye avec un billet de 500 fr. Combien doit-on lui rendre ? — Rép. 296 francs.

5. — Quel est le prix de 15 douzaines de paires de souliers à 16 francs la paire ? — Rép. 288 francs.

II. — *Système métrique.* — (*Monnaies.*)

1. — Le produit d'une souscription faite pour les Alsaciens-Lorrains dans les écoles d'un arrondissement se compose de deux billets de 50 francs, de 3 pièces de 20 francs, 4 de dix francs, de 50 pièces de 2 francs et de 9 pièces de 1 franc. Quel est le montant total de cette souscription ? — Rép. 309 fr.

2. — Il y a des pièces d'or de 100 francs, de 50 francs, de 20 francs, de 10 francs et de 5 francs. Quelle somme auriez-vous si vous possédiez une pièce de chaque espèce ? — Rép. 185 francs.

3. — Quel est le poids de 3435 pièces de 5 francs en argent ? — Rép. 85.875 grammes.

4. — La monnaie de bronze pèse 20 fois plus, à valeur égale, que la monnaie d'argent. Un sac de pièces d'argent pèse 25 kilogrammes. Combien pèserait-il en pièces de bronze ? — Rép. 500 kilogrammes.

5. — Quelle est la différence de poids de 50 pièces de 2 francs et de 50 pièces de 1 franc ? — Rép. 250 grammes.

LEÇONS PRATIQUES ET GRADUÉES

Sur les Matières comprises dans le programme de

L'ENSEIGNEMENT PRIMAIRE

PUBLIÉES PAR LE **JOURNAL DES INSTITUTEURS** (PREMIER SEMESTRE 1875)

COURS ÉLÉMENTAIRE. — COURS MOYEN. — COURS SUPÉRIEUR :

LANGUE FRANÇAISE

EXERCICES DE STYLE. — DICTÉES EXPLIQUÉES, ORTHOGRAPHE ET SENS DES MOTS

ARITHMÉTIQUE. — SYSTÈME MÉTRIQUE. — GÉOMÉTRIE
HISTOIRE. — GÉOGRAPHIE. — DESSIN. — MUSIQUE

EXAMENS DU BREVET DE CAPACITÉ.

ACADÉMIE DE CAEN.

(*Départements du Calvados, de la Manche, de l'Orne, de la Sarthe, de l'Eure et de la Seine-Inférieure.*)

ASPIRANTES

Brevet de 2e ordre. — 1re session de 1865.

1° *Orthographe.*

Le monastère de *Radegonde* à Poitiers.

Ce fut vers l'année cinq cent cinquante-cinq *que* commença, pour Radegonde, la vie de retraite qu'elle avait si longtemps désirée. Cette vie *selon ses rêves* était la paix du cloître, l'austérité monastique unie à quelques-uns des *goûts* de la société civilisée. L'étude des lettres figurait au premier rang des occupations imposées à toute la communauté ; on devait y consacrer deux heures par jour, et le reste du temps était donné aux exercices religieux, à la lecture des livres saints et à des ouvrages de femme. Une des sœurs lisait à haute voix, durant le travail fait en commun, et les plus intelligentes, au lieu de filer, de coudre ou de broder, s'occupaient, dans une autre salle, à *transcrire* des livres pour en multiplier les copies.

Tel fut l'ordre qu'établit Radegonde dans son monastère de Poitiers, mêlant ses penchants personnels aux traditions conservées depuis un demi-siècle dans le célèbre monastère d'Arles. Après avoir ainsi tracé la voie et donné l'impulsion, elle abdiqua, soit par humilité chrétienne, soit par adresse politique, toute suprématie officielle, fit élire, par la congrégation, une abbesse qu'elle eut soin de désigner, et se mit, avec les autres sœurs, sous son autorité absolue. Elle choisit, pour l'élever à cette dignité, une femme beaucoup plus jeune qu'elle et qui lui était dévouée, Agnès, fille de race gauloise, qu'elle avait prise en affection depuis son enfance. Volontairement descendue au rang de simple religieuse, Radegonde faisait sa semaine de cuisine, balayant à son tour la maison, portait de l'eau et du bois comme les autres ; mais, malgré cette apparence d'égalité, elle était reine dans le couvent par le prestige de sa naissance royale, par son titre de fondatrice, par l'ascendant de l'esprit, du savoir et de la bonté.

Augustin THIERRY.
(*Récits des temps mérovingiens.*)

Questions et explications.

Plusieurs de nos lecteurs nous demandent de faire paraître, chaque semaine, l'analyse complète, grammaticale et logique, d'une phrase au moins ; d'autres voudraient aussi, chaque semaine toujours, cinq dictées pour le cours supérieur, cinq pour le cours moyen et cinq pour le cours élémentaire. D'autres, enfin, désireraient que les questions d'arithmétique théorique et celles d'histoire, posées aux examens du brevet, fussent toujours développées.

Nous serions heureux de pouvoir donner satisfaction à tous nos correspondants, mais la place dont nous disposons, l'étendue du journal ne nous le permettent pas. Le caractère même de notre publication s'y oppose. Un journal destiné aux instituteurs ne peut être une simple collection de devoirs, plus ou moins longuement expliqués : la partie pédagogique, les directions, l'étude des *méthodes* doivent y occuper une place importante.

Nous donnerons toujours, cependant, comme nous l'avons fait, du reste, jusqu'à ce jour, des modèles de ces différents devoirs. Nous ferons remarquer, en outre, que si nous n'avons pas publié d'exercices spéciaux sur l'analyse, nous n'avons jamais négligé cette partie essentielle des études grammaticales. Dans le cours de nos explications de dictées, nous avons toujours fait l'analyse des constructions les plus difficiles, des *gallicismes;* nous avons toujours demandé l'explication du rôle, la *fonction* des mots qui pouvaient arrêter les élèves. Cette manière de faire l'analyse est la meilleure pour nous : elle est bien préférable à ces longues et monotones récitations de l'espèce, du genre et du nombre de tous les mots d'une phrase, la plus grande partie de ces mots n'offrant ni difficulté ni intérêt.

Nous traiterons prochainement, d'ailleurs, cette question de l'*analyse*, à propos de l'enseignement de la grammaire.

1. Analysez logiquement, puis grammaticalement la première phrase de cette dictée? — Cette phrase équivaut à celle-ci? *Ce* (la chose dont je parle, que je rappelle) *fut que la vie de retraite... commença pour Radegonde vers l'année cinq cent cinquante-cinq.* Il y a trois propositions. La première : *Ce... fut*, proposition principale; la seconde : *que la vie de retraite... commença pour Radegonde vers l'année cinq cent cinquante-cinq*, proposition subordonnée, représentant le véritable sujet, l'idée importante de la phrase. *Ce*, pronom démonstratif, appelle l'attention sur l'attribut et sur le complément circonstanciel de temps *vers l'année cinq cent cinquante-cinq*; *que*, conjonction, est explicatif et rattache le sujet à ce qui précède. La troisième proposition est : *qu'elle avait si longtemps désirée*, proposion incidente déterminative; *que*, ici, est pronom relatif, ayant pour antécédent *la vie de retraite.*

Nous avons déjà dit antérieurement que la locution *ce fut... que* pouvait être considérée comme *explétive.* La phrase résultant de la suppression de cette locution serait : *La vie de retraite... commença pour Radegonde vers l'an cinq cent cinquante-cinq*, phrase dont l'analyse n'offre plus de difficultés.

2. Qu'était-ce que *Radegonde?* Reine des Francs, née en 519, fille de Berthaire, roi de Thuringe; devint prisonnière de Clotaire Ier, roi de Soissons, dans une expédition que ce prince fit en Thuringe en 529. Elevée en France dans la religion catholique, elle épousa Clotaire en 638. Maltraité par son mari, elle obtint la permission de se retirer du monde, et fonda, à Poitiers, le monastère de Sainte-Croix. Elle mourut en 587.

3. Quel est le sens du mot *monastère?* Edifice habité par des moines ou par des religieuses. — Connaissez-vous l'étymologie de ce mot? Du latin *monasterium*, qui est le grec *monasterion*, solitude; de *monaza*, vivre seul, dérivé de *monas*, venant lui-même de *monos*, seul. Citez d'autres expressions qui renferment ce mot grec *monos? Monographie; monomanie; monopole; monosépale; monothéisme; monotone; monarchie; monocle;* etc. — Ne connaissez-vous un vieux mot qui a le même sens que *monastère*, qui a été formé, comme lui, de *monasterium?* Il est peu employé aujourd'hui, si ce n'est dans le style plaisant, familier ou archaïque; mais il a subsisté dans beaucoup de noms de localités? *Moûtier*, autrefois *Moustier.* — *Jouy-le-Moûtier* (Seine-et-Oise); *Moutier* (Seine-et-Marne); *Moutiers-Notre-Dame* (Orne); *Moustier* (Puy-de-Dôme); *Mouthiers* (Aisne); *Le Moustoir* (Côtes-du-Nord et Morbihan); etc.

4. Pourquoi n'a-t-on pas mis *selon ses rêves* entre deux virgules? parce que cette expression est un complément *déterminatif, essentiel*, du nom *vie.* — 5. Expliquez l'origine de l'accent circonflexe qui se trouve sur *goûts? Goût* s'écrivait au seizième siècle *goust*, de *gustus*,. L'*s* a été conservé dans gustation, gustatif, dégustateur, dégustation, dégusté, déguster.

6. Que veut dire le mot *transcrire?* Porter un écrit d'un papier sur un autre, copier. Vient de *trans* (au delà) et de *scribere* (écrire). Citez d'autres mots renfermant ce préfixe *trans* ou *tra? Transborder, transcendant, transmettre, transposer, transformer, transfert, transept*, etc.

Et les mots renfermant le même radical que *transcrire*, voulez-vous les chercher? — *écrire, écrit, écriture, écriteau, écritoire;* — *écrivant, écrivain, écrivailleur, écrivassier;* — *scribe;* — *conscription, conscrit;* — *circonscrire, circonscription;* — *décrire, description, descriptif, indescriptible;* — *inscrire,... prescrire,... proscrire,... récrire,... souscrire,...* etc.

Continuer de cette façon, selon le temps dont on dispose pour la correction de la dictée, en mêlant ainsi les exercices d'analyse, l'explication des constructions et de l'orthographe, les étymologies et la recherche des familles de mots.

2° *Exercice de style.*

Raconter la septième et la huitième croisade.

3° *Arithmétique.*

Un vase plein d'eau pure à 4° pèse 9 kilog. 68; plein d'un liquide dont le poids est les 0,91 de celui de l'eau, il pèse 9 kilog. 266. On demande : 1° qu'elle est sa capacité; 2° quel sera son poids quand il sera vide?

Solution.

La différence des poids du vase, dans les deux cas où il est rempli d'un liquide différent, est de

$$9^k68 - 9^k266 = 0^k414.$$

Or, 1 litre d'eau à 4° pèse 1 kilogramme et 1 litre du second liquide pèse $1^k \times 0.91 = 0^k91$; différence de poids $1^k - 0^k91 = 0^k09$.

Donc la capacité du vase est de $\frac{0.414}{0.09} = 4$ lit. 60.

Et on a pour son poids, quand il est vide :

$$9^k68 - 4^k60 = 5^k08.$$

DICTÉES.

COURS SUPÉRIEUR.

Protection aux petits oiseaux.

I.

Voici le printemps revenu, et, avec lui, les oiseaux charmants qui en sont les chantres, et l'un des gracieux ornements ! Qu'ils soient les bienvenus parmi nous, et qu'ils y trouvent cette protection depuis si longtemps réclamée en leur faveur par les plus intelligents admirateurs des œuvres de Dieu !

Lorsque la Providence *eut créé* le petit oiseau, elle en fit présent à l'homme. C'était un ami dévoué, sûr et fidèle qu'elle lui donnait ; c'était un protecteur de ses récoltes, un chantre pour sa solitude. Il devait l'*apprécier* pour les services qu'il en *recevrait*, le *protéger* contre ses ennemis, l'attirer auprès de lui, pour détruire les insectes et défendre ses arbres et ses plantes contre les animaux qui les attaquent.

Mais l'homme, l'être intelligent, *méconnut* ses vrais intérêts ; il devint le plus cruel ennemi, le plus grand destructeur de l'auxiliaire utile *que Dieu lui avait donné*. Sous le *spécieux* prétexte d'en faire un objet d'alimentation, il le poursuivit, lui tendit des piéges, imagina des *engins* nombreux pour le prendre, comme si *c'eût été* une bête malfaisante.

L'oiseau détruit, l'insecte *pullule*, se répand partout, *envahit* nos prés, nos champs, nos bois, nos jardins, et ravage la plus grande partie de nos récoltes.

II.

Entendez les lamentations qui s'élèvent de toutes parts. Elles annoncent la destruction de nos végétaux les plus précieux, de nos plantes les plus utiles, de nos fruits les plus rares. Les insectes pénètrent partout. Hannetons, pucerons, chenilles de toutes sortes et de toutes tailles, larves de toutes espèces font une guerre *acharnée* à nos plantations, et profitent de notre *incurie* à les préserver quand nous détruisons follement les oiseaux qui devraient anéantir ces ennemis de nos récoltes.

Et cependant, quelle contrée fut plus favorisée que la France dans la répartition des bienfaits de la création ? Terre de *promission*, contrée *bénie* de la *Providence*, la nature lui avait *attribué* deux *cent quatre-vingts* espèces d'oiseaux destructeurs d'animaux *malfaisants* ou chasseurs d'insectes. Elle possédait en eux une armée puissante, parfaitement *aguerrie*, et toujours *prête à* dévorer l'ennemi *qui l'envahirait*.

Mais cette armée, *décimée* par l'ignorance et la brutalité, diminue chaque jour dans une proportion effrayante, et l'on entrevoit le moment où elle n'existera plus ! Hâtons-nous donc d'arrêter le mal. De destructeurs, devenons protecteurs ! Que les élèves renoncent à cette fatale habitude de faire la guerre aux oiseaux ; que le *législateur édicte* des lois sévères ; que les tribunaux les appliquent contre ceux que la raison et les avis ne retiennent pas. *Il y va* d'un intérêt général ; tous doivent le comprendre.

(*Bulletin de Seine-et-Marne.*)

Questions et explications.

1. *Eut créé.* A quel temps ? Mettez le pluriel : *Nous eûmes créé*, ou *ils eurent créé*, passé défini. — 2. *Apprécier.* Littéralement *mettre à prix ;* de *appretiare ; ad*, à, et *pretium*, prix. Synonymes : *estimer*, *priser*. *Estimer* un homme, c'est avoir pour lui le sentiment de l'estime, de la considération, de la confiance en ce qu'il vaut. L'*apprécier* se dit quand on en fait l'appréciation, quand on sait combien il vaut. Le *priser*, c'est rendre hommage à ses mérites. — 3. *Recevrait.* On est porté à mettre un *e* après le *v*. D'où dérive le conditionnel ? Quels sont les verbes qui ont un *e* au conditionnel et au futur, devant la terminaison ? — 4. *Protéger.* Pourquoi accent aigu ? Quel accent faut-il sur *protége ?* Les substantifs en *ége* prennent-ils l'accent aigu ou l'accent grave ?

5. *Méconnut.* Que veut dire *mé-connaître*, *médire*, *mé-contenter*, *mé-priser*, *mé-prendre ?* Cette première partie *mé*, ce *préfixe* a le sens de *mal*. — 6. *Que Dieu lui avait donné.* Analysez grammaticalement *que*, *Dieu*, *lui* et *avait donné*. — 7. *Spécieux*, dans le sens latin, qui est le sens propre, (*speciosus*, beau, de *species*, beauté et aussi *espèce*, de *specio*, voir), signifie belle apparence. Figurément : qui a une apparence de vérité et de justice. *Spécieux prétexte*, prétexte apparent, non justifié.

8 *Des engins*, des piéges. Du latin *ingenium*, de *ingenere*, mettre dans... de naissance. Le sens primitif de ce mot est *adresse*, *industrie*, comme dans ce proverbe : *Mieux vaut engin que force.* *Engin* se dit aussi de *machines* à lever et à tirer des fardeaux, de machines de guerre. Enfin, ce mot a, comme ici, le sens de *piége*.

> De là naîtront *engins* à vous envelopper.
> (La Fontaine.)

> Un *engin* à prendre les rats. (Scarron.)

Engins prohibés, instruments de chasse ou de pêche défendus, parce qu'ils détruisent trop de gibier ou de poisson. — 9. *C'eût été*, il aurait été : seconde forme du conditionnel passé.

10. *L'insecte pullule*, multiplie en abondance et en peu de temps. *Pulluler*, de *pullulus*, rejeton et aussi petit enfant, diminutif de *pullus*, poussin.

> Déjà de tous côtés naît, *pullule* et fourmille
> Des insectes, des vers l'innombrable famille.
> (Delille.)

11. *Envahir*, aller dans. De *invadere; in*, dans, et *vadere*, aller. De la même famille : *envahissement*, *envahisseur*, *invasion*. — 12. *Acharnée*, opiniâtre, furieuse, sans merci, semblable à celle d'un animal qui s'attache à la *chair* qu'il dévore. — 13. *Incurie*, défaut de soin, négligence. De *in*, non, et *cura*, soin. — Que veut dire *sinécure ?*

14. *Terre de promission*, terre promise, et figurément pays fertile. Qu'était-ce que la *terre promise ?* Moïse y entra-t-il ? Non. Pourquoi donc ? — 15. *Bénie* et non *bénite*. Différence entre *béni* et *bénit :* Des armes qui ont été *bénites* par le prêtre ne sont pas toujours *bénies* du ciel sur le champ de bataille. Avec l'auxiliaire *avoir*, on emploie *béni*. — D'où vient cette double forme ? Les participes en *i*, comme *fini*, avaient à l'origine de la langue un *t*

final (*finit*, de *finitus*), qu'ils ne tardèrent pas à abandonner. Ce *t* a persisté dans *bénit*, qui a survécu à côté de la forme plus moderne *béni*.

16. *La Providence*, Dieu, lettre majuscule. La *providence* de Dieu, pas de majuscule. — 17. *Lui avait attribué*, accordé, concédé. — 18. *Cent et vingt*. La règle? — 19. *Malfaisants*. Décomposez ce mot? Autres mots commençant par *mal*, employé dans ce sens? — 20. *Aguerrie*, accoutumé à la *guerre*. — 21. *Prêt à*. Différence avec *près de*. — 22. — *Décimer*, tuer un sur dix, diminuer, détruire.

COURS MOYEN.

I.

Travaux horticoles et récoltes du mois de juin.

Le potager doit fournir tous les légumes ordinaires de la saison, pois, artichauts, choux-fleurs, oignons blancs, haricots, fèves de marais, laitues, chicorées, aubergines... Mais c'est à la condition que les semis auront été faits en temps utile, et surtout que les arrosages ne seront pas ménagés. En prévision de l'automne, on sèmera haricots, pois clamart, choux-fleurs, chicorée, escarole, différentes variétés de choux, radis noirs, carottes. On s'entretiendra de cerfeuil en en semant un peu tous les quinze jours et l'arrosant souvent, ainsi que de l'estragon. Il faut, dans ce mois, surveiller avec soin les arbres fruitiers et les bien diriger par le pincement et la suppression des bourgeons inutiles. On commence les greffes. La fraise, la cerise, la framboise, la groseille sont en rapport : on a des melons en quantité. Vers la fin du mois commencent quelques poires de petit muscat, des prunes de myrobolan. Enfin, parmi les nombreuses fleurs qui embaument les jardins et qu'il serait trop long de citer, nous mentionnerons seulement les roses de toute espèce et le dahlia, qui ne cessera de nous donner ses belles fleurs qu'aux premières gelées.

COURS ÉLÉMENTAIRE.

I.

L'aubépine.

L'aubépine est un arbrisseau à rameaux épineux, à fleurs blanches, odorantes et à fruits rouges. On en fait, à cause de ses rameaux serrés et de ses longues et fortes épines, d'excellentes haies. Le nom de ce joli arbrisseau se lie à tout ce qu'il y a de gracieux : il nous rappelle les beaux jours du printemps, le parfum des fleurs, le chant des oiseaux et surtout celui du rossignol, qui le choisit souvent pour y faire son nid. L'aubépine fleurit dans le mois d'avril et de mai.

II.

Le cerisier.

Je ne crois pas qu'il y ait un arbre plus joli que le cerisier. Sa tige droite est couverte d'une écorce brillante. Ses rameaux bien disposés forment une tête arrondie. Ses feuilles, ovales et pendantes, sont finement dentelées et terminées en une pointe aiguë. Au printemps il se couvre de magnifiques fleurs blanches. Bientôt la cerise rougit aux rameaux suspendue. La cerise est le premier fruit de la belle saison; nous saluons sa venue avec plaisir et reconnaissance. Le bois du cerisier sert à faire des meubles.

III.

Le merisier.

Le merisier est un arbre de nos forêts. Ses fruits, nommés merises, sont plus petites que les cerises, et d'une saveur douce et sucrée. On prépare, avec certaines merises des liqueurs de table. La grosse merise noire sert à faire le ratafia de Grenoble. Le kirsch provient de la fermentation et de la distillation des mêmes fruits. Le bois du merisier est dur, assez pesant, d'une couleur rousse foncée. Les tourneurs, les ébénistes et les menuisiers font souvent usage de ce bois.

ARITHMÉTIQUE ET SYSTÈME MÉTRIQUE

PROBLÈMES GRADUÉS POUR LES COMPOSITIONS.

COURS SUPÉRIEUR.

Concours et examens.

1. — Un marchand a acheté un tonneau d'huile à raison de 270 fr. 25 c. l'hectolitre; les frais de transport se sont élevés à 14 fr. 50 c. par 100 kilogrammes. La capacité du tonneau équivaut à celle d'un cube dont chaque côté aurait 0m85 de longueur. Le poids du litre d'huile est les 0,915 de celui de l'eau, et le tonneau vide pèse 40 kilogrammes. Combien le marchand doit-il vendre le litre d'huile pour réaliser un bénéfice de 12 p. 0/0 sur le prix d'achat? — Rép. 3 fr. 18 c.

2. — Une ménagère fait confectionner 5 douzaines de chemises, avec une toile qui coûte 1 fr. 75 c. le mètre. Il faut 2m50 pour une chemise et l'on donne 10 francs par semaine à l'ouvrière chargée du travail. Cette ouvrière fait deux chemises tous les trois jours, et elle travaille 6 jours par semaine. Calculer la dépense totale et le prix de revient d'une chemise? — Rép. 1° 412 f. 50 c.; 2° 6 f. 875.

I.— *Arithmétique.*— (*Caisses d'épargne. Impôts.*)

1. — Quel est le *centime le franc* d'une commune dont la *contribution foncière* est de 25.868 francs et le *revenu imposable* de 200,000 francs? Quel est l'*impôt* pour une propriété dont le revenu est estimé à 250 francs? — Rép. 1° 0 fr. 12684; 2° 31 fr. 71 c.

2.— Compte d'un déposant à la caisse d'épargne: 1er versement 150 francs 38 semaines avant le dernier dimanche de l'année; 2e versement 68 francs pour 29 semaines; 3e 75 francs pour 22 semaines; 4e 60 francs pour 10 semaines. Quel est l'avoir de ce déposant à la fin de l'année, que l'on compte de 52 semaines, l'intérêt étant de 3 fr. 75 c. p. 0/0? — Rép. 360 fr. 153.

3. — Combien vaut, au bout de 5 ans, une somme de 200 francs placé à la caisse dépargne au taux de 3 fr. 50 c. par an? — Rép. 237 fr. 53 c.

4. — On sait qu'un franc placé à la caisse d'épargne au taux de 3 f. 50 c. vaut, au bout de 20 ans, 1 fr. 989784. Que devient une somme de 200 francs

placée dans les mêmes conditions? — Rép. 397 fr. 95 c.

5. — Je paie 3 francs de *cote personnelle*. Ma *cote mobilière* est calculée sur un *loyer* de 60 francs et le *centime le franc* est de 27 centimes 929. De plus, je suis imposé aux prestations pour 3 journées à 2 fr. 25 c. Quel est le douzième de mes contributions, auxquelles il faut ajouter 0 fr. 05 c. pour frais de chacun de mes deux avertissements? — Rép. 2 fr. 22 c.

II. — *Système métrique.* — (*Nombres complexes.*)

1. — Le *mille marin* a la même longueur que l'arc d'une *minute* du méridien terrestre. Quelle est cette longueur? — Rép. 1.851^{m}85.

2. — On compte encore par *lieues terrestres* de 25 au degré et par *lieues marines* de 20 au degré. Quelle est la longueur de chacune de ces lieues? — Rép. 1re 4444 mètres; 2e 5555 mètres.

3. — Le soleil se lève au plus tôt, en juin, à 3 heures 58 minutes et au plus tard, en décembre, à 7 heures 56. Il se couche au plus tard, en juin, à 8 heures 5 et au plus tôt, en décembre, à 4 heures 1 minute. Quelle est la variation extrême: 1° de son lever; 2° de son coucher. Combien de temps est-il, au plus et au moins, sur notre horizon? — Rép. 1° 3 h. 58 m.; 2° 4 h. 4 m. Sur l'horizon, au plus 16 h. 7 m.; au moins 8 h. 5 m.

4. — Un Hollandais a fait le pari de parcourir à pied, en 30 jours, la distance d'Amsterdam à Vienne, laquelle est de 1.138 kilomètres. Combien a-t-il, en moyenne, de lieues de poste (4000 mètres) à faire par jour? — Rép. 9 lieues 48.

5. — Combien vaut de degrés chaque angle d'un triangle équilatéral? — Rép. 60°.

COURS MOYEN.

I. — *Arithmétique.* — (*Escompte. Société.*)

1. — Quel est l'escompte d'un billet de 600 francs payable dans 30 jours, le taux étant 6 0/0? — Rép. 3 francs.

2. — Que vaut, argent comptant, un billet de 600 francs payable dans 40 jours, le taux étant 6 0/0? — Rép. 596 francs.

3. — Deux associés ont fait un bénéfice de 1.600 f. Le 1er a mis 500 francs; le 2e 700 francs. Partager le bénéfice? — Rép. 1er 666 fr. 66 c.; 2e 933 fr. 34 c.

4. — J'achète une feuillette de vin 56 francs. Je paye comptant, moyennant escompte de 3 0/0. A combien me revient le litre de vin. La feuillette a une contenance de 136 litres? — Rép. 0 fr. 40.

5. — Deux voisins achètent en commun une pièce de cidre de Normandie qui leur revient à 60 francs. L'un gardera le fût évalué à 5 francs. Combien l'autre devra-t-il payer? — Rép. 27 fr. 50 c.

II. — *Système métrique.* — (*Mesure des surfaces.*)

1. — Quel est le prix d'une parcelle de terre ayant 6^{m}75 de long sur 3^{m}20 de large, cédée à raison de 0 fr. 75 c. le mètre carré? — Rép. 16 fr. 20 c.

2. — Deux ouvriers ont fauché un pré de forme triangulaire. La base a 248 mètres et la hauteur 124 mètres, combien chacun doit-il recevoir à raison de 12 francs les 34 ares? — Rép. 27 fr. 13 c.

3. — Une pelouse a 12 mètres de diamètre. Quelle en est la circonférence? — Rép. 37^{m}699.

4. — Un bassin a 62^{m}832 de circonférence. Quel en est le rayon? — Rép. 10 mètres.

5. — Quel est le nombre de carreaux employés pour carreler une salle, sachant qu'on en compte 54 en longueur et 36 en largeur? — Rép. 1.944.

COURS ÉLÉMENTAIRE.

I. — *Arithmétique.* — (*Multiplication et révision.*)

1. — En une semaine les dépenses d'un ménage se sont élevées à 3 fr. + 2 fr. + 6 fr. + 3 fr. + 7 fr. + 4 fr. + 3 fr. Évaluer la dépense de ce ménage en une année? — Rép. 1.456 francs.

2. — Un domestique gagne 840 francs par an. Il sort au bout de 3 trois mois. Combien lui doit-on? — Rép. 210 francs.

3. — Un agriculteur fait les achats suivants: une paire de bœufs de 840 fr.; une vache laitière de 225 francs; un cheval de 350 fr.; 12 moutons de chacun 16 francs; 8 brebis de chacune 22 fr.; un bélier de 35 francs; 4 petits porcs de chacun 9 francs; 2 truies de 65 francs chacune. Quelle est sa dépense? — Rép. 1.984 francs.

4. — 3 vaches ont coûté ensemble 725 francs. On les revend 260 francs chacune. Quel est le bénéfice? — Rép. 55 francs.

5. — Un fermier a récolté 3.625 + 2.748 + 4.525 bottes de fourrage. Il en réserve 4.800 bottes pour ses bestiaux. Combien peut-il en vendre? — Rép. 6.098.

II. — *Système métrique.* — (*Monnaies.*)

1. — Quelle somme y a-t-il dans une caisse qui contient 8 rouleaux formés, chacun, de 25 pièces de 20 francs? — Rép. 4.000 francs.

2. — Combien 9 pièces de deux sous valent-elles de centimes? — Rép. 90 centimes.

3. — Combien a produit la levée des troncs d'une église, sachant qu'on a trouvé 3 billets de 20 francs, 23 pièces de 5 francs, 145 francs en pièces de 1 franc, de 0 fr. 50 et de 0 fr. 20, 62 pièces de 2 francs et 200 francs en monnaie de billon? — Rép. 644 francs.

EXAMENS DU BREVET DE CAPACITÉ.

ACADÉMIE DE CAEN.

(*Départements du Calvados, de la Manche, de l'Orne, de la Sarthe, de l'Eure et de la Seine-Inférieure.*)

(1re session de 1875.)

ASPIRANTS.

Brevet simple.

2° *Épreuve d'orthographe.*

Les arts.

On peut en général donner le nom d'*arts* à tout ystème de connaissances qu'il est permis de réduire à des règles positives, invariables et indépendantes du caprice ou de l'opinion ; et il serait permis de dire, en ce sens, que plusieurs de nos sciences sont des arts, étant envisagées par leur côté pratique. Mais comme il y a des règles pour les opérations de l'esprit ou de l'âme, il y en a aussi pour celles du corps, c'est à dire pour celles qui, bornées aux corps extérieurs, n'ont besoin que de la main seule pour être exécutées. De là, la distinction des *arts* en *libéraux* et en *mécaniques*, et la supériorité qu'on accorde aux premiers sur les seconds. Cette supériorité est sans doute injuste à plusieurs égards. Néanmoins, parmi les préjugés, tant ridicules qu'ils peuvent être, il n'en est point qui n'ait sa raison, ou, pour parler plus exactement, son origine ; et la philosophie, souvent impuissante pour corriger les abus, peut au moins en démêler la source. La force du corps ayant été le premier principe qui a rendu inutile le droit que tous les hommes avaient d'être égaux, les plus faibles, dont le nombre est toujours le plus grand, se sont joints ensemble pour le réprimer. Ils ont donc établi, par le secours des lois et des différentes sortes de gouvernements, une inégalité de convention dont la force a cessé d'être le principe.

La partie la plus noble de notre être fut en quelque manière vengée des premiers avantages que la partie la plus vile avait usurpés, et les talents de l'esprit ont été généralement reconnus pour supérieurs à ceux du corps. A l'égard des opérations libres de l'intelligence, elles ont été le partage de ceux qui se sont crus sur ce point les plus favorisés de la nature. Cependant l'avantage que les arts libéraux ont sur les arts mécaniques, par le travail que les premiers exigent de l'esprit et par la difficulté d'y exceller, est suffisamment compensé par l'utilité pratique que les derniers nous procurent dans les usages de la vie.

D'ALEMBERT.

(*Discours préliminaire de l'Encyclopédie.*)

2° *Exercice de rédaction.*

Exposer succinctement les principales guerres soutenues par Louis XIV ; leurs causes et leur dénouement.

3° *Artthmétique.*

I. — En souscrivant au 1er avril une obligation de la Ville de Paris au prix de 440 francs, on paye immédiatement 140 francs et le reste tous les six mois par sommes de 100 francs dont l'escompte sera évalué à 6 0/0. A quel taux se trouve acquise cette obligation si elle rapporte tous les six mois une somme de 10 francs ?

II. — Il est tombé, dans une journée, 1 millim. 3 d'eau de pluie. Combien a-t-on pu en recueillir de litres dans un vase ayant une ouverture carrée de $1^{m}25$ et placé horizontalement ?

Solutions.

I. — Puisqu'on paye immédiatement 140 francs, il reste à payer 300 francs en trois parties égales de six mois en six mois. Le premier versement de 100 francs, ayant lieu au bout de six mois, a une valeur actuelle égale à 97 fr. 09 ; le deuxième versement a une valeur actuelle égale à 94 fr. 34 et le troisième, à 91 fr. 74.

Donc l'obligation revient à

$$140 + 97{,}09 + 94{,}34 + 91{,}74 = 423{,}17.$$

Elle rapporte au bout des six premiers mois 10 francs, qui valent à la fin de l'année 10 fr. 30 ; par conséquent, elle rapporte en réalité chaque année 20 fr. 30.

Si 423 fr. 17 rapportent 20 fr. 30, 100 francs rapporteront $\frac{20{,}30 \times 100}{423{,}20} = 4{,}79.$

II. Le vase peut être considéré comme un parallélipipède à base carrée. Donc, en prenant le décimètre pour unité, on a

$$V = (12 \times 5)^2 \times 0{,}013 = 2^{dc}\ 031 \text{ ou } 2 \text{ lit. } 031.$$

DICTÉES.

COURS SUPÉRIEUR.

I.

Inconvénients du défaut d'instruction chez les cultivateurs.

Pour devenir un bon laboureur, il est utile sans doute qu'on sache faire œuvre de ses mains et tenir le *mancheron* de la charrue ; mais il ne serait pas inutile non plus que tous ceux qui doivent travailler le sol eussent fait de belles et bonnes études. Tout n'en irait que mieux. Très-souvent, *quoi qu'on* en dise, les cultivateurs sont parfaitement *incompétents* en *agriculture*, et cela par le défaut d'études *préalables*. Ainsi ils passent leur vie dans les terres labourées et ils ne savent point, même de nom, ce qui entre dans la composition de ces terres ; ils remuent le sol avec des outils, et ils ne savent point nous donner la raison d'un labour ; ils connaissent l'utilité, la nécessité des *engrais*, mais ils ne sauraient dire ce qu'ils contiennent ni comment ils agissent ; ils ont sous les yeux des milliers de plantes et en connaissent à peine quelques douzaines ; ils vivent au grand air et en ignorent les propriétés ; ils ont besoin de compter avec les variations atmosphériques, et ils n'ont pas même à leur disposition un *baromètre* et un *thermomètre*, ils s'en rapportent à l'almanach ; ils ont des racines à conserver, des transformations de produits à opérer, et ils n'ont pas reçu les moindres notions de *chimie* et de *physique* ; ils savent lire, mais peu comprennent les livres ; ils ont besoin de toutes les sciences, et toutes les sciences leur font défaut. Voilà l'état des choses parmi ceux qui pratiquent le premier des arts !

(Certificat d'études, Ardennes 1875.)

Questions et explications.

1. Le *mancheron*, le *manche*, la partie de l'instrument que tient le laboureur. On dit aussi les *mancherons*. La charrue ordinaire a deux *mancherons*; la charrue belge ou brabant n'en a qu'un seul. Quelles sont les autres parties d'une charrue? Le *coutre* (*culter*, couteau), le *soc*, le *sep*, le *versoir* ou *oreille*, l'*age* ou *flèche* ou *haie*, le *régulateur*. Qu'appelle-t-on charrue à *avant-train*? — 2. *Quoi qu'on en dise*. Différence d'orthographe et de sens entre *quoi que* et *quoique*. A quel mode est *dise*? Pourquoi ce verbe est-il au mode *substantif*? A quel temps? — 3. *Incompétents*, qui n'ont pas les connaissances nécessaires. Opposé de *compétents*, capables de bien juger. Qu'entendez-vous par tribunal *compétent*, *incompétent*?

4. *Agriculture* (*ager*, *agri*, champ; *culture*). Art de cultiver la terre. *Agriculteur*, *agronome*, *agronomie* (*agros*, champ; *nomos*, loi, règle), théorie de l'agriculture. Expliquer les mots *viticulture* (*vitis*, vigne), *horticulture*, *arboriculture*, *sylviculture* (*sylva*, forêt), *pisciculture*, (*piscis*, poisson), *apiculture* (*apis*, abeille), *séricículture* (*sericum*, soie).

5. *D'études préalables*, précédentes, préparatoires. De *pré*, avant, et *aller*: *ce qui va devant*, *ce qui doit être fait avant de passer outre*. Dans les assemblées délibérantes, *invoquer la questions préalable*, c'est demander que la proposition mise aux voix soit rejetée pour n'y plus revenir; c'est l'idée et aussi le sens littéral d'*aller en avant*. — 6. *Engrais*. Tout ce qui, déposé à la surface du sol et mêlé à la terre arable, augmente ou rétablit la fécondité. Verbe: *Engraisser* (*incrassare*), *in*, en, *crassus*, gras). De la même famille: *gras*, *grasseyer*, *engraissement*.

7. *Baromètre*. Instrument qui mesure la pression de l'atmosphère, et indique les variations du temps. — 8. *Termomètre*. Instrument qui indique les degrès de la chaleur ou du froid. (*Thermê*, chaleur; *metron* mesure). — 9. *Chimie*. Science dans laquelle on étudie les lois de la composition des corps. — 10. *Physique*. (*Physis*, nature). Science des choses naturelles, des propriétés des corps et des phénomèmes qu'ils exercent les uns sur les autres sans changer de nature.

II.

Histoire de Paul Vatrop.

Paul Vatrop, des Fages, que beaucoup de vous connaissent, avait autrefois de bonne terres et une belle maison. Il n'a plus ni maison ni terres aujourd'hui; il s'est ruiné, le malheureux; il a mis sa femme et ses enfants sans pain, rien qu'en faisant de bonnes affaires. D'autres suivent sa méthode, qui finiront comme lui, j'en ai peur.

Pas une foire ne se tenait dans les environs sans que Paul ne voulût en être. Toujours il en revenait la bourse vide ou bien légère. Notre homme apportait chaque fois à la maison tout plein d'objets dont il n'avait guère besoin, mais qu'il avait achetés, disait-il, pour profiter de l'occasion du bon marché. Sa femme se plaignait de ces dépenses inutiles: il l'appelait sotte et se frottait les mains. Avec cela l'argent s'en allait, les mauvaises herbes pullulaient dans les champs du coureur de foires, la misère venait, elle est venue. Paul maintenant reconnaît, trop tard, qu'un bon marché est une mauvaise affaire quand on achète une chose dont on pouvait se passer.

(Certificat d'études, Aveyron, 1875.

COURS MOYEN.

I.

Le Coq et la Poule.

De tous les oiseaux désignés sous le nom de *volailles*, le coq et la poule sont ceux qui méritent le plus de fixer l'attention. Leur *robuste tempérament*, la facilité avec laquelle ils s'élèvent, le parti qu'ils savent tirer de ce qui serait perdu, sans eux, dans les étables, dans les cours et dans les champs, la variété et l'abondance de leurs produits, les ressources *improvisées* qu'ils offrent à la ménagère, l'animation et la *gaieté* qu'ils répandent dans la ferme, leur *assignent* le premier rang parmi les hôtes de la basse-cour. Depuis longtemps, ils sont devenus les *commensaux* de toute exploitation, grande ou petite; partout ils amènent le profit lorsque la race est bien choisie, qu'on s'en occupe avec intelligence, et que les bêtes, abritées en bon logis, sont nourries avec une sage économie, sans *lésinerie*, comme aussi sans *profusion*.

(Victor Rendu. *La Basse-Cour*).

(Concours cantonal de Laon, 1875.
Division élémentaire.)

Questions et explications.

1. *Volailles*. Terme collectif. L'ensemble des oiseaux qu'on nourrit dans une basse-cour. *Une belle volaille*, un de ces oiseaux, et, le plus souvent une poule, un chapon. — 2. *Leur robuste tempérament*. *Tempérament*, constitution physique. *Robuste*, fort. *Corroborer*, fortifier, donner de la force. — 3. *Les ressources improvisées*, immédiates, instantanées, sans préparation, *non prévues*. *In* négatif; *pro*, en avant; *visus*, vu, de *videre*, voir. *Improviser*, *improvisation*, *improvisateur*, à *l'improviste*. Autres dérivés de *videre*, *visum*, voir: *Visa*, *visée*, *viser*, *visibilité*, *visible*, *visiblement*, *vision*, *visionnaire*, *visuel*, *aviser*, *réviser*, *révision*, *réviseur*, *invisible*, *invisiblement*, *prévision*.

4. *Gaîté* ou *gaieté*. — 5. *Leur assignent*, leur donnent, leur assurent le premier rang. Que veut dire *assigner* quelqu'un, *faire assigner*? Proverbe: Ce payement est *assigné* sur les brouillards de la Seine; il n'est garanti par rien. *Assigner* vient de *adsignarer*, *ad* et *signarer*, faire signe. *Assigner* et *assener* se confondent. Autrefois le *g* ne se prononçait pas, et nombre d'habitants de la campagne disent encore *assiner* pour *assigner*. — 6. Les *Commensaux*. On appelle *commensaux* ceux qui mangent habituellement à la même table. C'est mon *commensal*, nous sommes *commensaux*. De *com*, avec, et *mensa*, table. Avoir des habitudes de *commensalité*.

7. *Lésinerie*. Acte de *lésine*. *Lésine*, épargne sordide jusque dans les moindres choses. Vient de l'italien *lesina*, alène de cordonnier. Il y a un vieux livre italien dont un passage nous apprend que la *Lesina* était une compagnie d'avares qui raccommodaient eux-mêmes leurs souliers et savates, et comme

il faut pour cela une *alène*, ils en prirent le nom (*lesina, alène*). C'est de la sorte qu'un mot signifiant proprement alène en est venu à signifier épargne sordide. (Littré.) — 8. *Profusion*, Action de répandre sans modération. *Pro*, en avant, *fundere*, verser. Indiquez les dérivés de *fusion? Fusible, fusibilité, fusionner, confusion, diffusion, diffus, effusion, infusoires.*

II.

Fabrication du papier.

Des haillons abjects sont recueillis : il y en a de ramassés parmi les immondices de la rue, il y en a de maculés d'impuretés sans nom. Un triage est fait, ceux-ci pour le papier fin, ceux-là pour le papier grossier. On les lessive, et rudement; ils en ont besoin. Maintenant, des machines s'en emparent. Des ciseaux les découpent, des griffes d'acier les déchirent, des roues les mâchent et les mettent en menus lambeaux. Des meules les reprennent, elles les mâchent encore; elles les triturent dans l'eau, elles les réduisent en purée. La bouillie est grise, il faut la blanchir. Alors interviennent de violentes drogues qui attaquent tout ce qu'elles touchent, et en moins de rien le font blanc comme neige. Voilà la pâte épurée à point. D'autres machines l'étalent en minces couches sur des tamis. L'eau s'égoutte, et la purée de chiffons se prend en feutre. Des cylindres pressent ce feutre, d'autres le dessèchent, d'autres lui donnent le poli. Le papier est fait.

FABRE.
(*Le Livre d'histoires.*)

COURS ÉLÉMENTAIRE.

Les Cerfs.

Les cerfs ont la taille *svelte*, les jambes fines et nerveuses, la queue courte. Ils sont timides et sauvages. Ils ont des cornes *pleines*, de nature *osseuse*, *caduques*, c'est-à-dire qui tombent tous les ans. Les cerfs ont un *pelage* fauve brun et une ligne *noirâtre* le long du dos. Les jeunes cerfs sont appelés des *faons*. A six mois, leurs cornes ou bois commencent à pousser. Les cerfs vivent environ vingt ans. Les femelles sont nommées biches; elles n'ont pas de cornes. Les cerfs, en été, mangent les jeunes poussent, les feuilles, les fleurs de bruyères. En hiver, ils *pèlent* les arbres et se nourrissent d'écorces et de mousse. Les cerfs ont un *larmier* très-grand et pleurent dans leurs détresses. Leur peau donne un *cuir* souple et fort. Leurs cornes sont employées en *tabletterie*.

Questions et explications.

1. *Svelte*, léger, délié, dégagé. — 2. *Pleines*. Celles du bœuf ne le sont pas. Elles sont *creuses*. — 3. *Osseuse*, semblable aux *os*. *Ossifier, ossification*. — 4. *Caduques*, qui tombent. *Caducité*, un vieillard *caduc*, cassé, qui est près de la mort.

5. *Pelage*, le poil, la robe. — *Noirâtre*, qui tire sur le *noir*. *Blanchâtre, bleuâtre, douceâtre, grisâtre, olivâtre, rougeâtre, verdâtre*. La désinence *âtre* indique en général le commencement ou l'imitation d'une qualité. — 7. *Faons*. O nul. Comme dans *paon*. — 8. *Peler*, ôter la peau, la pelure.

9. *Larmier*, fente au-dessus de l'œil. — 10. *Cuir*, sans *e*. Le verbe *cuire* s'écrit avec un *e*. — 11. *Tabletterie*, art qui consiste à fabriquer des objets en ivoire, en écaille, en ébène, tels que billes de billards, dominos, dés à jouer, tabatières.

ARITHMÉTIQUE ET SYSTÈME MÉTRIQUE

PROBLÈMES GRADUÉS POUR LES COMPOSITIONS.

COURS SUPÉRIEUR.

Concours et examens.

1. — 36 ouvriers ont fait 648 mètres d'ouvrage, à raison de 1 fr. 50 c. le mètre. On retient, en les payant, le prix de 720 kilogrammes de pain à 0 fr. 04 l'hectogramme. Combien revient-il à chaque ouvrier ? — Rép. 19 francs.

2. — Un cultivateur a ensemencé en colza une pièce de terre de 3 hectares 65 ares. Les frais de culture et de fumure se sont élevés à 175 fr. 80 c. par hectare. Ce terrain est loué 24 francs les 30 ares. La récolte a été de 18 hectolitres 60 par hectare, et a été vendue 22 fr. 50 l'hectolitre. Quel bénéfice ce cultivateur a-t-il réalisé sur sa pièce de terre? — Rép. 593 fr. 85 c.

(*Certificats d'étude*. Loiret, 1875.)

3.— Une pièce d'étoffe de 32m50 a coûté 78 francs. On en prend 7m60 pour faire une robe. On emploie en outre 2m85 de doublure à 0 fr. 80 le mètre et on paye à la couturière 4 fr. 30 de façon. Trouver le prix de la robe? — Rép. 24 fr. 32.

(*Concours cantonal, Division inférieure.* Seine-et-Oise, 1873.)

I. — Arithmétique. (Actions et obligations.)

1. — Les actions de la Banque de France rapportent 320 francs de dividende. A quel taux place-t-on son argent en achetant 4 de ces actions au cours de 3.920 francs? — Rép. 8 fr. 16.

2. — Un rentier a 10 obligations de chemin de chemin de fer rapportant 15 francs d'intérêt, remboursable à 500 francs et achetées au cours de 230 francs. L'une est sortie au tirage. Il revend les 9 autres au cours de 235 francs. Quel est son bénéfice ? Quel était le taux du premier placement? — Rép. 1° 315 francs; 2° 6 fr. 52 c.

3. — Les actions d'une entreprise commerciale sont au cours de 1830 francs. Elle donnent 64 fr. 05 c. de dividende par semestre. Quel est le taux de ce placement? — Rép. 7 p. 0/0.

4. — Un agent de change a reçu 17 fr. 73 c. dont 1 fr. 50 c. de timbre et 1/800 du capital, pour l'achat de 3 actions de la Banque de France. Quelle était la valeur de chaque action? — Rép. 4.328 fr.

5. — Quel capital faut-il pour acheter 6 obligations au cours de 424 fr. 35 c., sachant que l'agent de change demandera 1/8 0/0 de la somme employée, plus 0 fr. 50 c. de timbre ? — Rép. 2.550 fr. 78 c.

II. — ***Système métrique.* — (*Nombres complexes.*)**

1. — Quelle est la longueur d'un arc de 40 degrés 30 minutes dans une circonférence de 14m25 de rayon ? — Rép. 10m073.

2. — Le *nœud marin* est la 120e partie du mille marin, lequel correspond à la longueur d'un arc d'une minute sur le méridien. Quelle est, à l'heure et en lieues marines de 5555m55, la vitesse d'un navire filant 12 nœuds en 30 secondes ? — Rép. 4 lieues marines par heure.

3. — Un facteur rural parcourt 6 kilomètres à l'heure. Il doit arriver le soir à 2 heures et demie à un bureau éloigné de 19 kilomètres 1/2. A quelle heure doit-il partir ? — Rép. A 11 heures 1/4.

4. — Quelle est, en lieues de 4 kilomètres, la distance de deux villes situées sur le même méridien et séparées par un arc de 10°15' ? — Rép. 284 lieues 72.

5. — L'année solaire est de 365 jours 5 heures 48 minutes 45 secondes. En ne la comptant que de 365 jours, quelle est l'erreur tous les 4 ans ? — Rép. 23 heures 15 minutes.

COURS MOYEN.

I.— ***Arithmétique.* — (*Règles d'escompte et de société.*)**

1. — Au lieu d'acheter à crédit un marchand paye comptant une fourniture s'élevant à 1,275 francs et obtient une remise de 3 1/2 0/0. Combien paye-t-il en moins ? — Rép. 44 fr. 62 c.

2. — Un maréchal ferrant achète 275 kilogrammes de fer à 85 francs le quintal payables 6 mois après avec l'intérêt à 4 0/0. Il fait un billet en conséquence. Quelle somme doit porter ce billet ? — Rép. 238 fr. 42 c.

3. — Le kilogramme de sucre revenant à 1 fr. 85 c., combien faut-il le vendre pour que le bénéfice soit de 15 0/0 ? — Rép. 2 fr. 127.

4. — Partager une gratification de 100 francs entre deux ouvriers, proportionnellement à leur salaire journalier qui est pour l'un de 3 francs et pour l'autre de 5 francs ? — Rép. 1er 37 fr. 50 ; 2e 62 fr. 50 c.

5. — Un héritier a droit au quart d'une succession s'élevant à 8.645 francs, mais grevée de 1.275 fr. 80 c. Combien doit-il lui revenir ? — Rép. 1842 fr. 30 c.

II. — ***Système métrique.* — (*Mesures de surface.*)**

1. — Un jardinier a tracé la limite d'une pelouse circulaire au moyen d'un piquet et d'un cordeau de 8 mètres de longueur. Quelle est la surface de cette pelouse ? — Rép. 201mc0624.

2. — Un menuisier a planchéié une salle de 10m25 de long sur 6m30 de large à raison de 4 fr. 20 le mètre carré. Combien lui est-il dû ? — Rép. 271 fr. 21 c.

3. — Combien faut-il de pavés, à raison de 30 par mètre carré, pour paver une rue de 2 hectomètres 6 mètres de longueur et 1/2 décamètre de largeur ? — 30,900.

4. — Un champ a 230 mètres de longueur. Sa largeur est de 12 mètres dans un bout et de 13 mètres dans l'autre. Combien vaut-il à 50 francs l'are ? — Rép. 1.437 fr. 50 c.

5. — Quelle largeur faut-il prendre sur une pièce de terre de 248 mètres de longueur pour obtenir une surface de 62 ares ? — Rép. 25 mètres.

COURS ÉLÉMENTAIRE.

I. — ***Arithmétique.*— (*Multiplication et révision.*)**

1. — Combien faut-il de litres d'avoine pour nourrir 25 chevaux pendant un an à raison de 6 litres par jour pour chaque cheval ? — 54.750 litres.

2. — Quelle somme faut-il à un entrepreneur pour payer au bout de 12 jours de travail 6 ouvriers à 4 francs par jour, 8 à 3 francs et 10 à 2 francs ? — Rép. 816 francs.

3. — 12 porcs achetés 16 francs l'un sont revendus en bloc 252 francs. Quel est le bénéfice ? — Rép. 60 francs.

4. — Un train parcourt 48 kilomètres à l'heure. A quelle distance sera-t-il au bout de 4 heures ? — Rép. 192 kilomètres.

5. — On donne un billet de 1000 francs pour payer 10 douzaines de chapeaux à 8 francs l'un. Combien doit-on rendre ? — Rép. 40 francs.

II. — ***Système métrique.* — (*Monnaies.*)**

1. — Convertir 8 sous + 9 sous + 12 sous + 16 sous + 15 sous en centimes et en francs ? — Rép. 300 centimes ou 3 francs.

2. — On a 25 francs en sous. Combien cela fait-il de sous ? — Rép. 500 sous.

3. — Un enfant verse toutes les semaines 5 sous à la caisse d'épargne scolaire. Combien possède-t-il de francs à la fin de l'année, non compris les intérêts ? — Rép. 13 francs.

4. — Combien pèsent 248 pièces de 5 francs d'argent ? — Rép. 6.200 grammes.

5. — Quel est le poids formé par les 5 pièces d'argent et les 4 pièces de bronze réunies ? — Rép. 61 gr. 5.

MUSIQUE

Garde notre sommeil. — Musique de J. Haydn.

La Leçon de chant. — Musique de Mozart. — 2 Trios.

Ancien Noël latin à trois voix.

Souviens-toi de ton Pays. — Musique de Kucken.

GARDE NOTRE SOMMEIL

Paroles d'ANDRÉ BOUÉRY. Musique de J. HAYDN.

2

De tes fils, ô tendre père
Seigneur, garde le sommeil;
Place un ange tutélaire
Auprès d'eux jusqu'au réveil;
Et qu'un rêve
Les enlève } bis
Dans ton ciel toujours vermeil.

3

Et demain, quand des étoiles
Păliront les tendres feux,
Quand la nuit, quittant ses voiles,
S'enfuira loin de ces lieux,
Que l'aurore
Vienne encore } bis
Ranimer nos chants pieux.

LA LEÇON DE CHANT

Trio Comique.

Paroles d'ANDRÉ BOUÉRY. | Musique de MOZART.

Paris. Paul Dupont (1283-74)

Lefman

Cha_cun se dit: re_vien_dront_el_les? Les re_ver_rai_je en_
Cha_cun se dit re_vien_dront_el_les! Les re ver_rai_je en_
core un jour? Vieil_les chan_sons, chan_sons nou_vel_les,
cor un jour? Vieil_les chan_sons, chan_sons nou_vel_les,
Fê_te_rez_vous leur bon re_tour?
Fê_te_rez_vous leur bon re_tour?

LA LEÇON DE CHANT.

Trio Comique. Partie de Baryton ou Basse.

ANCIEN NOEL LATIN A 3 VOIX

ANCIEN NOEL

LATIN.

2

Nunc in excelsis gloria !
Terris sint pax et gaudia !
Salvator nobis natus est.
Plaudite, etc.

3

Ad Jesu cunas tendite ;
Numera vestra prodite ;
Salvator nobis natus est :
Plaudite, etc.

4

Aurum porrigat Charitas,
Et myrrham vitæ sanctitas;
Salvator nobis natus est.
Plaudite, etc.

5

Infanti thus gratissimum
Præbete, vota cordium ;
Salvator nobis natus est.
Plaudite, etc.

6

Tetra clauduntur Tartara,
Cœli panduntur limina ;
Salvator nobis natus est.
Plaudite, etc.

7

Grates Deo persolvere
Juvat Pueri, Canere :
Salvator nobis natus est.
Plaudite, etc.

FRANÇAIS.

2

A Dieu gloire au plus haut des cieux !
Et que la paix soit en tous lieux !
Un Rédempteur nous est donné.
Accourez, etc.

3

Portons à ce pauvre berceau
Un cœur humble, un cœur tout nouveau
Un Rédempteur nous est donné.
Accourez, etc.

4

Offrons l'or de la charité
La myrhe de la sainteté ;
Un Rédempteur nous est donné.
Accourez, etc.

5

Un encens d'agréable odeur
Sera le don de notre cœur;
Un Rédempteur nous est donné.
Accourez, etc.

6

Il ferme l'abîme éternel,
Il ouvre les portes du ciel ;
Un Rédempteur nous est donné.
Accourez, etc.

7

Gloire à la sainte Trinité ;
Dans le temps et l'éternité ;
Un Rédempteur nous est donné.
Accourez, etc.

SOUVIENS-TOI DE TON PAYS!

Paroles d'André BOUÉRY

Musique de KUCKEN.

_chant au feu, re _ dis: Eh! qu'im_porte le tré _ pas! Un Fran_çais ne tremble
_chant au feu, re _ dis: Eh! qu'im_porte le tré _ pas! Un Fran_çais ne tremble
_chant au feu, re _ dis: Eh! qu'im_porte le tré _ pas! Un Fran_çais ne tremble
pas. Souviens - toi de ton pa _ ys; En mar_chant au feu, re _
pas. Souviens - toi de ton pa ys; En mar_chant au feu, re _
pas. Souviens - toi de ton pa _ ys, En mar_chant au feu, re _
Cres.
_dis: La vic _ toi _ re, la vic _ toi _ re suit nos pas:
_dis: La vic _ toi _ re, la vic _ toi _ re suit nos pas, suit nos
_dis: La vic _ toi _ re, la vic _ toi _ re suit nos pas, suit nos
f
1re fois.
Pour finir.
_ Dieu sou_tient. Dieu sou_tient nos sol _ dats! _ dats! _
pas: Dieu sou_tient, Dieu sou_tient nos sol _ dats! Souviens _ dats! _
pas. Dieu sou_tient, Dieu sou_tient nos sol _ dats! dats! _

2me et 3me COUPLETS.

Mouvt de marche.

1re PARTIE.
Suis l'ex - em - ple de tes pè - res, De ces
Plein de foi, plein de vail - lan - ce, En tout

2me PARTIE.
Suis l'ex - em - ple de tes pè - res, De ces
Plein de foi, plein de vail - lan - ce, En tout

3me PARTIE.
Suis l'ex - em - ple de tes pè - res, De ces
Plein de foi, plein de vail - lan - ce, En tout

preux qui ne sont plus; De ces preux qui ne sont plus; Montre-nous que
temps comme en tout lieu En tout temps comme en tout lieu Que ton sang soit

preux qui ne sont plus; De ces preux qui ne sont plus; Montre-nous que
temps comme en tout lieu En tout temps comme en tout lieu Que ton sang soit

preux qui ne sont plus; De ces preux qui ne sont plus; Montre-nous que
temps comme en tout lieu En tout temps comme en tout lieu Que ton sang soit

TABLE DES MATIÈRES

MUSIQUE

Paris-Imp. PAUL DUPONT, 41, rue Jean-Jacques-Rousseau.

www.ingramcontent.com/pod-product-compliance
Ingram Content Group UK Ltd.
Pitfield, Milton Keynes, MK11 3LW, UK
UKHW020117240726
13926UKWH00011B/1655

9 782014 459364